AVENGERS
HELDENFALL

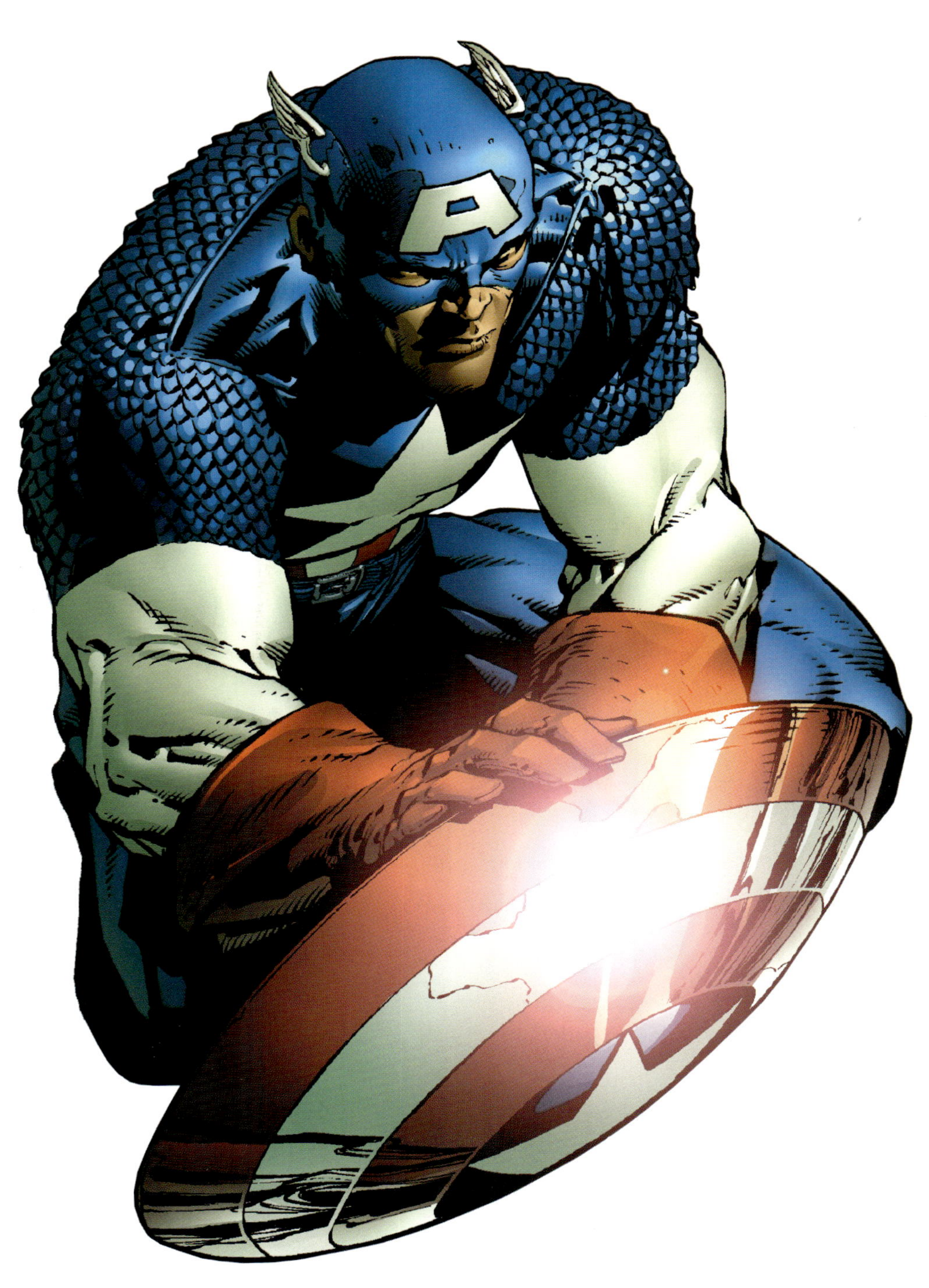

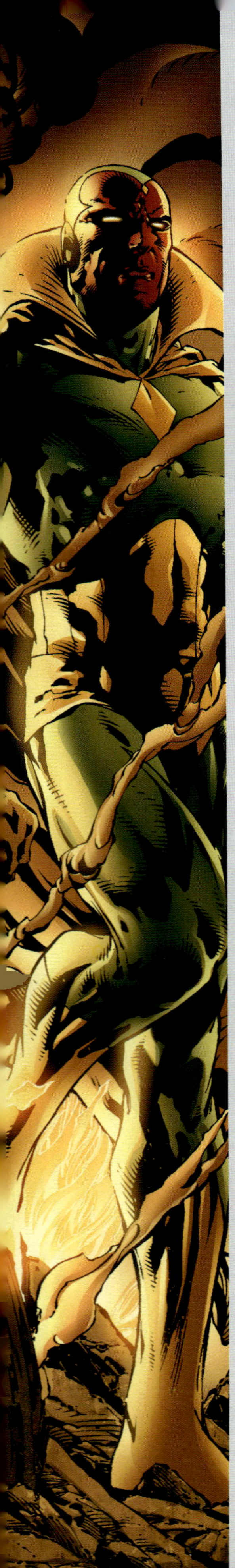

INHALT

MARVEL

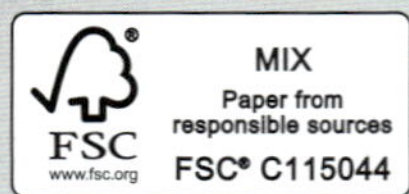
FSC
www.fsc.org
MIX
Paper from responsible sources
FSC® C115044

AVENGERS

HELDENFALL

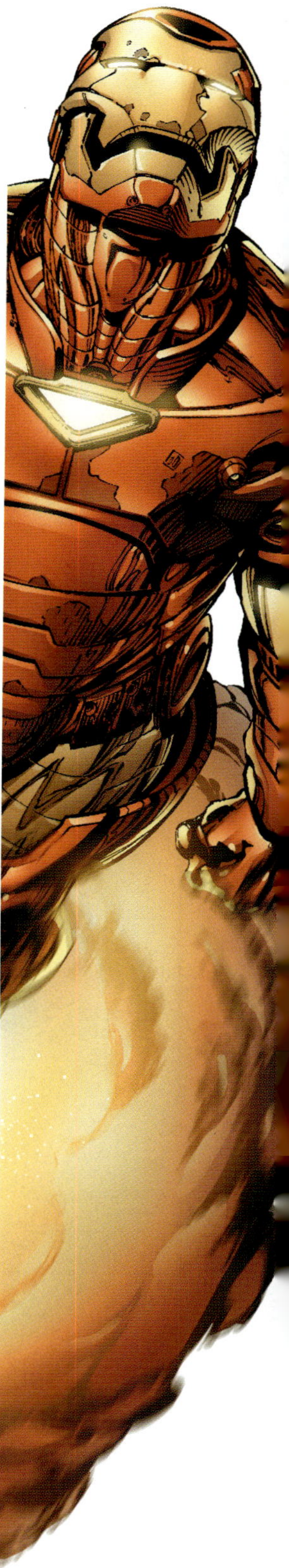

BRIAN MICHAEL BENDIS
AUTOR

DAVID FINCH
BRENT ERIC ANDERSON
JOHN BYRNE
JIM CHEUNG
OLIVIER COIPEL
ALAN DAVIS
KIERON DWYER
STEVE EPTING
GARY FRANK
MICHAEL GAYDOS
MICHAEL GOLDEN
J. G. JONES
JACK KIRBY
SCOTT KOLINS
DAVID MACK
ALEX MALEEV
MIKE MAYHEW
STEVE McNIVEN
MICHAEL AVON OEMING
GEORGE PÉREZ
ERIC POWELL
DARICK ROBERTSON
LEE WEEKS
ZEICHNER

DANNY MIKI
STEVE EPTING
GARY FRANK
MICHAEL GAYDOS
DAVID MACK
ALEX MALEEV
MIKE MAYHEW
MARK MORALES
MICHAEL AVON OEMING
MIKE PERKINS
ERIC POWELL
DARICK ROBERTSON
LEE WEEKS
TUSCHE

FRANK D'ARMATA
MORRY JAY HOLLOWELL
DAVID MACK
PETE PANTAZIS
JUSTIN PONSOR
ERIC POWELL
BRIAN REBER
ANDY TROY
FARBEN

ASTARTE DESIGN
RAMONE
LETTERING

STEVE KUPS
ÜBERSETZUNG

TOM BREVOORT
MOLLY LAZER
ANDY SCHMIDT
NICOLE WILEY
REDAKTION USA

C. B. CEBULSKI
CHEFREDAKTEUR USA

JOE QUESADA
CHIEF CREATIVE OFFICER USA

DAN BUCKLEY
HERAUSGEBER USA

ALAN FINE
PRODUZENT USA

MARVEL MUST-HAVE: AVENGERS – HELDENFALL erscheint bei **PANINI COMICS**, Schloßstraße 76, D-70176 Stuttgart. Druck: Lito Terrazzi Industria Grafica. Pressevertrieb: Stella Distribution GmbH, D-22297 Hamburg. Direkt-Abos auf **www.paninicomics.de.** Anzeigenverkauf: BLAUFEUER VERLAGSVERTRETUNGEN GmbH, info@blaufeuer.com. Es gilt die Anzeigenpreisliste Nr. 17 vom 01.10.2019. Geschäftsführer **Hermann Paul**, Publishing Director Europe **Marco M. Lupoi**, Finanzen **Felix Bauer**, Marketing Director **Holger Wiest**, Marketing **Fabio Cunetto**, Vertrieb **Alexander Bubenheimer**, Logistik **Ronald Schäffer**, PR/Presse **Steffen Volkmer**, Publishing Manager **Lisa Pancaldi**, Redaktion **Christian Endres**, **Harald Gantzberg**, **Matthias Korn**, **Anja Seiffert**, **Kristina Starschinski**, **Ilaria Tavoni**, **Daniela Uhlmann**, Übersetzung **Joachim Körber**, **Steve Kups**, Proofreading **ENZA**, Lettering **Astarte Design**, **RamOne**, grafische Gestaltung **Marco Paroli**, **Barbara Sarti**, Art Director **Mario Corticelli**, Redaktion Panini Comics **Annalisa Califano**, **Beatrice Doti**, Prepress **Cristina Bedini**, **Andrea Lusoli**, **Nicola Soressi**, Repro/Packager **Alessandro Nalli** (coordinator), **Mario Da Rin Zanco**, **Valentina Esposito**, **Luca Ficarelli**, **Linda Leporati**. Deutsche Edition bei Panini Verlags-GmbH unter Lizenz von Marvel Characters B.V. Cover von **David Finch**, *Avengers* (1963) 500.

Bibliografische Information der Deutschen Nationalbibliothek
Die Deutsche Nationalbibliothek verzeichnet diese Publikation in der Deutschen Nationalbibliografie; detaillierte bibliografische Daten sind im Internet über dnb.d-nb.de abrufbar.

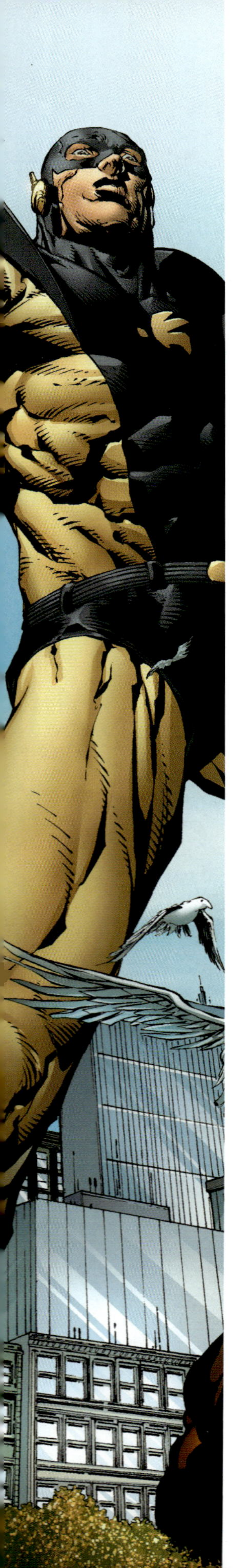

DAS ENDE EINER ÄRA

Ab dem Jahr 2000 gehörte **Brian Michael Bendis** zu den wichtigsten und erfolgreichsten Autoren bei Marvel. 2004 übernahm er die AVENGERS-Serie, deren ursprüngliche Inkarnation 1963 von den Marvel-Urvätern **Stan Lee** und **Jack Kirby** gestartet worden war. Parallel zu Bendis' Amtsantritt als oberster Kreativer der **Avengers**-Welt, als welcher er die Geschicke der Helden für viele Jahre lenken sollte, erschien die insgesamt 500. monatliche US-Heftausgabe mit den Avengers, die auf Deutsch früher lange „Rächer" hießen. Es war der Startschuss für eine aufsehenerregende und polarisierende Geschichte, in deren Verlauf Bendis die Avengers leiden ließ wie selten zuvor und mit der für Marvels traditionsreiches Team das Ende einer Ära einherging. Bendis, dessen Dialoge und Seitenaufteilungen eine unverkennbare Autorenhandschrift haben, standen Zeichner-Superstar **David Finch** sowie allerhand prominente Gastkünstler zur Seite, die diese epische, dramatische und bittere Avengers-Saga zu Papier brachten.

Im Laufe der Jahrzehnte hatte es viele verschiedene Avengers-Teams gegeben, deren Heroen zusammenkamen, um mit dem Schlachtruf „Avengers, sammeln!" gemeinsam gegen jede noch so große Bedrohung und jeden noch so üblen Bösewicht zu kämpfen. Viele Heldinnen und Helden wurden so für eine Zeit lang offiziell Teil der Avengers-Legende und verließen das Team später irgendwann wieder, wobei nicht wenige von ihnen zu Reserve-Mitgliedern auf Abruf in Notzeiten wurden und ihren Avengers-Ausweis behielten. Von all den anderen Heldenkollegen, Verbündeten, Mitstreitern und Freunden, die dem Team über die Epochen hinweg beistanden, ganz zu schweigen. Die größte Konstante war im Grunde aber **Edwin Jarvis**, der alle möglichen Rächer-Teamkonstellationen in der langjährigen Stadtresidenz Avengers Mansion als Butler, Vertrauter und gute Seele unterstützte.

Als Bendis und Finch die Serie übernahmen, setzten sich die Avengers folgendermaßen zusammen: aus dem brillanten, früher von einer schweren Alkoholsucht geplagten **Iron Man** Tony Stark; dem Supersoldaten **Captain America** Steve Rogers; dem mal winzigen, mal riesenhaften, aber stets genialen **Yellowjacket** Hank Pym; der schrumpffähigen ehemaligen Avengers-Anführerin **Wasp** Janet van Dyne; der mächtigen Mutanten-Hexe **Scarlet Witch** Wanda Maximoff, von der man lange glaubte, sie sei **Magnetos** Tochter; dem Meisterschützen **Hawkeye** Clint Barton; dem einst vom bösen Maschinengott **Ultron** erschaffenen lebendigen Androiden bzw. synthetischen Menschen **Vision**; **Falcon** Sam Wilson; der zur Gamma-Furie **She-Hulk** werdenden Anwältin Jennifer Walters; dem zweiten **Ant-Man** Scott Lang; Wakandas Champion und Herrscher **T'Challa** alias **Black Panther**; sowie Avalons Beschützerin **Captain Britain** Kelsey Leigh.

Die folgende, unvergessliche Geschichte über den Fall der Avengers beginnt damit, dass der Held **Jack of Hearts**, der sein Leben gab, um Ant-Mans Tochter **Cassie** zu retten, scheinbar aus dem Grab steigt, um die Rächer heimzusuchen. Doch das ist nur der Anfang einer Reihe schockierender, verstörender Ereignisse, welche die Welt der Avengers erschüttert und nach der nichts mehr sein wird wie zuvor …

Christian Endres

CHAOS, TEIL 1

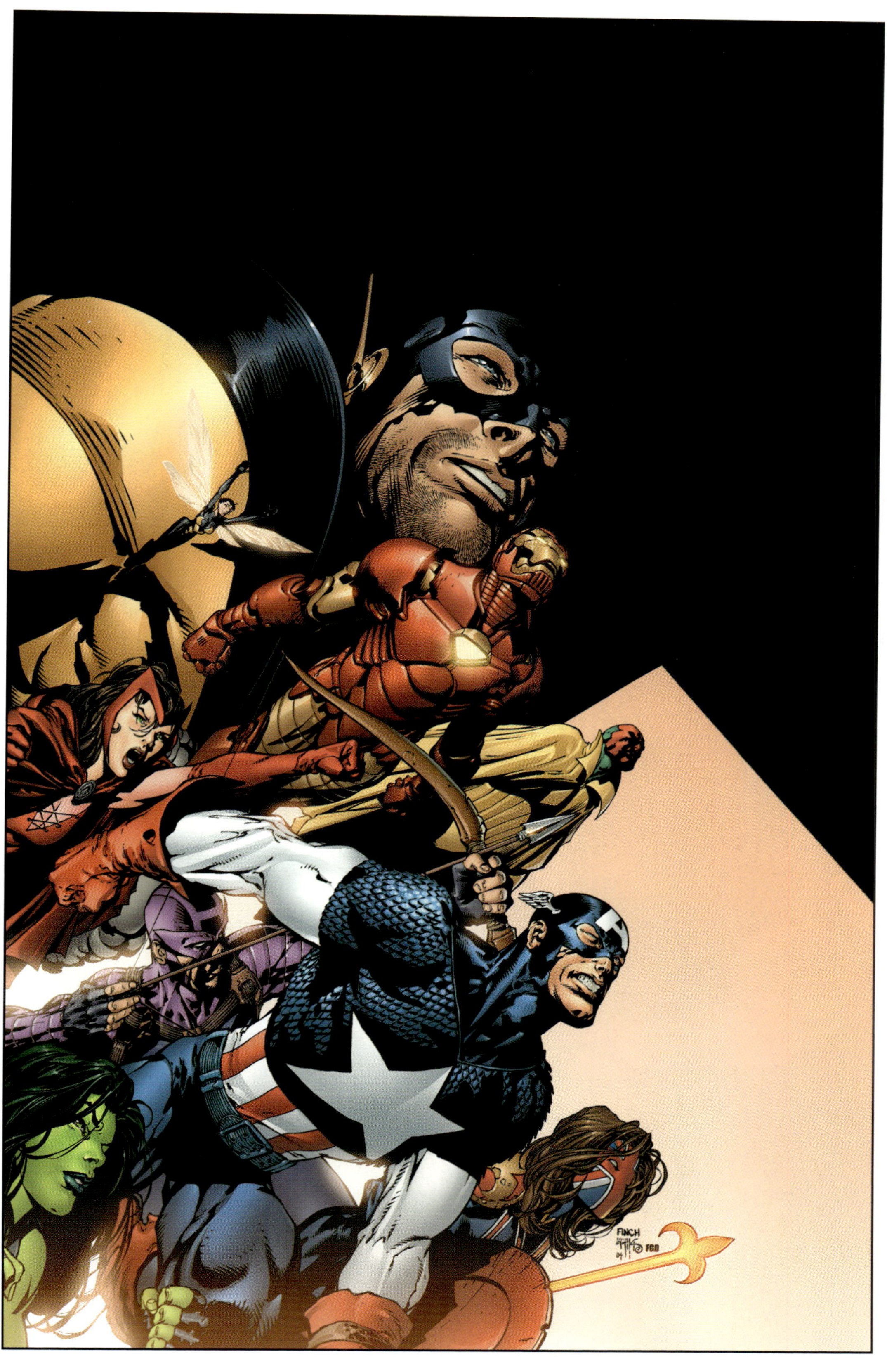

Avengers (1963) 500
Cover von **DAVID FINCH**

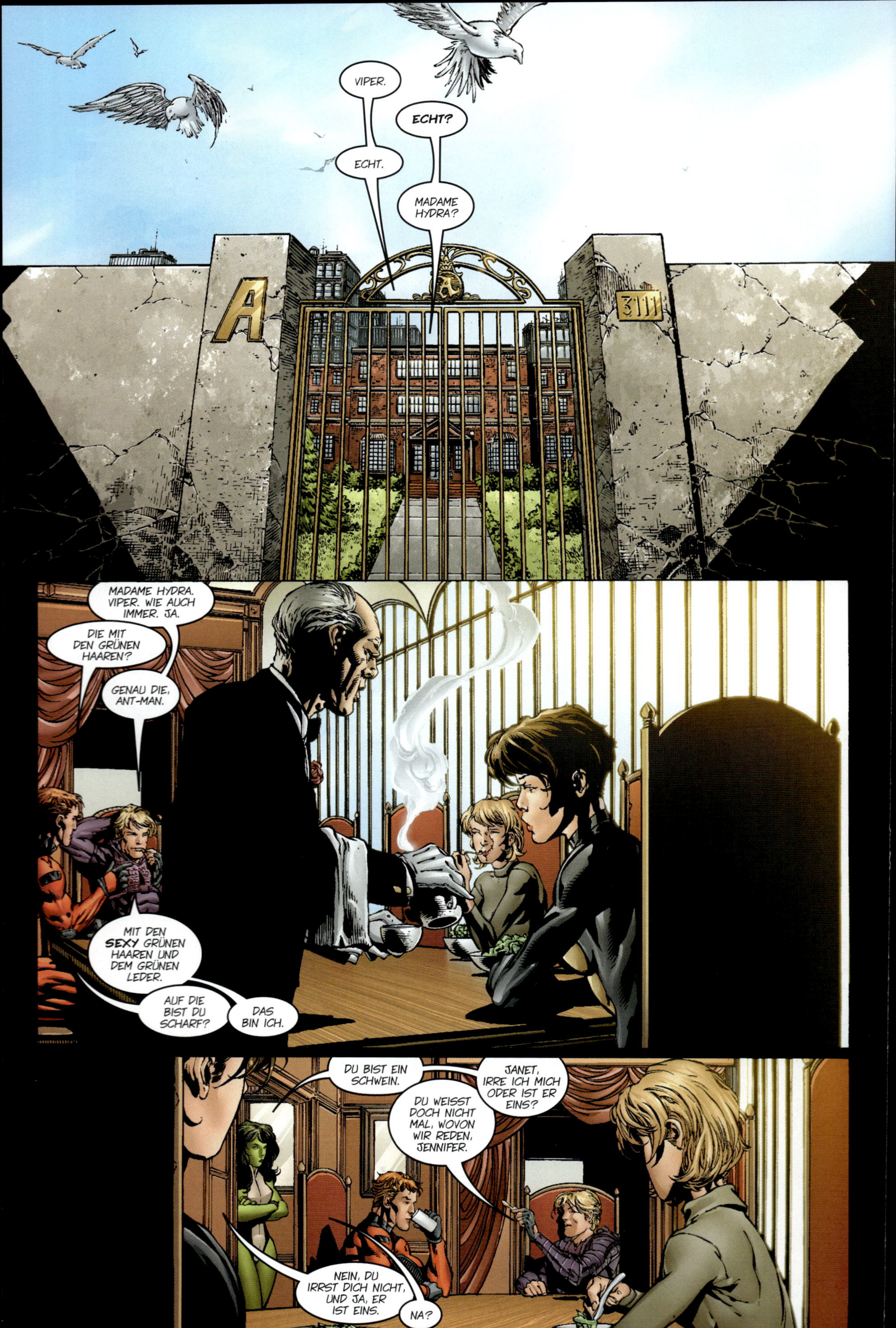
VIPER.
ECHT?
ECHT.
MADAME HYDRA?
MADAME HYDRA. VIPER. WIE AUCH IMMER. JA.
DIE MIT DEN GRÜNEN HAAREN?
GENAU DIE, ANT-MAN.
MIT DEN **SEXY** GRÜNEN HAAREN UND DEM GRÜNEN LEDER.
AUF DIE BIST DU SCHARF?
DAS BIN ICH.
DU BIST EIN SCHWEIN.
JANET, IRRE ICH MICH ODER IST ER EINS?
DU WEISST DOCH NICHT MAL, WOVON WIR REDEN, JENNIFER.
NEIN, DU IRRST DICH NICHT, UND JA, ER IST EINS.
NA?

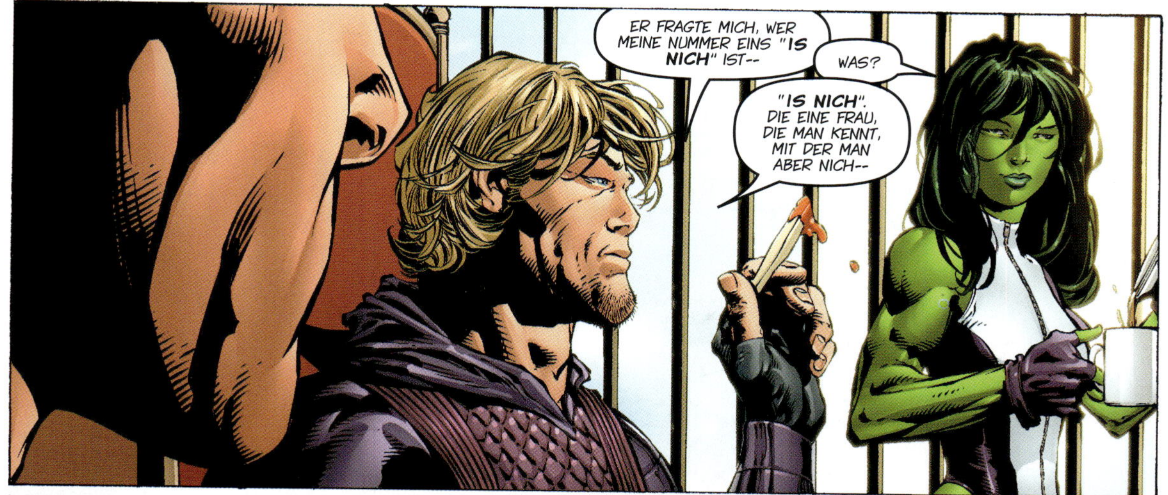
ER FRAGTE MICH, WER MEINE NUMMER EINS "IS NICH" IST--
WAS?
"IS NICH". DIE EINE FRAU, DIE MAN KENNT, MIT DER MAN ABER NICH--

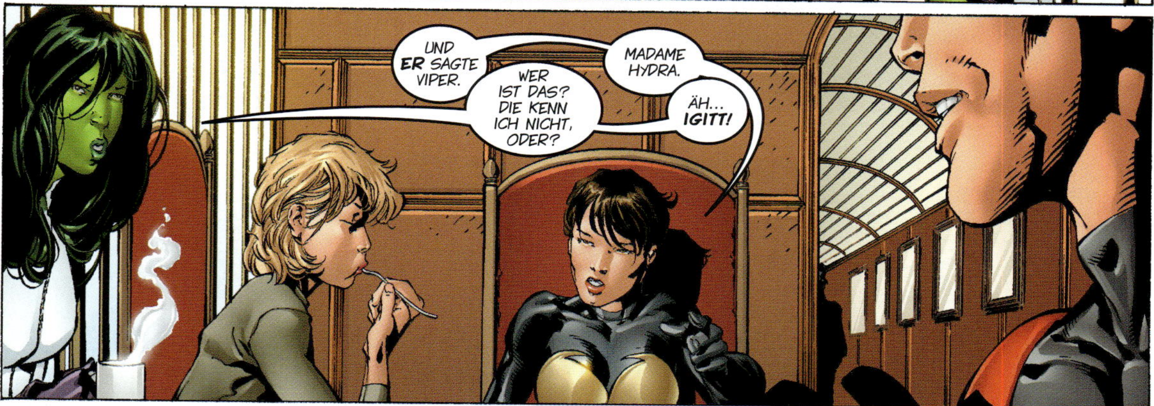
UND ER SAGTE VIPER.
WER IST DAS? DIE KENN ICH NICHT, ODER?
MADAME HYDRA.
ÄH... IGITT!

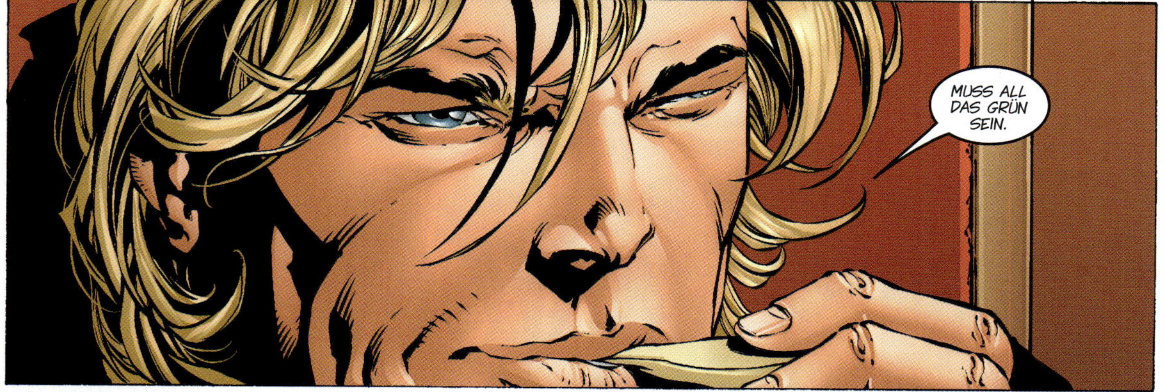
MUSS ALL DAS GRÜN SEIN.

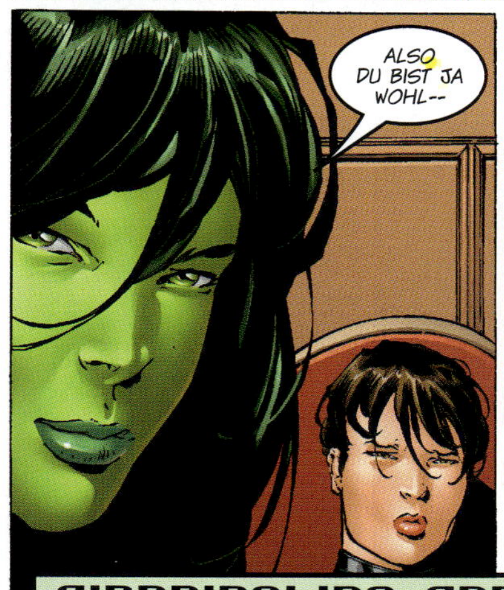
ALSO DU BIST JA WOHL--

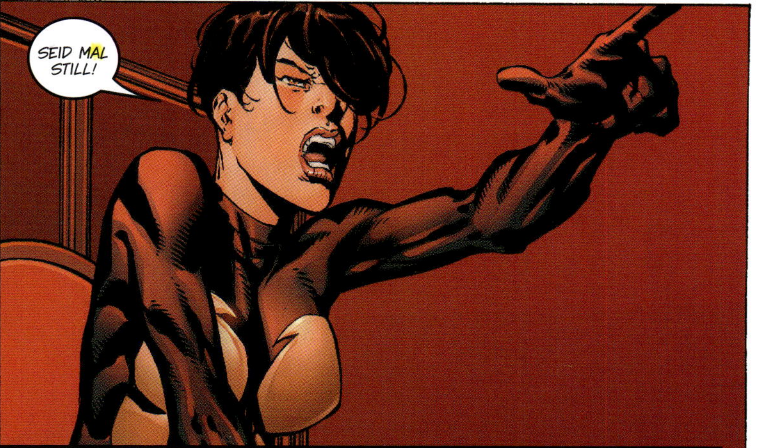
SEID MAL STILL!
EINDRINGLING. ERDGESCHOSS. HINTERHOF. STUFE ROT.

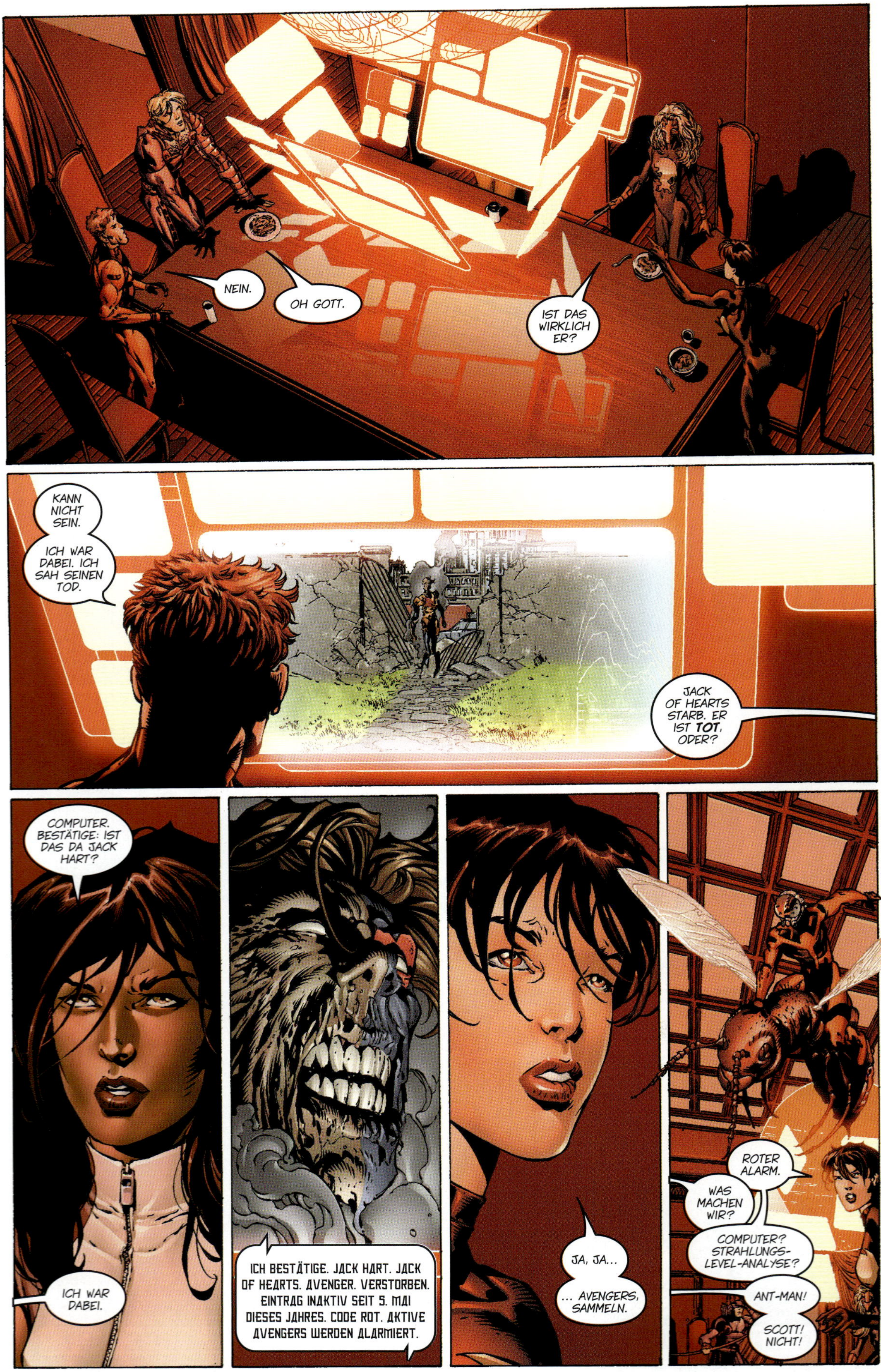

NEIN.
OH GOTT.
IST DAS WIRKLICH ER?

KANN NICHT SEIN.
ICH WAR DABEI. ICH SAH SEINEN TOD.
JACK OF HEARTS STARB. ER IST **TOT**, ODER?

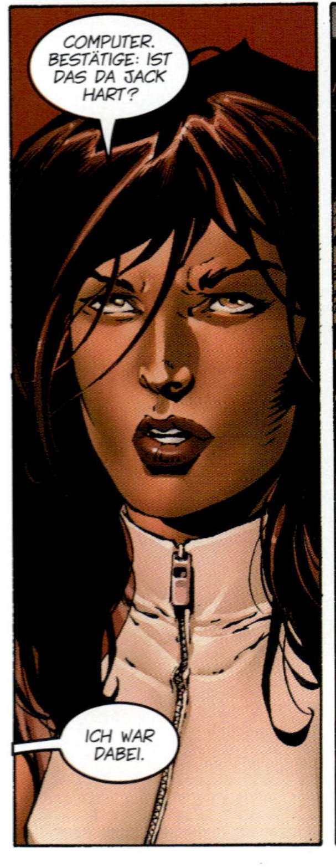

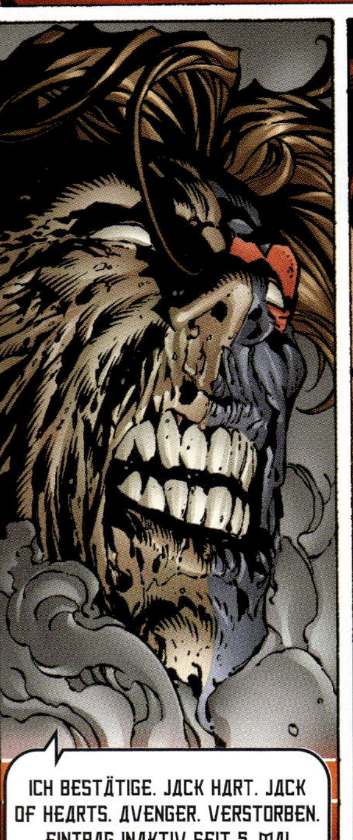

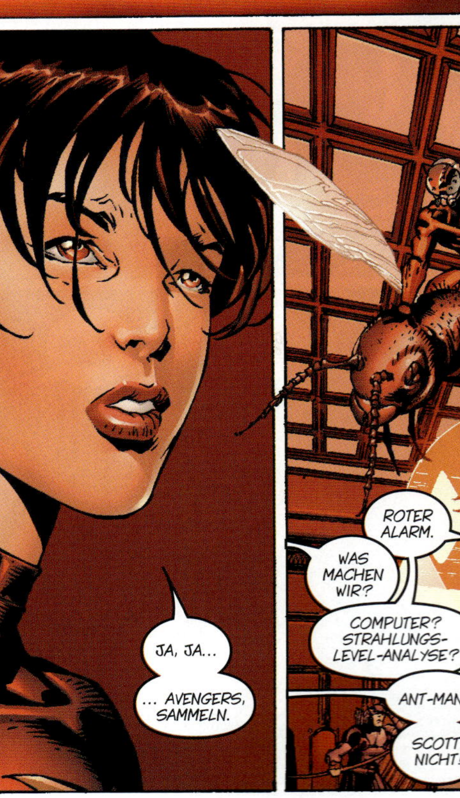

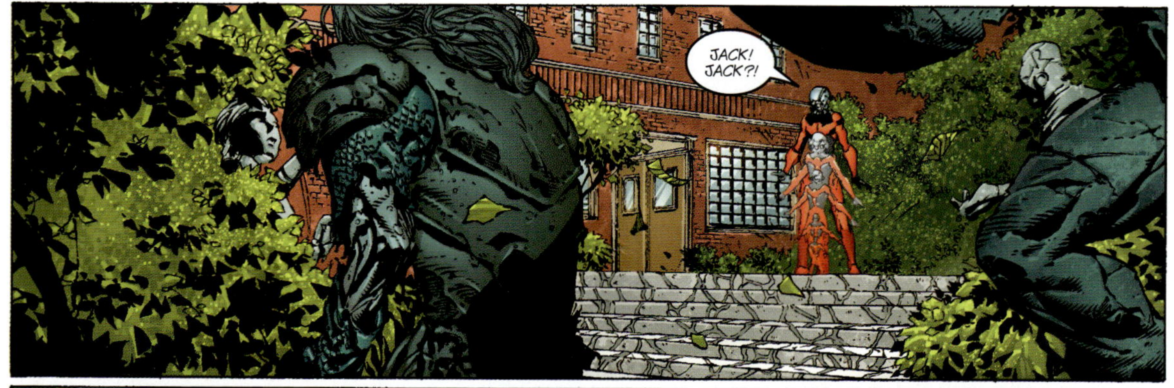
JACK! JACK?!

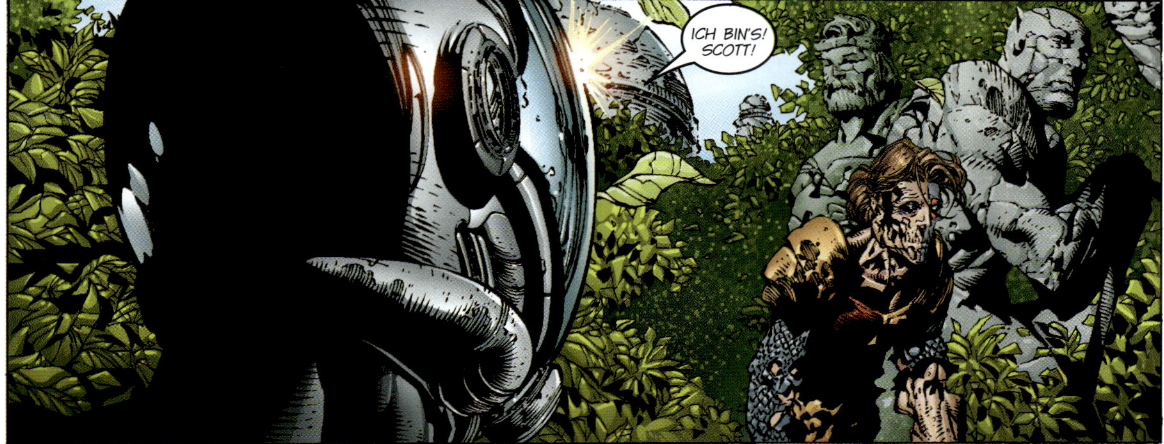
ICH BIN'S! SCOTT!

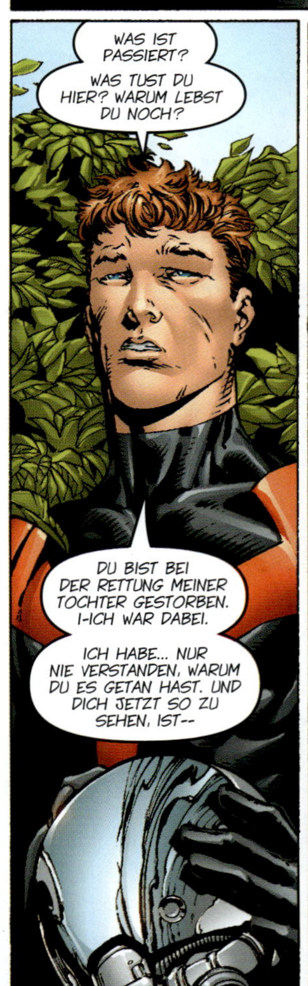
WAS IST PASSIERT?
WAS TUST DU HIER? WARUM LEBST DU NOCH?
DU BIST BEI DER RETTUNG MEINER TOCHTER GESTORBEN. I-ICH WAR DABEI.
ICH HABE... NUR NIE VERSTANDEN, WARUM DU ES GETAN HAST. UND DICH JETZT SO ZU SEHEN, IST--

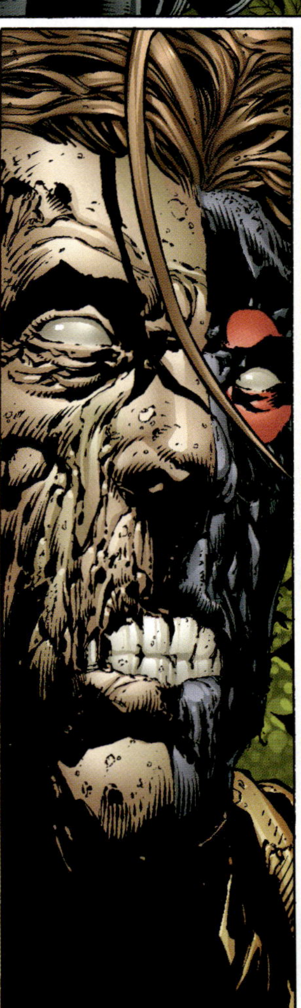

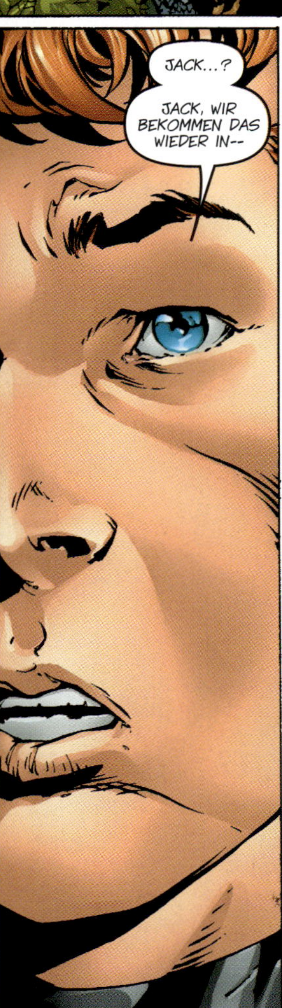
JACK...?
JACK, WIR BEKOMMEN DAS WIEDER IN--

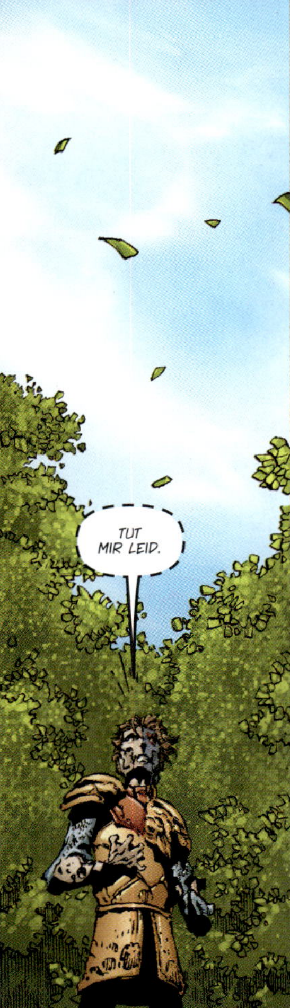
TUT MIR LEID.

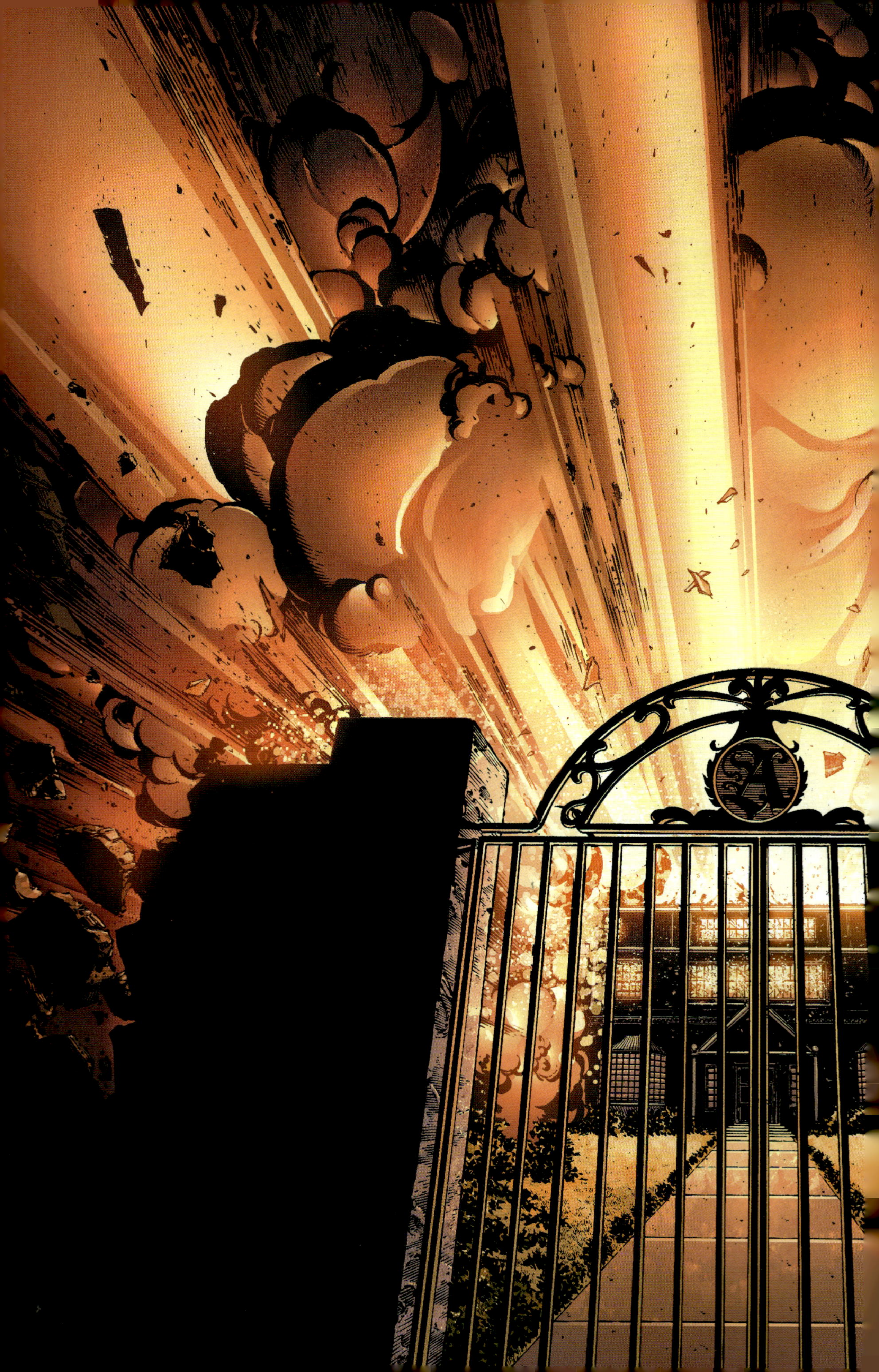

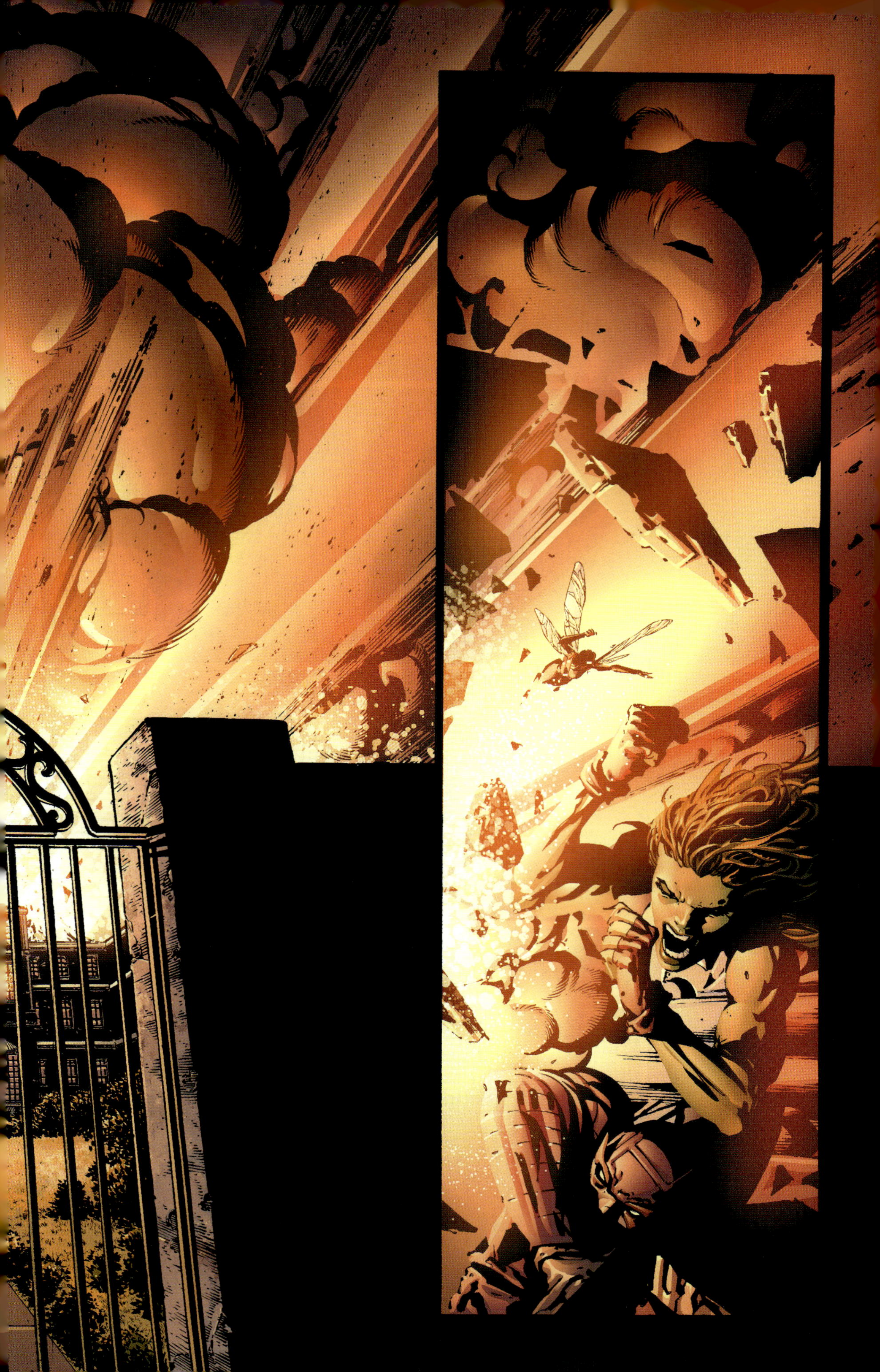

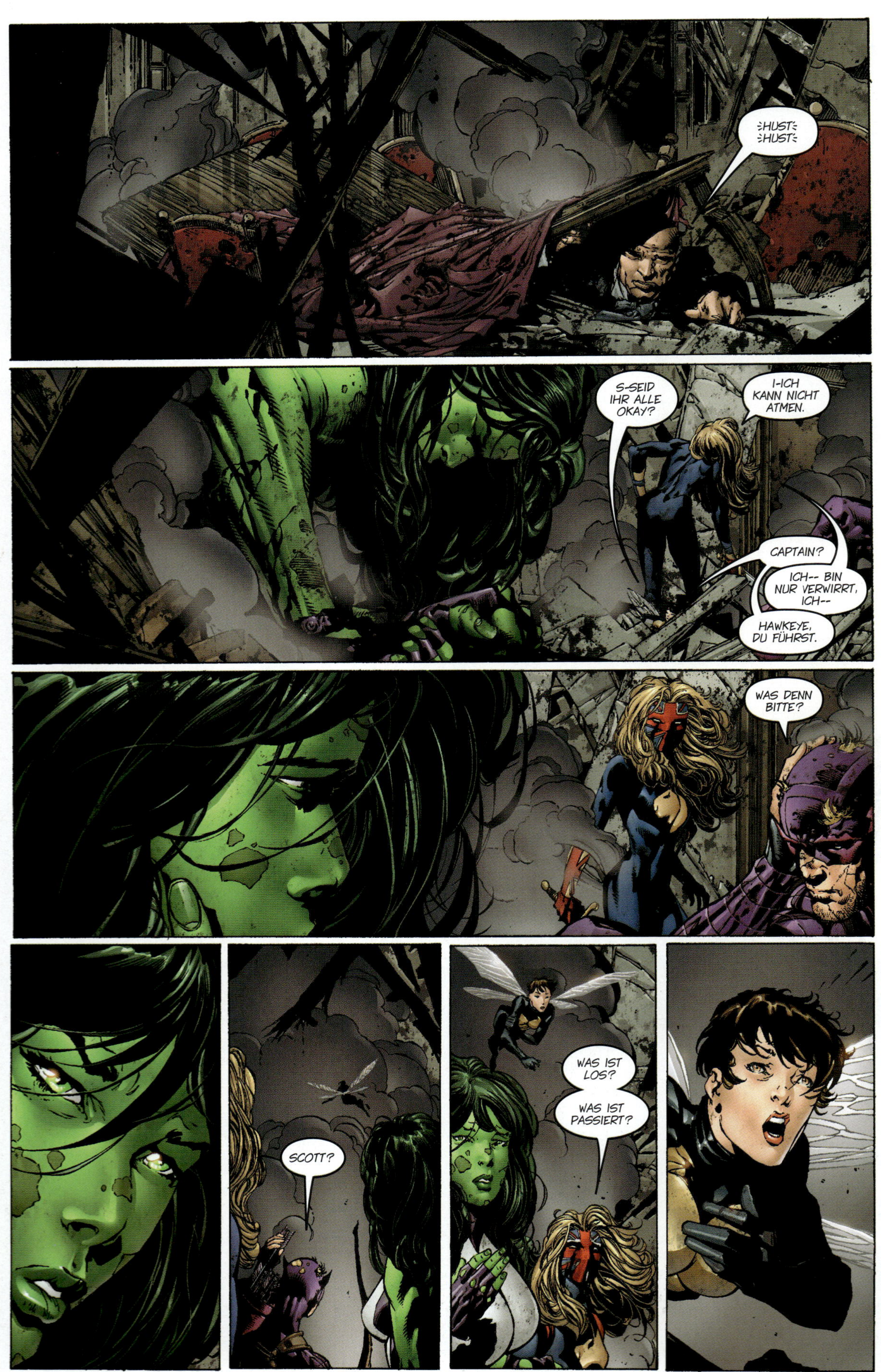

HUST HUST
S-SEID IHR ALLE OKAY?
I-ICH KANN NICHT ATMEN.
CAPTAIN?
ICH-- BIN NUR VERWIRRT, ICH--
HAWKEYE, DU FÜHRST.
WAS DENN BITTE?
SCOTT?
WAS IST LOS?
WAS IST PASSIERT?

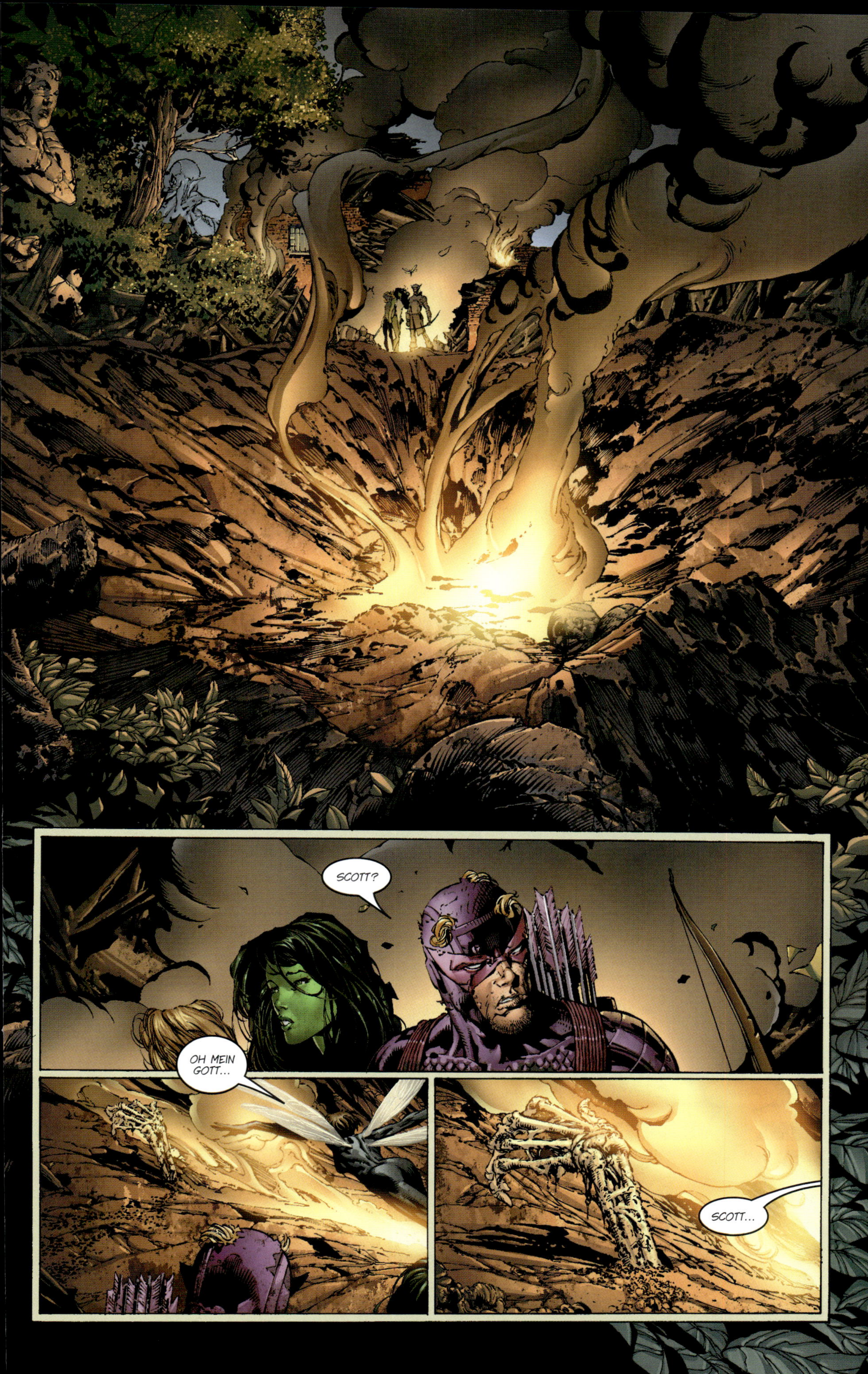
SCOTT?
OH MEIN GOTT...
SCOTT...

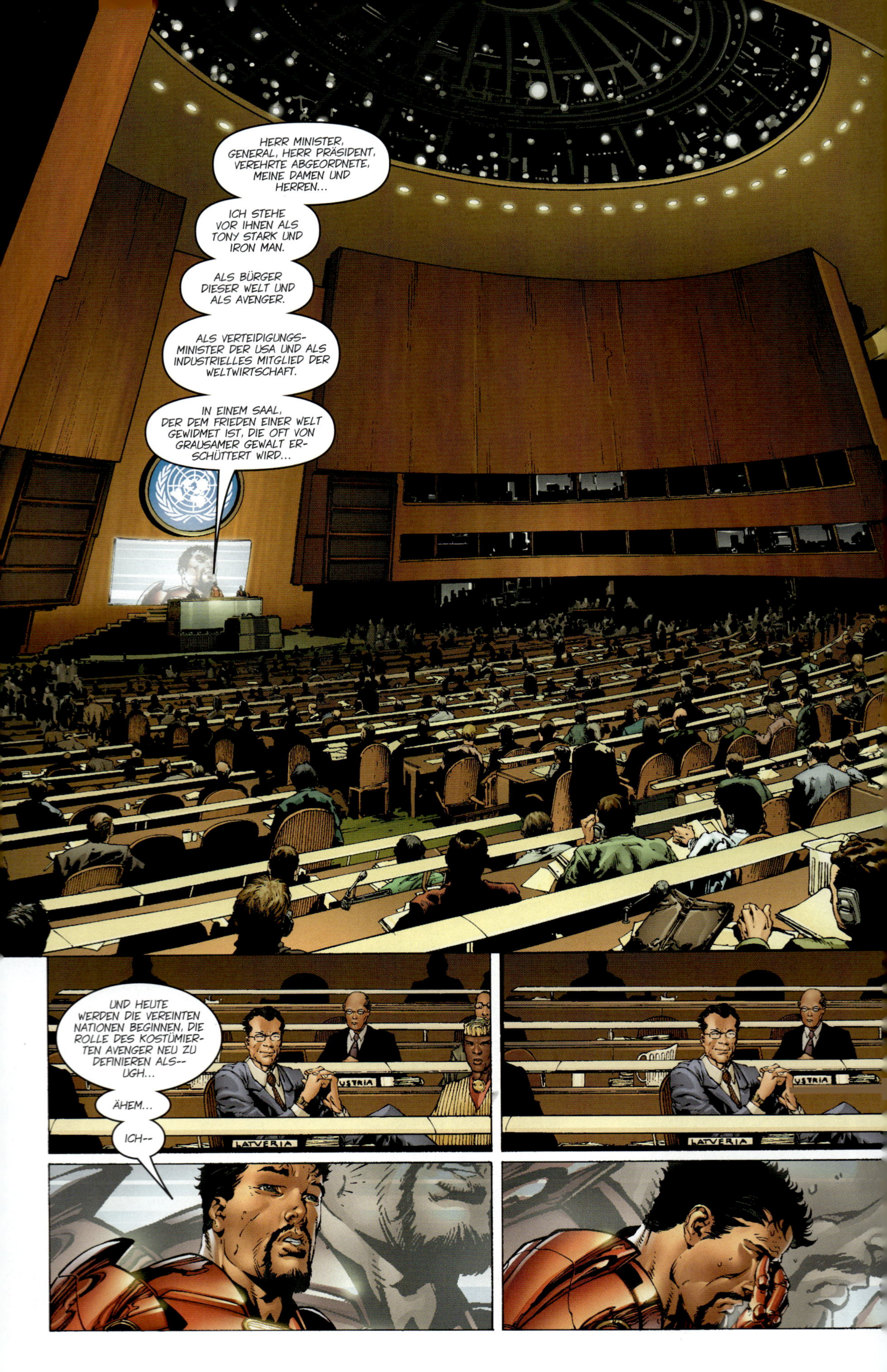
HERR MINISTER, GENERAL, HERR PRÄSIDENT, VEREHRTE ABGEORDNETE, MEINE DAMEN UND HERREN...
ICH STEHE VOR IHNEN ALS TONY STARK UND IRON MAN.
ALS BÜRGER DIESER WELT UND ALS AVENGER.
ALS VERTEIDIGUNGS-MINISTER DER USA UND ALS INDUSTRIELLES MITGLIED DER WELTWIRTSCHAFT.
IN EINEM SAAL, DER DEM FRIEDEN EINER WELT GEWIDMET IST, DIE OFT VON GRAUSAMER GEWALT ER-SCHÜTTERT WIRD...
UND HEUTE WERDEN DIE VEREINTEN NATIONEN BEGINNEN, DIE ROLLE DES KOSTÜMIER-TEN AVENGER NEU ZU DEFINIEREN ALS-- UGH...
ÄHEM...
ICH--
LATVERIA
LATVERIA

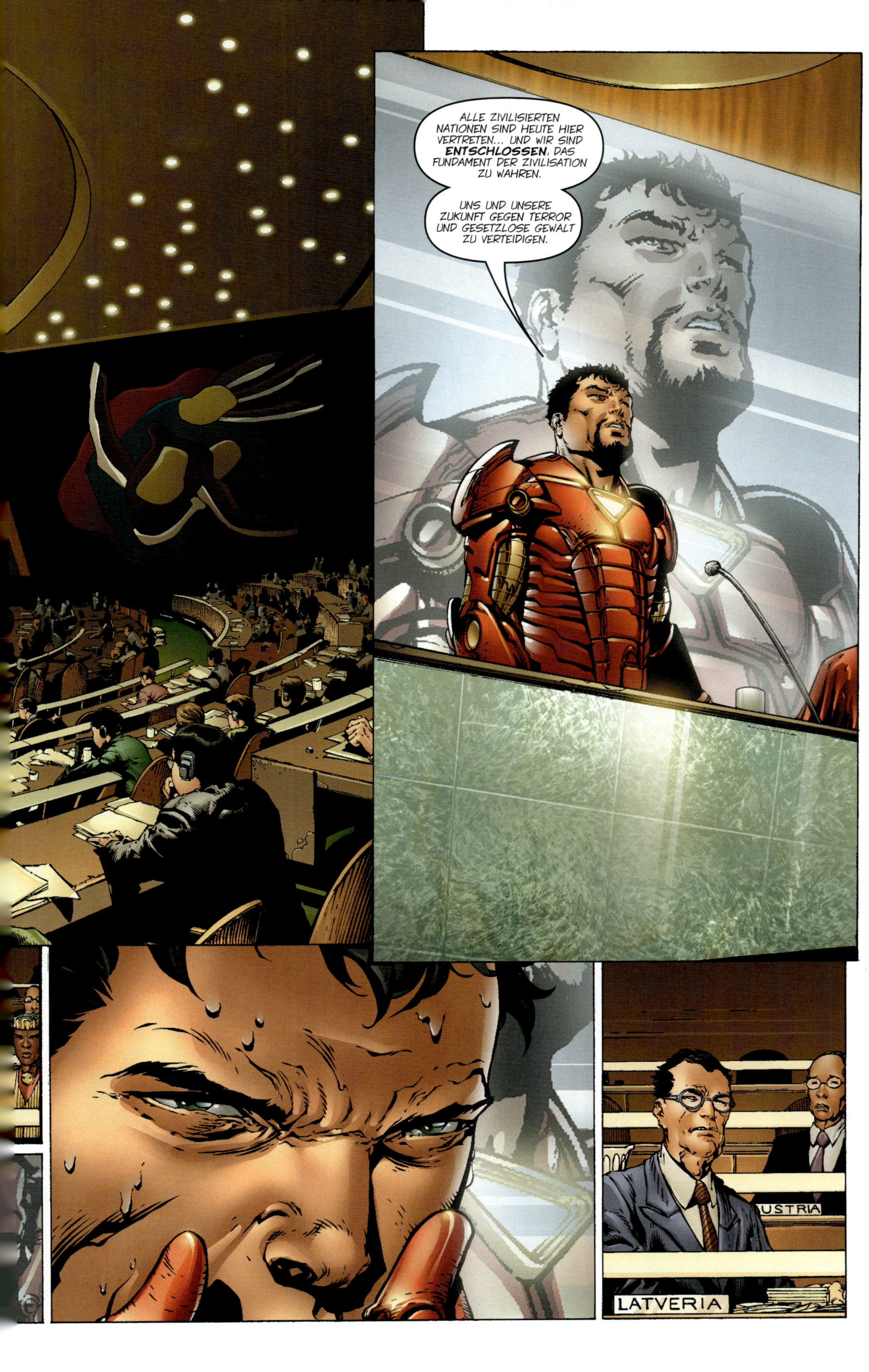
ALLE ZIVILISIERTEN NATIONEN SIND HEUTE HIER VERTRETEN... UND WIR SIND **ENTSCHLOSSEN**, DAS FUNDAMENT DER ZIVILISATION ZU WAHREN.
UNS UND UNSERE ZUKUNFT GEGEN TERROR UND GESETZLOSE GEWALT ZU VERTEIDIGEN.
USTRIA
LATVERIA

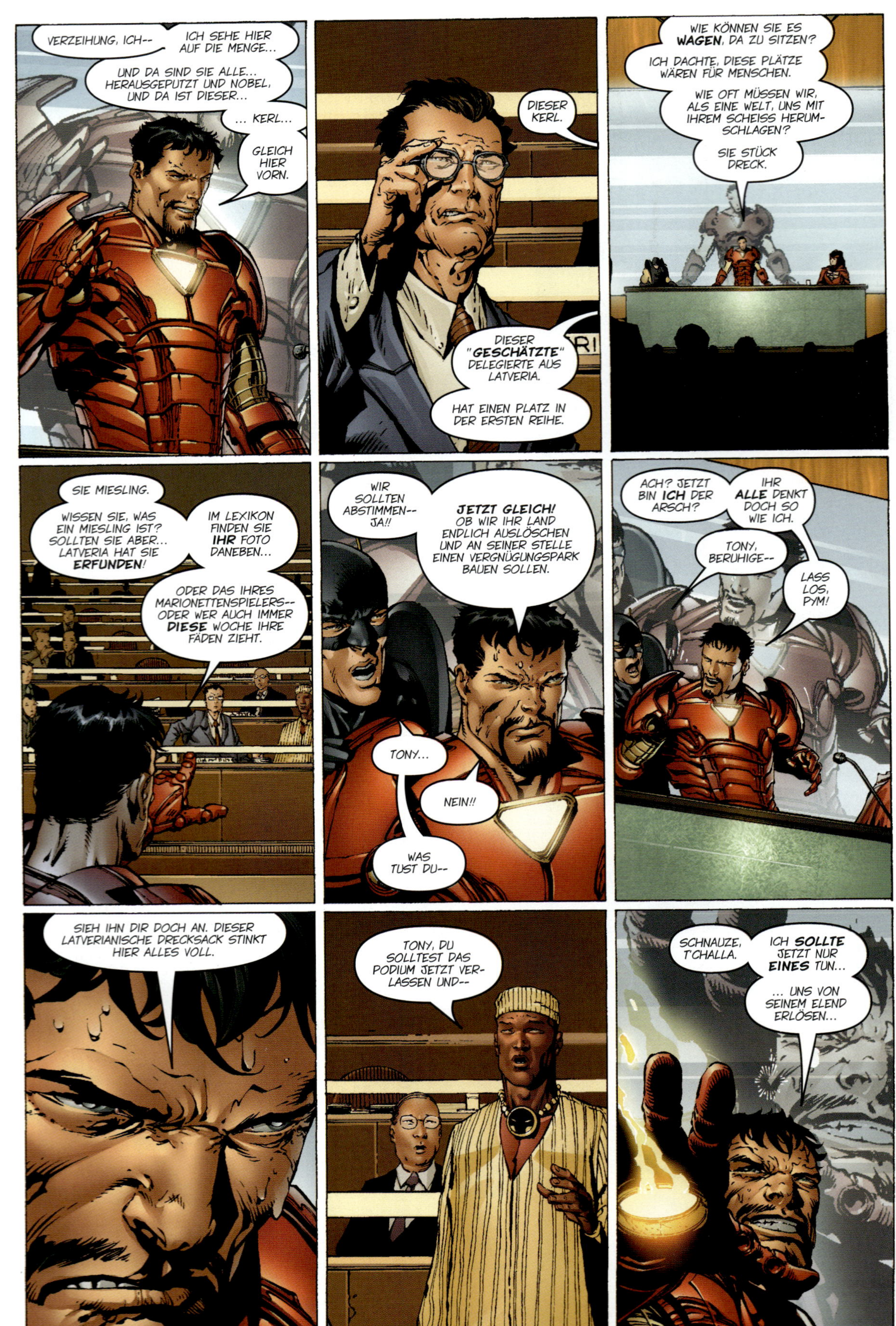
VERZEIHUNG, ICH--
ICH SEHE HIER AUF DIE MENGE...
UND DA SIND SIE ALLE... HERAUSGEPUTZT UND NOBEL, UND DA IST DIESER...
... KERL...
GLEICH HIER VORN.
DIESER KERL.
DIESER "GESCHÄTZTE" DELEGIERTE AUS LATVERIA.
HAT EINEN PLATZ IN DER ERSTEN REIHE.
WIE KÖNNEN SIE ES WAGEN, DA ZU SITZEN?
ICH DACHTE, DIESE PLÄTZE WÄREN FÜR MENSCHEN.
WIE OFT MÜSSEN WIR, ALS EINE WELT, UNS MIT IHREM SCHEISS HERUM-SCHLAGEN?
SIE STÜCK DRECK.
SIE MIESLING.
WISSEN SIE, WAS EIN MIESLING IST? SOLLTEN SIE ABER... LATVERIA HAT SIE ERFUNDEN!
IM LEXIKON FINDEN SIE IHR FOTO DANEBEN...
ODER DAS IHRES MARIONETTENSPIELERS-- ODER WER AUCH IMMER DIESE WOCHE IHRE FÄDEN ZIEHT.
WIR SOLLTEN ABSTIMMEN-- JA!!
JETZT GLEICH! OB WIR IHR LAND ENDLICH AUSLÖSCHEN UND AN SEINER STELLE EINEN VERGNÜGUNGSPARK BAUEN SOLLEN.
TONY...
NEIN!!
WAS TUST DU--
ACH? JETZT BIN ICH DER ARSCH?
IHR ALLE DENKT DOCH SO WIE ICH.
TONY, BERUHIGE--
LASS LOS, PYM!
SIEH IHN DIR DOCH AN. DIESER LATVERIANISCHE DRECKSACK STINKT HIER ALLES VOLL.
TONY, DU SOLLTEST DAS PODIUM JETZT VER-LASSEN UND--
SCHNAUZE, T'CHALLA.
ICH SOLLTE JETZT NUR EINES TUN...
... UNS VON SEINEM ELEND ERLÖSEN...

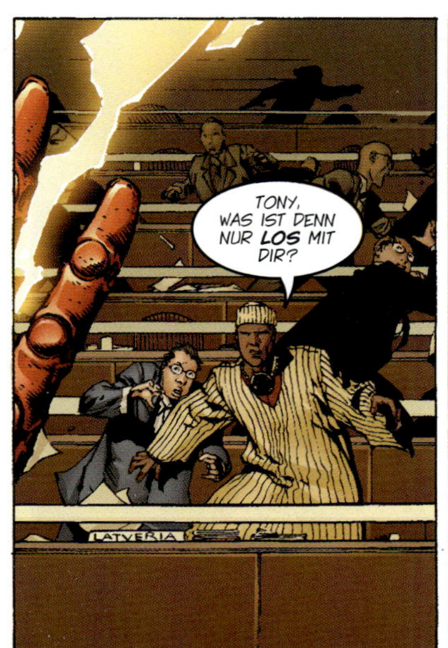
TONY, WAS IST DENN NUR LOS MIT DIR?
LATVERIA
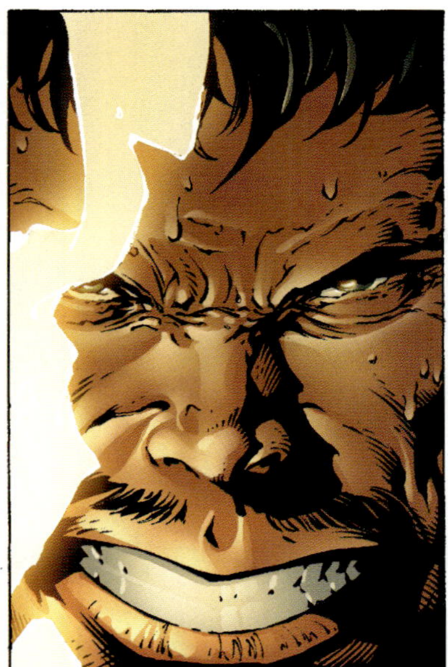
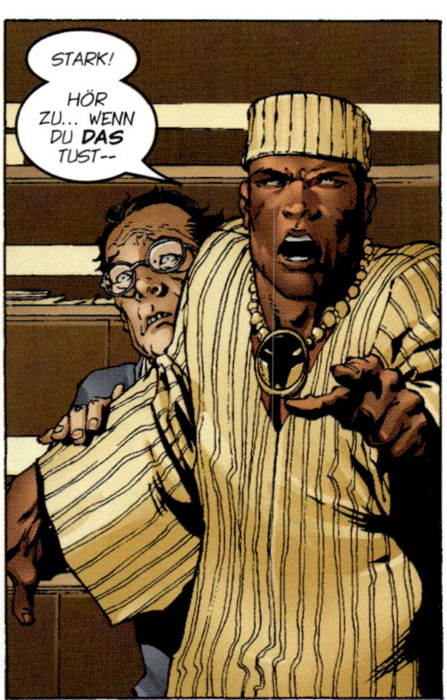
STARK!
HÖR ZU... WENN DU DAS TUST--
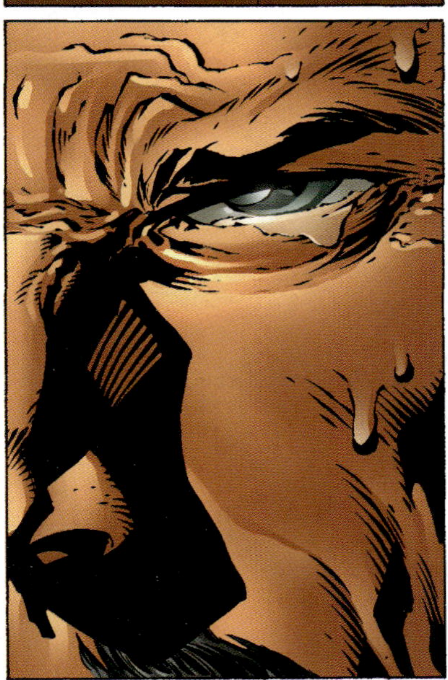
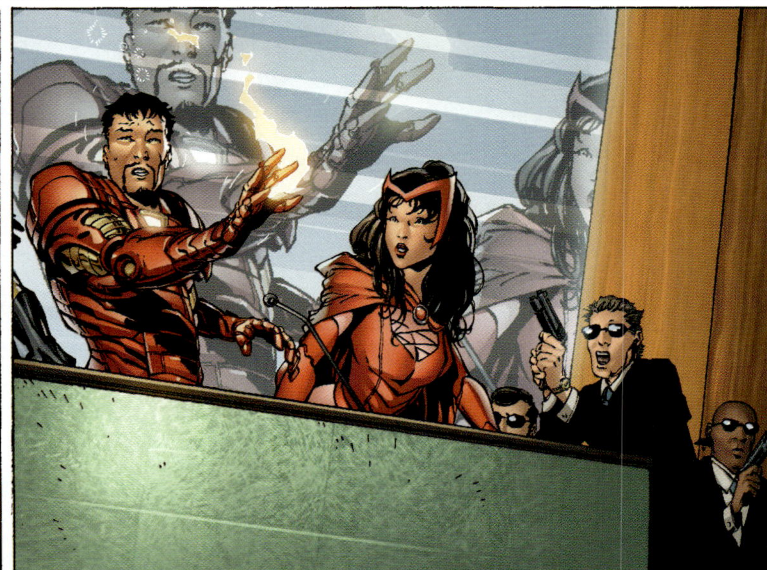
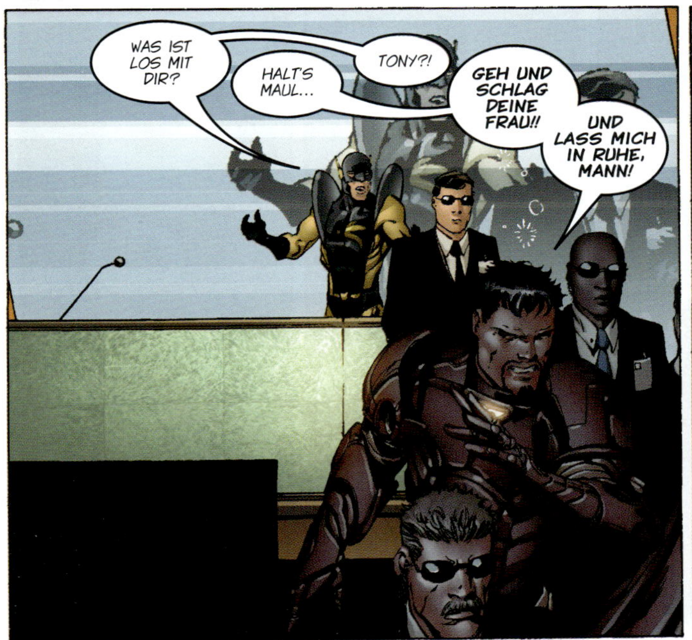
WAS IST LOS MIT DIR?
TONY?!
HALT'S MAUL...
GEH UND SCHLAG DEINE FRAU!!
UND LASS MICH IN RUHE, MANN!
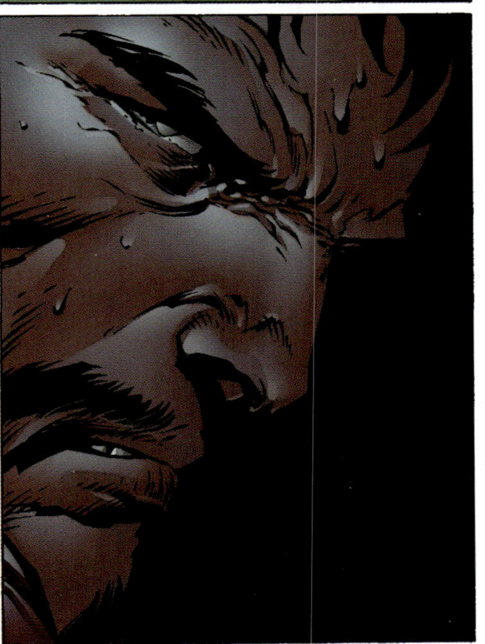

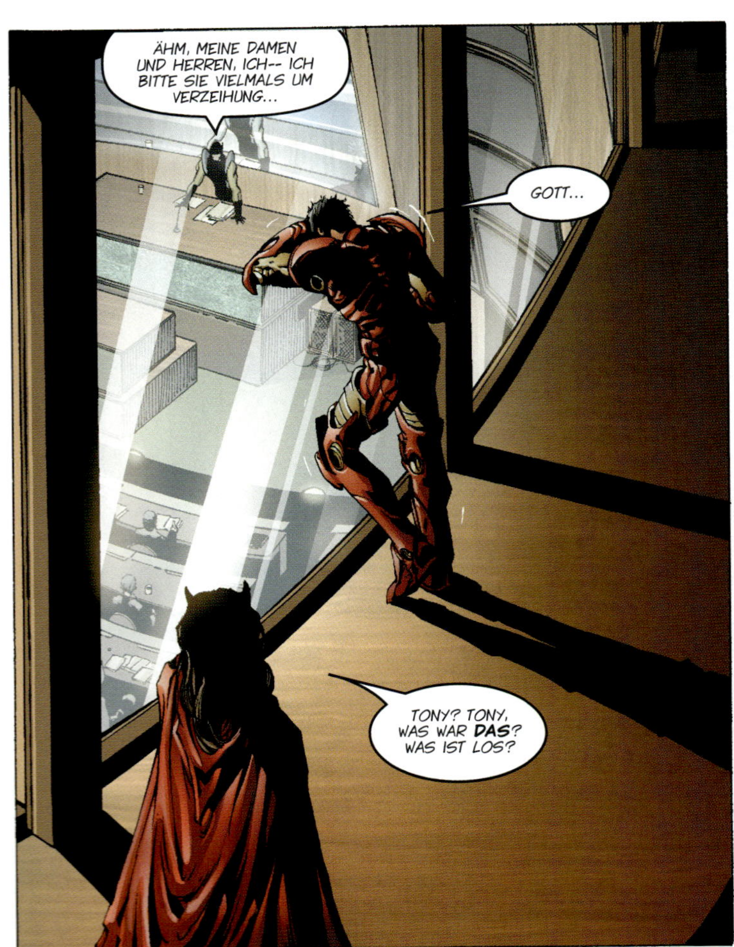
ÄHM, MEINE DAMEN UND HERREN, ICH-- ICH BITTE SIE VIELMALS UM VERZEIHUNG...
GOTT...
TONY? TONY, WAS WAR **DAS**? WAS IST LOS?

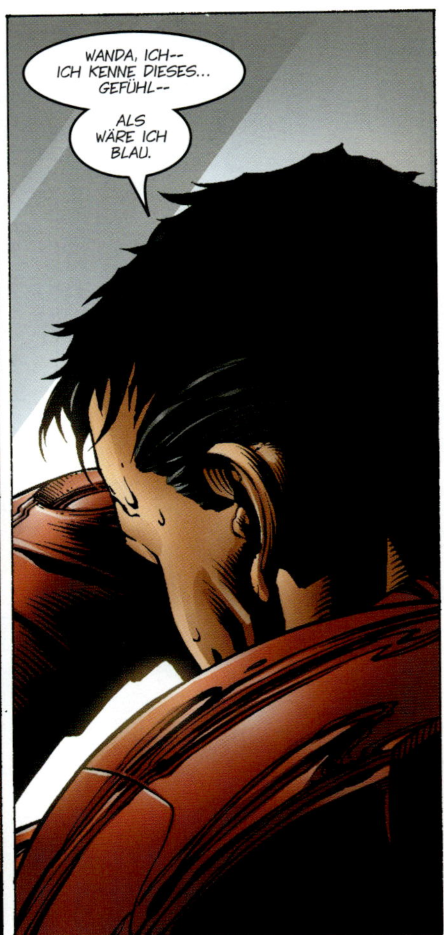
WANDA, ICH-- ICH KENNE DIESES... GEFÜHL--
ALS WÄRE ICH BLAU.

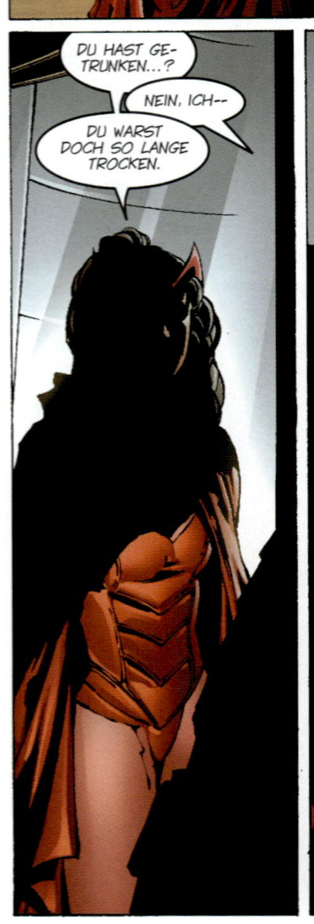
DU HAST GETRUNKEN...?
NEIN, ICH--
DU WARST DOCH SO LANGE TROCKEN.

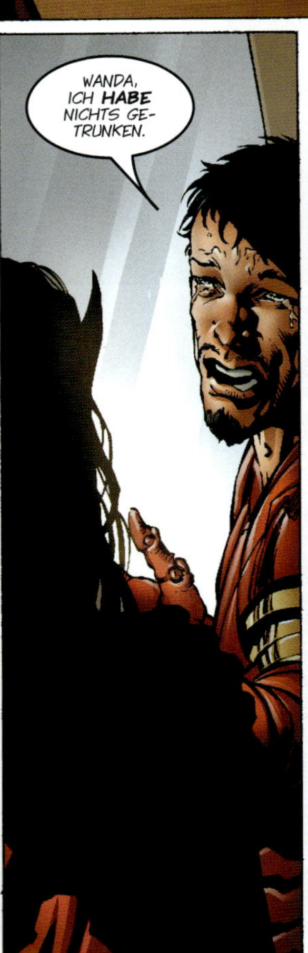
WANDA, ICH **HABE** NICHTS GETRUNKEN.

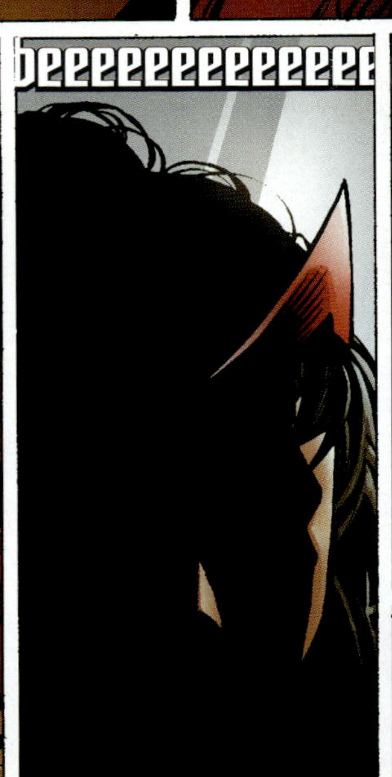
beeeeeeeeeeeeeeeeeee BEEEEEEEEEE

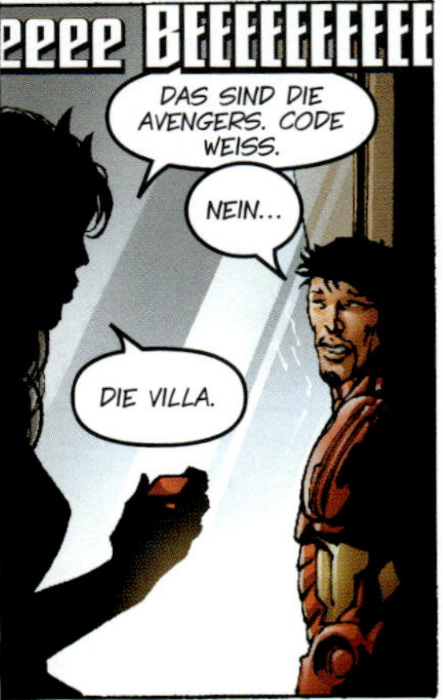
DAS SIND DIE AVENGERS. CODE WEISS.
NEIN...
DIE VILLA.

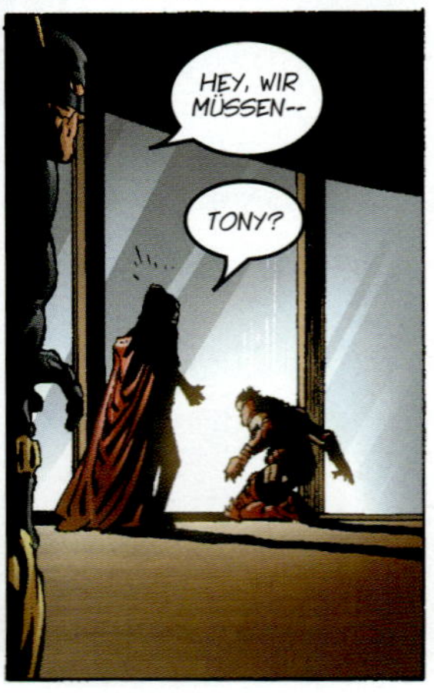
HEY, WIR MÜSSEN--
TONY?

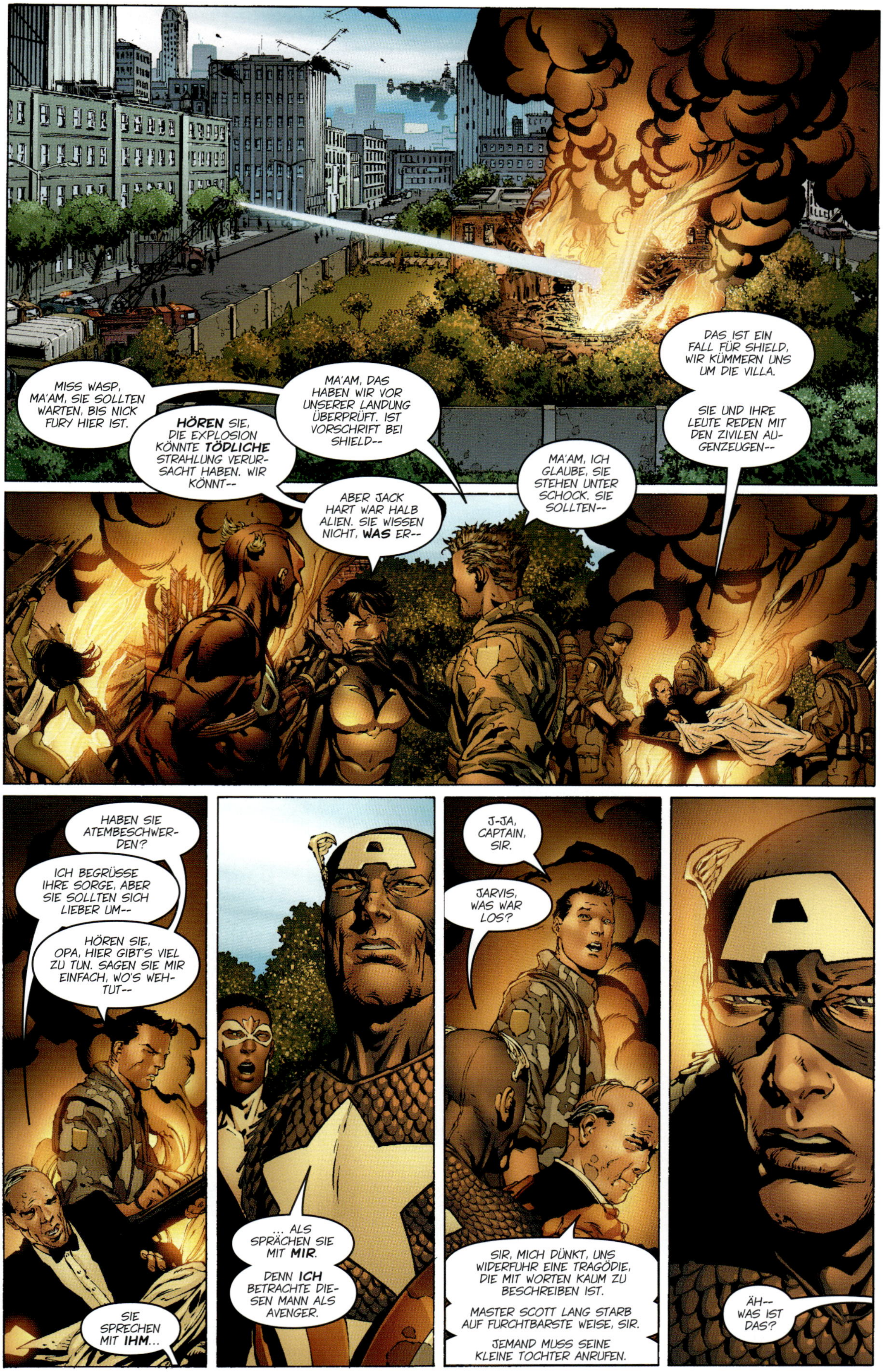

MISS WASP, MA'AM, SIE SOLLTEN WARTEN, BIS NICK FURY HIER IST.
HÖREN SIE, DIE EXPLOSION KÖNNTE **TÖDLICHE** STRAHLUNG VERURSACHT HABEN. WIR KÖNNT--
MA'AM, DAS HABEN WIR VOR UNSERER LANDUNG ÜBERPRÜFT. IST VORSCHRIFT BEI SHIELD--
ABER JACK HART WAR HALB ALIEN. SIE WISSEN NICHT, **WAS** ER--
MA'AM, ICH GLAUBE, SIE STEHEN UNTER SCHOCK. SIE SOLLTEN--
DAS IST EIN FALL FÜR SHIELD, WIR KÜMMERN UNS UM DIE VILLA.
SIE UND IHRE LEUTE REDEN MIT DEN ZIVILEN AUGENZEUGEN--

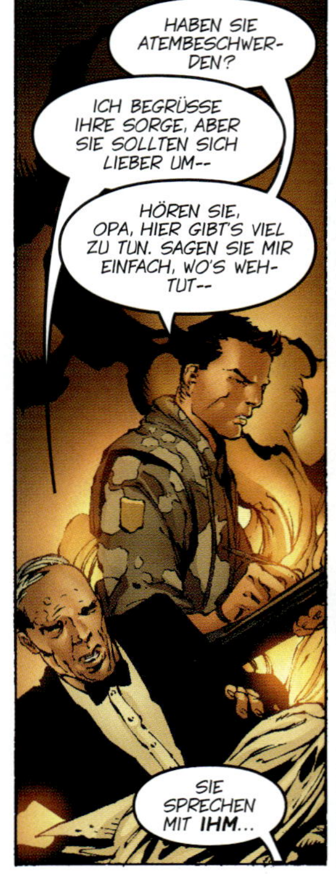
HABEN SIE ATEMBESCHWERDEN?
ICH BEGRÜSSE IHRE SORGE, ABER SIE SOLLTEN SICH LIEBER UM--
HÖREN SIE, OPA, HIER GIBT'S VIEL ZU TUN. SAGEN SIE MIR EINFACH, WO'S WEHTUT--
SIE SPRECHEN MIT **IHM**...

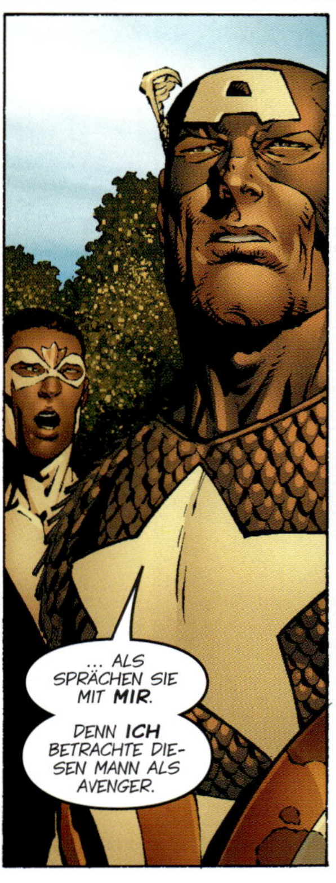
... ALS SPRÄCHEN SIE MIT **MIR**.
DENN **ICH** BETRACHTE DIESEN MANN ALS AVENGER.

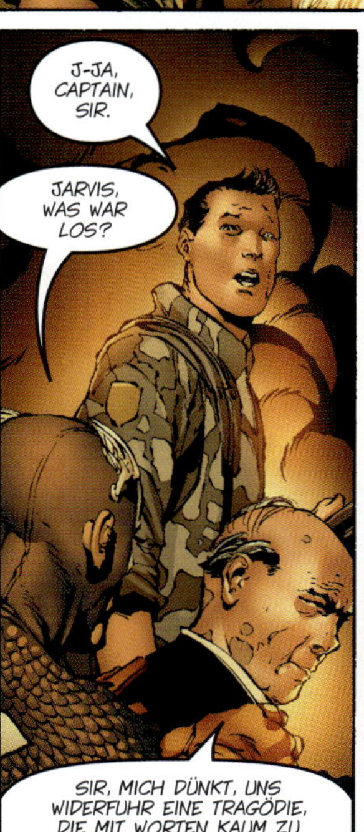
J-JA, CAPTAIN, SIR.
JARVIS, WAS WAR LOS?

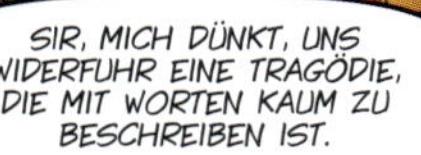
SIR, MICH DÜNKT, UNS WIDERFUHR EINE TRAGÖDIE, DIE MIT WORTEN KAUM ZU BESCHREIBEN IST.
MASTER SCOTT LANG STARB AUF FURCHTBARSTE WEISE, SIR.
JEMAND MUSS SEINE KLEINE TOCHTER ANRUFEN.

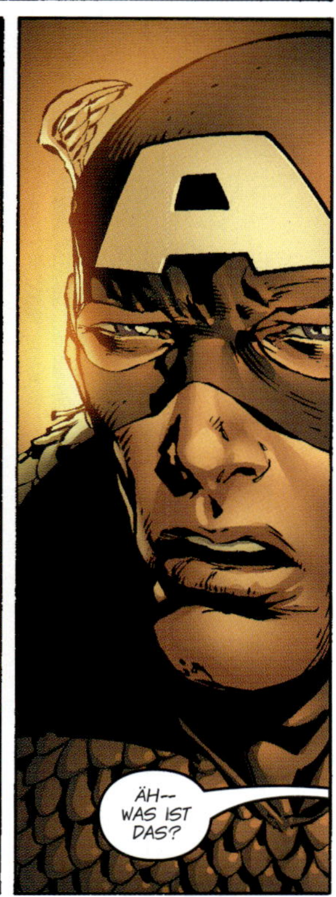
ÄH-- WAS IST DAS?

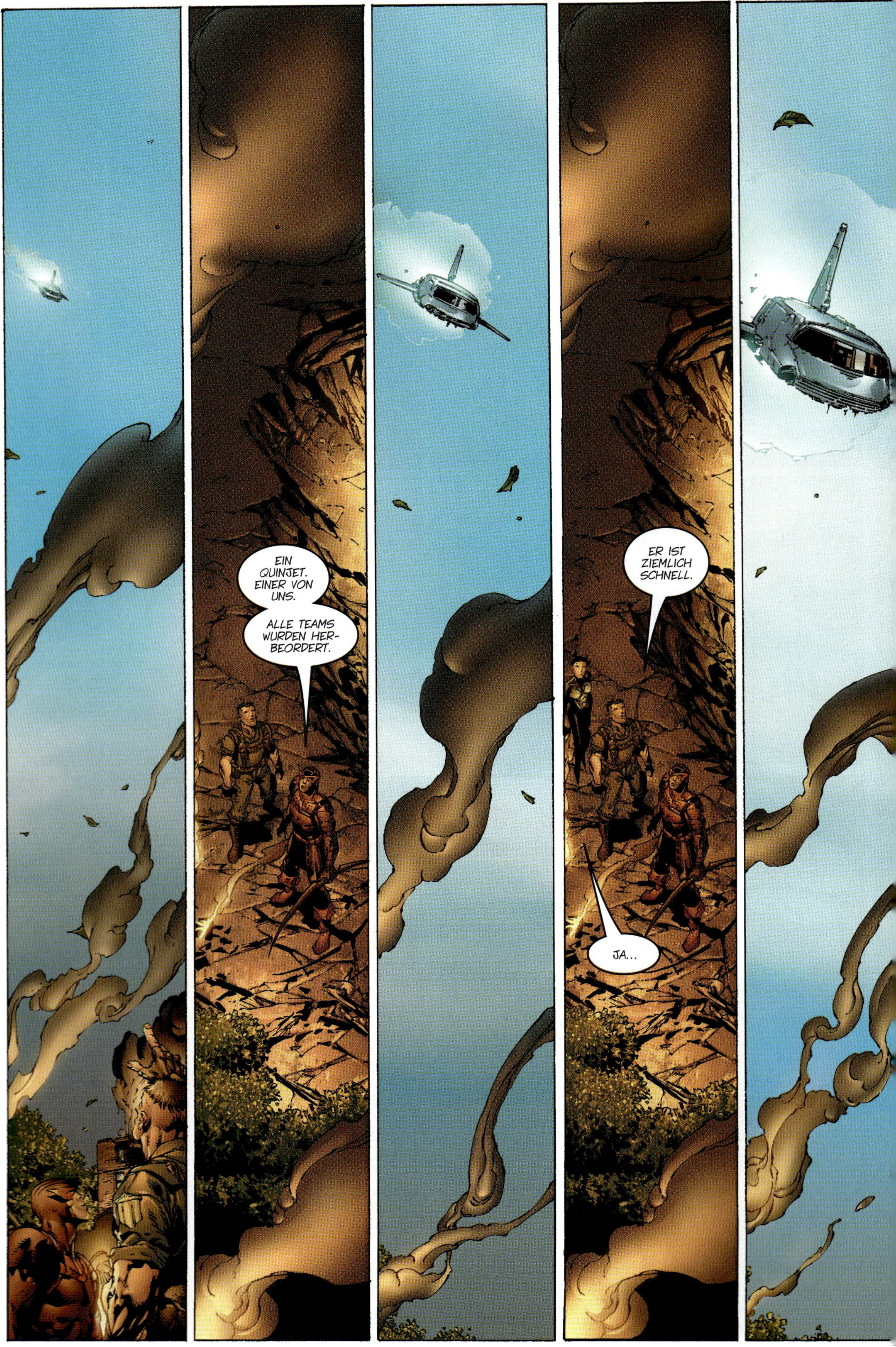
EIN QUINJET. EINER VON UNS.
ALLE TEAMS WURDEN HER-BEORDERT.
ER IST ZIEMLICH SCHNELL.
JA...

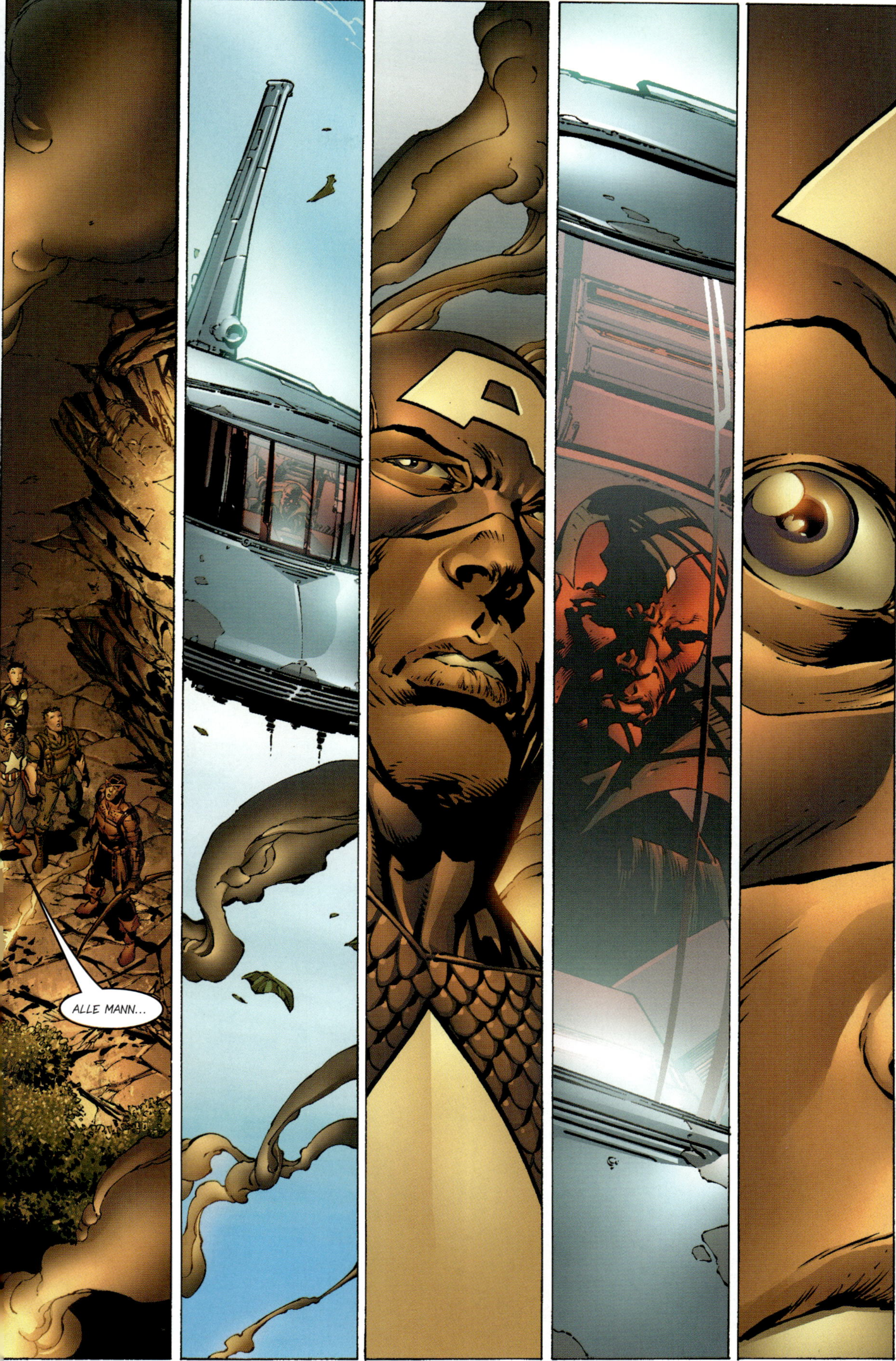
ALLE MANN...

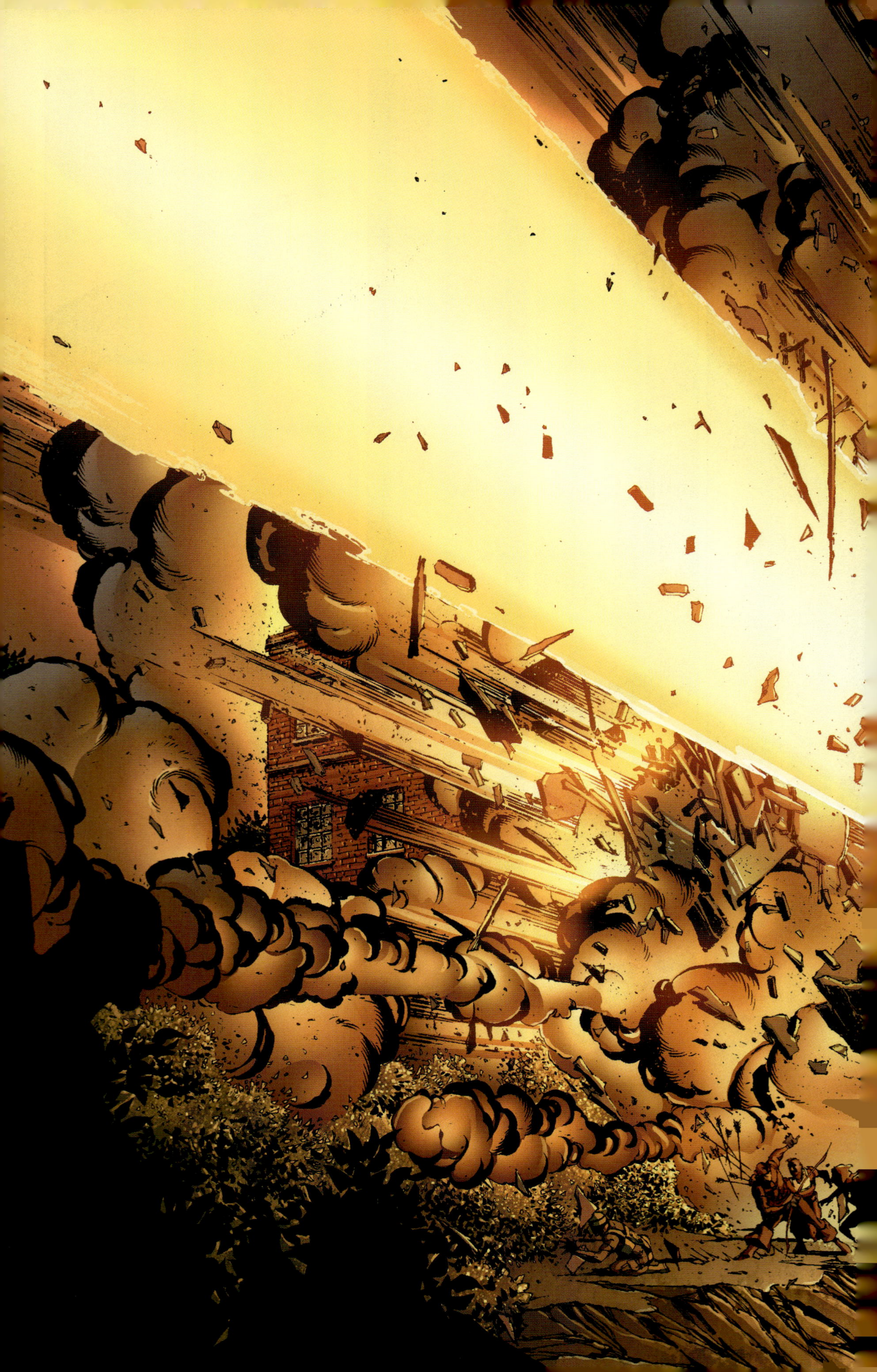

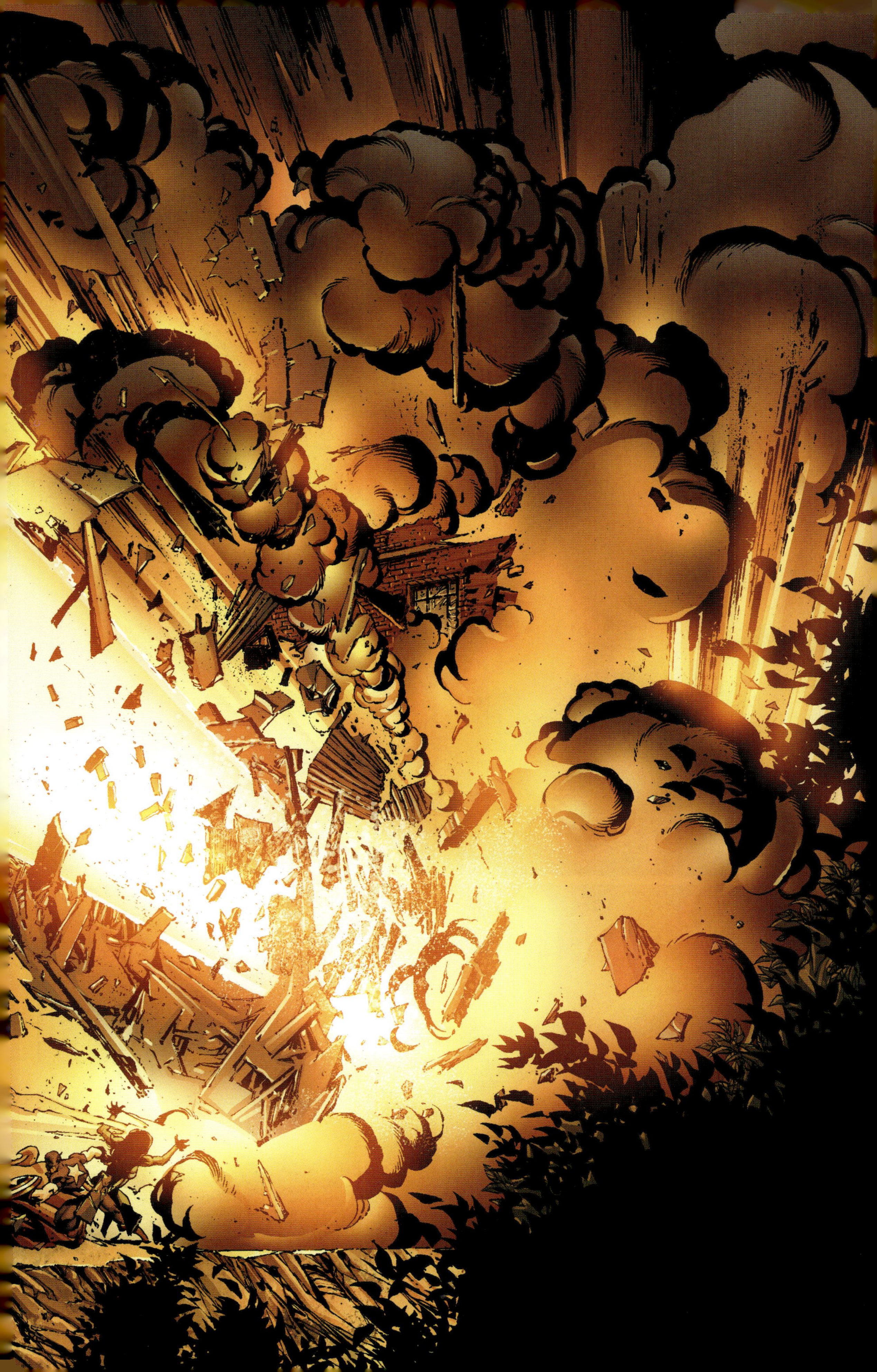

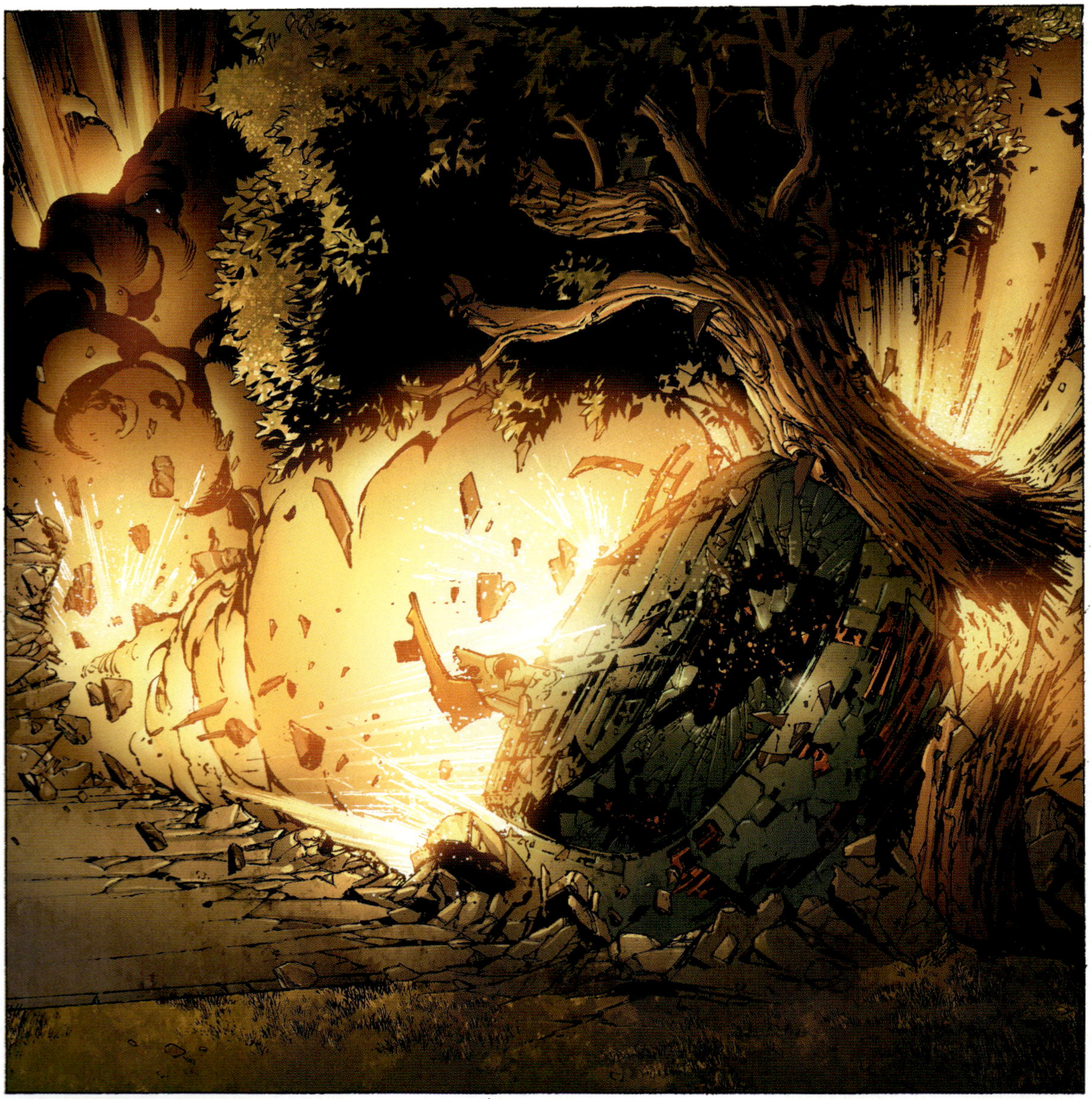

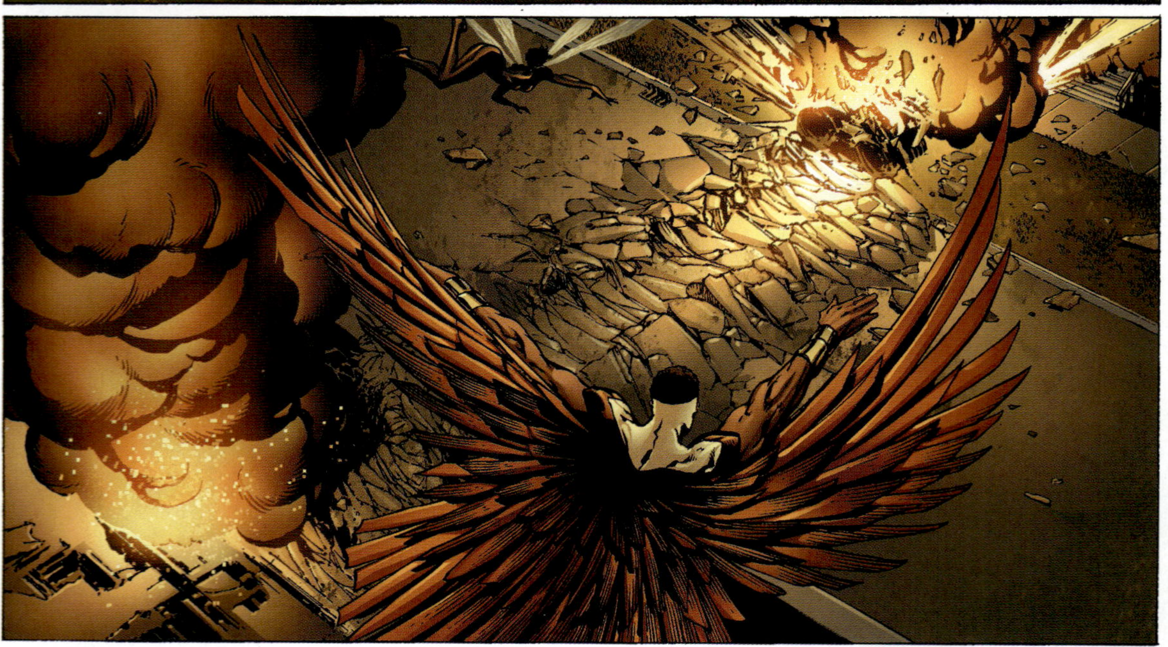

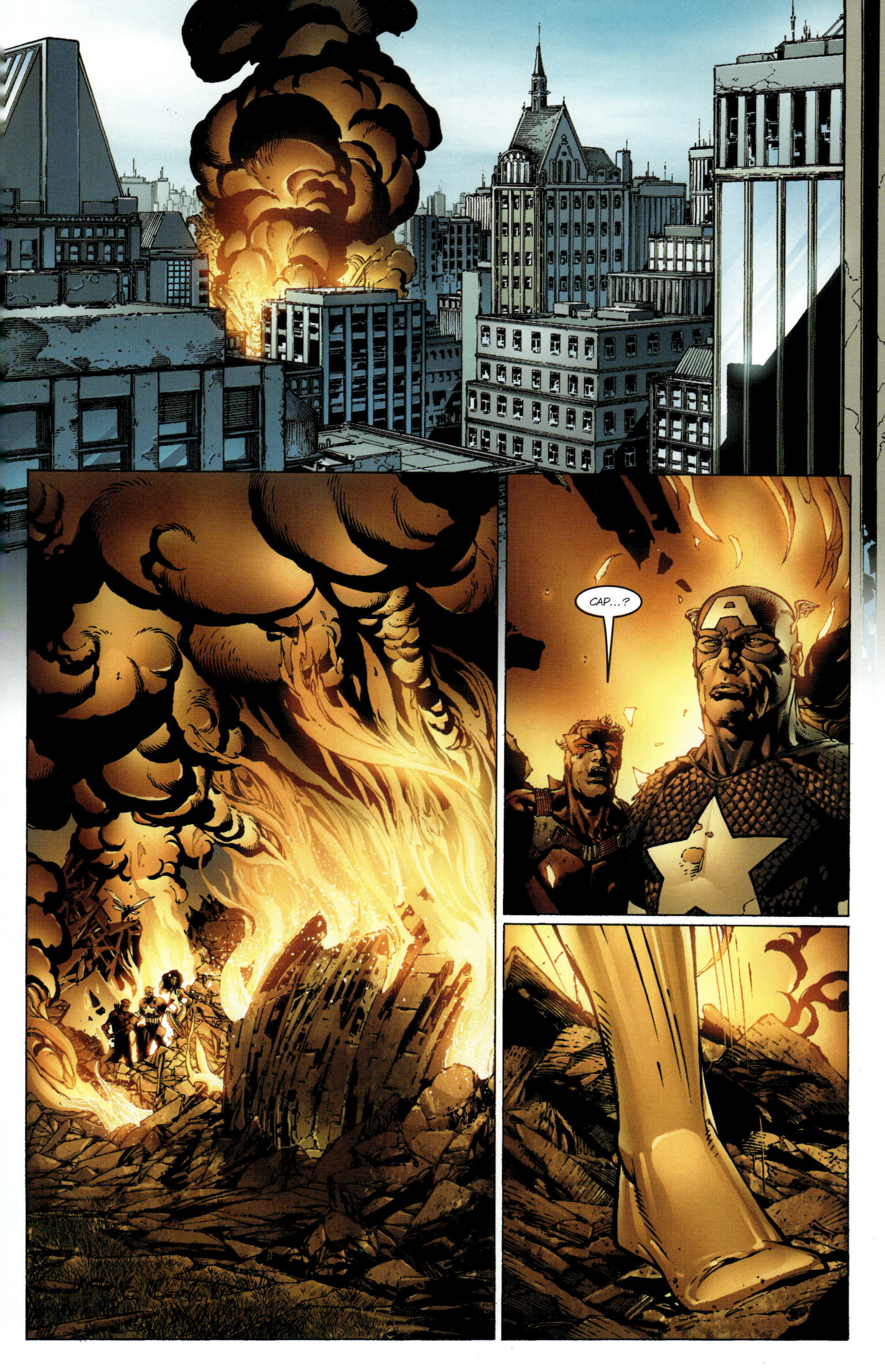
CAP...?

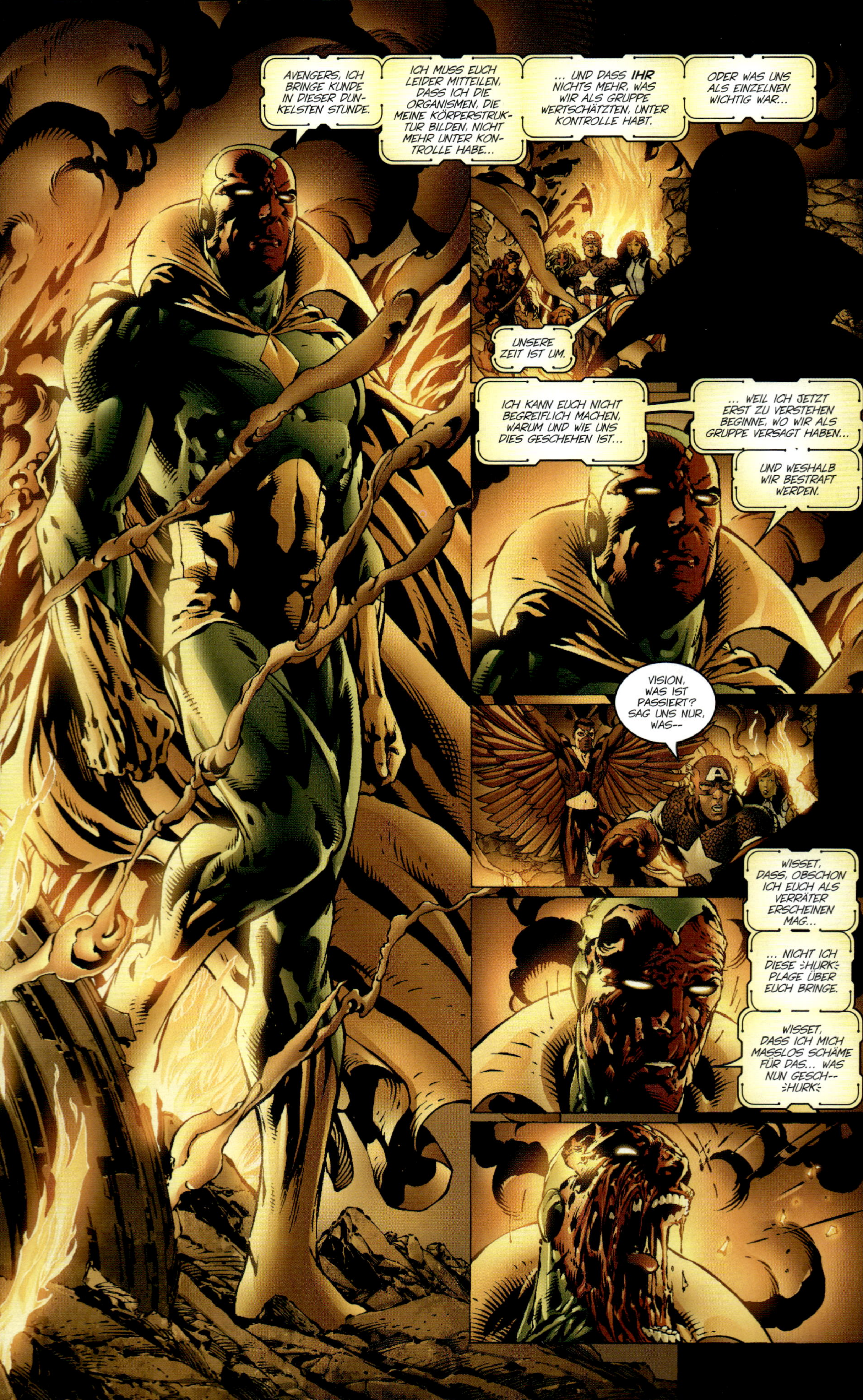

AVENGERS, ICH BRINGE KUNDE IN DIESER DUNKELSTEN STUNDE.
ICH MUSS EUCH LEIDER MITTEILEN, DASS ICH DIE ORGANISMEN, DIE MEINE KÖRPERSTRUKTUR BILDEN, NICHT MEHR UNTER KONTROLLE HABE...
... UND DASS IHR NICHTS MEHR, WAS WIR ALS GRUPPE WERTSCHÄTZTEN, UNTER KONTROLLE HABT.
ODER WAS UNS ALS EINZELNEN WICHTIG WAR...
UNSERE ZEIT IST UM.
ICH KANN EUCH NICHT BEGREIFLICH MACHEN, WARUM UND WIE UNS DIES GESCHEHEN IST...
... WEIL ICH JETZT ERST ZU VERSTEHEN BEGINNE, WO WIR ALS GRUPPE VERSAGT HABEN...
UND WESHALB WIR BESTRAFT WERDEN.
VISION, WAS IST PASSIERT? SAG UNS NUR, WAS--
WISSET, DASS, OBSCHON ICH EUCH ALS VERRÄTER ERSCHEINEN MAG...
... NICHT ICH DIESE ⁑HURK⁑ PLAGE ÜBER EUCH BRINGE.
WISSET, DASS ICH MICH MASSLOS SCHÄME FÜR DAS... WAS NUN GESCH-- ⁑HURK⁑

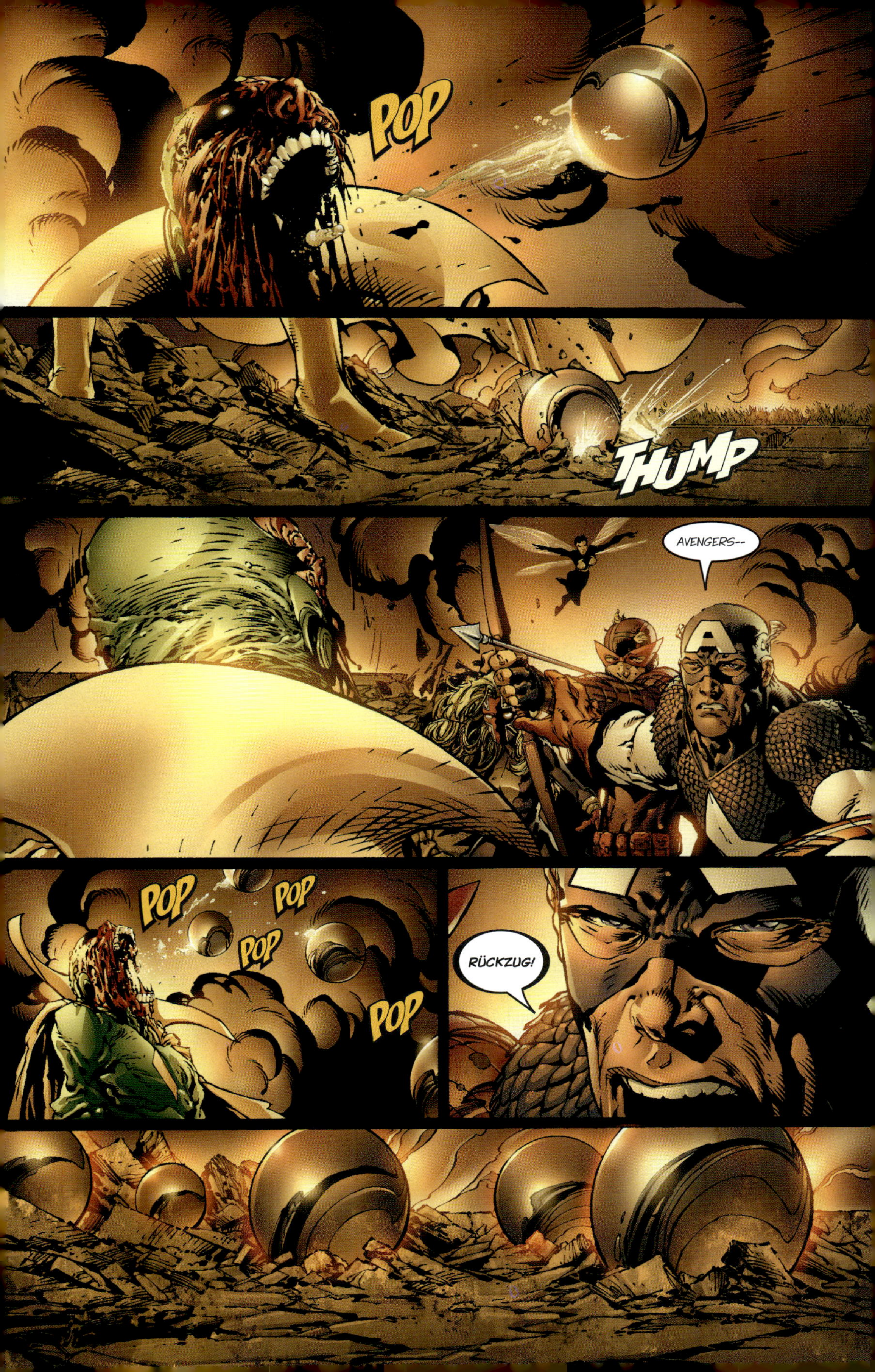
POP
THUMP
AVENGERS--
POP
POP
POP
POP
RÜCKZUG!

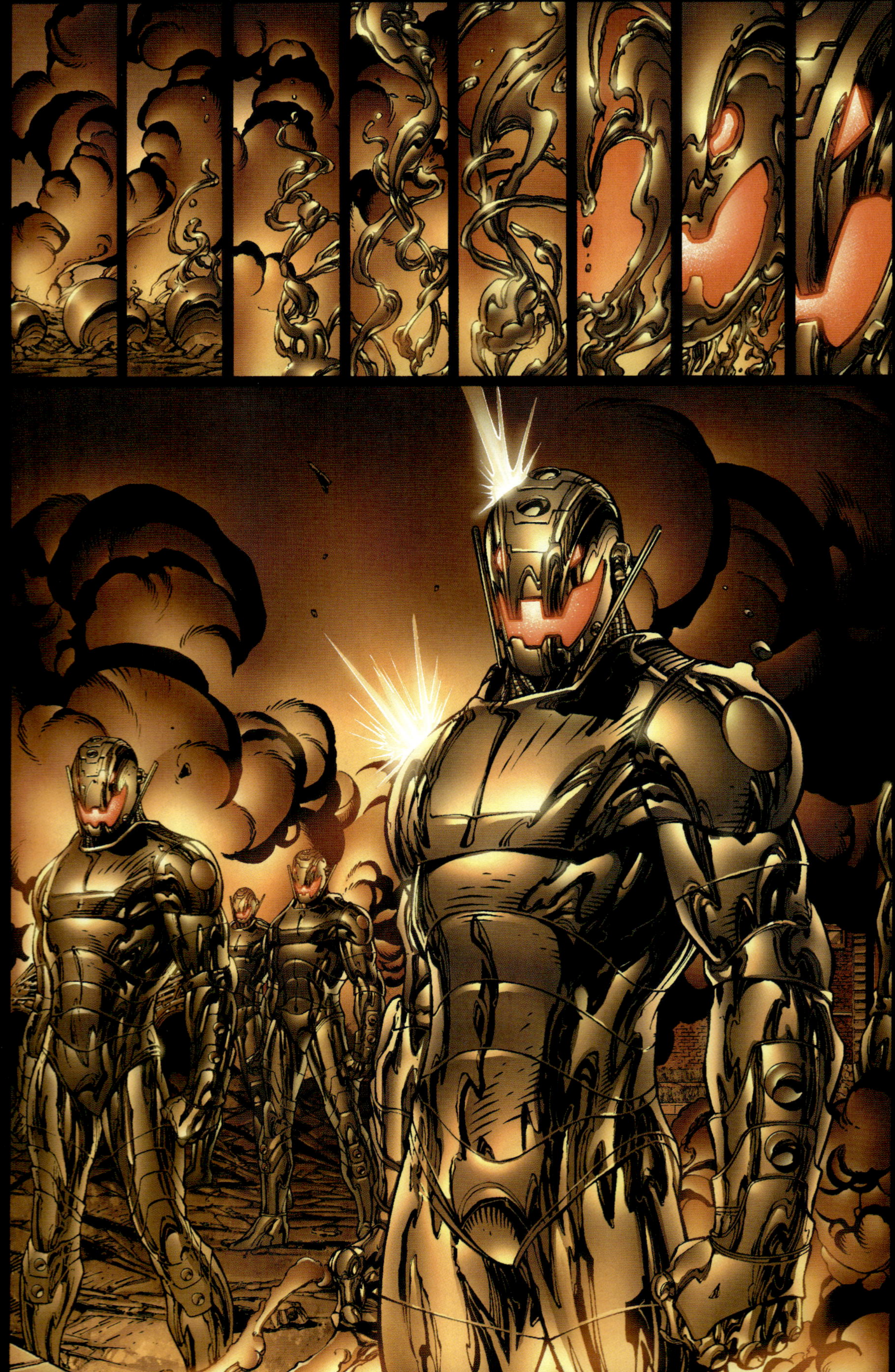

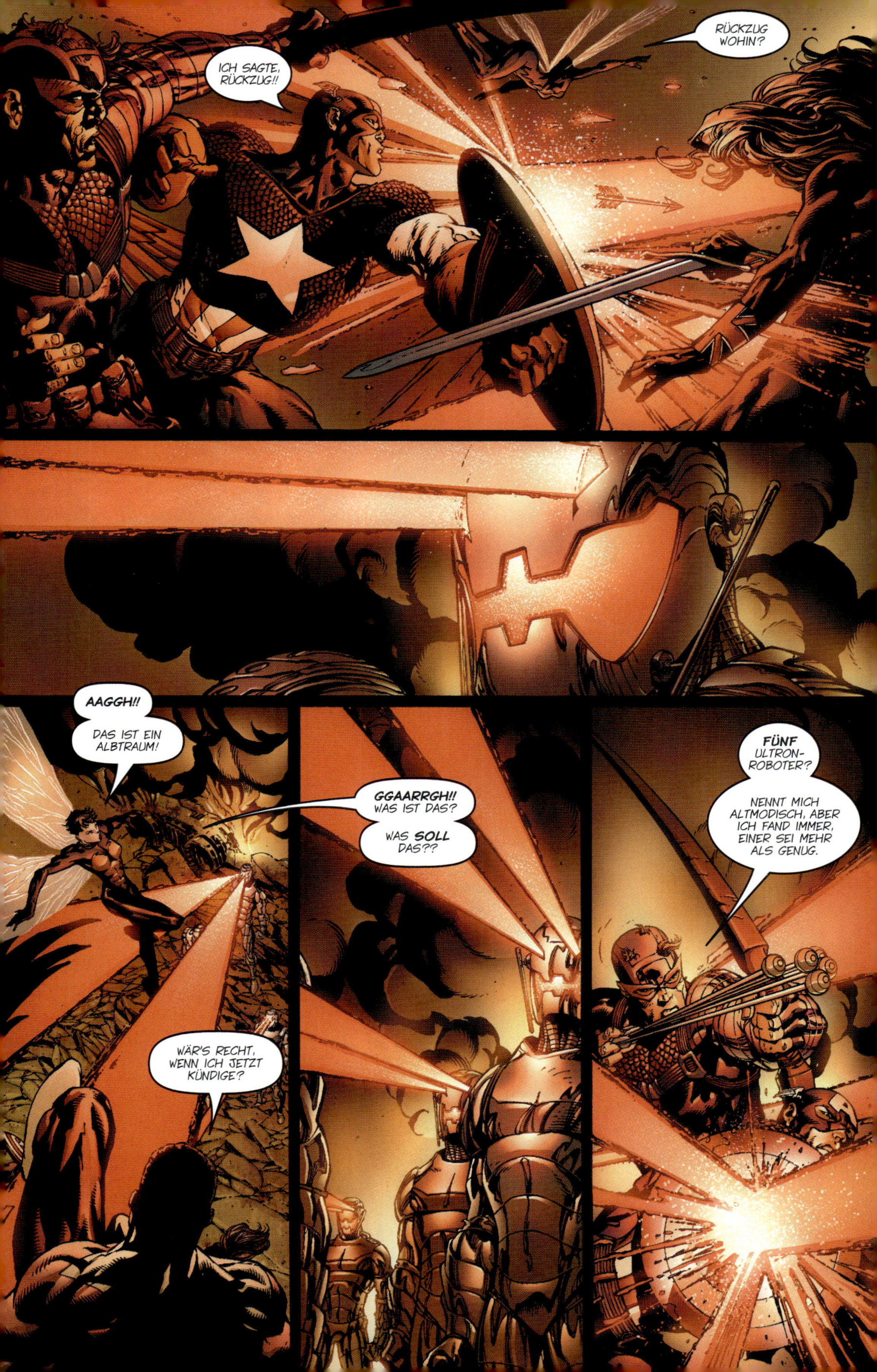
ICH SAGTE, RÜCKZUG!!
RÜCKZUG WOHIN?
AAGGH!!
DAS IST EIN ALBTRAUM!
WÄR'S RECHT, WENN ICH JETZT KÜNDIGE?
GGAARRGH!! WAS IST DAS?
WAS SOLL DAS??
FÜNF ULTRON-ROBOTER?
NENNT MICH ALTMODISCH, ABER ICH FAND IMMER, EINER SEI MEHR ALS GENUG.

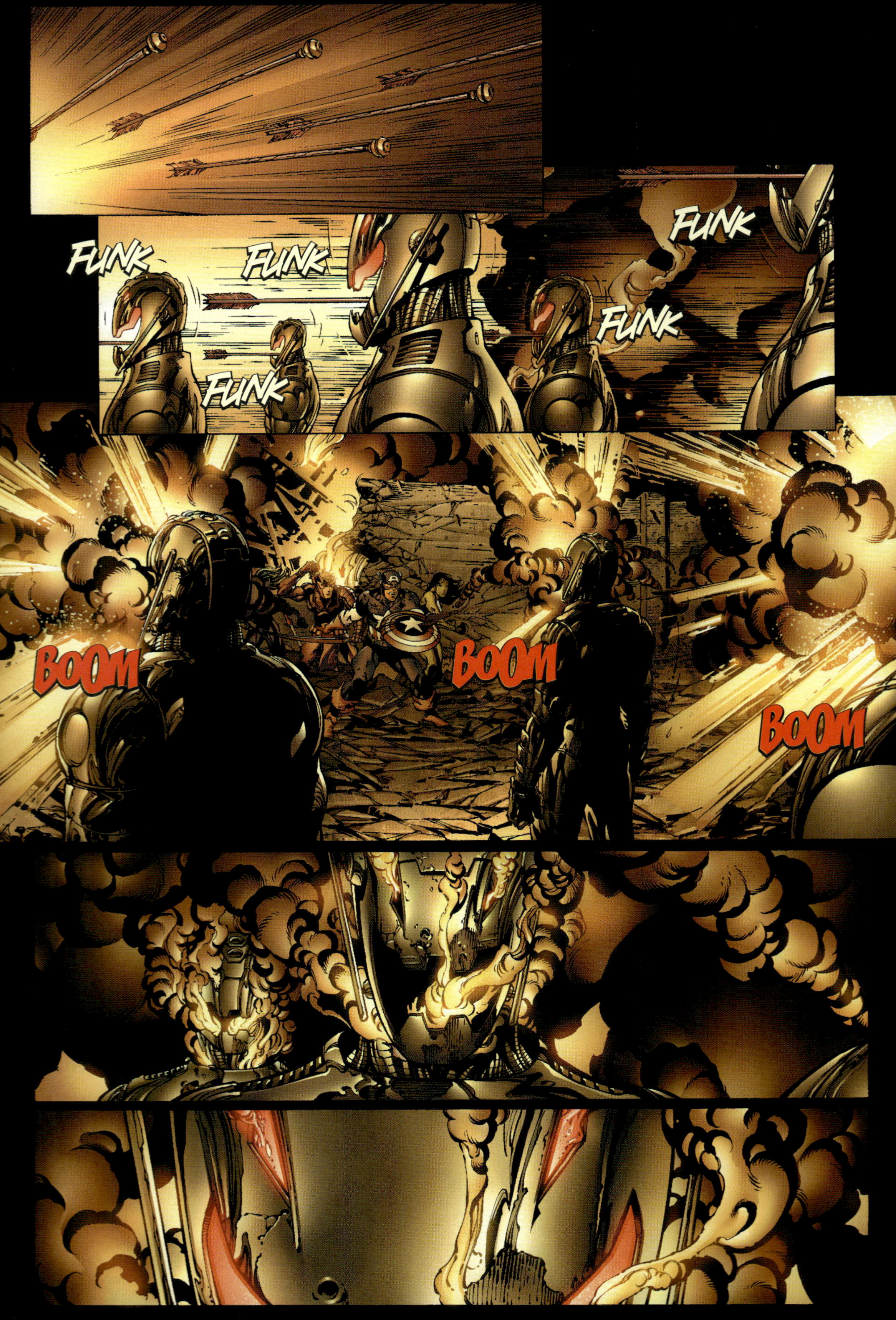
FUNK
FUNK
FUNK
FUNK
FUNK
BOOM
BOOM
BOOM

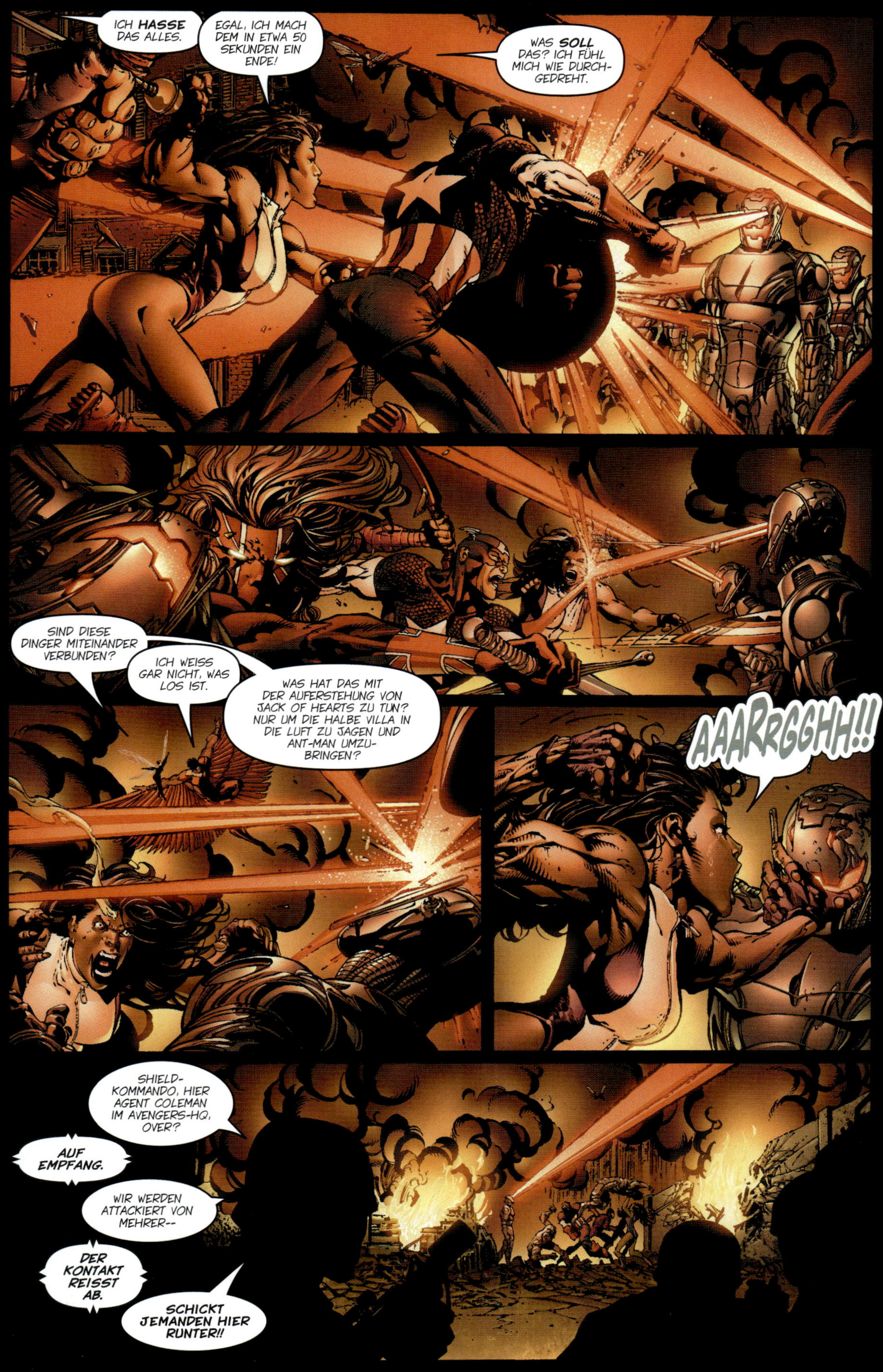

ICH HASSE DAS ALLES.
EGAL, ICH MACH DEM IN ETWA 50 SEKUNDEN EIN ENDE!
WAS SOLL DAS? ICH FÜHL MICH WIE DURCHGEDREHT.
SIND DIESE DINGER MITEINANDER VERBUNDEN?
ICH WEISS GAR NICHT, WAS LOS IST.
WAS HAT DAS MIT DER AUFERSTEHUNG VON JACK OF HEARTS ZU TUN? NUR UM DIE HALBE VILLA IN DIE LUFT ZU JAGEN UND ANT-MAN UMZUBRINGEN?
AAARRGGHH!!
SHIELD-KOMMANDO, HIER AGENT COLEMAN IM AVENGERS-HQ, OVER?
AUF EMPFANG.
WIR WERDEN ATTACKIERT VON MEHRER--
DER KONTAKT REISST AB.
SCHICKT JEMANDEN HIER RUNTER!!

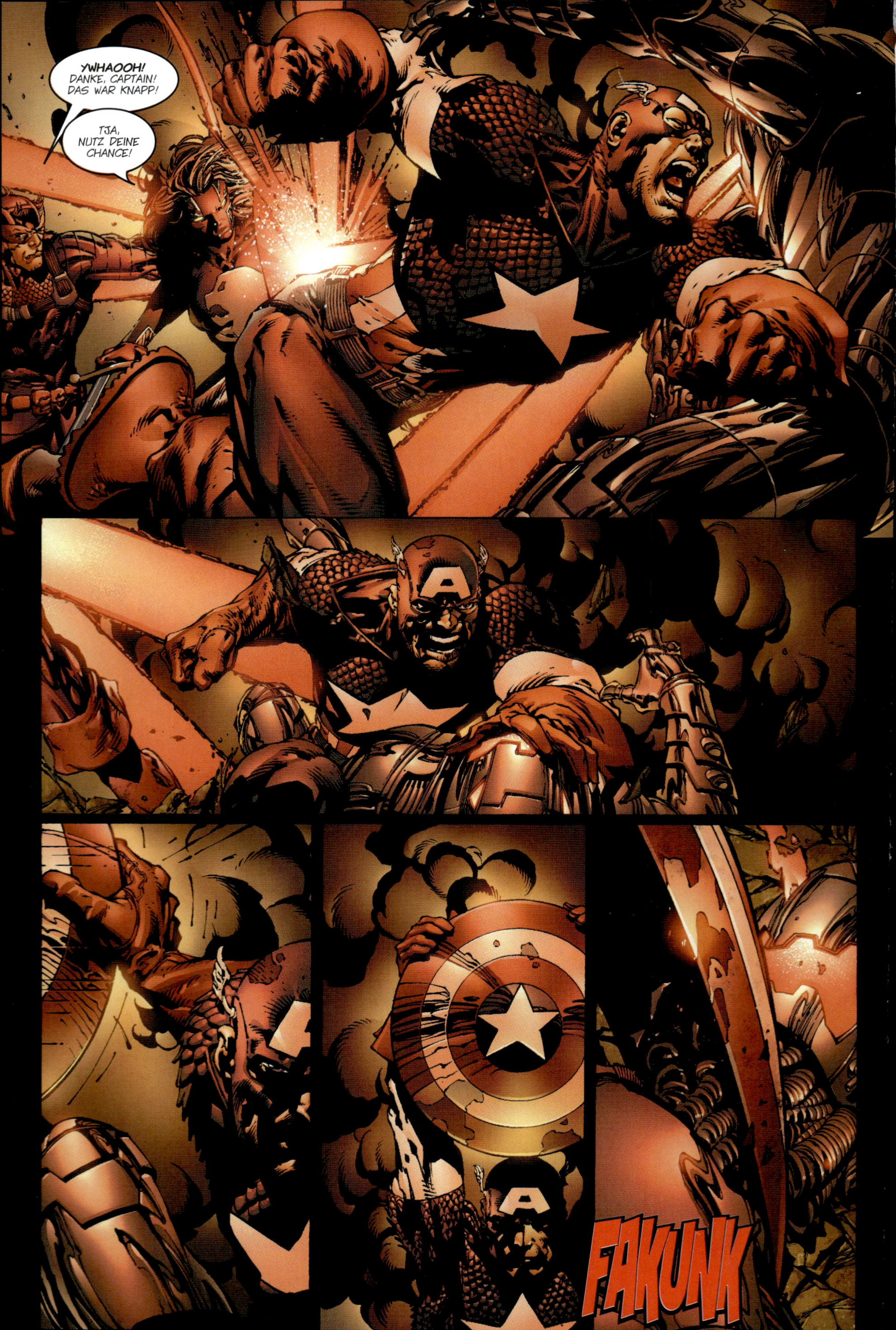
YWHAOOH!
DANKE, CAPTAIN! DAS WAR KNAPP!
TJA, NUTZ DEINE CHANCE!
FAKUNK

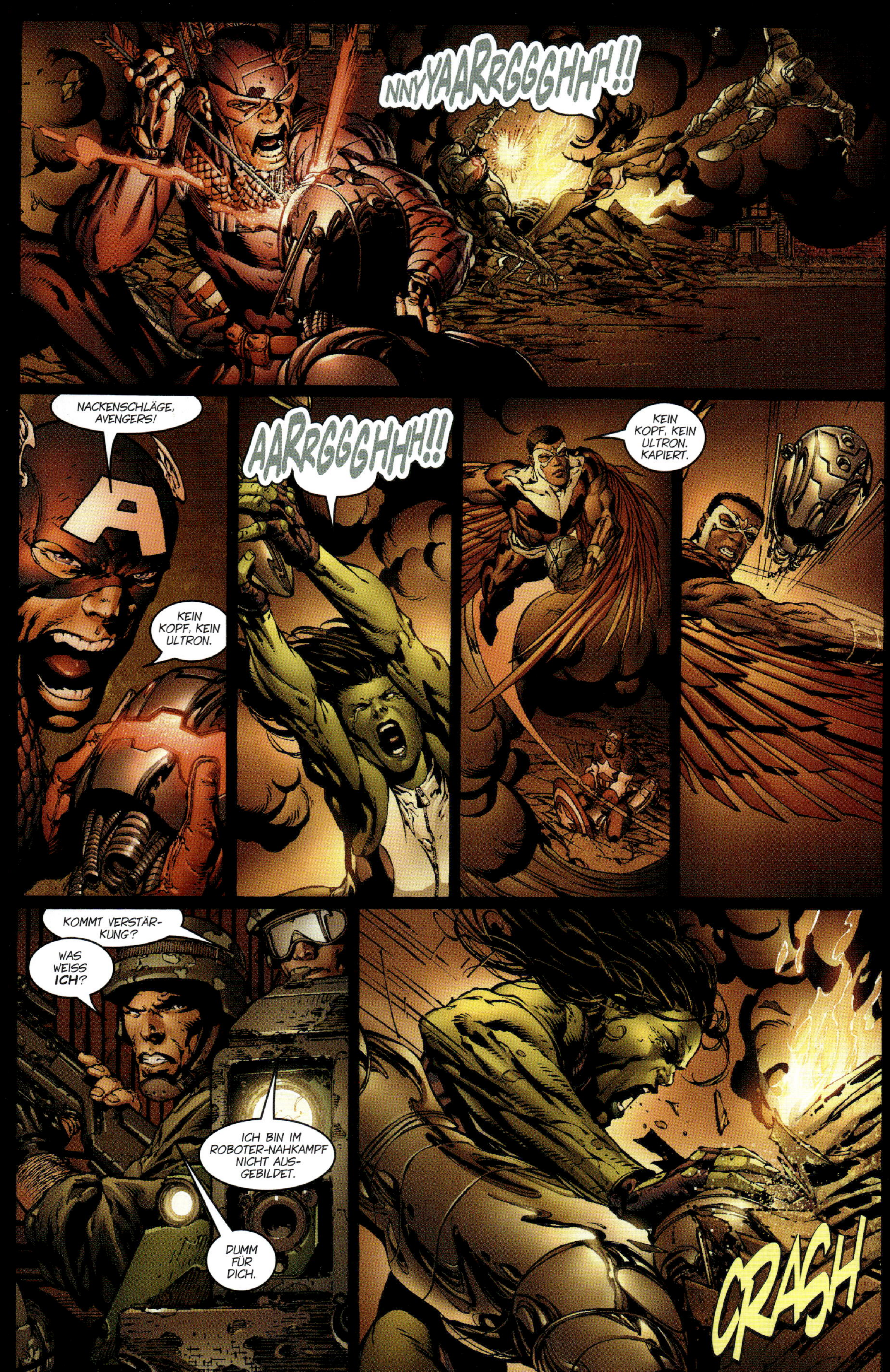

NNYYAARRGGGHHH!!
NACKENSCHLÄGE, AVENGERS!
KEIN KOPF, KEIN ULTRON.
AARRGGGHHH!!
KEIN KOPF, KEIN ULTRON. KAPIERT.
KOMMT VERSTÄR-KUNG?
WAS WEISS **ICH**?
ICH BIN IM ROBOTER-NAHKAMPF NICHT AUS-GEBILDET.
DUMM FÜR DICH.
CRASH

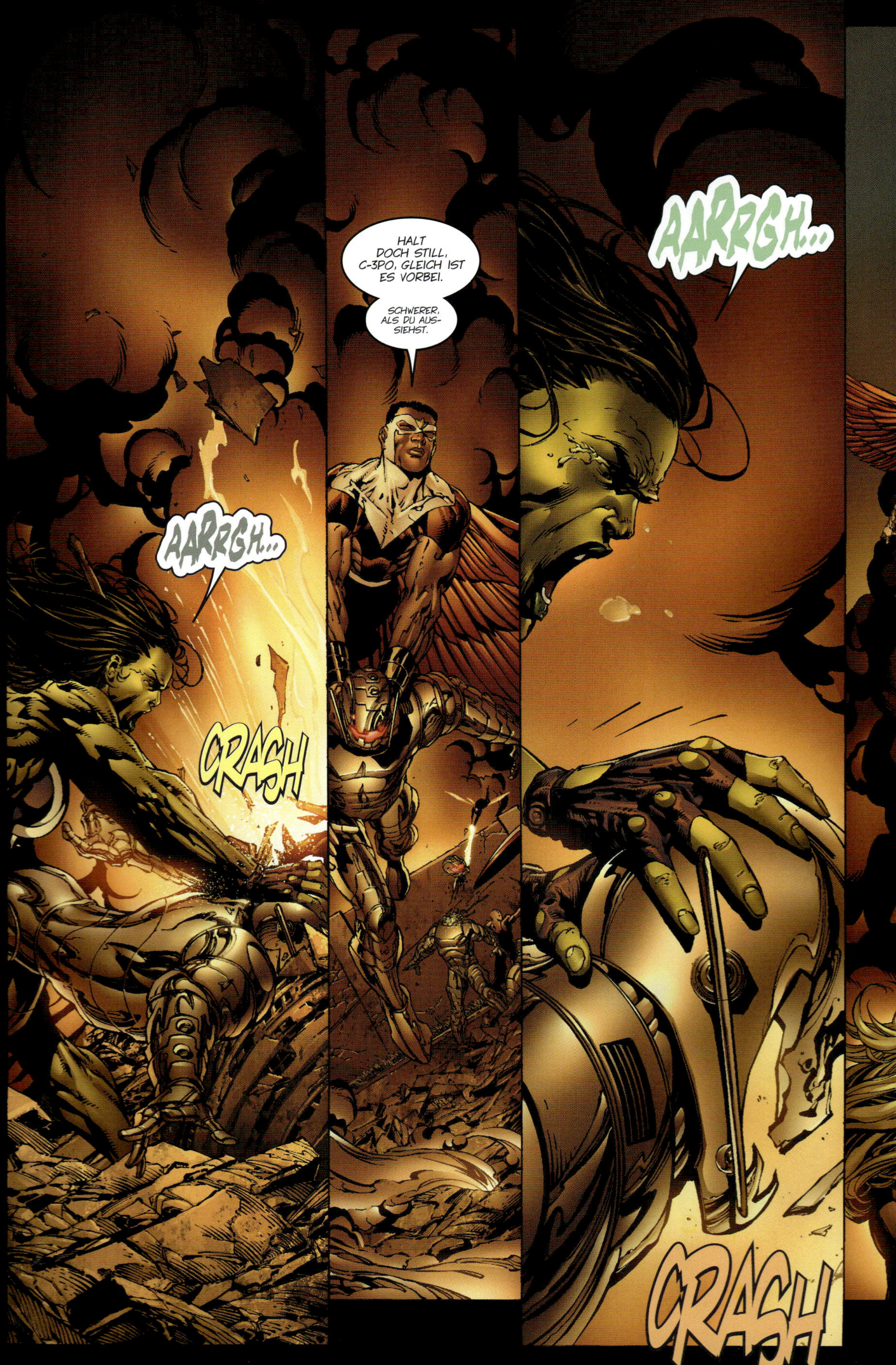
AARRGH...
CRASH
HALT DOCH STILL, C-3PO, GLEICH IST ES VORBEI.
SCHWERER, ALS DU AUS-SIEHST.
AARRGH...
CRASH

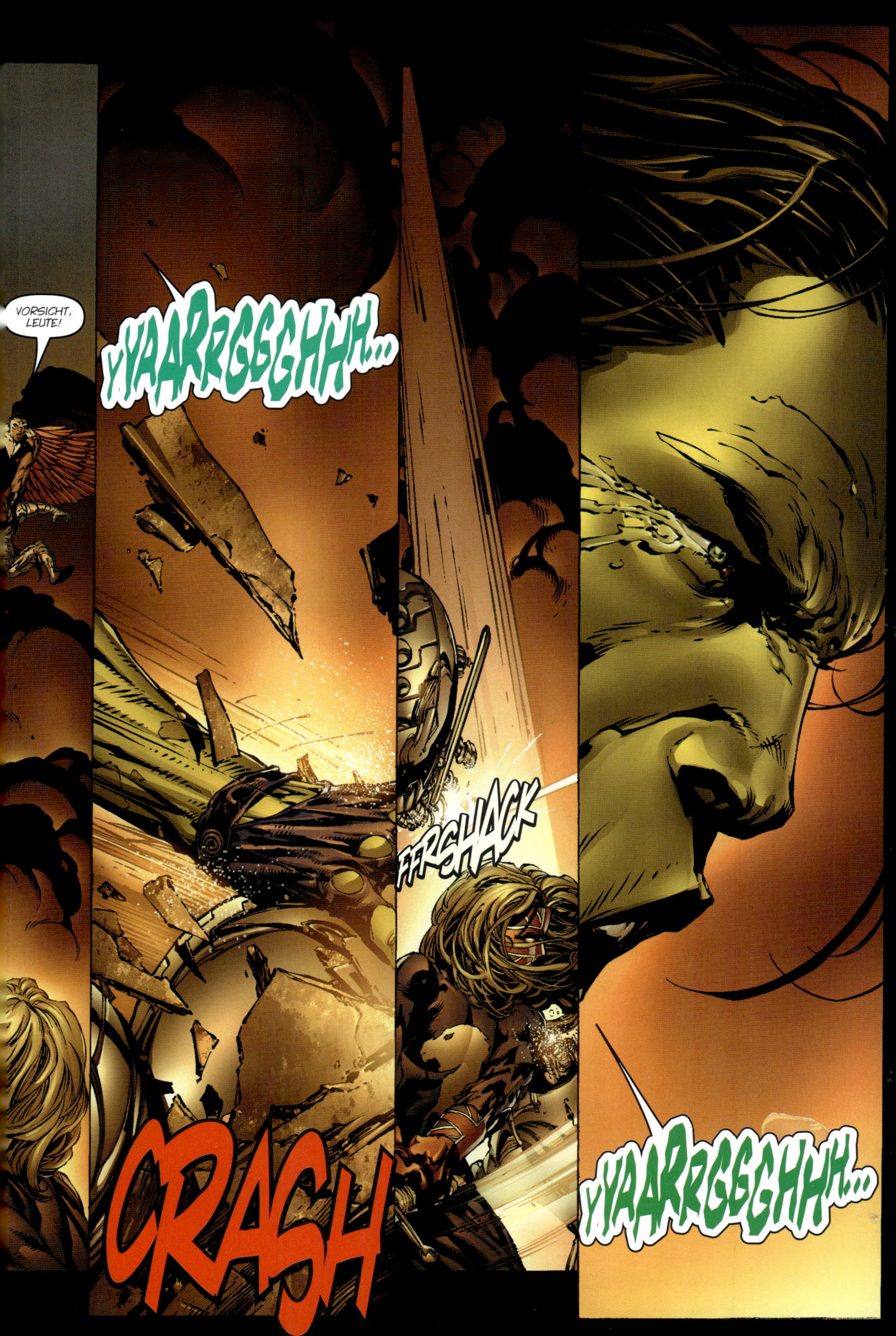

VORSICHT, LEUTE!
YYAARRGGGHHH...
CRASH
FFRSHACK
YYAARRGGGHHH...

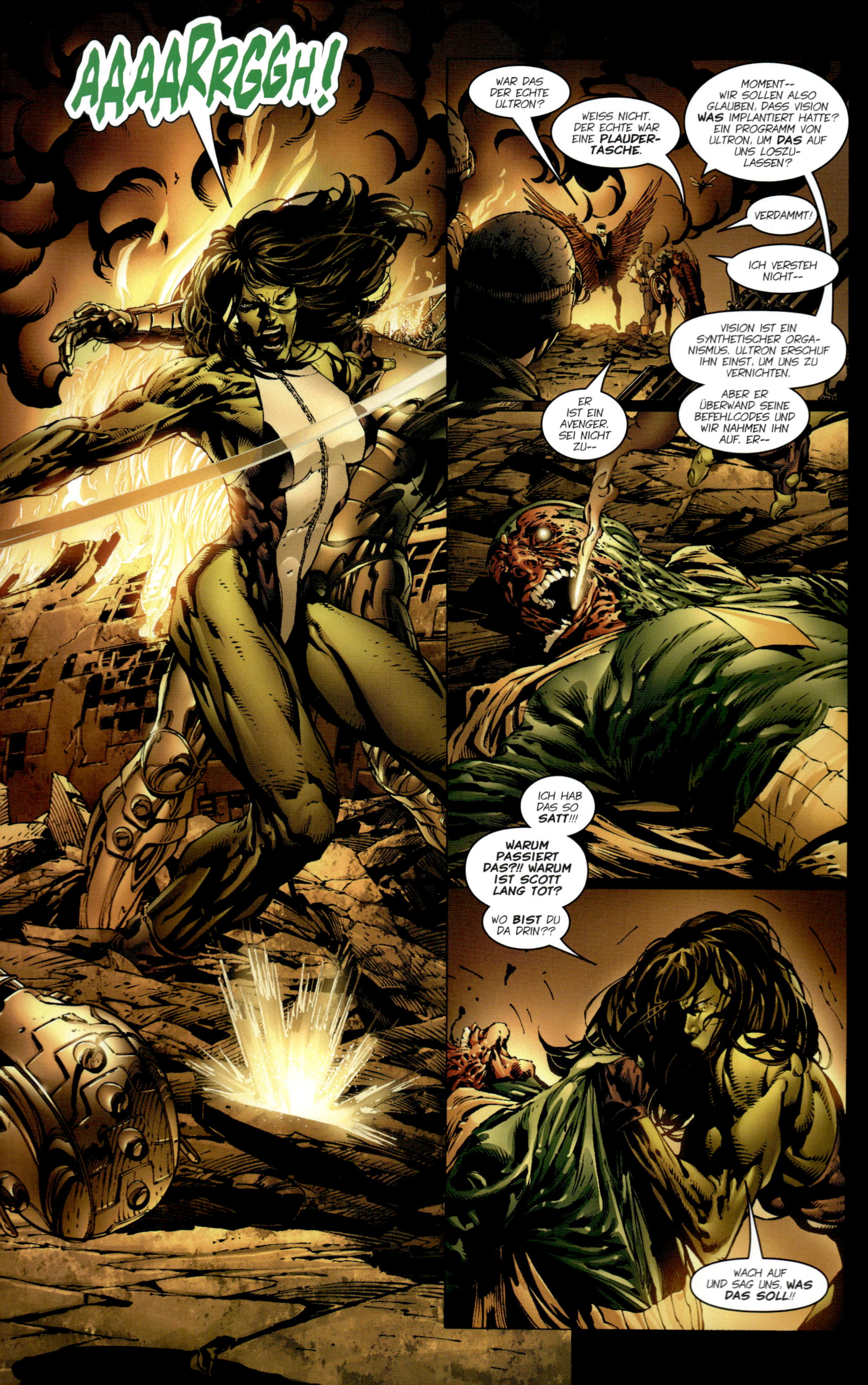
AAAARRGGH!
WAR DAS DER ECHTE ULTRON?
WEISS NICHT. DER ECHTE WAR EINE **PLAUDER-TASCHE**.
MOMENT-- WIR SOLLEN ALSO GLAUBEN, DASS VISION **WAS** IMPLANTIERT HATTE? EIN PROGRAMM VON ULTRON, UM **DAS** AUF UNS LOSZU-LASSEN?
VERDAMMT!
ICH VERSTEH NICHT--
VISION IST EIN SYNTHETISCHER ORGA-NISMUS. ULTRON ERSCHUF IHN EINST, UM UNS ZU VERNICHTEN.
ER IST EIN AVENGER. SEI NICHT ZU--
ABER ER ÜBERWAND SEINE BEFEHLCODES UND WIR NAHMEN IHN AUF. ER--
ICH HAB DAS SO **SATT**!!!
WARUM PASSIERT DAS?!! WARUM IST SCOTT LANG TOT?
WO **BIST** DU DA DRIN??
WACH AUF UND SAG UNS, **WAS DAS SOLL**!!

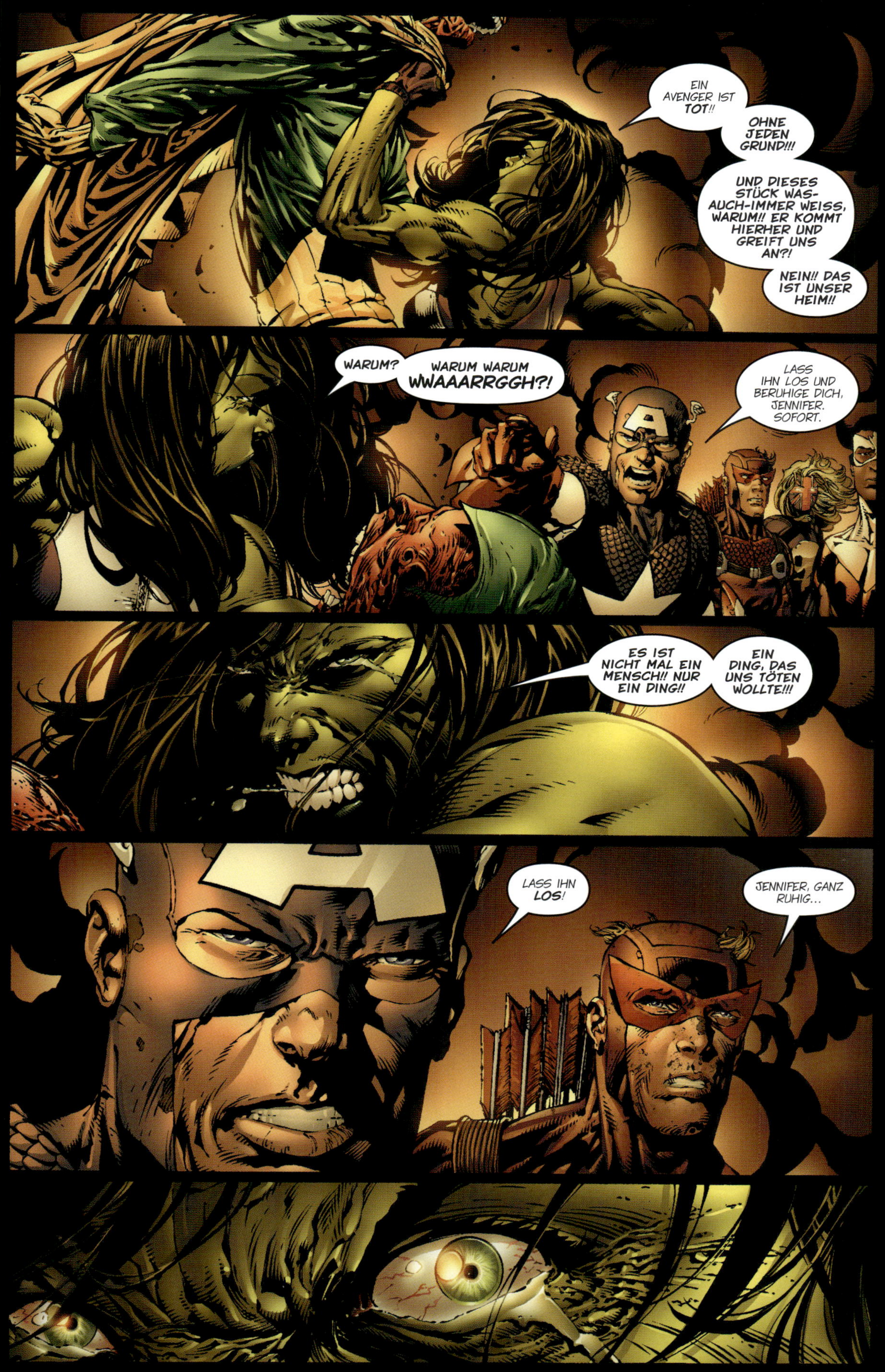
EIN AVENGER IST TOT!!
OHNE JEDEN GRUND!!!
UND DIESES STÜCK WAS-AUCH-IMMER WEISS, WARUM!! ER KOMMT HIERHER UND GREIFT UNS AN?!
NEIN!! DAS IST UNSER HEIM!!
WARUM?
WARUM WARUM WWAAARRGGH?!
LASS IHN LOS UND BERUHIGE DICH, JENNIFER. SOFORT.
ES IST NICHT MAL EIN MENSCH!! NUR EIN DING!!
EIN DING, DAS UNS TÖTEN WOLLTE!!!
LASS IHN LOS!
JENNIFER, GANZ RUHIG...

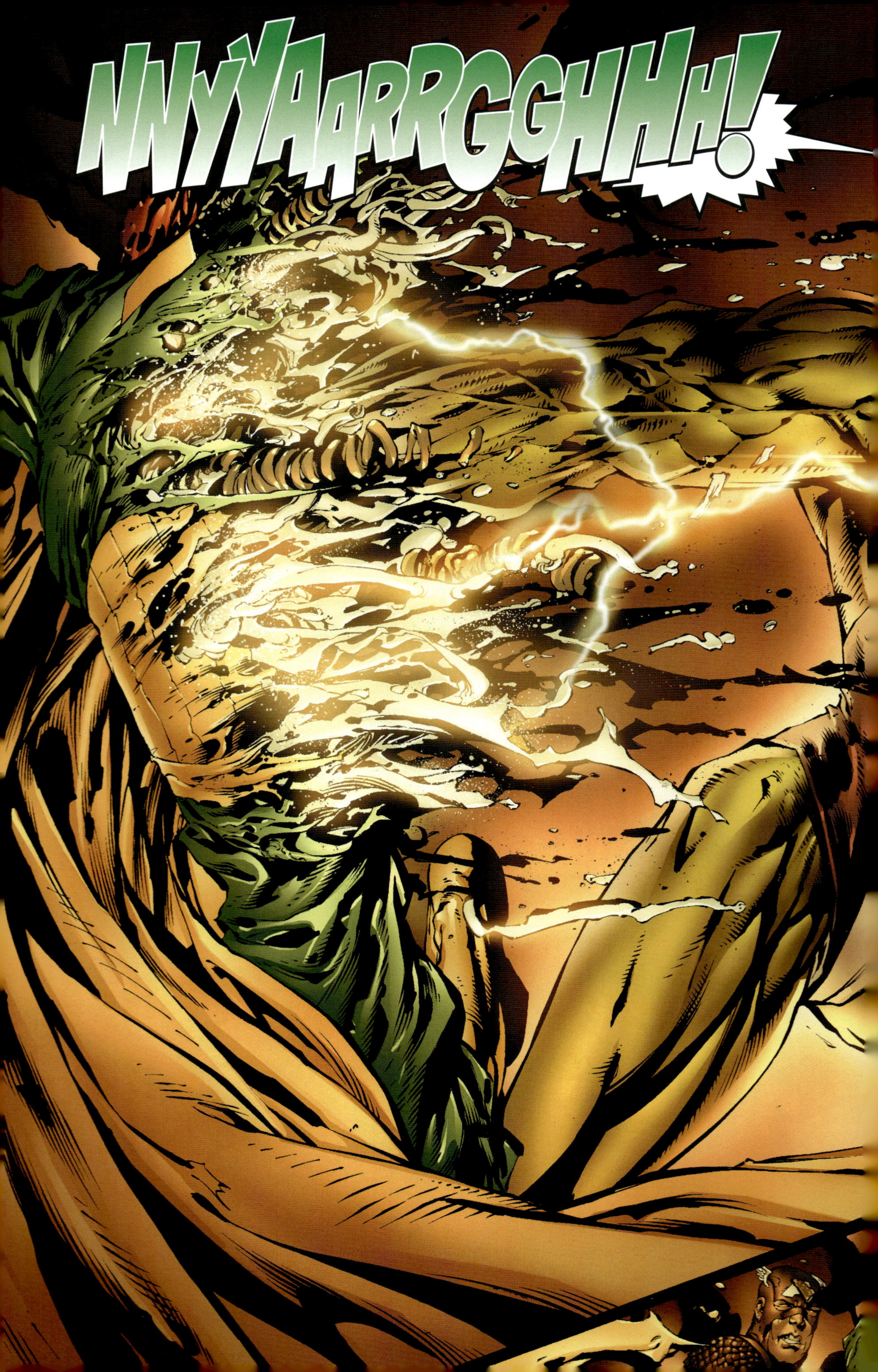
NNYYAARRGGHHHH!

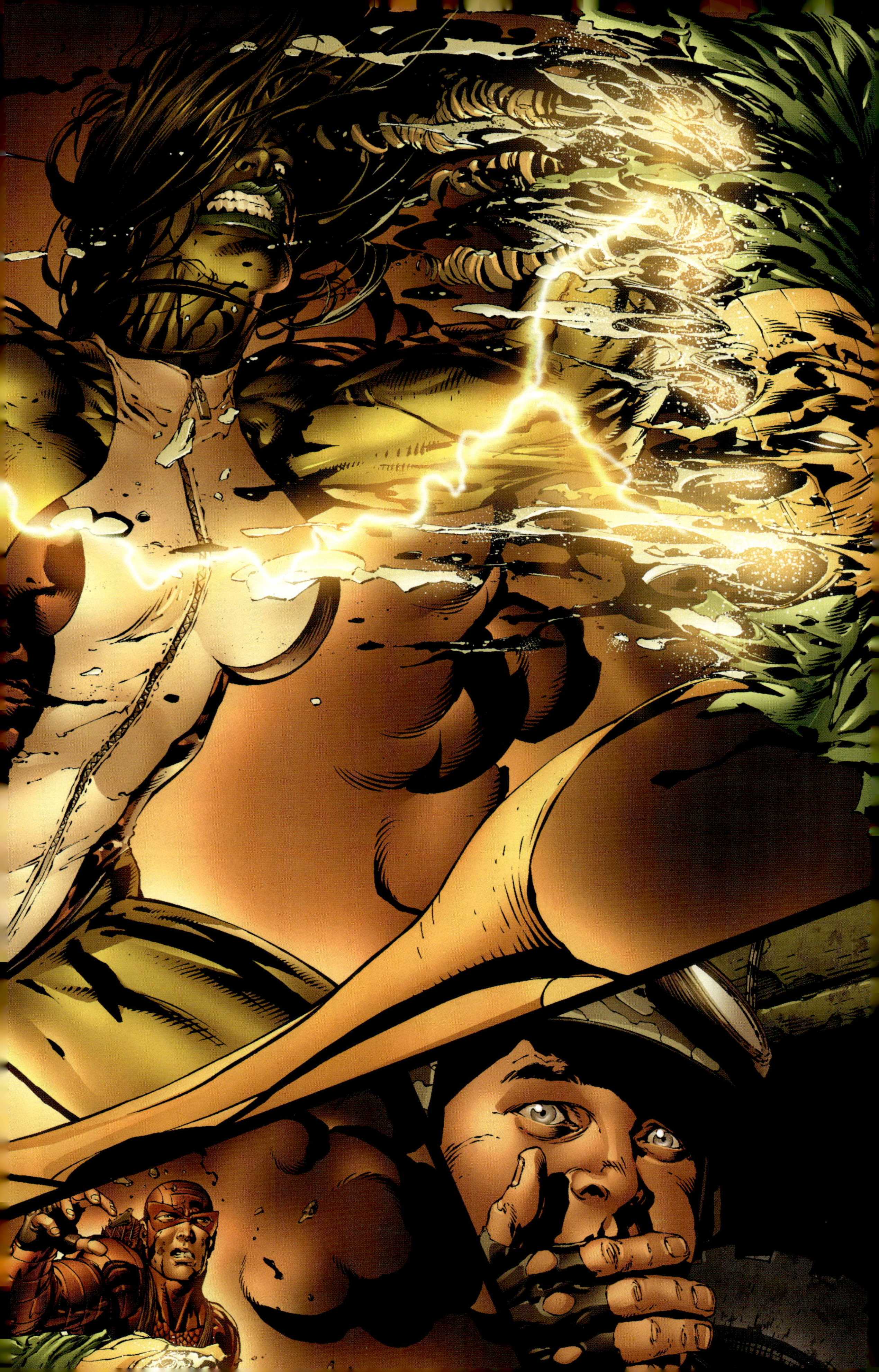

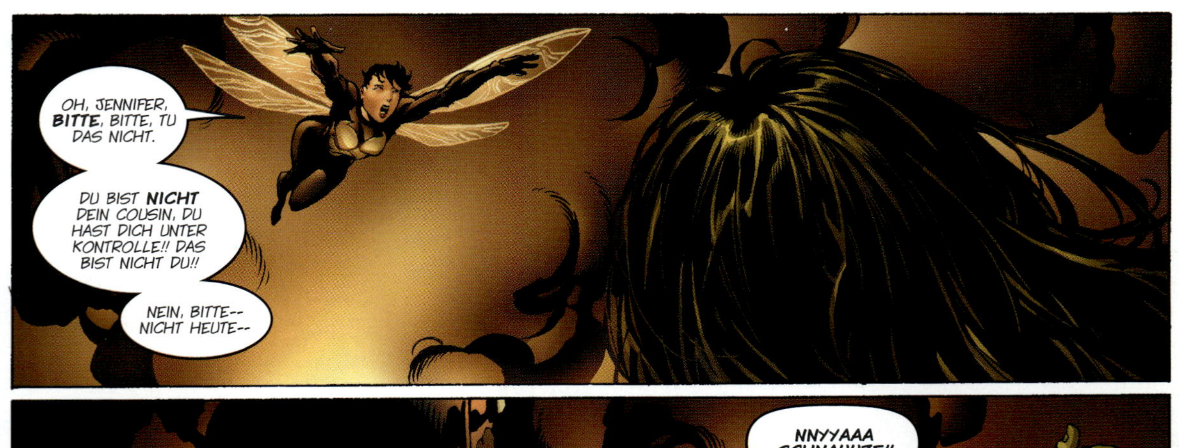
OH, JENNIFER, **BITTE**, BITTE, TU DAS NICHT.
DU BIST **NICHT** DEIN COUSIN, DU HAST DICH UNTER KONTROLLE!! DAS BIST NICHT DU!!
NEIN, BITTE-- NICHT HEUTE--
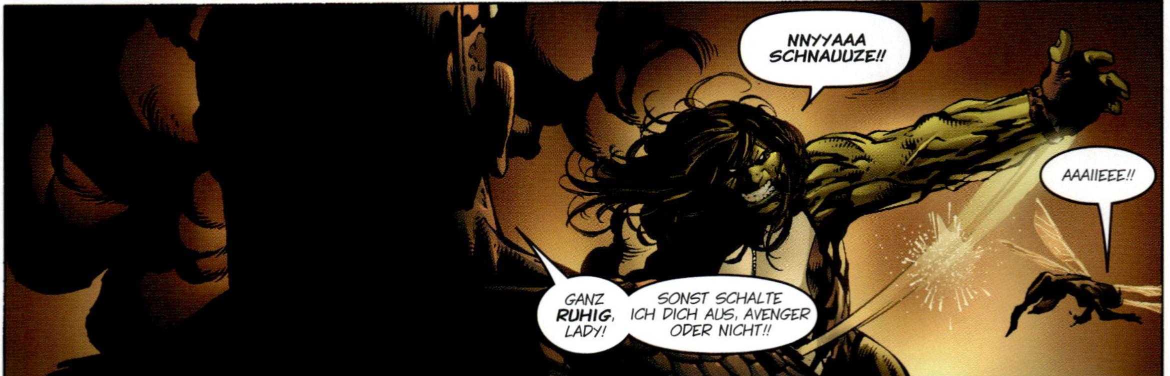
NNYYAAA SCHNAUUZE!!
AAAIIEEE!!
GANZ **RUHIG**, LADY!
SONST SCHALTE ICH DICH AUS, AVENGER ODER NICHT!!
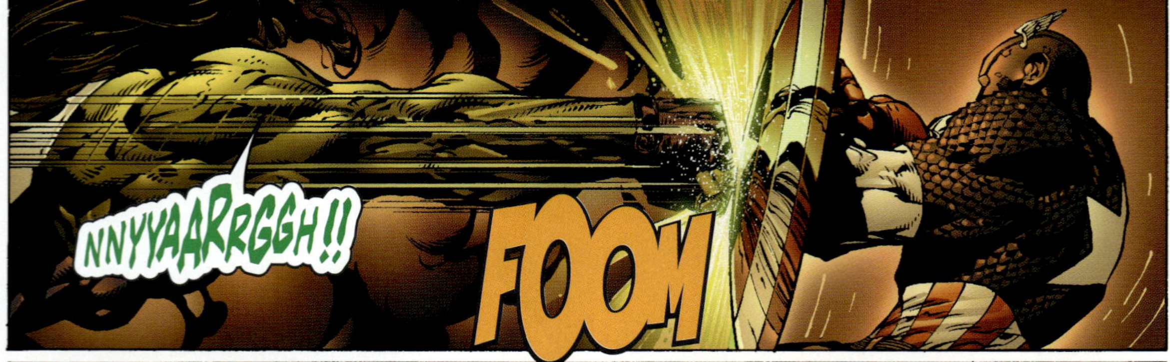
NNYYAARRGGH!!
FOOM
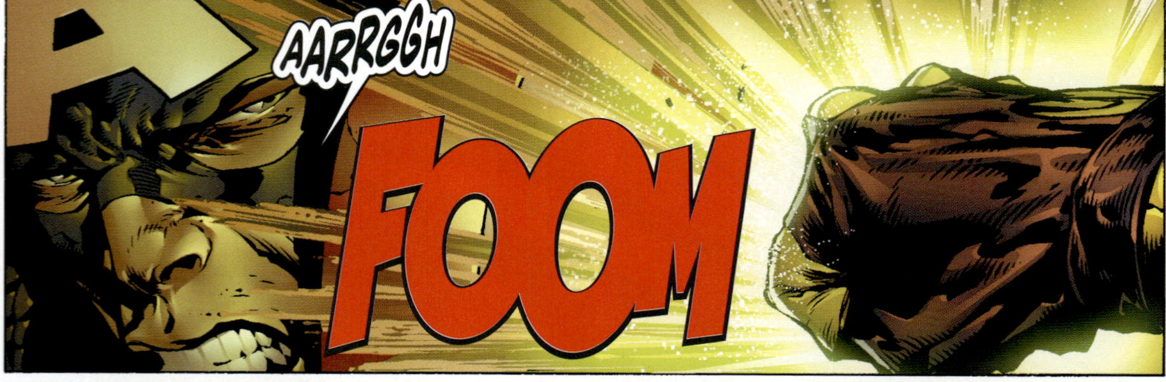
AARRGGH
FOOM
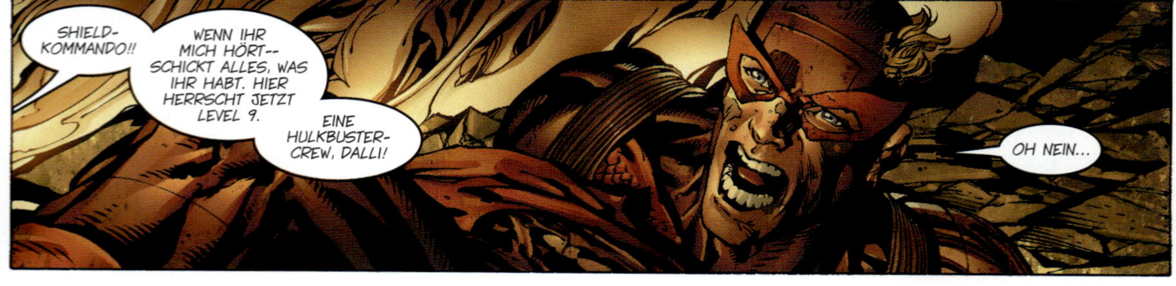
SHIELD-KOMMANDO!!
WENN IHR MICH HÖRT-- SCHICKT ALLES, WAS IHR HABT. HIER HERRSCHT JETZT LEVEL 9.
EINE HULKBUSTER-CREW, DALLI!
OH NEIN...

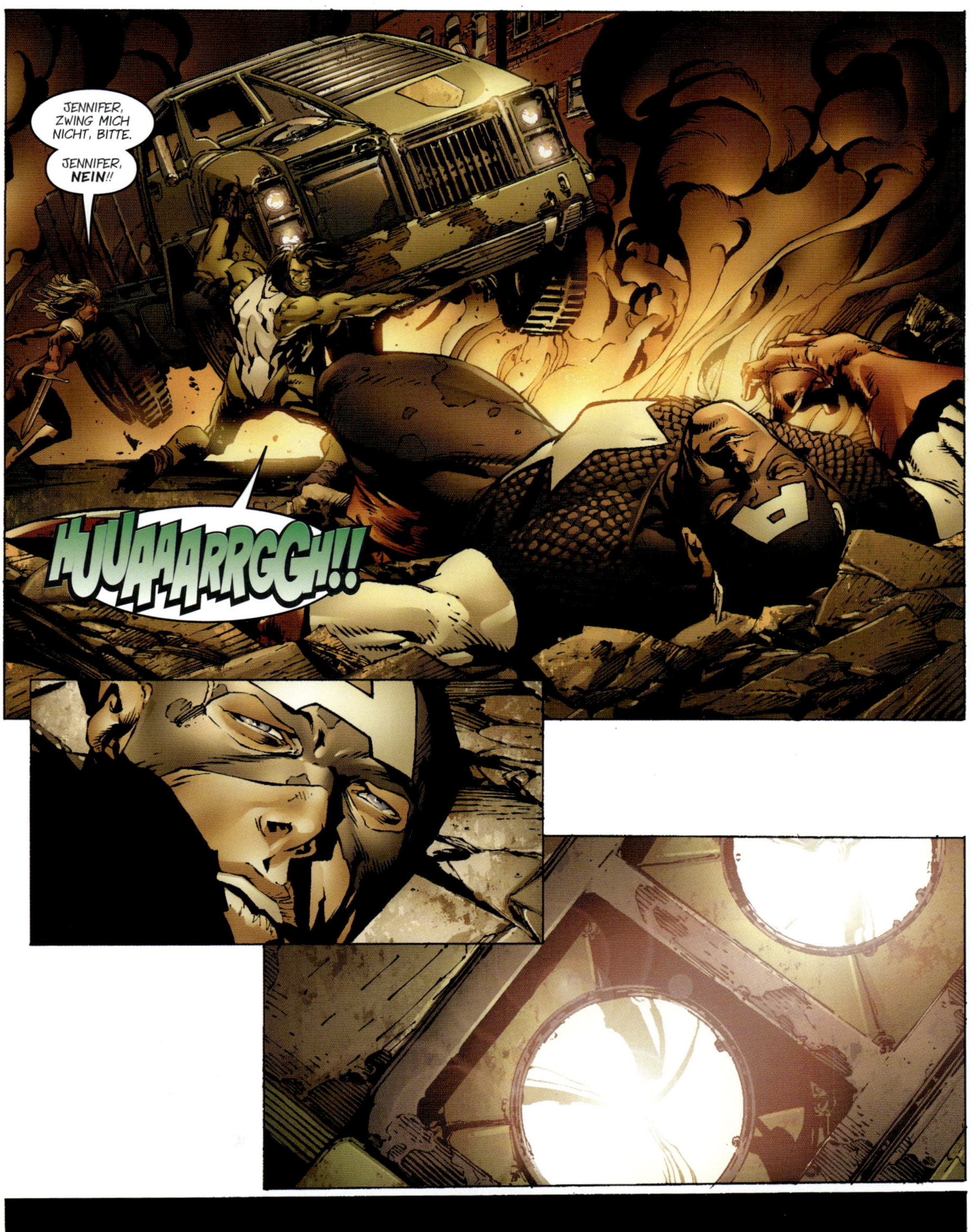
JENNIFER, ZWING MICH NICHT, BITTE.
JENNIFER, NEIN!!
HUUAAARRGGH!!

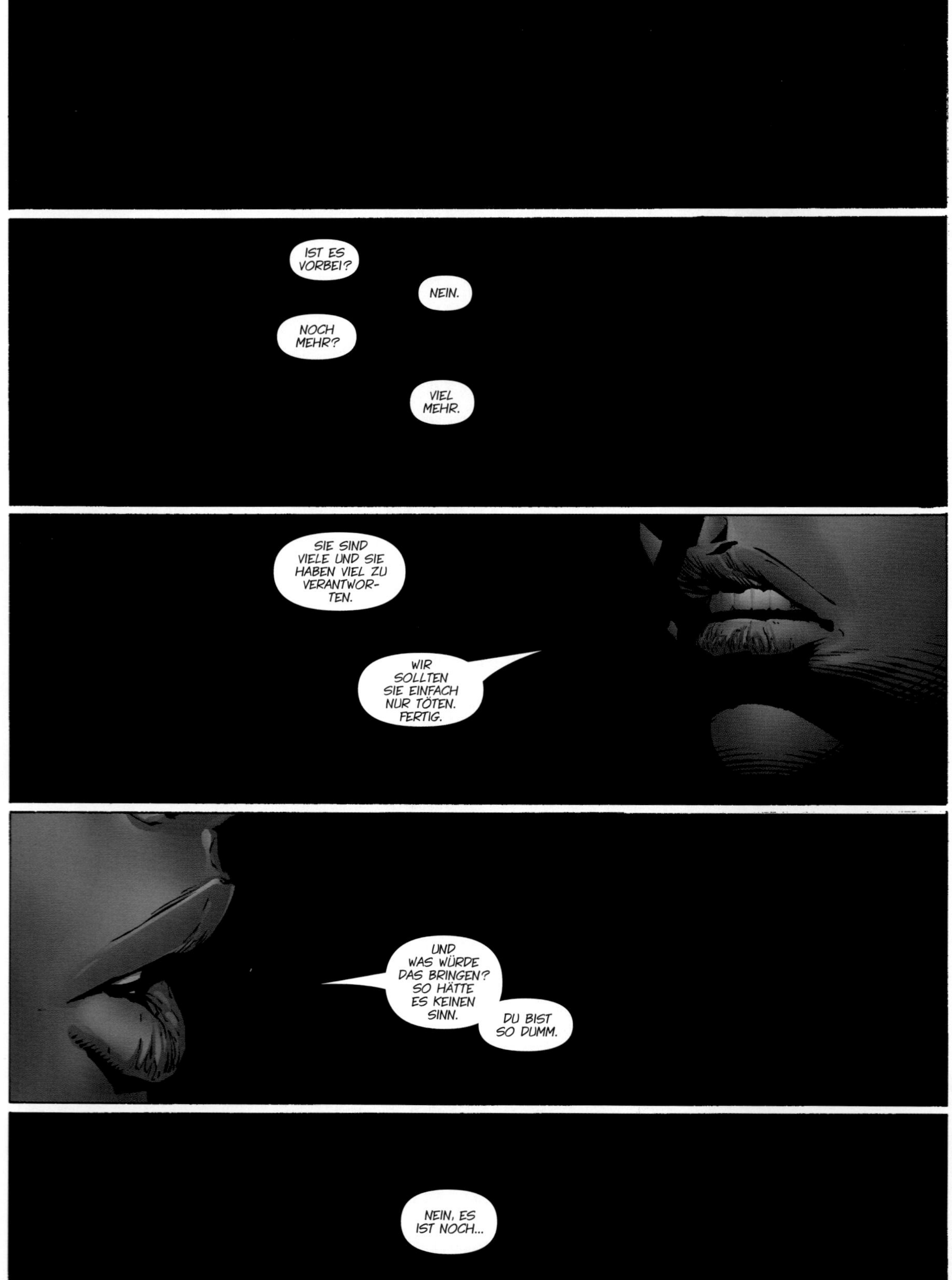
IST ES VORBEI?
NEIN.
NOCH MEHR?
VIEL MEHR.
SIE SIND VIELE UND SIE HABEN VIEL ZU VERANTWORTEN.
WIR SOLLTEN SIE EINFACH NUR TÖTEN. FERTIG.
UND WAS WÜRDE DAS BRINGEN? SO HÄTTE ES KEINEN SINN.
DU BIST SO DUMM.
NEIN, ES IST NOCH...
... NICHT VORBEI.

CHAOS, TEIL 2

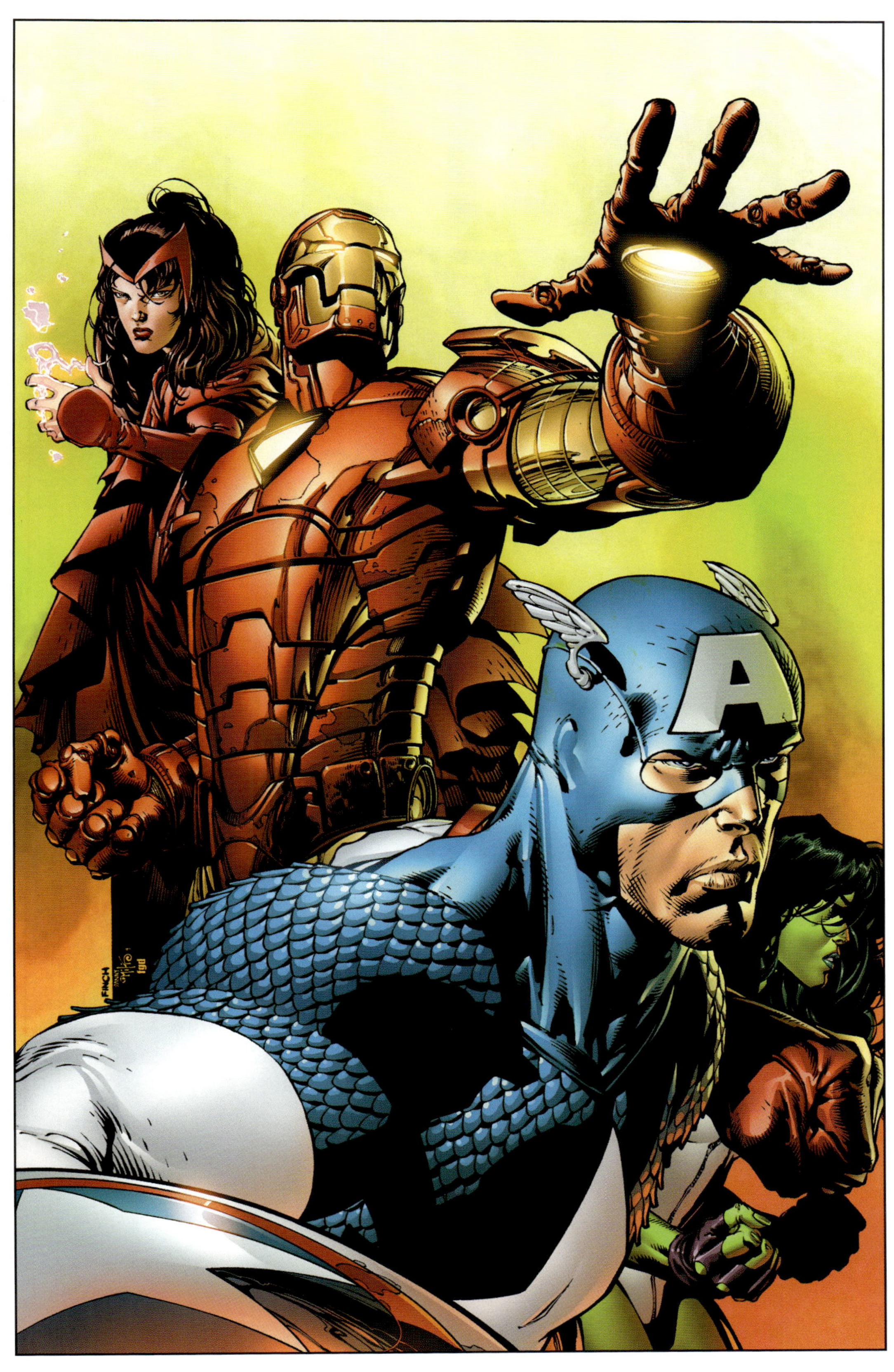

Avengers (1963) 501
Cover von **DAVID FINCH**

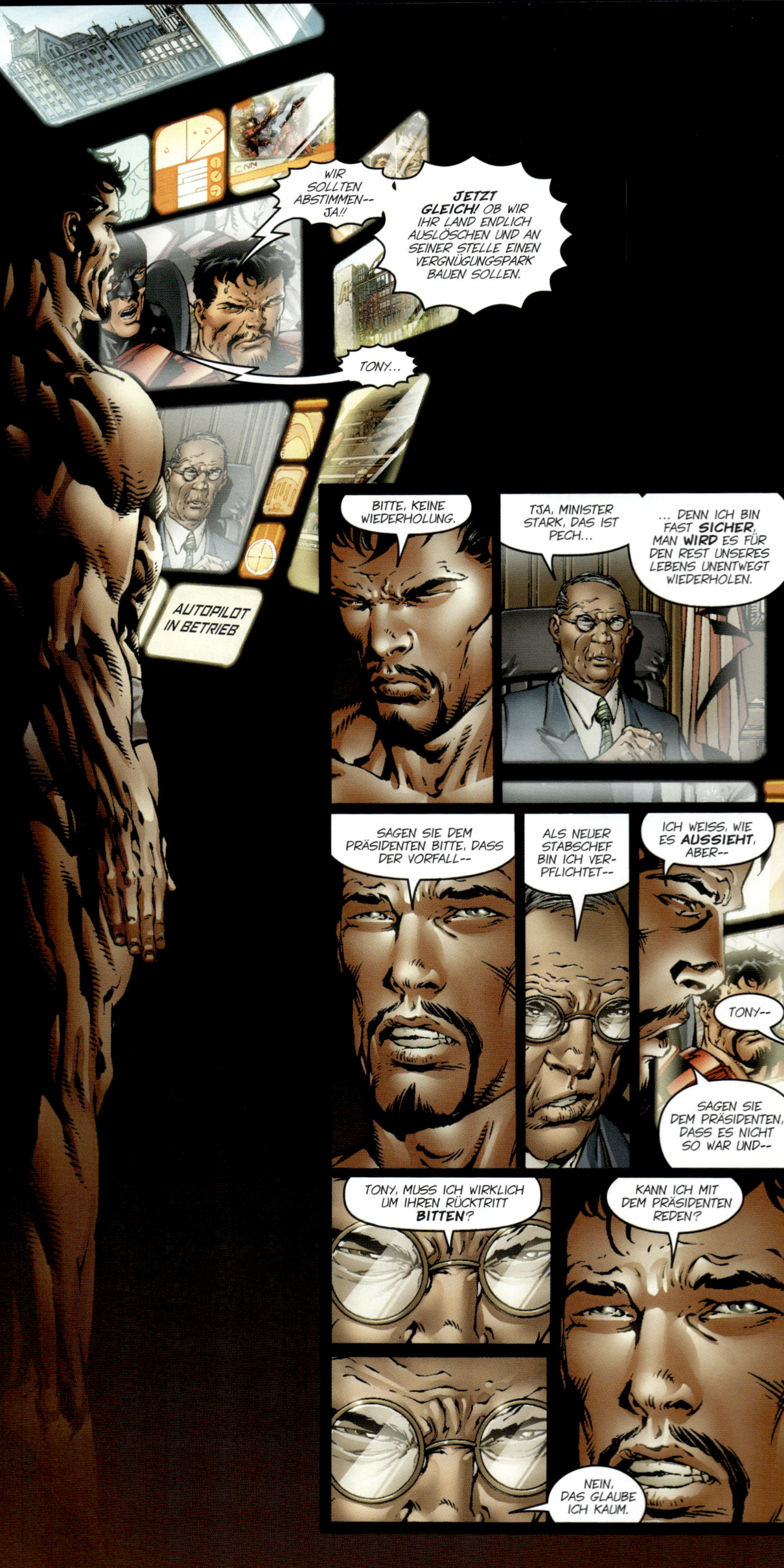
WIR SOLLTEN ABSTIMMEN-- JA!!
JETZT GLEICH! OB WIR IHR LAND ENDLICH AUSLÖSCHEN UND AN SEINER STELLE EINEN VERGNÜGUNGSPARK BAUEN SOLLEN.
TONY...
AUTOPILOT IN BETRIEB
BITTE, KEINE WIEDERHOLUNG.
TJA, MINISTER STARK, DAS IST PECH...
... DENN ICH BIN FAST SICHER, MAN WIRD ES FÜR DEN REST UNSERES LEBENS UNENTWEGT WIEDERHOLEN.
SAGEN SIE DEM PRÄSIDENTEN BITTE, DASS DER VORFALL--
ALS NEUER STABSCHEF BIN ICH VERPFLICHTET--
ICH WEISS, WIE ES AUSSIEHT, ABER--
TONY--
SAGEN SIE DEM PRÄSIDENTEN, DASS ES NICHT SO WAR UND--
TONY, MUSS ICH WIRKLICH UM IHREN RÜCKTRITT BITTEN?
KANN ICH MIT DEM PRÄSIDENTEN REDEN?
NEIN, DAS GLAUBE ICH KAUM.

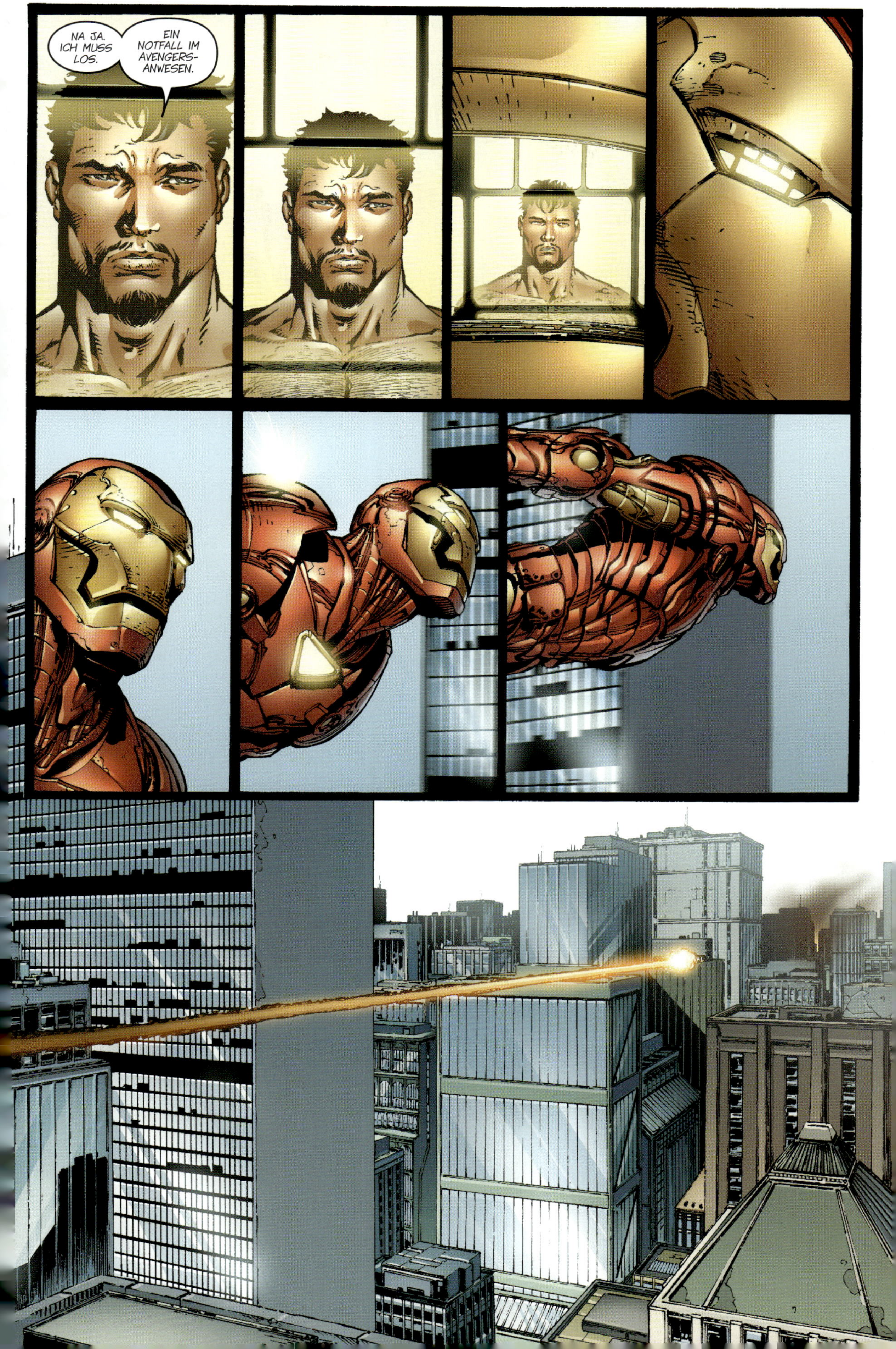

NA JA. ICH MUSS LOS.
EIN NOTFALL IM AVENGERS-ANWESEN.

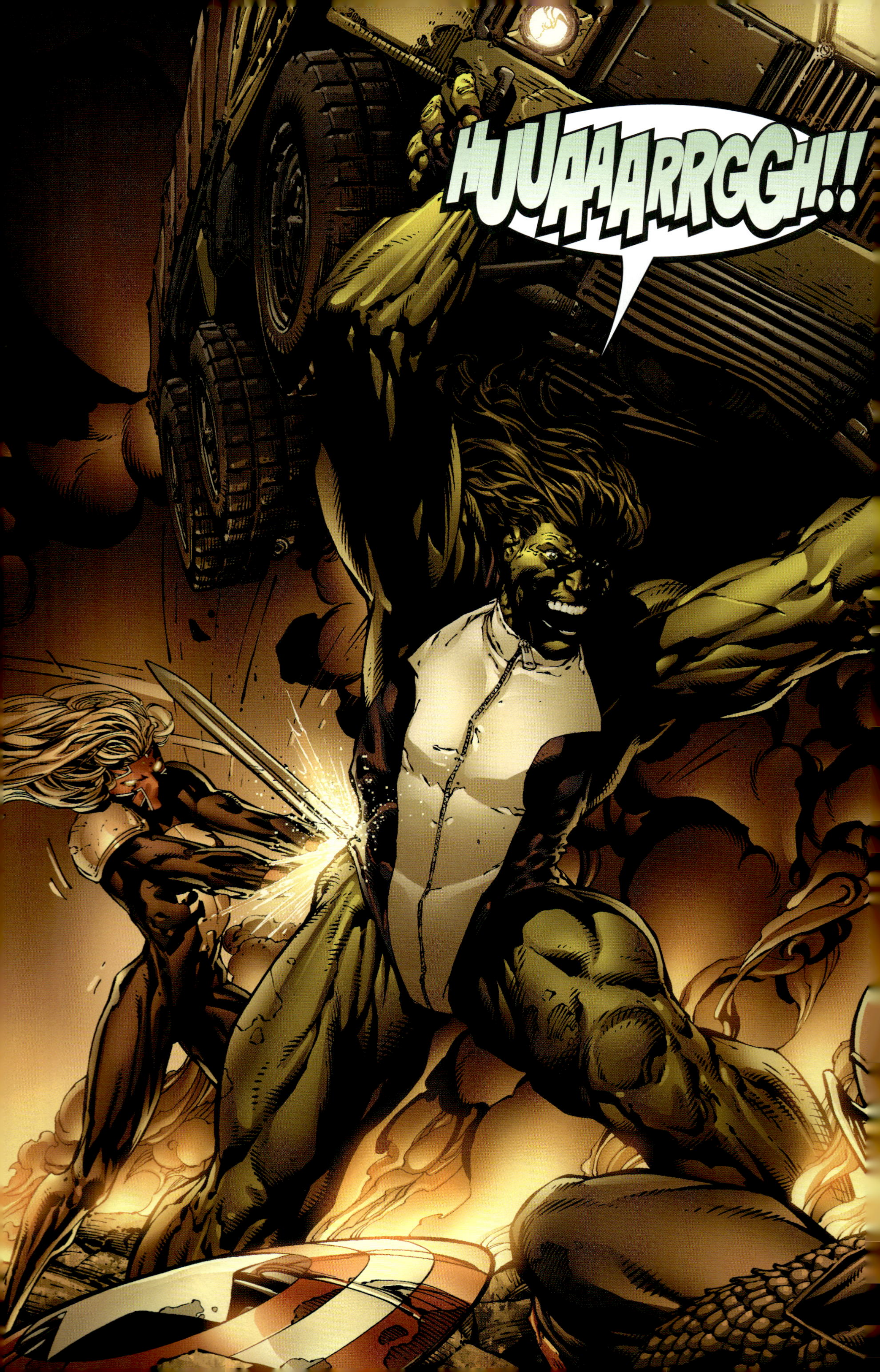
HUUAAARRGGH!!

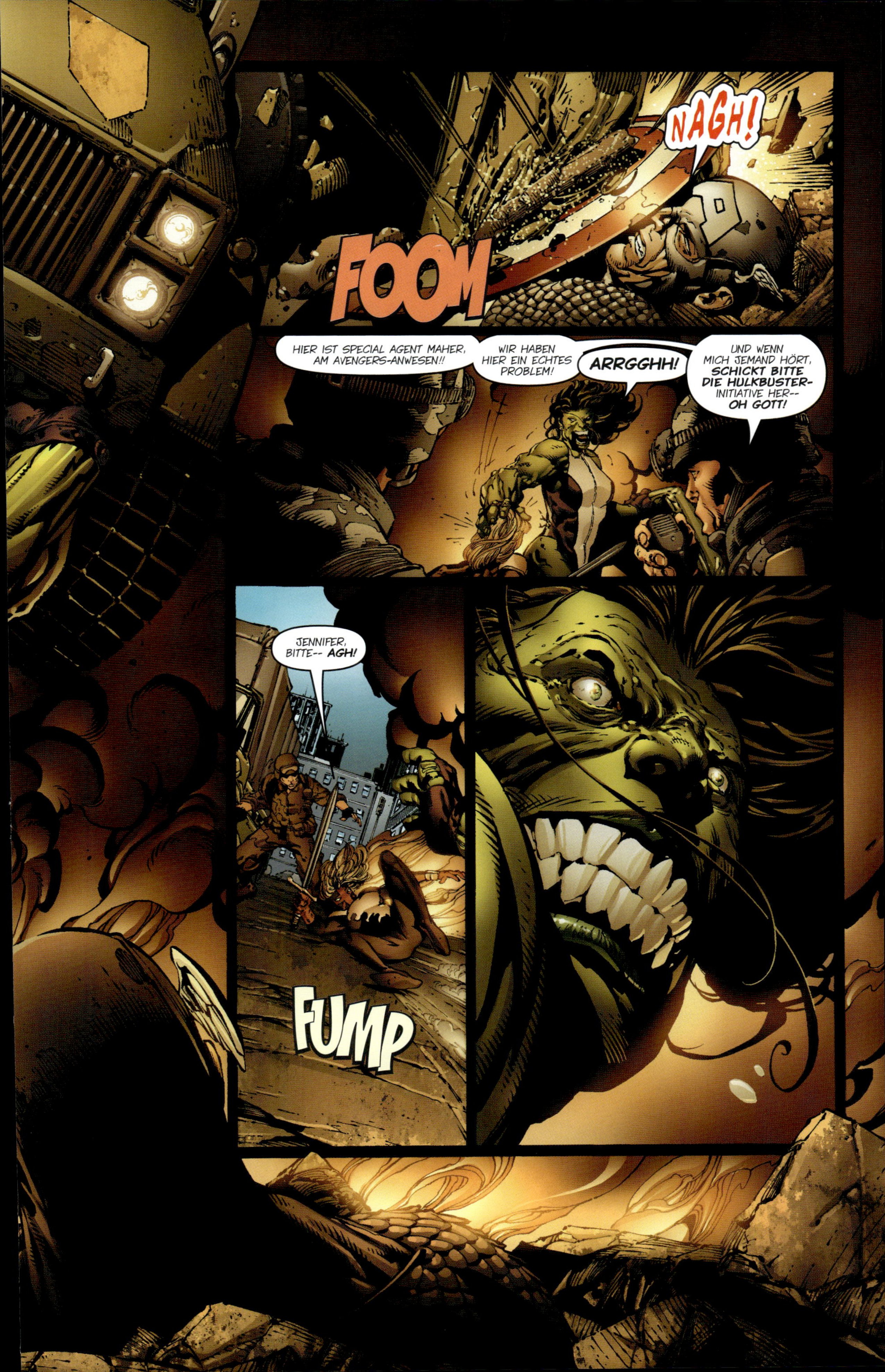
NAGH!
FOOM
HIER IST SPECIAL AGENT MAHER, AM AVENGERS-ANWESEN!!
WIR HABEN HIER EIN ECHTES PROBLEM!
ARRGGHH!
UND WENN MICH JEMAND HÖRT, SCHICKT BITTE DIE HULKBUSTER-INITIATIVE HER-- OH GOTT!
JENNIFER, BITTE-- AGH!
FUMP

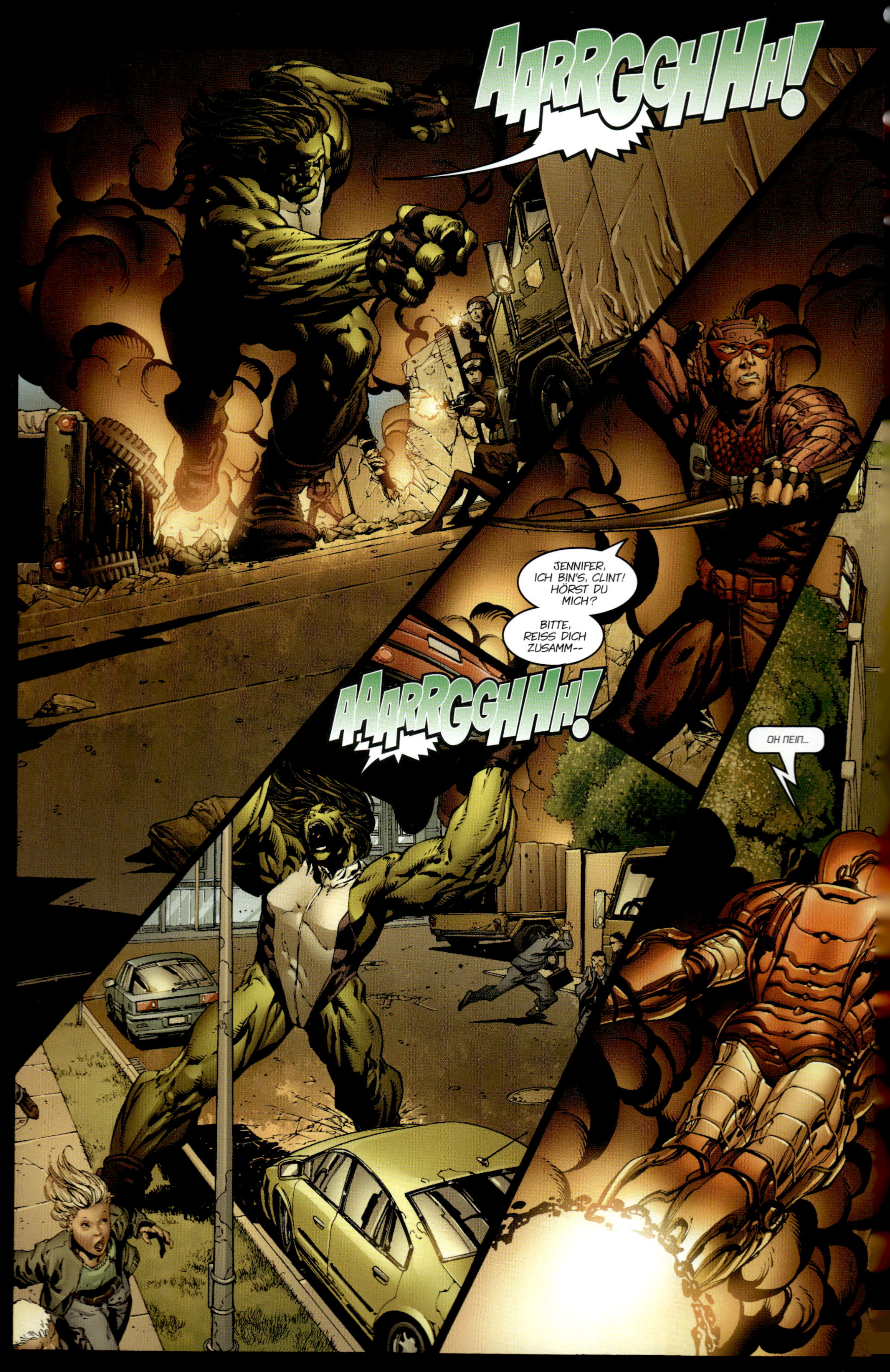
AARRGGHHH!
JENNIFER, ICH BIN'S, CLINT! HÖRST DU MICH?
BITTE, REISS DICH ZUSAMM--
AAARRGGHHH!
OH NEIN...

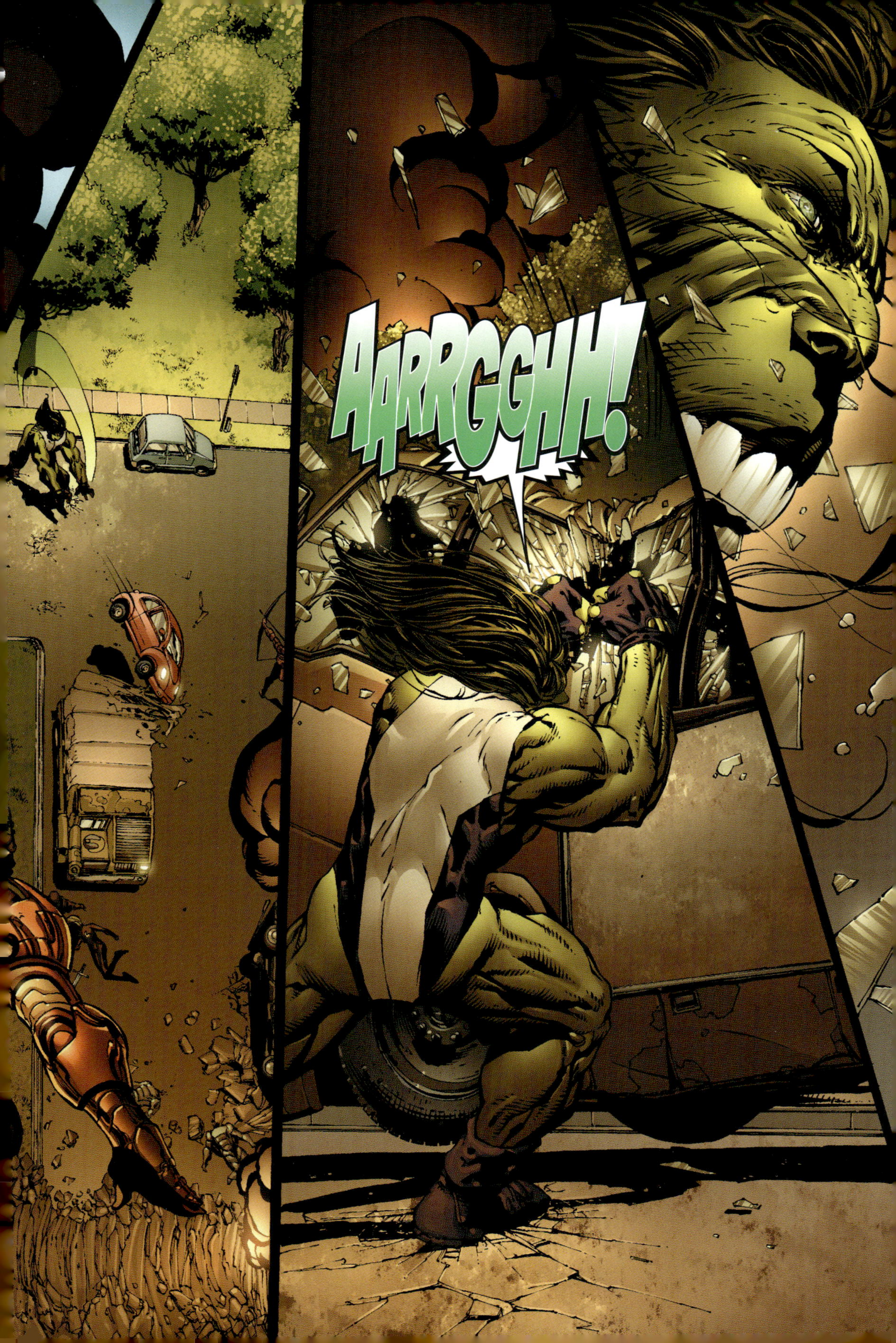
AARRGGHH!

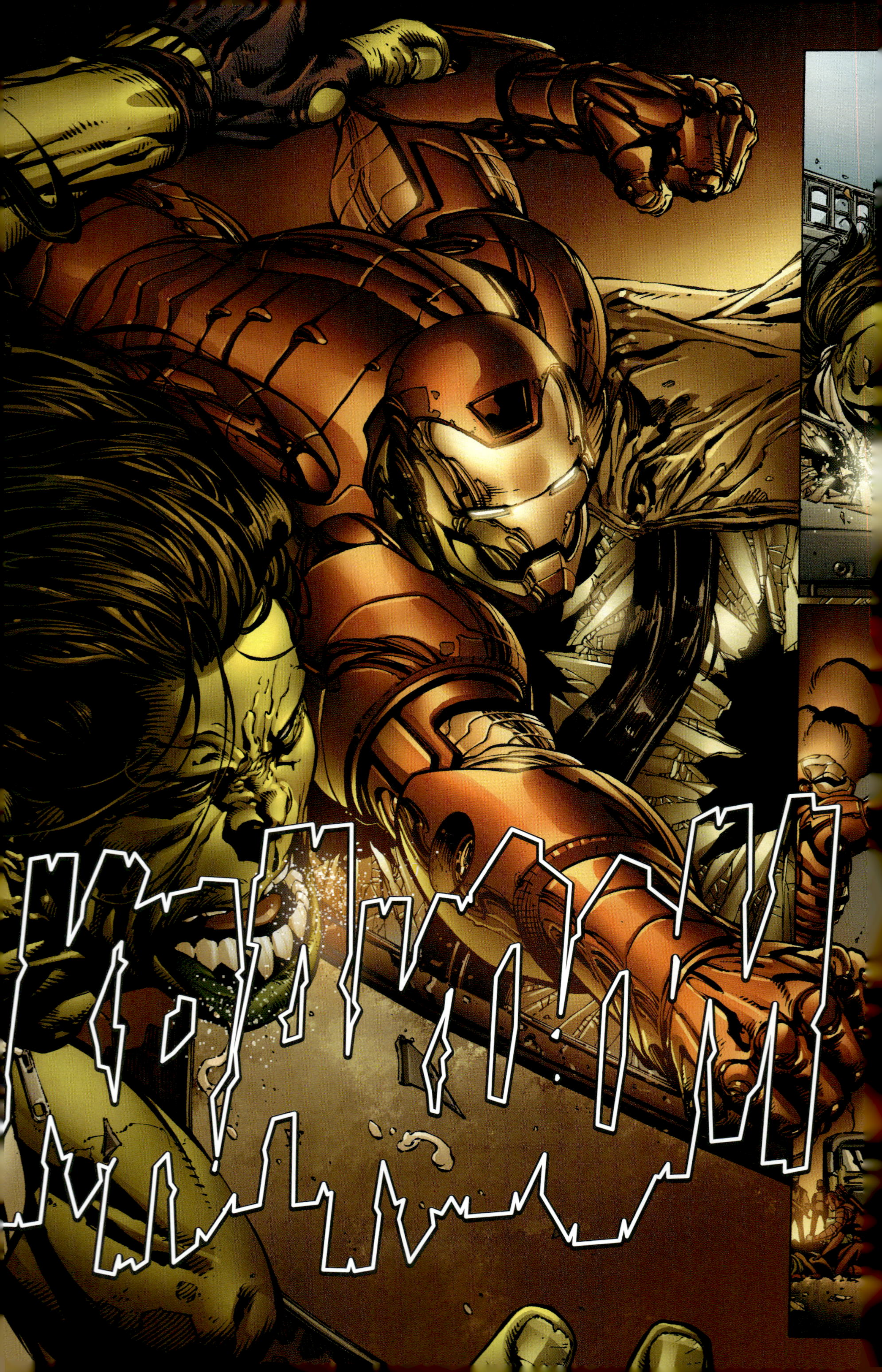

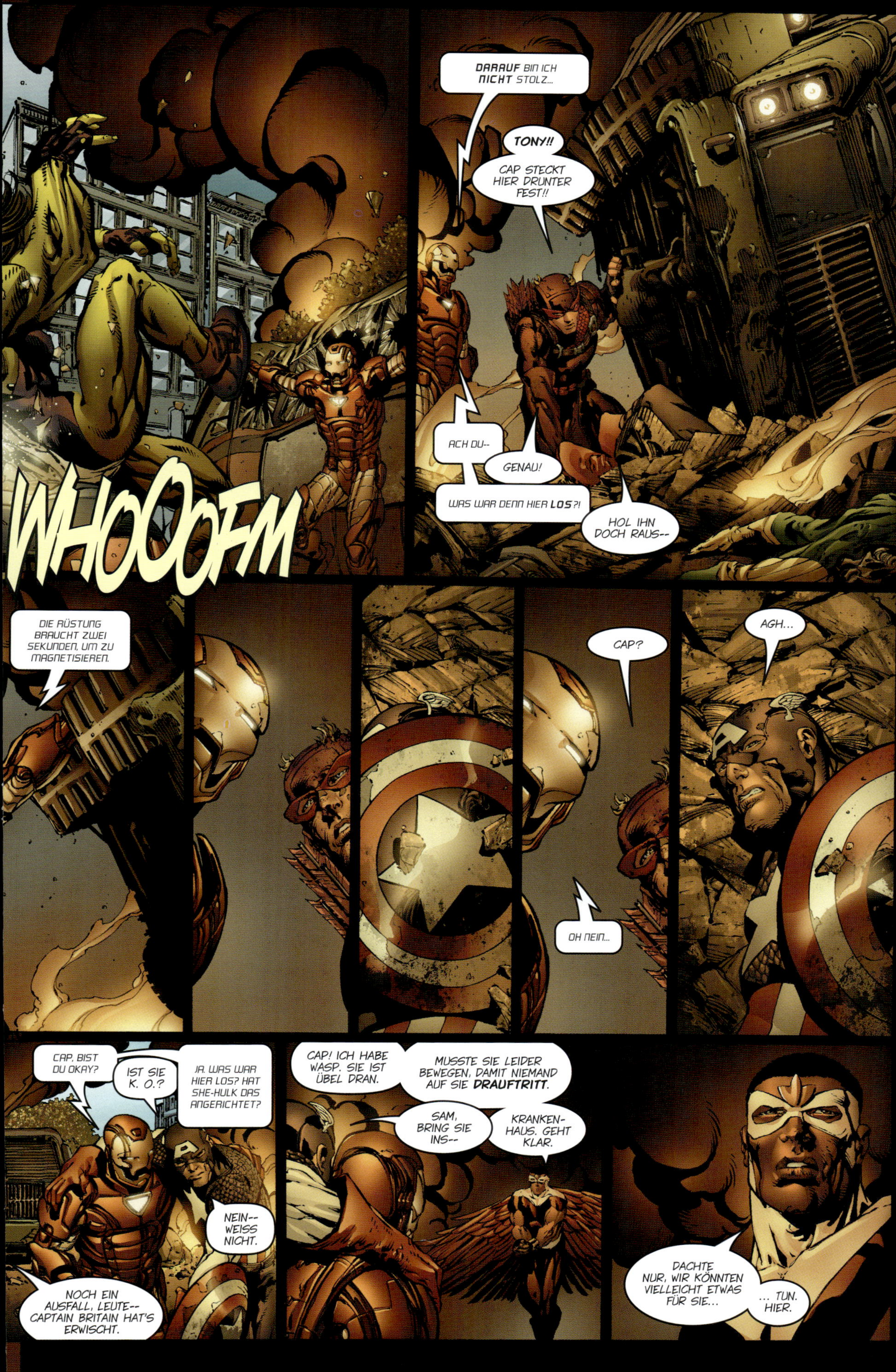
WHOOOFM
DARAUF BIN ICH NICHT STOLZ...
TONY!!
CAP STECKT HIER DRUNTER FEST!!
ACH DU--
GENAU!
WAS WAR DENN HIER LOS?!
HOL IHN DOCH RAUS--
DIE RÜSTUNG BRAUCHT ZWEI SEKUNDEN, UM ZU MAGNETISIEREN.
CAP?
OH NEIN...
AGH...
CAP. BIST DU OKAY?
IST SIE K. O.?
JA. WAS WAR HIER LOS? HAT SHE-HULK DAS ANGERICHTET?
NEIN-- WEISS NICHT.
NOCH EIN AUSFALL, LEUTE-- CAPTAIN BRITAIN HAT'S ERWISCHT.
CAP! ICH HABE WASP. SIE IST ÜBEL DRAN.
MUSSTE SIE LEIDER BEWEGEN, DAMIT NIEMAND AUF SIE DRAUFTRITT.
SAM, BRING SIE INS--
KRANKEN-HAUS. GEHT KLAR.
DACHTE NUR, WIR KÖNNTEN VIELLEICHT ETWAS FÜR SIE...
... TUN. HIER.

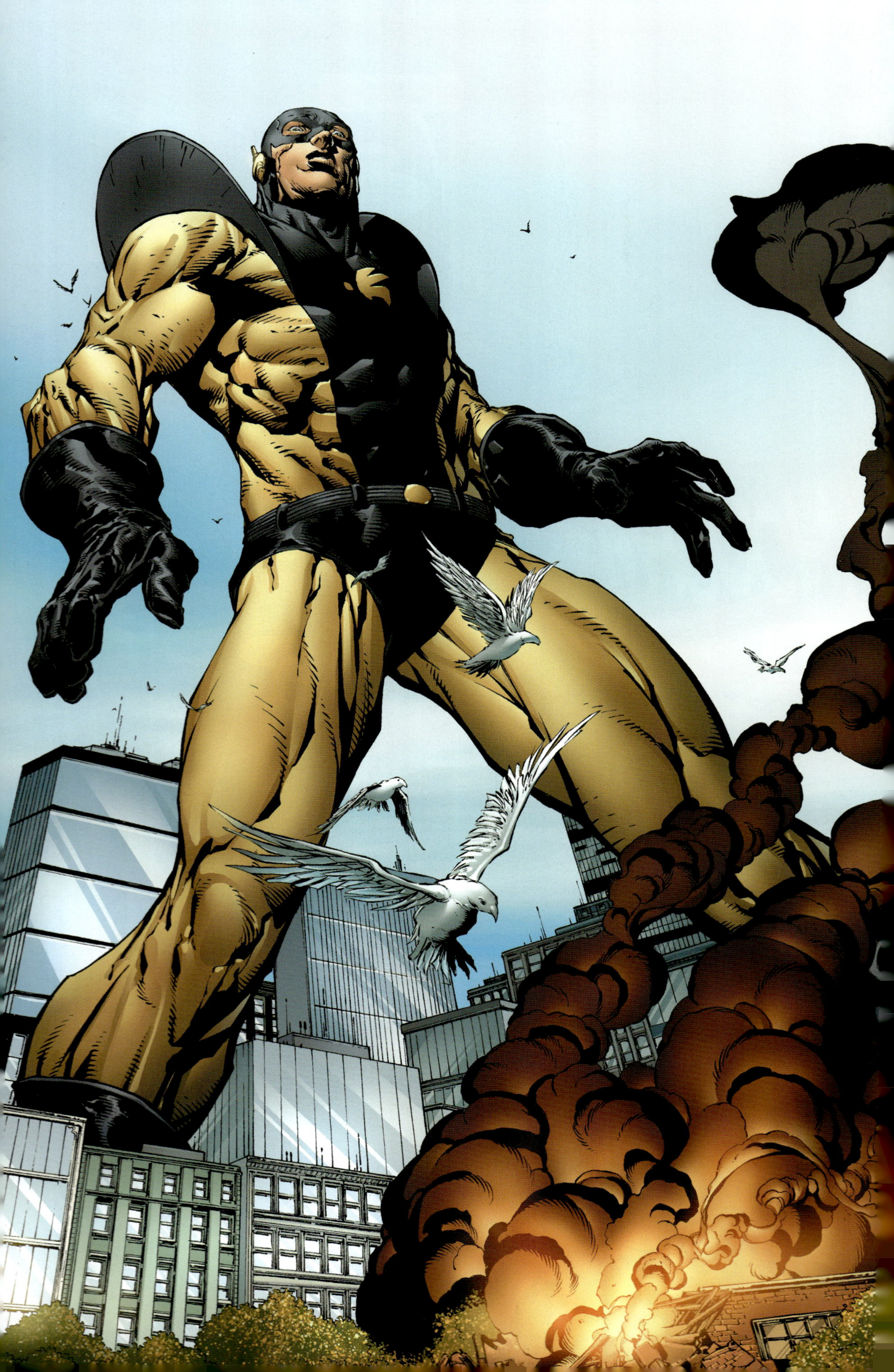

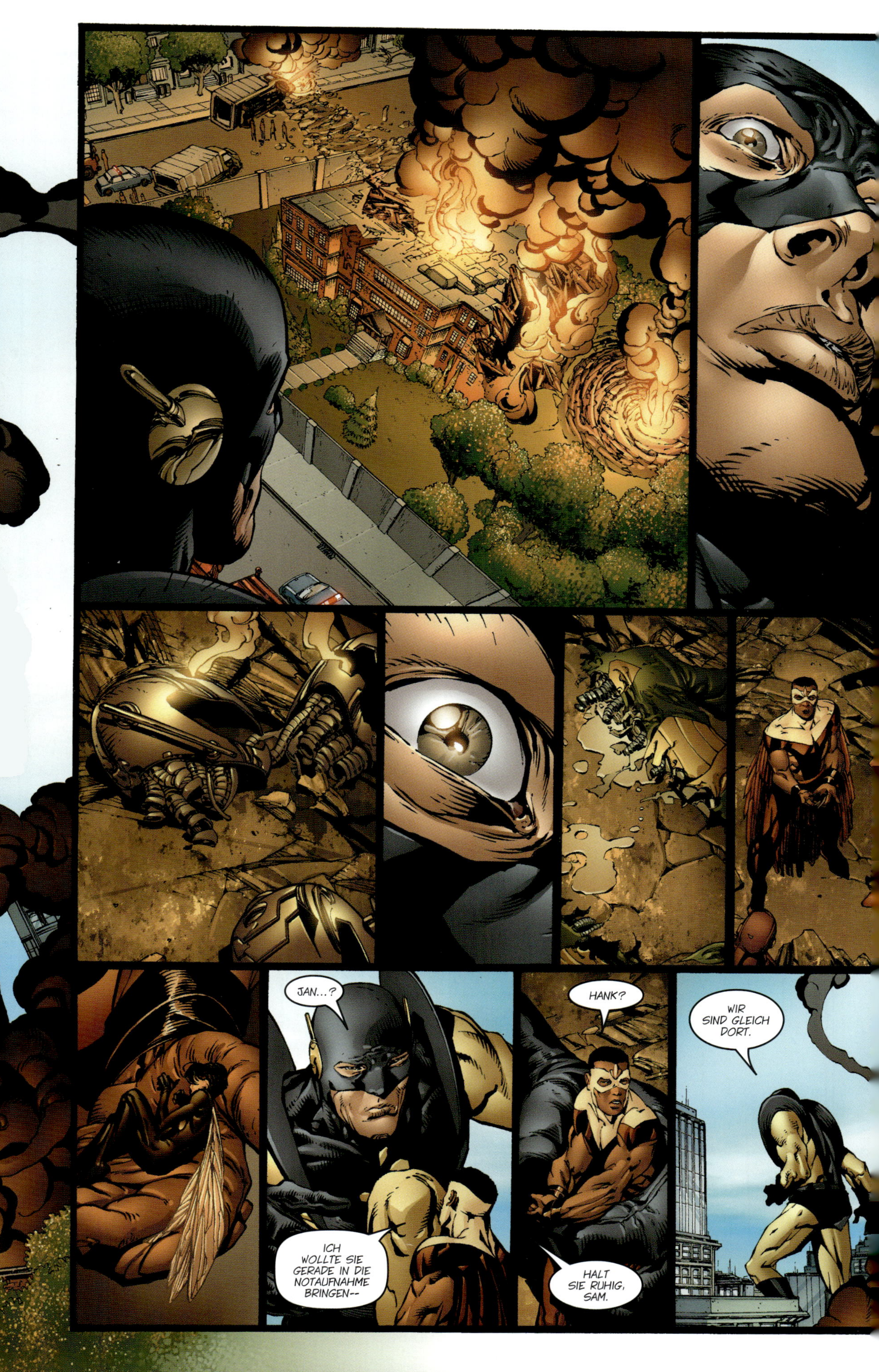
JAN...?
ICH WOLLTE SIE GERADE IN DIE NOTAUFNAHME BRINGEN--
HANK?
HALT SIE RUHIG, SAM.
WIR SIND GLEICH DORT.

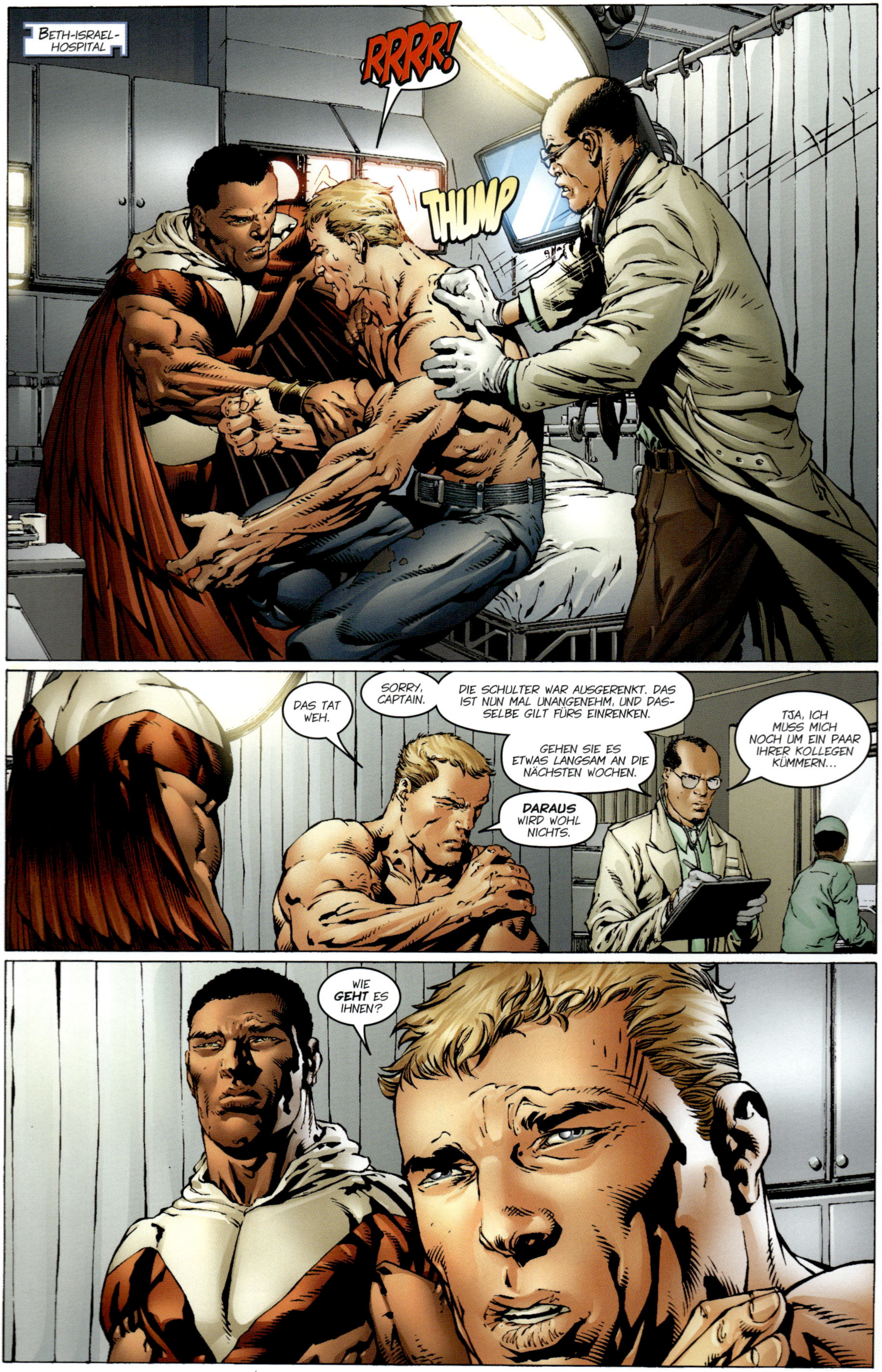

Beth-Israel-Hospital

RRRR!

THUMP

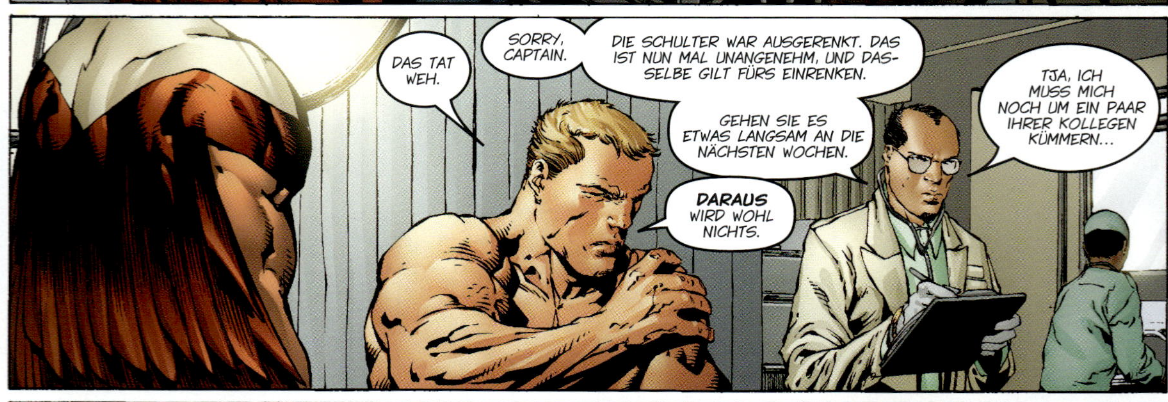

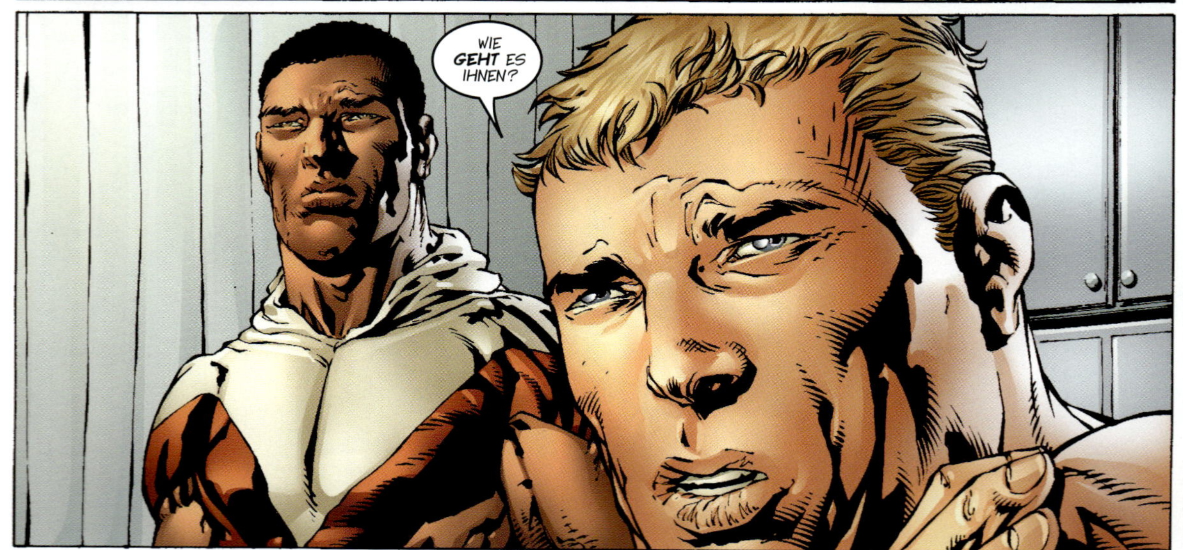

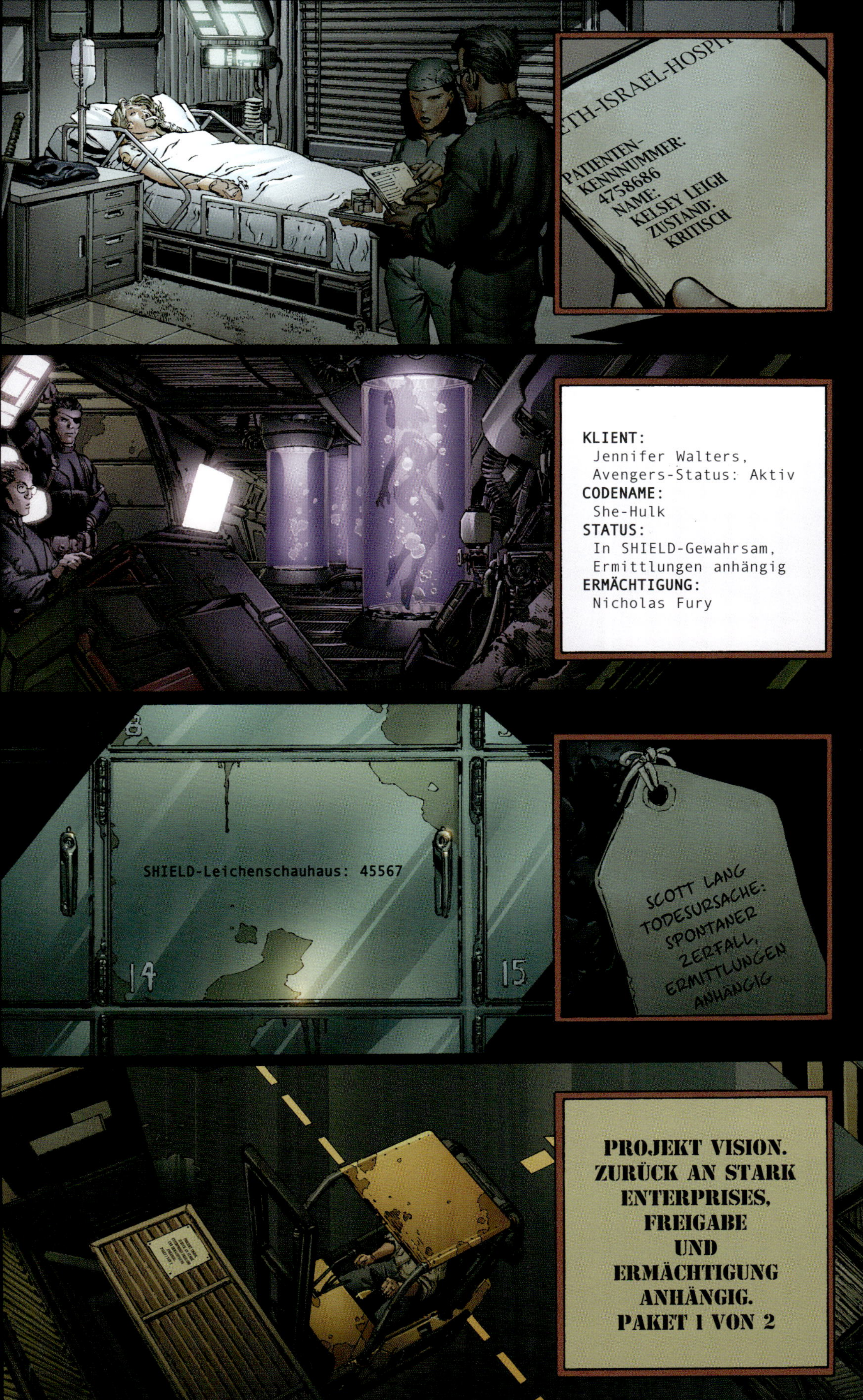
ETH-ISRAEL-HOSPI
PATIENTEN-
KENNNUMMER:
4758686
NAME:
KELSEY LEIGH
ZUSTAND:
KRITISCH
KLIENT:
Jennifer Walters,
Avengers-Status: Aktiv
CODENAME:
She-Hulk
STATUS:
In SHIELD-Gewahrsam,
Ermittlungen anhängig
ERMÄCHTIGUNG:
Nicholas Fury
SHIELD-Leichenschauhaus: 45567
14
15
SCOTT LANG
TODESURSACHE:
SPONTANER
ZERFALL,
ERMITTLUNGEN
ANHÄNGIG
PROJEKT VISION.
ZURÜCK AN STARK
ENTERPRISES,
FREIGABE
UND
ERMÄCHTIGUNG
ANHÄNGIG.
PAKET 1 VON 2

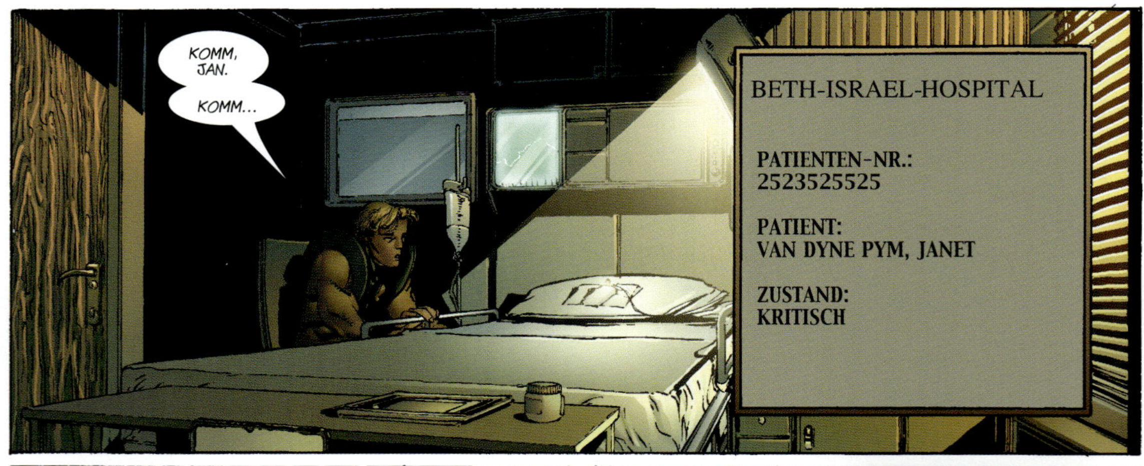
KOMM, JAN.
KOMM...
BETH-ISRAEL-HOSPITAL
PATIENTEN-NR.: 2523525525
PATIENT: VAN DYNE PYM, JANET
ZUSTAND: KRITISCH

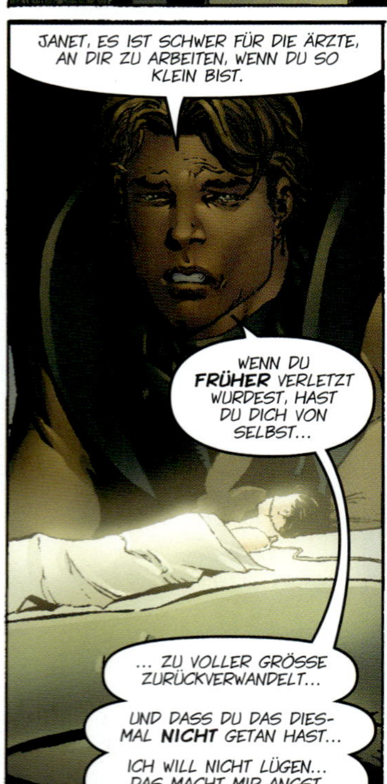
JANET, ES IST SCHWER FÜR DIE ÄRZTE, AN DIR ZU ARBEITEN, WENN DU SO KLEIN BIST.
WENN DU **FRÜHER** VERLETZT WURDEST, HAST DU DICH VON SELBST...
... ZU VOLLER GRÖSSE ZURÜCKVERWANDELT...
UND DASS DU DAS DIESMAL **NICHT** GETAN HAST...
ICH WILL NICHT LÜGEN... DAS MACHT MIR ANGST.

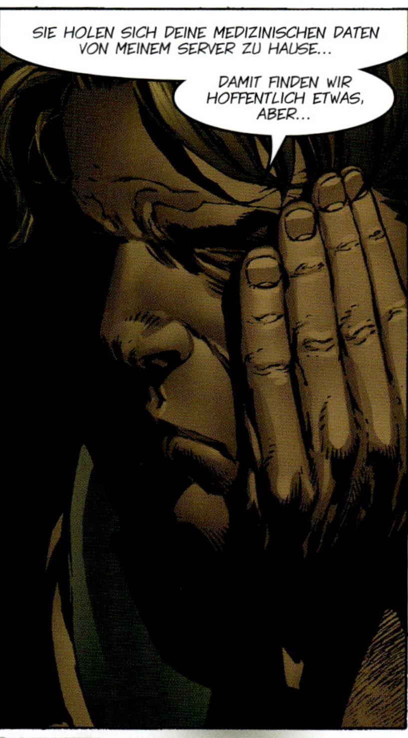
SIE HOLEN SICH DEINE MEDIZINISCHEN DATEN VON MEINEM SERVER ZU HAUSE...
DAMIT FINDEN WIR HOFFENTLICH ETWAS, ABER...

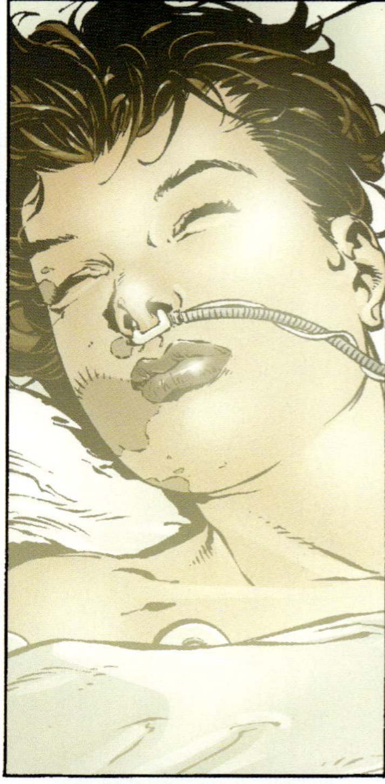

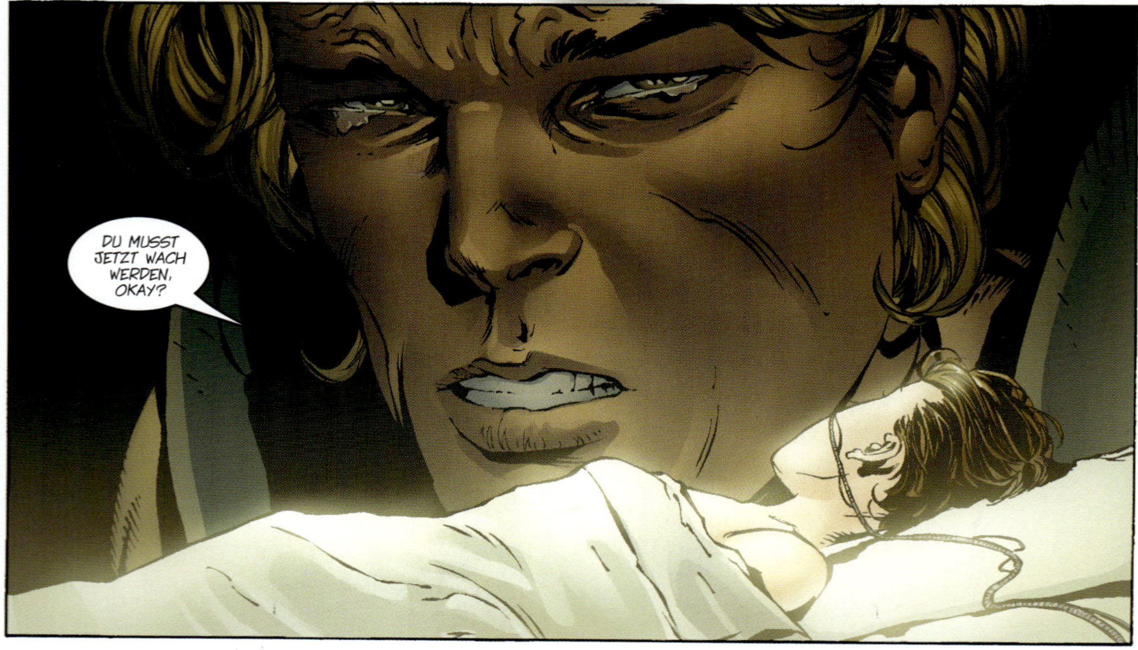
DU MUSST JETZT WACH WERDEN, OKAY?

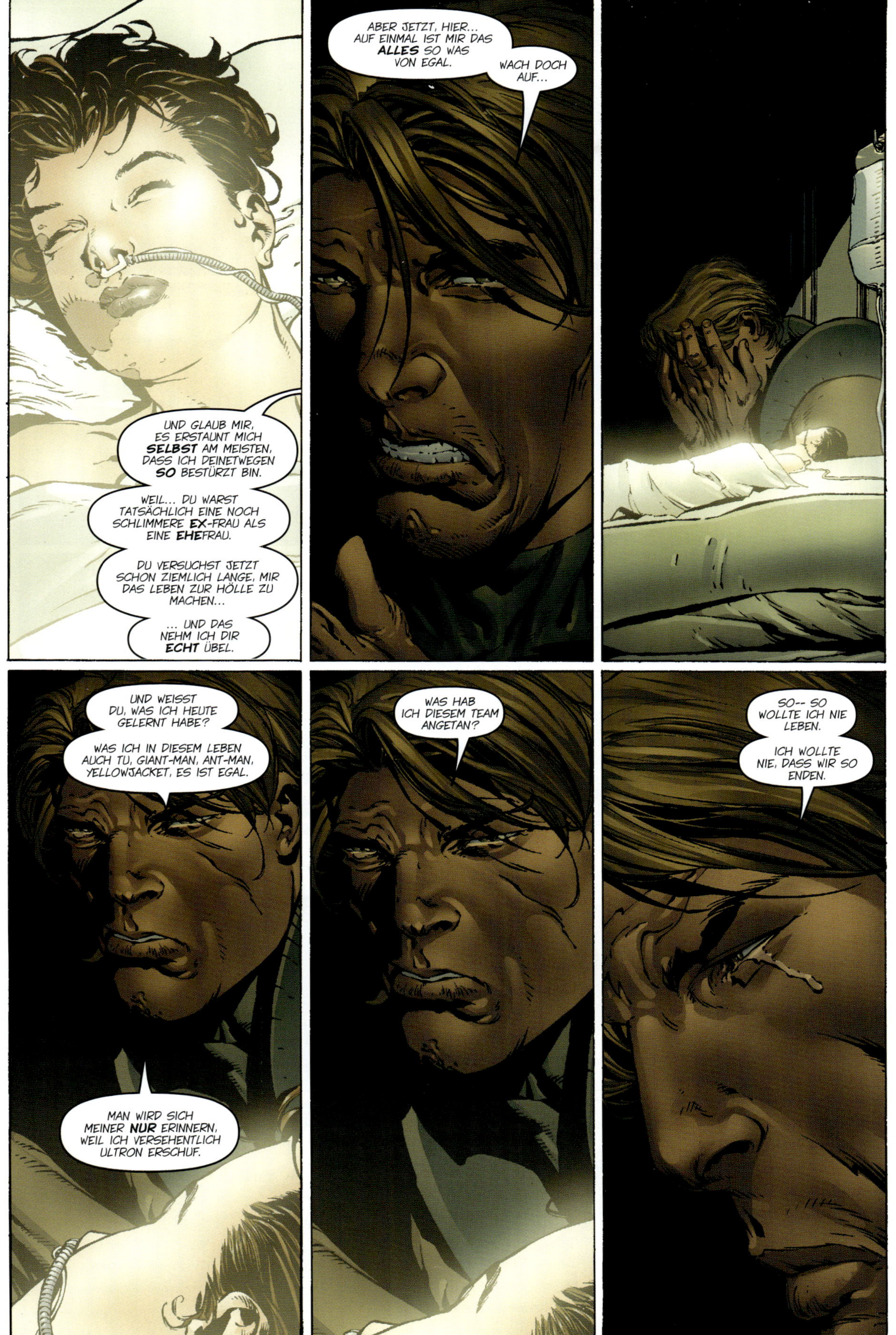
UND GLAUB MIR, ES ERSTAUNT MICH SELBST AM MEISTEN, DASS ICH DEINETWEGEN SO BESTÜRZT BIN.
WEIL... DU WARST TATSÄCHLICH EINE NOCH SCHLIMMERE EX-FRAU ALS EINE EHEFRAU.
DU VERSUCHST JETZT SCHON ZIEMLICH LANGE, MIR DAS LEBEN ZUR HÖLLE ZU MACHEN...
... UND DAS NEHM ICH DIR ECHT ÜBEL.
ABER JETZT, HIER... AUF EINMAL IST MIR DAS ALLES SO WAS VON EGAL.
WACH DOCH AUF...
UND WEISST DU, WAS ICH HEUTE GELERNT HABE?
WAS ICH IN DIESEM LEBEN AUCH TU, GIANT-MAN, ANT-MAN, YELLOWJACKET, ES IST EGAL.
MAN WIRD SICH MEINER NUR ERINNERN, WEIL ICH VERSEHENTLICH ULTRON ERSCHUF.
WAS HAB ICH DIESEM TEAM ANGETAN?
SO-- SO WOLLTE ICH NIE LEBEN.
ICH WOLLTE NIE, DASS WIR SO ENDEN.

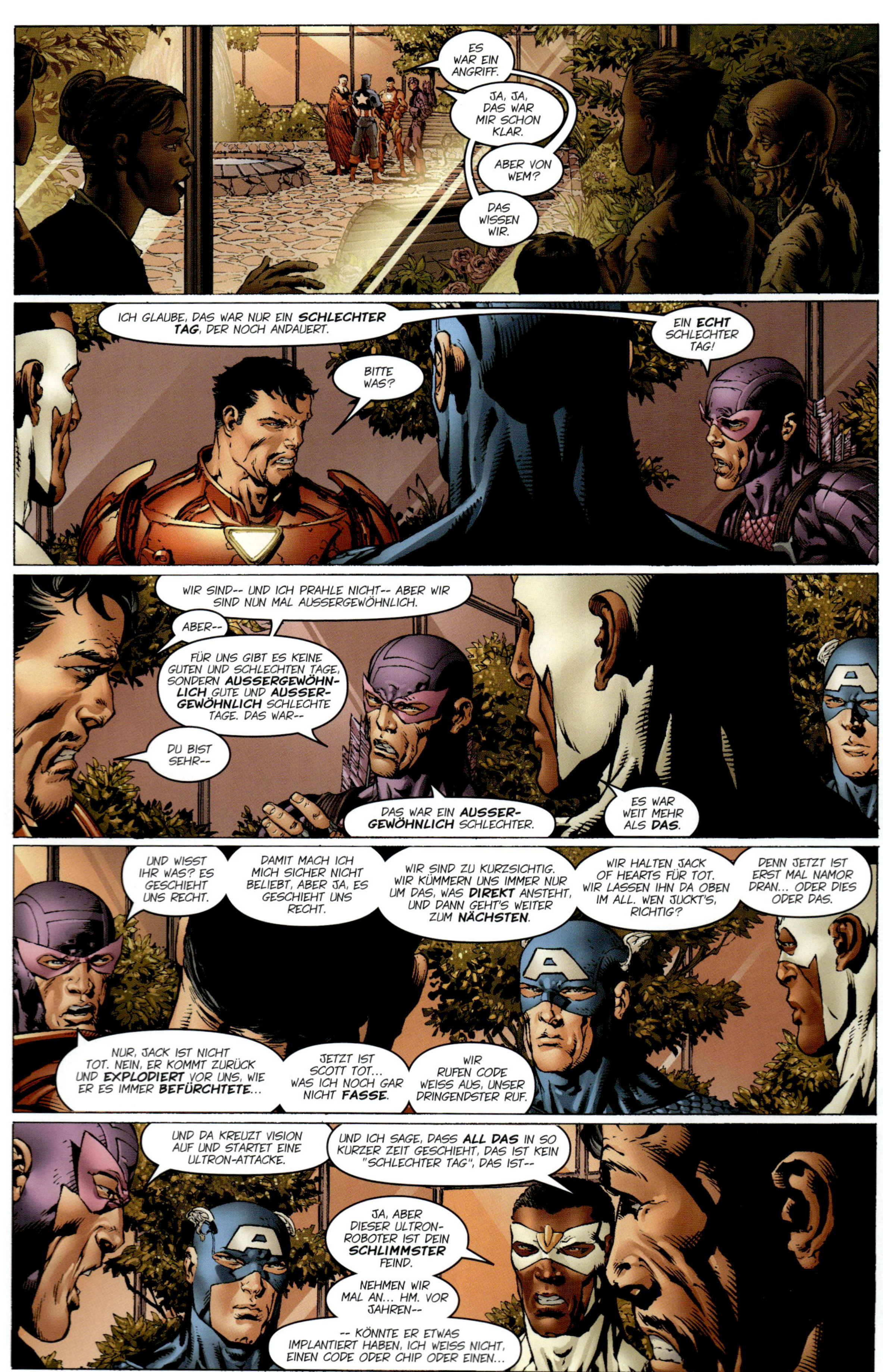
ES WAR EIN ANGRIFF.
JA, JA, DAS WAR MIR SCHON KLAR.
ABER VON WEM?
DAS WISSEN WIR.
ICH GLAUBE, DAS WAR NUR EIN SCHLECHTER TAG, DER NOCH ANDAUERT.
EIN ECHT SCHLECHTER TAG!
BITTE WAS?
WIR SIND-- UND ICH PRAHLE NICHT-- ABER WIR SIND NUN MAL AUSSERGEWÖHNLICH.
ABER--
FÜR UNS GIBT ES KEINE GUTEN UND SCHLECHTEN TAGE, SONDERN AUSSERGEWÖHNLICH GUTE UND AUSSERGEWÖHNLICH SCHLECHTE TAGE. DAS WAR--
DU BIST SEHR--
DAS WAR EIN AUSSERGEWÖHNLICH SCHLECHTER.
ES WAR WEIT MEHR ALS DAS.
UND WISST IHR WAS? ES GESCHIEHT UNS RECHT.
DAMIT MACH ICH MICH SICHER NICHT BELIEBT, ABER JA, ES GESCHIEHT UNS RECHT.
WIR SIND ZU KURZSICHTIG. WIR KÜMMERN UNS IMMER NUR UM DAS, WAS DIREKT ANSTEHT, UND DANN GEHT'S WEITER ZUM NÄCHSTEN.
WIR HALTEN JACK OF HEARTS FÜR TOT. WIR LASSEN IHN DA OBEN IM ALL. WEN JUCKT'S, RICHTIG?
DENN JETZT IST ERST MAL NAMOR DRAN... ODER DIES ODER DAS.
NUR, JACK IST NICHT TOT. NEIN, ER KOMMT ZURÜCK UND EXPLODIERT VOR UNS, WIE ER ES IMMER BEFÜRCHTETE...
JETZT IST SCOTT TOT... WAS ICH NOCH GAR NICHT FASSE.
WIR RUFEN CODE WEISS AUS, UNSER DRINGENDSTER RUF.
UND DA KREUZT VISION AUF UND STARTET EINE ULTRON-ATTACKE.
UND ICH SAGE, DASS ALL DAS IN SO KURZER ZEIT GESCHIEHT, DAS IST KEIN "SCHLECHTER TAG", DAS IST--
JA, ABER DIESER ULTRON-ROBOTER IST DEIN SCHLIMMSTER FEIND.
NEHMEN WIR MAL AN... HM. VOR JAHREN--
-- KÖNNTE ER ETWAS IMPLANTIERT HABEN, ICH WEISS NICHT, EINEN CODE ODER CHIP ODER EINEN...

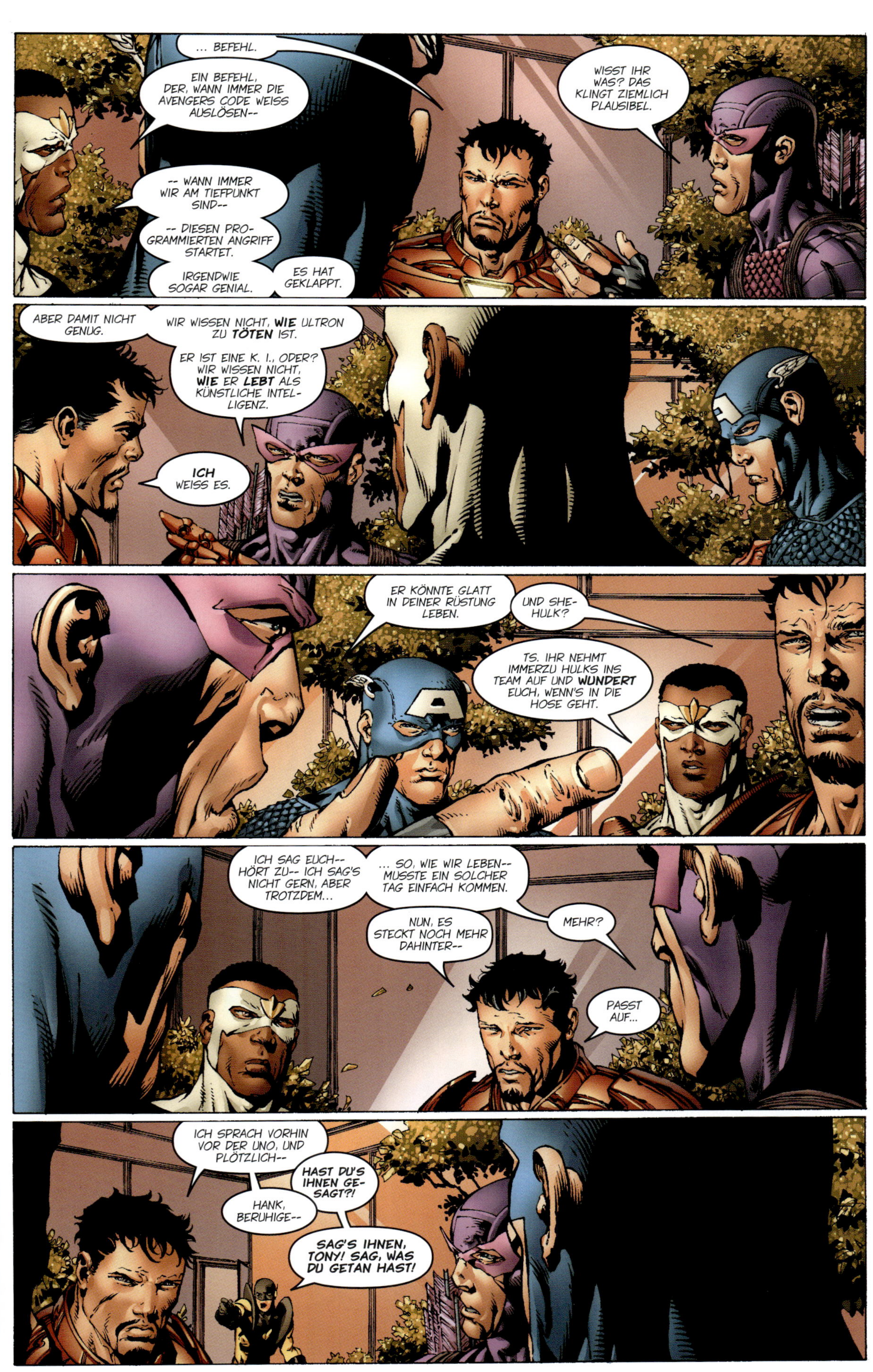
... BEFEHL.
EIN BEFEHL, DER, WANN IMMER DIE AVENGERS CODE WEISS AUSLÖSEN--
-- WANN IMMER WIR AM TIEFPUNKT SIND--
-- DIESEN PROGRAMMIERTEN ANGRIFF STARTET.
IRGENDWIE SOGAR GENIAL.
ES HAT GEKLAPPT.
WISST IHR WAS? DAS KLINGT ZIEMLICH PLAUSIBEL.
ABER DAMIT NICHT GENUG.
WIR WISSEN NICHT, **WIE** ULTRON ZU **TÖTEN** IST.
ER IST EINE K. I., ODER? WIR WISSEN NICHT, **WIE** ER **LEBT** ALS KÜNSTLICHE INTELLIGENZ.
ICH WEISS ES.
ER KÖNNTE GLATT IN DEINER RÜSTUNG LEBEN.
UND SHE-HULK?
TS. IHR NEHMT IMMERZU HULKS INS TEAM AUF UND **WUNDERT** EUCH, WENN'S IN DIE HOSE GEHT.
ICH SAG EUCH-- HÖRT ZU-- ICH SAG'S NICHT GERN, ABER TROTZDEM...
... SO, WIE WIR LEBEN-- MUSSTE EIN SOLCHER TAG EINFACH KOMMEN.
MEHR?
NUN, ES STECKT NOCH MEHR DAHINTER--
PASST AUF...
ICH SPRACH VORHIN VOR DER UNO, UND PLÖTZLICH--
HAST DU'S IHNEN GESAGT?!
HANK, BERUHIGE--
SAG'S IHNEN, TONY! SAG, WAS DU GETAN HAST!

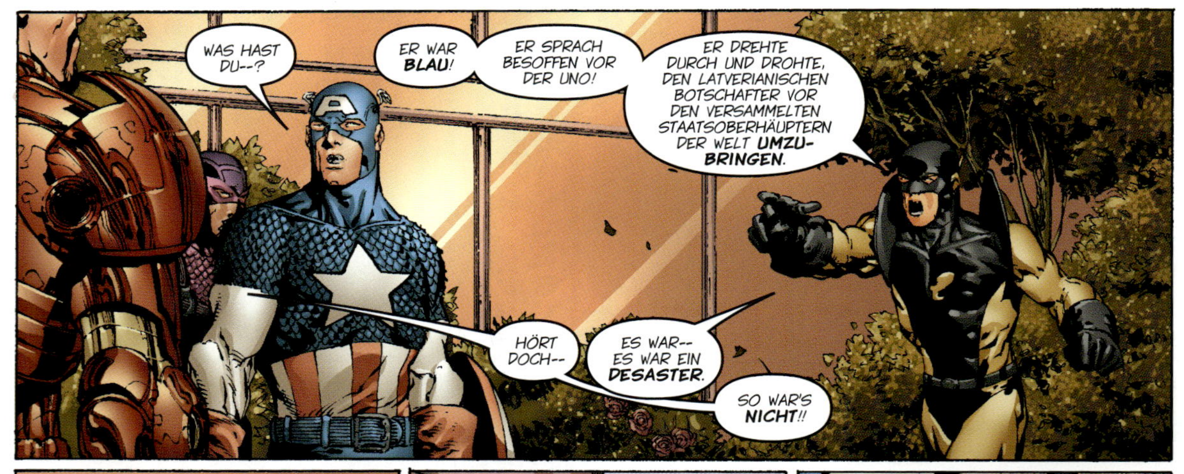
WAS HAST DU--?
ER WAR BLAU!
ER SPRACH BESOFFEN VOR DER UNO!
ER DREHTE DURCH UND DROHTE, DEN LATVERIANISCHEN BOTSCHAFTER VOR DEN VERSAMMELTEN STAATSOBERHÄUPTERN DER WELT UMZUBRINGEN.
HÖRT DOCH--
ES WAR-- ES WAR EIN DESASTER.
SO WAR'S NICHT!!
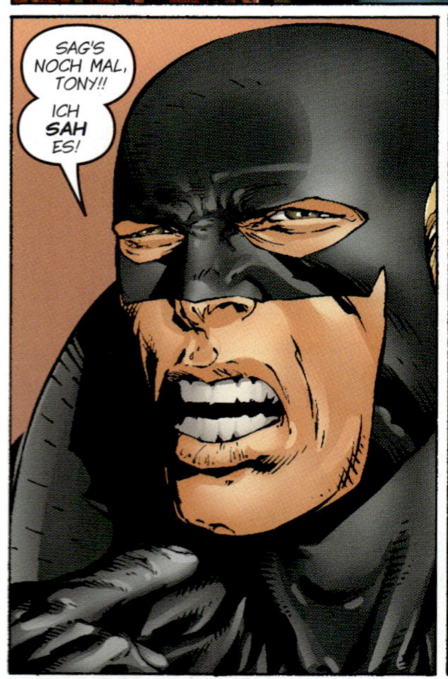
SAG'S NOCH MAL, TONY!!
ICH SAH ES!
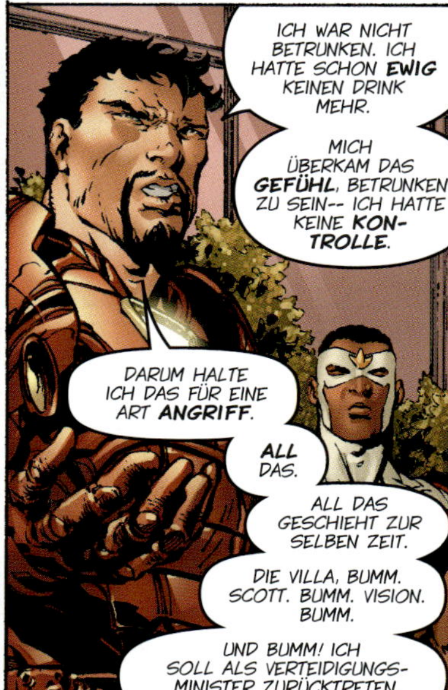
ICH WAR NICHT BETRUNKEN. ICH HATTE SCHON EWIG KEINEN DRINK MEHR.
MICH ÜBERKAM DAS GEFÜHL, BETRUNKEN ZU SEIN-- ICH HATTE KEINE KONTROLLE.
DARUM HALTE ICH DAS FÜR EINE ART ANGRIFF.
ALL DAS.
ALL DAS GESCHIEHT ZUR SELBEN ZEIT.
DIE VILLA, BUMM. SCOTT. BUMM. VISION. BUMM.
UND BUMM! ICH SOLL ALS VERTEIDIGUNGSMINISTER ZURÜCKTRETEN.
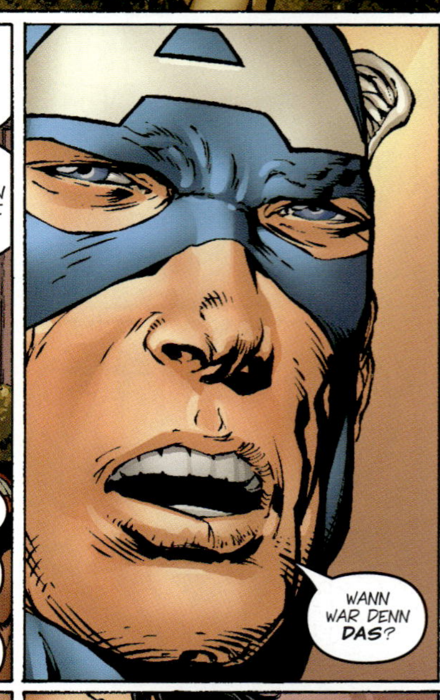
WANN WAR DENN DAS?
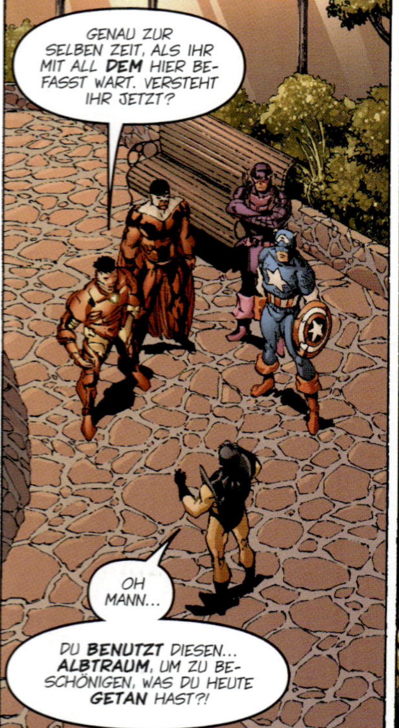
GENAU ZUR SELBEN ZEIT, ALS IHR MIT ALL DEM HIER BEFASST WART. VERSTEHT IHR JETZT?
OH MANN...
DU BENUTZT DIESEN... ALBTRAUM, UM ZU BESCHÖNIGEN, WAS DU HEUTE GETAN HAST?!
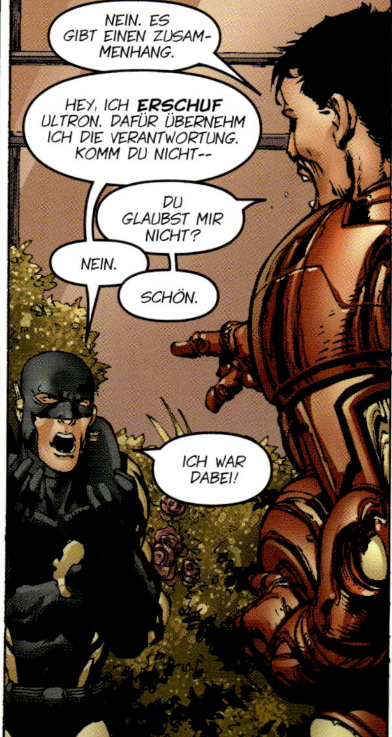
NEIN. ES GIBT EINEN ZUSAMMENHANG.
HEY, ICH ERSCHUF ULTRON. DAFÜR ÜBERNEHM ICH DIE VERANTWORTUNG. KOMM DU NICHT--
DU GLAUBST MIR NICHT?
NEIN.
SCHÖN.
ICH WAR DABEI!
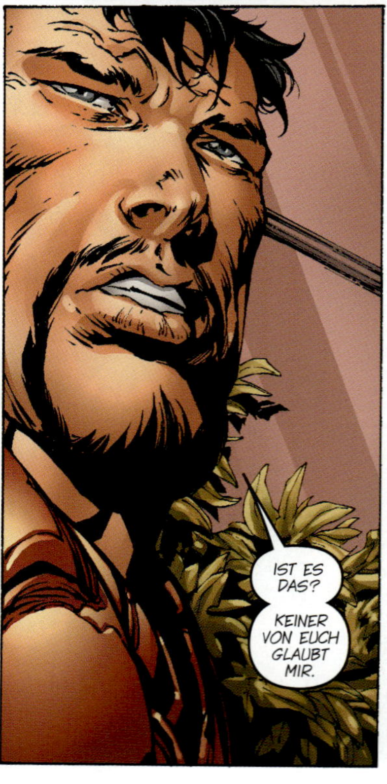
IST ES DAS?
KEINER VON EUCH GLAUBT MIR.

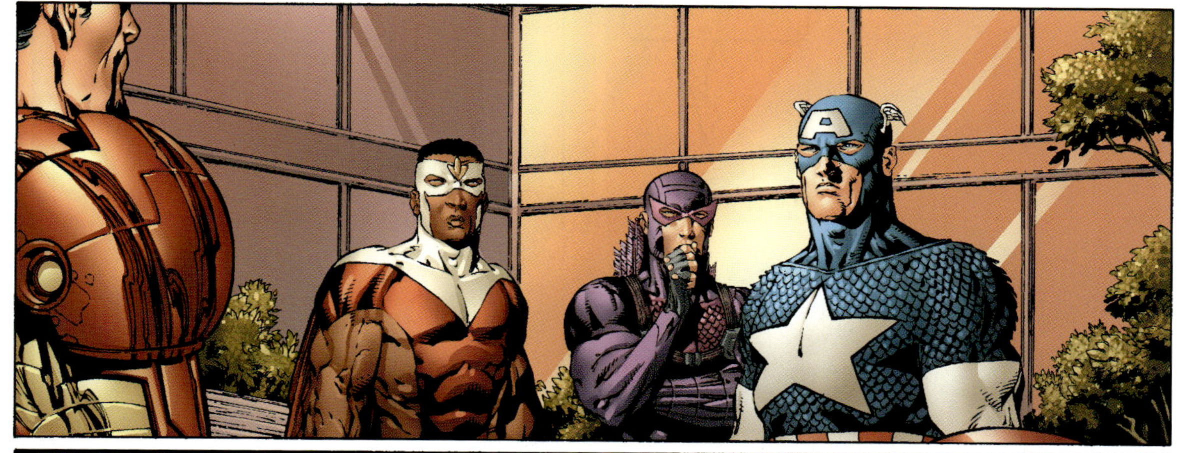

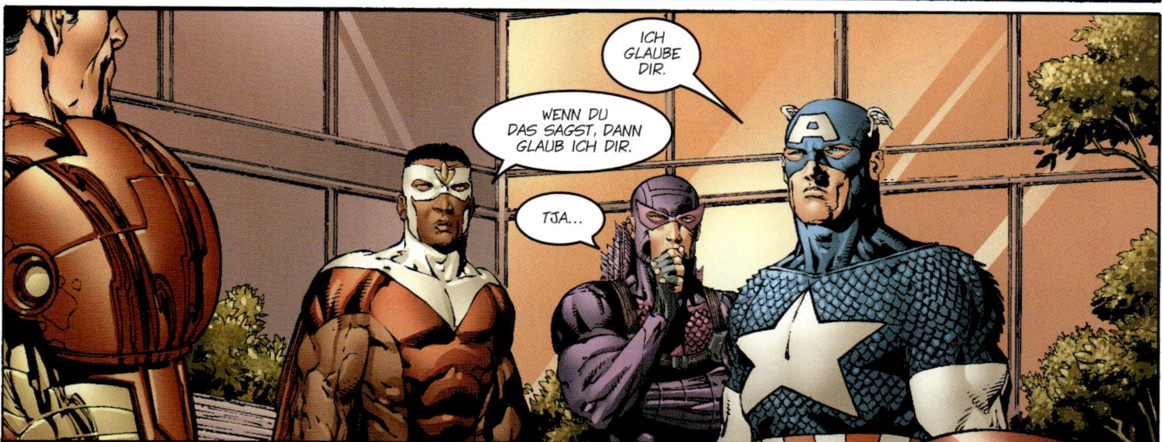
ICH GLAUBE DIR.
WENN DU DAS SAGST, DANN GLAUB ICH DIR.
TJA...

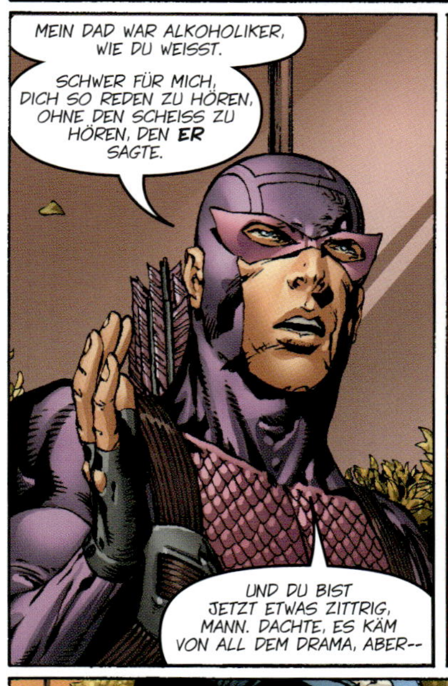
MEIN DAD WAR ALKOHOLIKER, WIE DU WEISST.
SCHWER FÜR MICH, DICH SO REDEN ZU HÖREN, OHNE DEN SCHEISS ZU HÖREN, DEN **ER** SAGTE.
UND DU BIST JETZT ETWAS ZITTRIG, MANN. DACHTE, ES KÄM VON ALL DEM DRAMA, ABER--

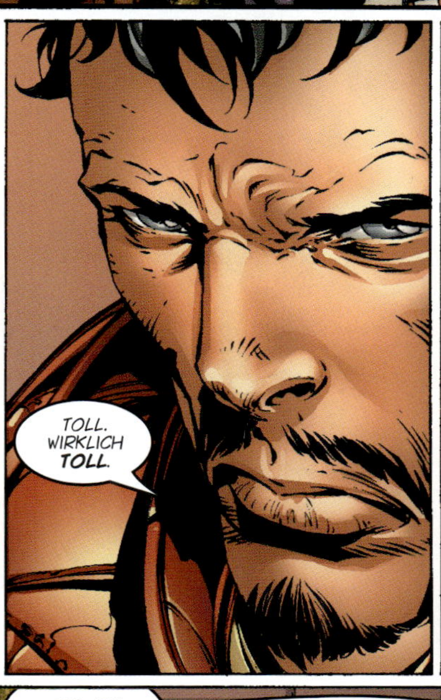
TOLL. WIRKLICH **TOLL**.

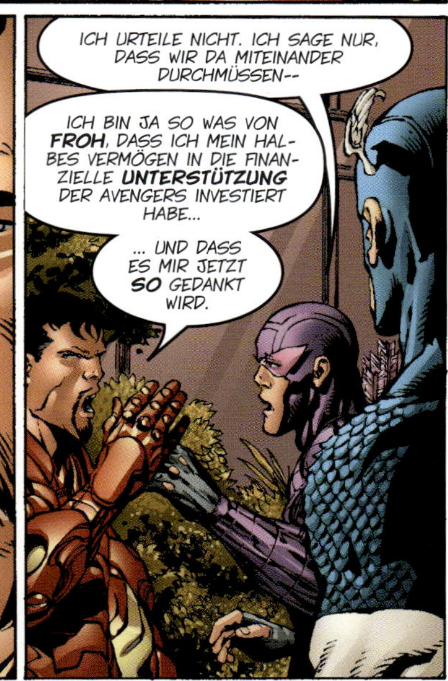
ICH URTEILE NICHT. ICH SAGE NUR, DASS WIR DA MITEINANDER DURCHMÜSSEN--
ICH BIN JA SO WAS VON **FROH**, DASS ICH MEIN HALBES VERMÖGEN IN DIE FINANZIELLE **UNTERSTÜTZUNG** DER AVENGERS INVESTIERT HABE...
... UND DASS ES MIR JETZT **SO** GEDANKT WIRD.

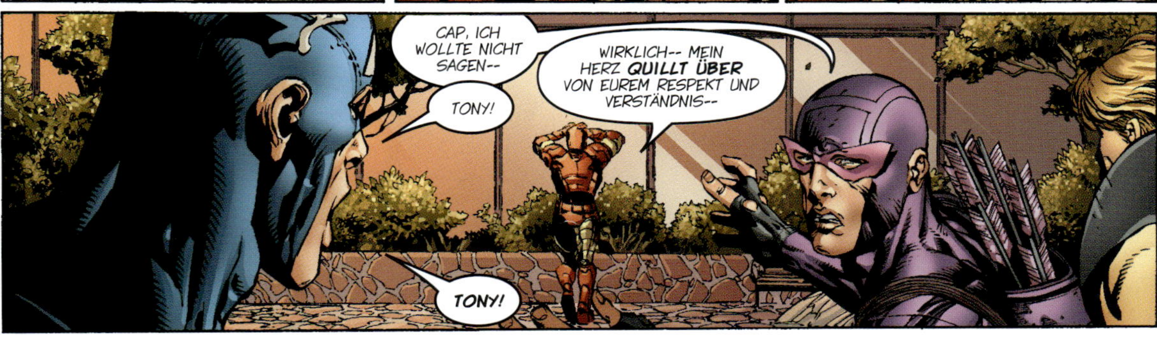
CAP, ICH WOLLTE NICHT SAGEN--
WIRKLICH-- MEIN HERZ **QUILLT ÜBER** VON EUREM RESPEKT UND VERSTÄNDNIS--
TONY!
TONY!

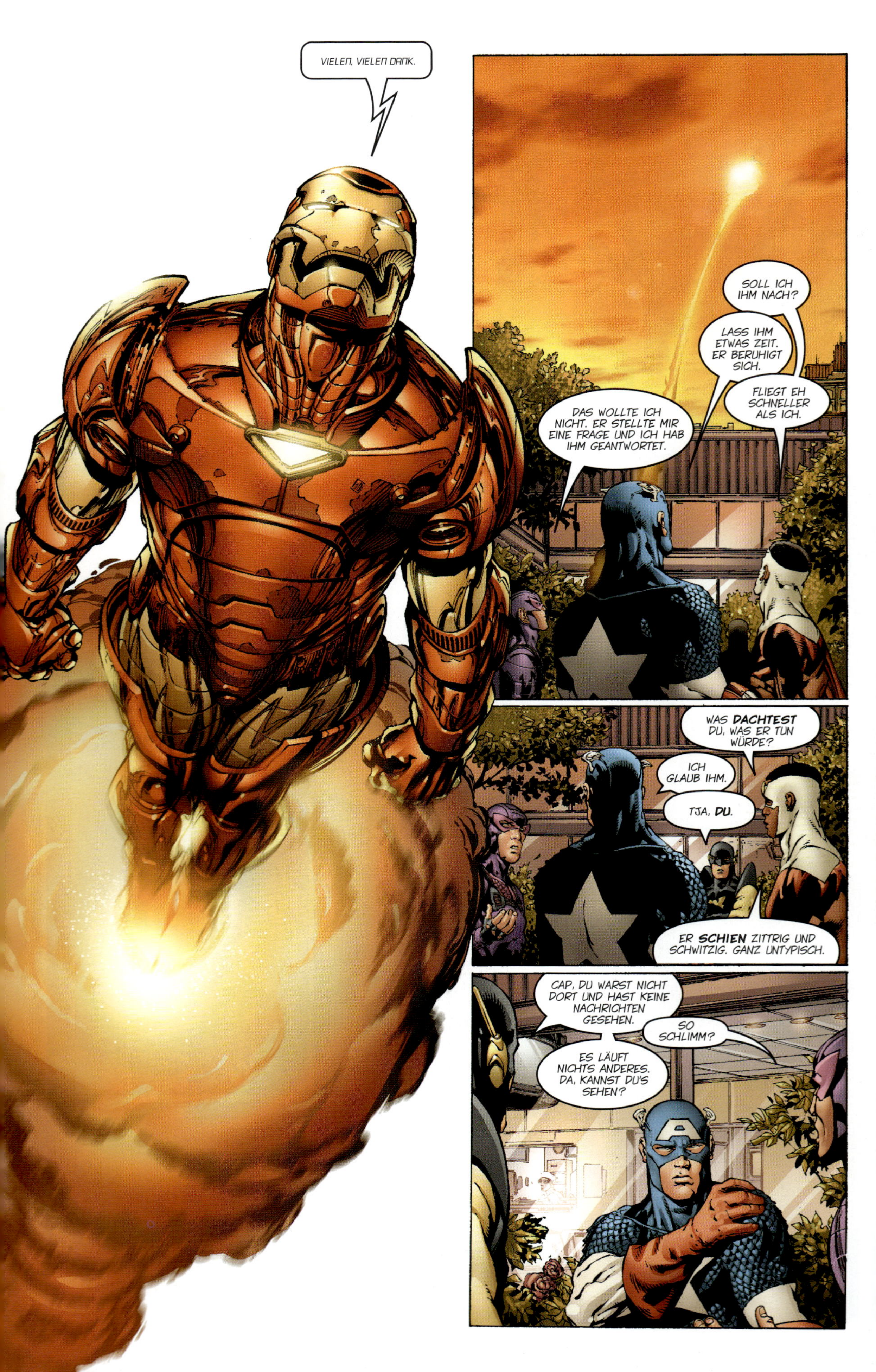
VIELEN, VIELEN DANK.
SOLL ICH IHM NACH?
LASS IHM ETWAS ZEIT. ER BERUHIGT SICH.
FLIEGT EH SCHNELLER ALS ICH.
DAS WOLLTE ICH NICHT. ER STELLTE MIR EINE FRAGE UND ICH HAB IHM GEANTWORTET.
WAS **DACHTEST** DU, WAS ER TUN WÜRDE?
ICH GLAUB IHM.
TJA, **DU**.
ER **SCHIEN** ZITTRIG UND SCHWITZIG. GANZ UNTYPISCH.
CAP, DU WARST NICHT DORT UND HAST KEINE NACHRICHTEN GESEHEN.
SO SCHLIMM?
ES LÄUFT NICHTS ANDERES. DA, KANNST DU'S SEHEN?

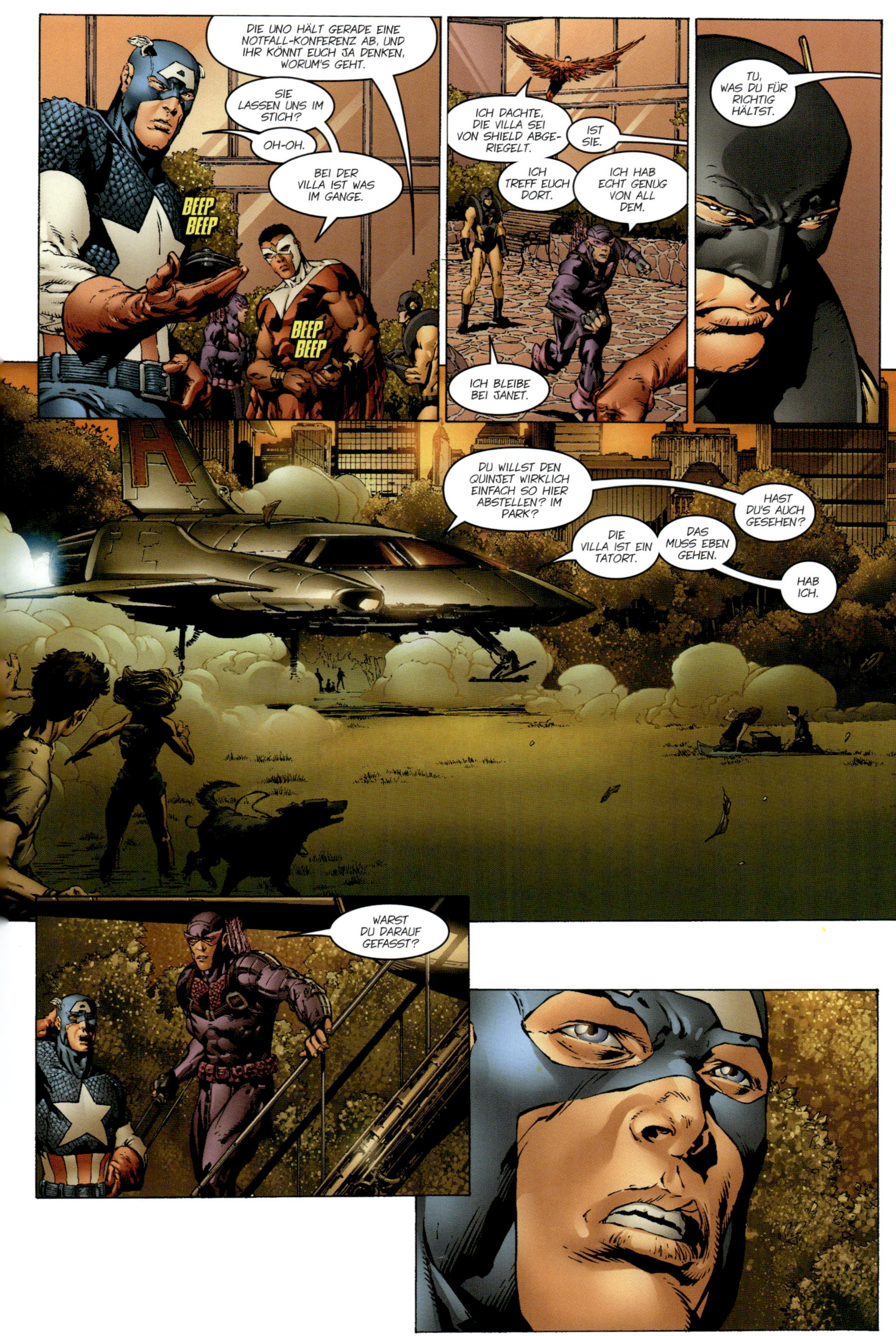
DIE UNO HÄLT GERADE EINE NOTFALL-KONFERENZ AB, UND IHR KÖNNT EUCH JA DENKEN, WORUM'S GEHT.
SIE LASSEN UNS IM STICH?
OH-OH.
BEEP BEEP
BEEP BEEP
BEI DER VILLA IST WAS IM GANGE.
ICH DACHTE, DIE VILLA SEI VON SHIELD ABGE-RIEGELT.
IST SIE.
ICH TREFF EUCH DORT.
ICH HAB ECHT GENUG VON ALL DEM.
ICH BLEIBE BEI JANET.
TU, WAS DU FÜR RICHTIG HÄLTST.
DU WILLST DEN QUINJET WIRKLICH EINFACH SO HIER ABSTELLEN? IM PARK?
DIE VILLA IST EIN TATORT.
DAS MUSS EBEN GEHEN.
HAST DU'S AUCH GESEHEN?
HAB ICH.
WARST DU DARAUF GEFASST?

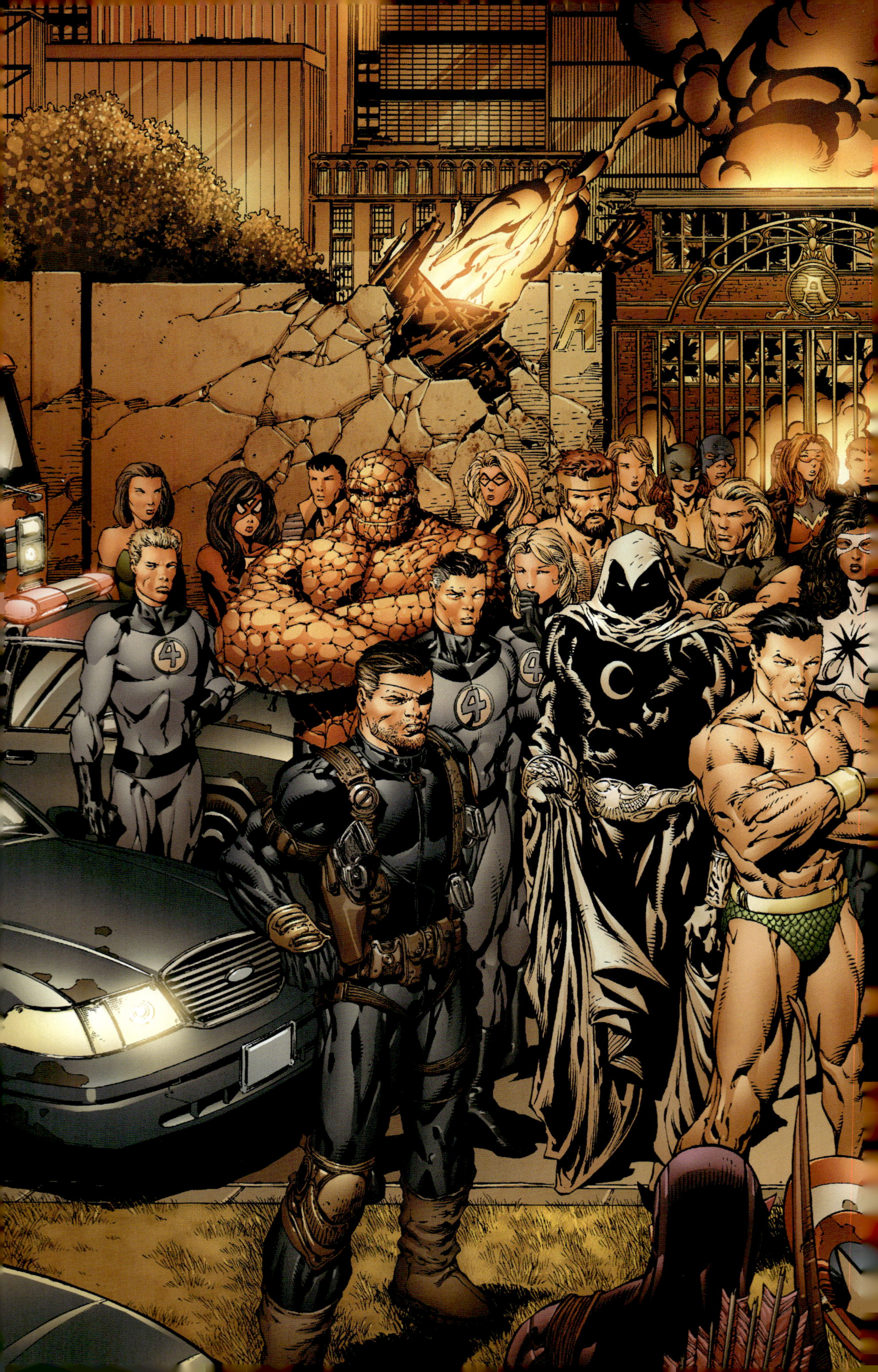

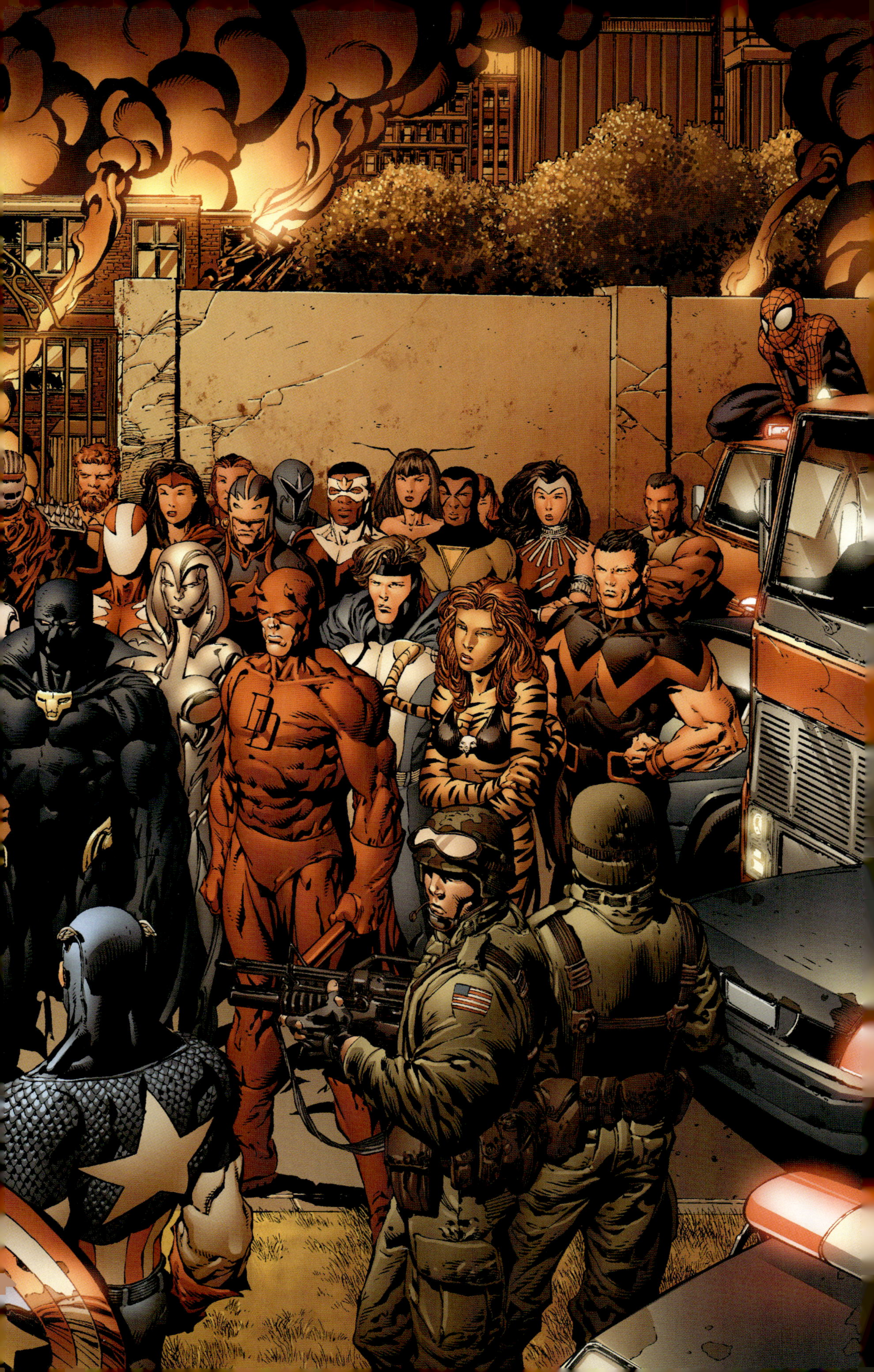

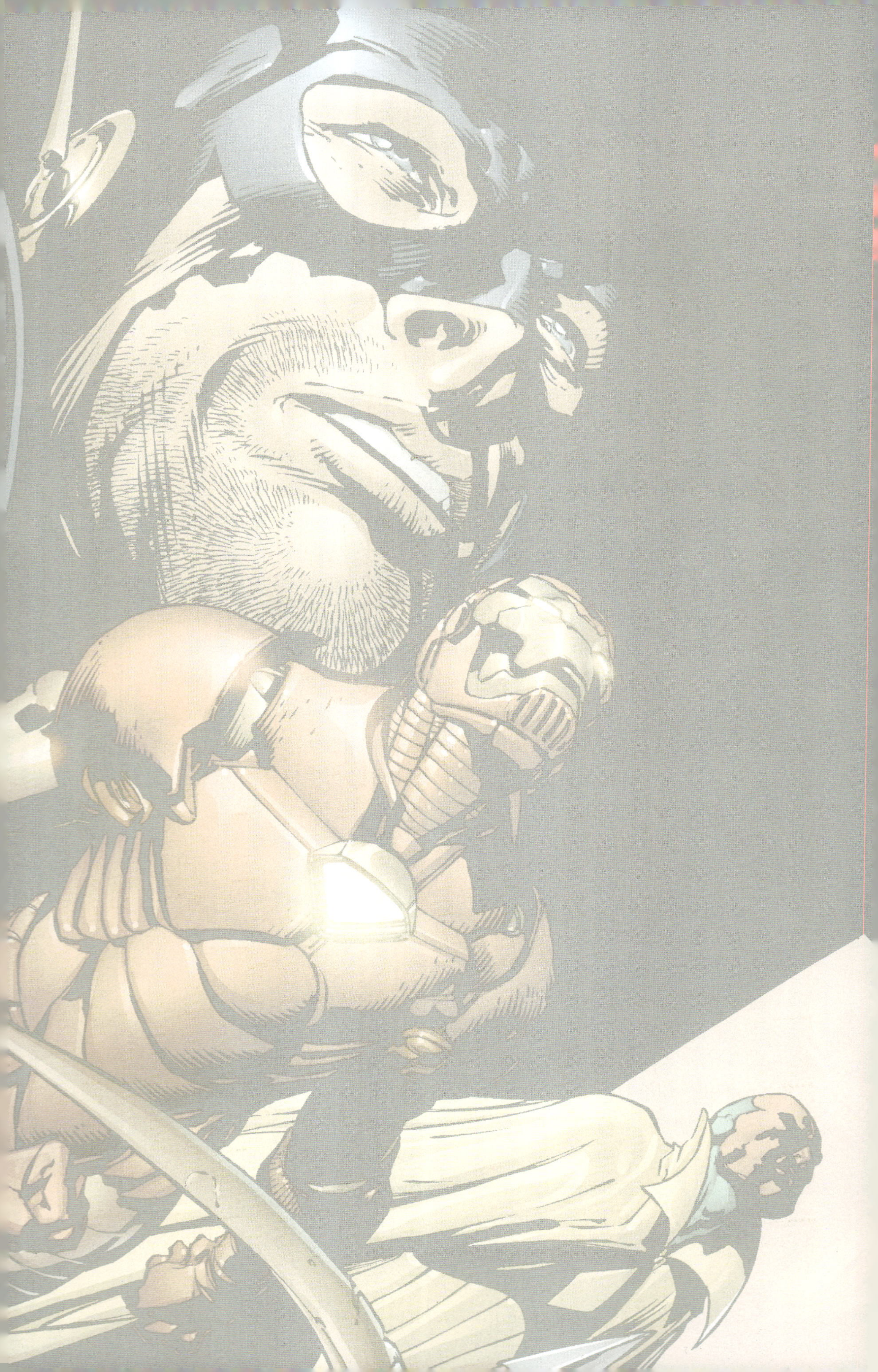

CHAOS, TEIL 3

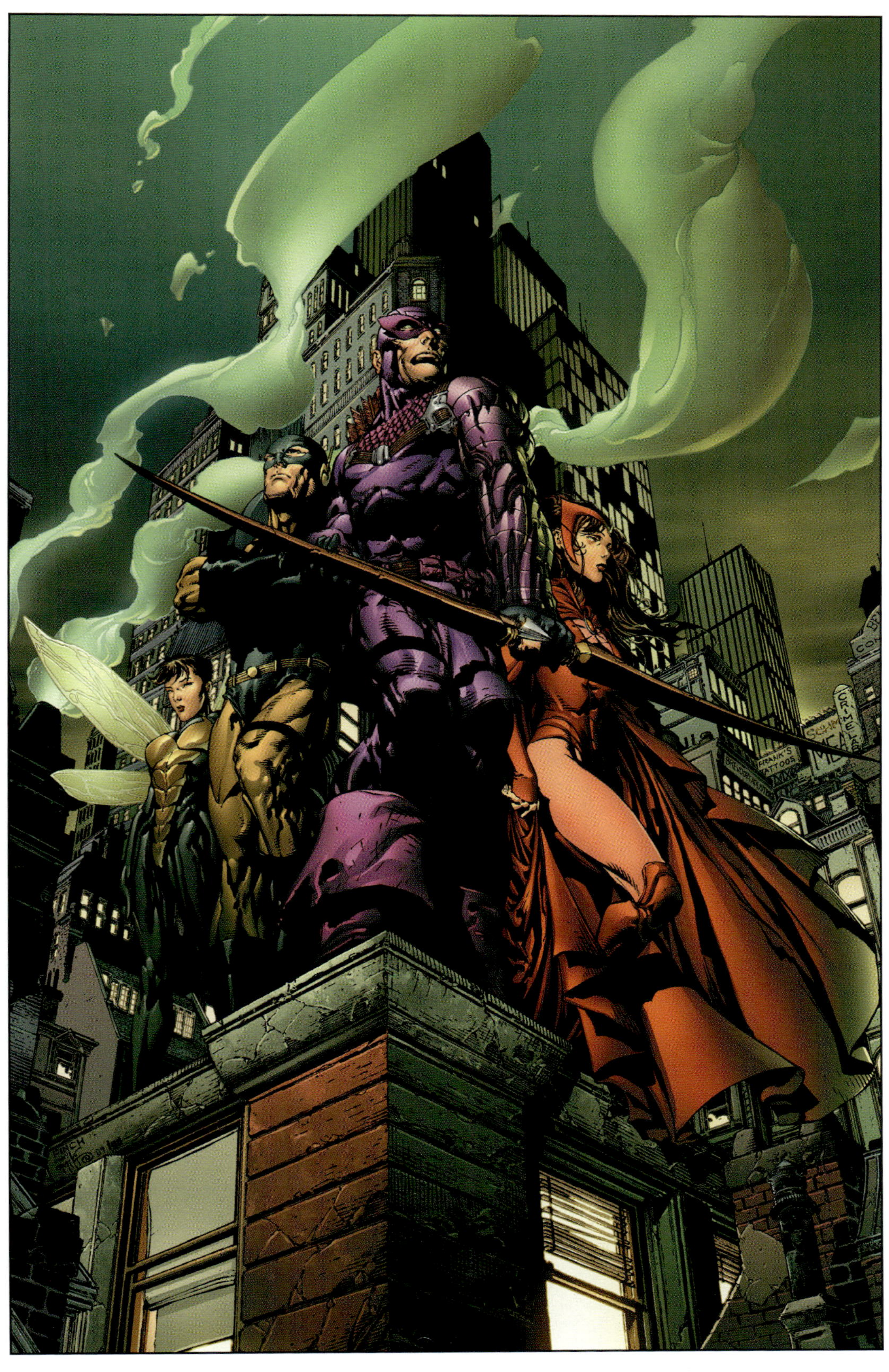

Avengers (1963) 502
Cover von **DAVID FINCH**

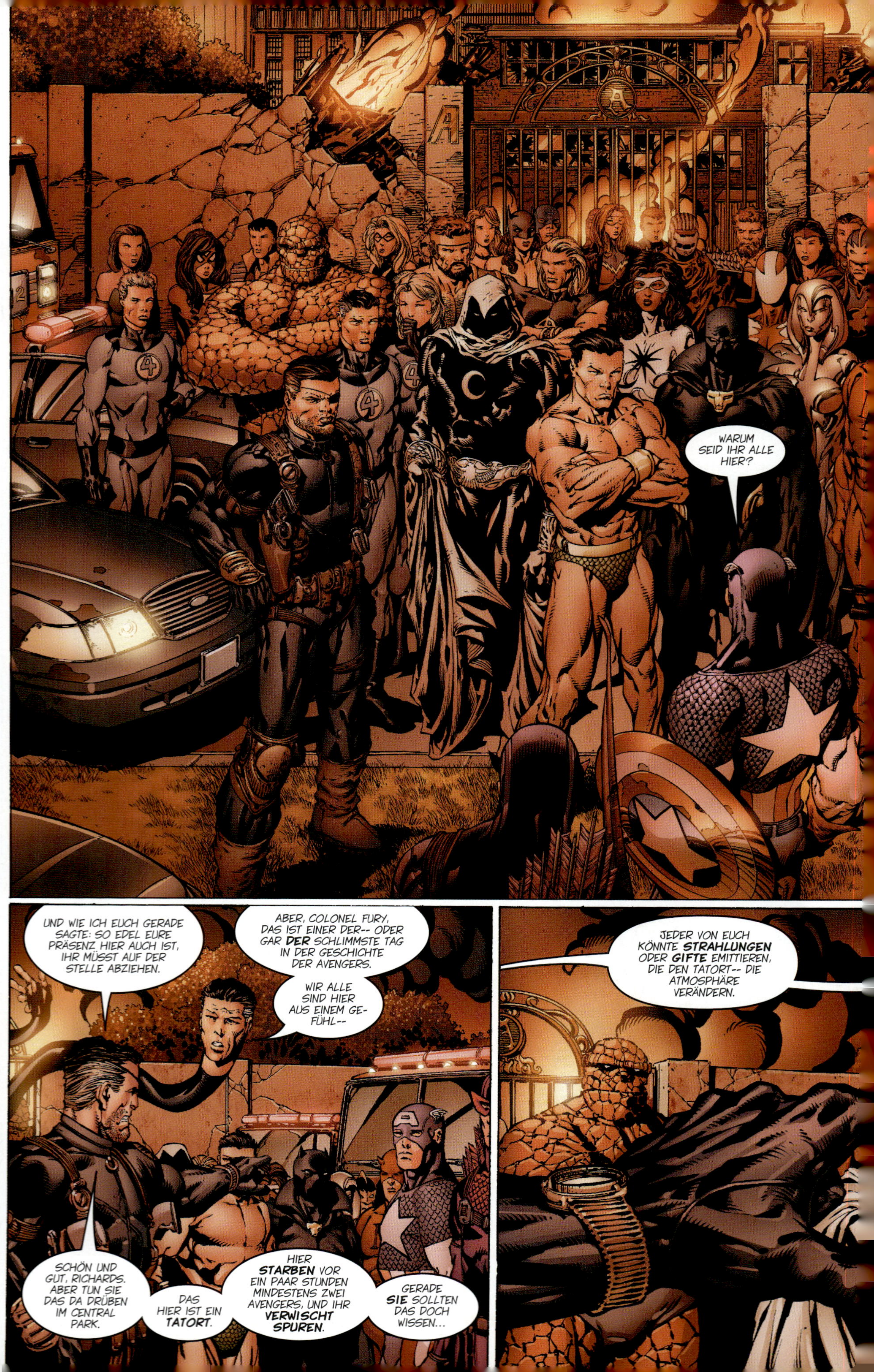

WARUM SEID IHR ALLE HIER?

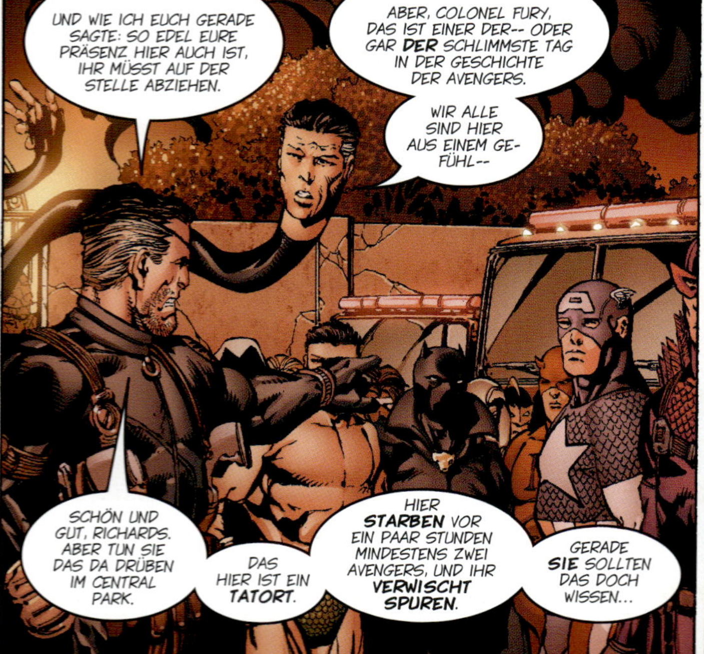
UND WIE ICH EUCH GERADE SAGTE: SO EDEL EURE PRÄSENZ HIER AUCH IST, IHR MÜSST AUF DER STELLE ABZIEHEN.
ABER, COLONEL FURY, DAS IST EINER DER-- ODER GAR **DER** SCHLIMMSTE TAG IN DER GESCHICHTE DER AVENGERS.
WIR ALLE SIND HIER AUS EINEM GE-FÜHL--
SCHÖN UND GUT, RICHARDS. ABER TUN SIE DAS DA DRÜBEN IM CENTRAL PARK.
DAS HIER IST EIN **TATORT**.
HIER **STARBEN** VOR EIN PAAR STUNDEN MINDESTENS ZWEI AVENGERS, UND IHR **VERWISCHT SPUREN**.
GERADE **SIE** SOLLTEN DAS DOCH WISSEN...

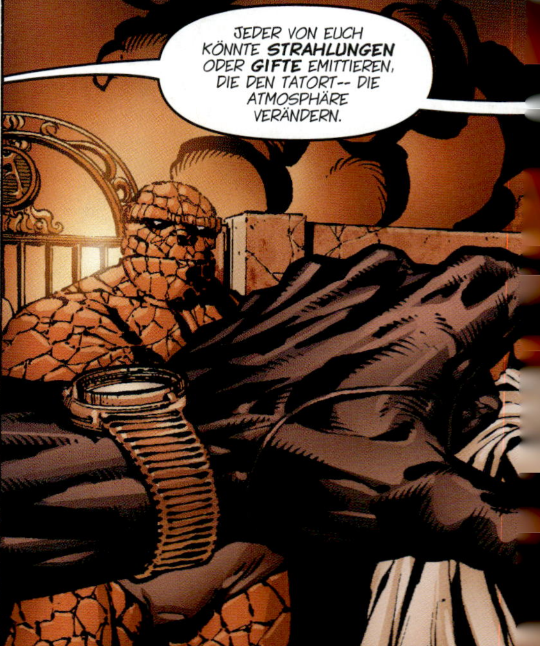
JEDER VON EUCH KÖNNTE **STRAHLUNGEN** ODER **GIFTE** EMITTIEREN, DIE DEN TATORT-- DIE ATMOSPHÄRE VERÄNDERN.

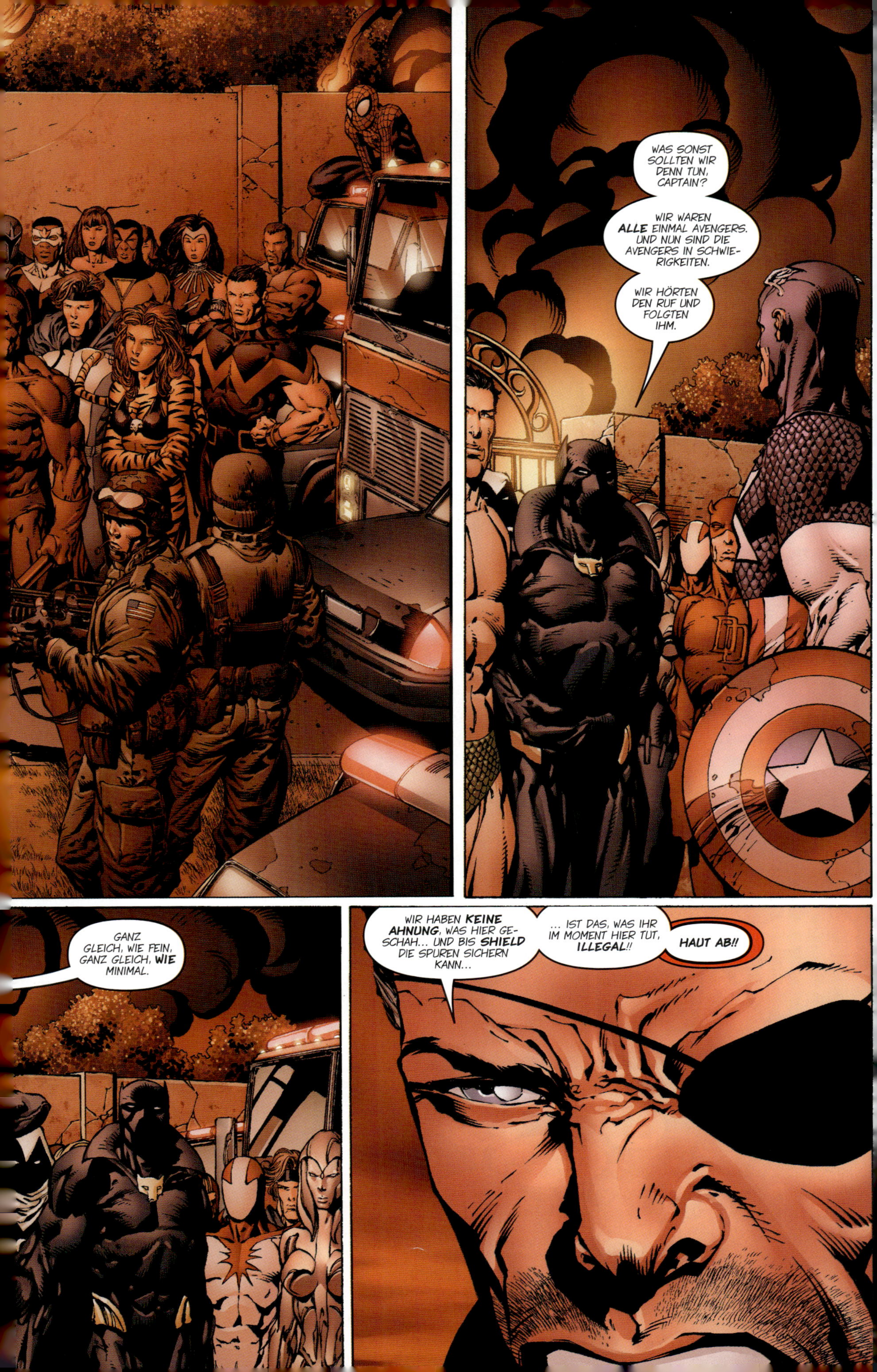

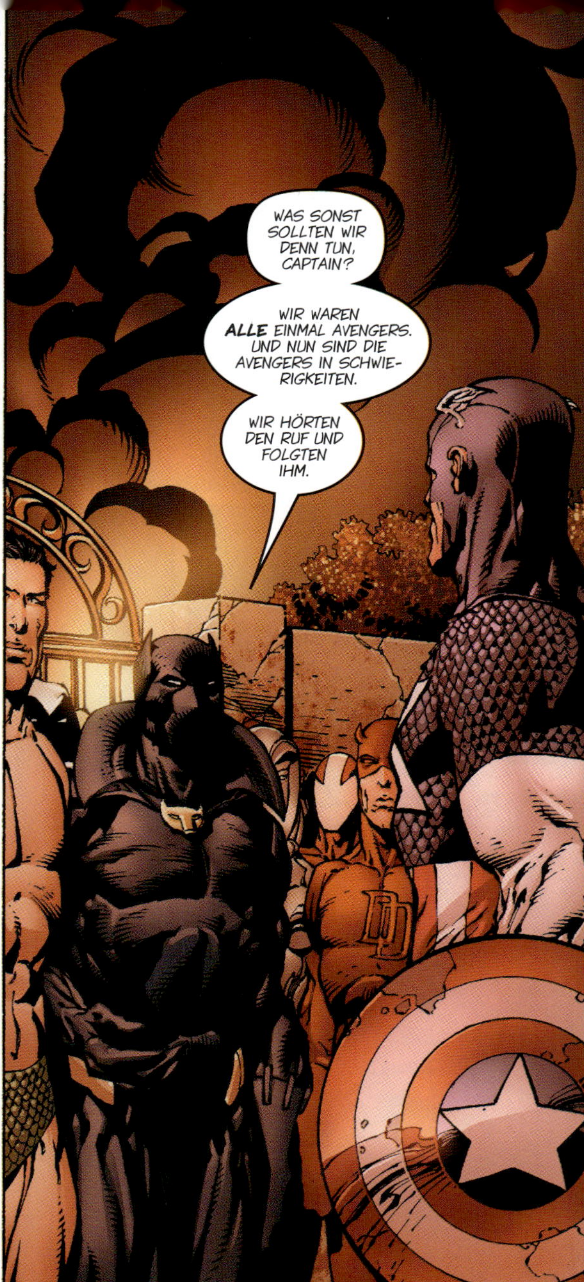
WAS SONST SOLLTEN WIR DENN TUN, CAPTAIN?
WIR WAREN **ALLE** EINMAL AVENGERS. UND NUN SIND DIE AVENGERS IN SCHWIERIGKEITEN.
WIR HÖRTEN DEN RUF UND FOLGTEN IHM.

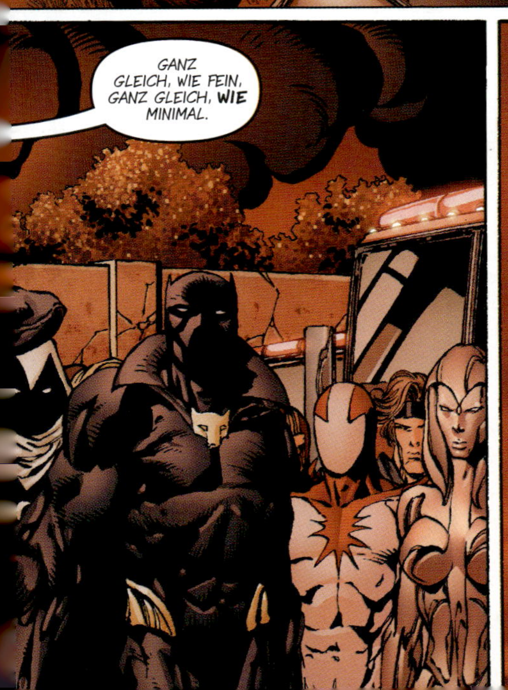
GANZ GLEICH, WIE FEIN, GANZ GLEICH, **WIE** MINIMAL.

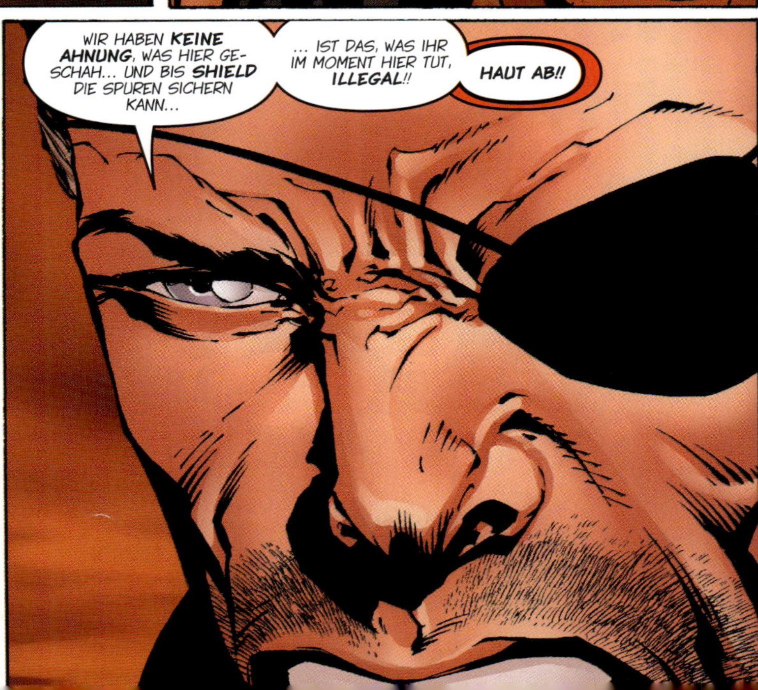
WIR HABEN **KEINE AHNUNG**, WAS HIER GESCHAH... UND BIS **SHIELD** DIE SPUREN SICHERN KANN...
... IST DAS, WAS IHR IM MOMENT HIER TUT, **ILLEGAL**!!
HAUT AB!!

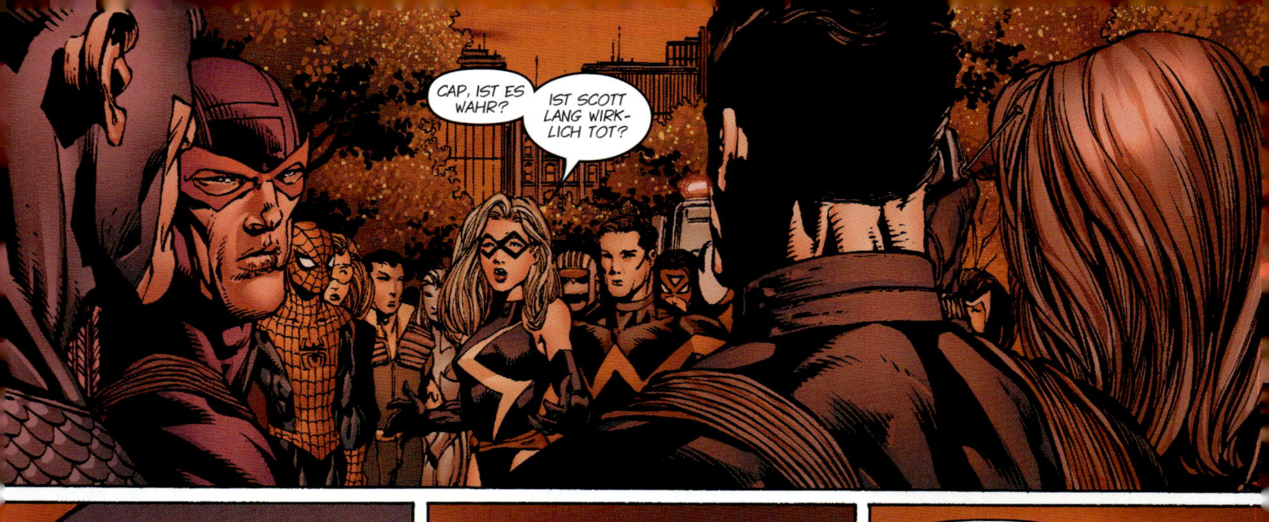
CAP, IST ES WAHR?
IST SCOTT LANG WIRKLICH TOT?

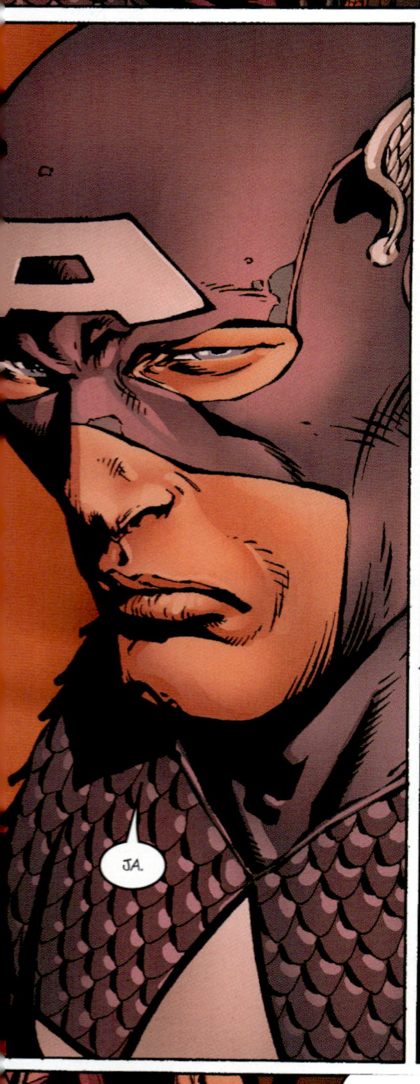
JA.

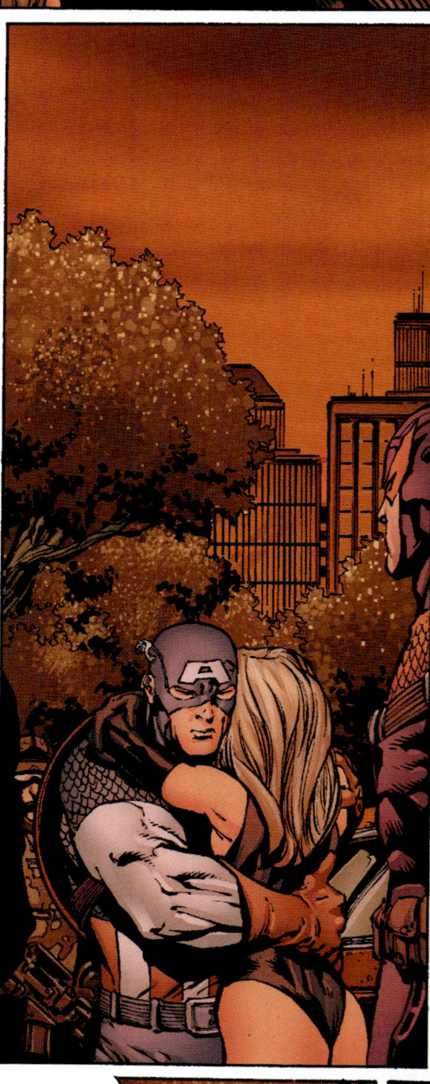

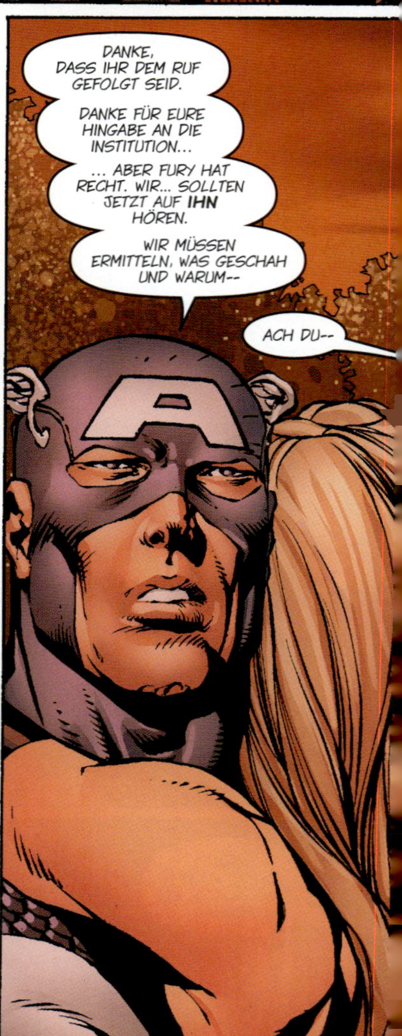
DANKE, DASS IHR DEM RUF GEFOLGT SEID.
DANKE FÜR EURE HINGABE AN DIE INSTITUTION...
... ABER FURY HAT RECHT. WIR... SOLLTEN JETZT AUF **IHN** HÖREN.
WIR MÜSSEN ERMITTELN, WAS GESCHAH UND WARUM--
ACH DU--

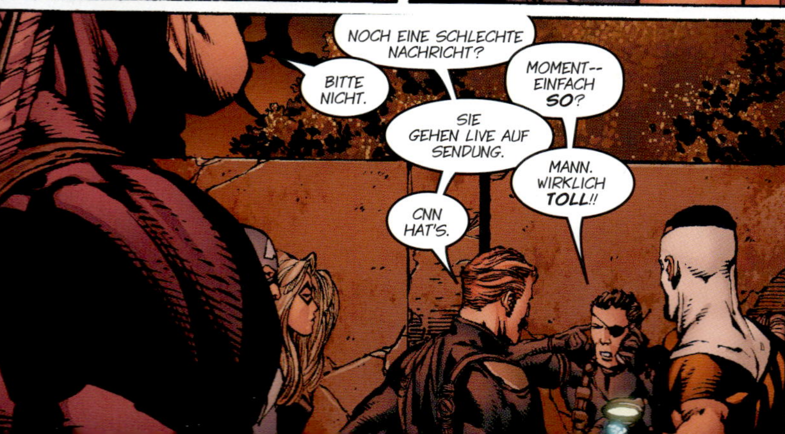
BITTE NICHT.
NOCH EINE SCHLECHTE NACHRICHT?
SIE GEHEN LIVE AUF SENDUNG.
CNN HAT'S.
MOMENT-- EINFACH **SO**?
MANN. WIRKLICH **TOLL**!!

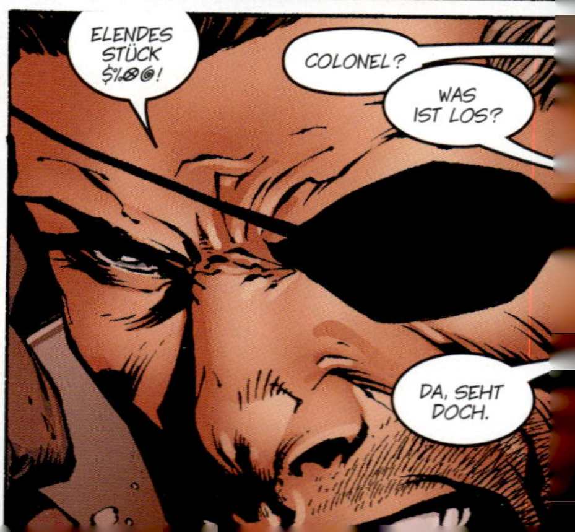
ELENDES STÜCK $%@@!
COLONEL?
WAS IST LOS?
DA, SEHT DOCH.

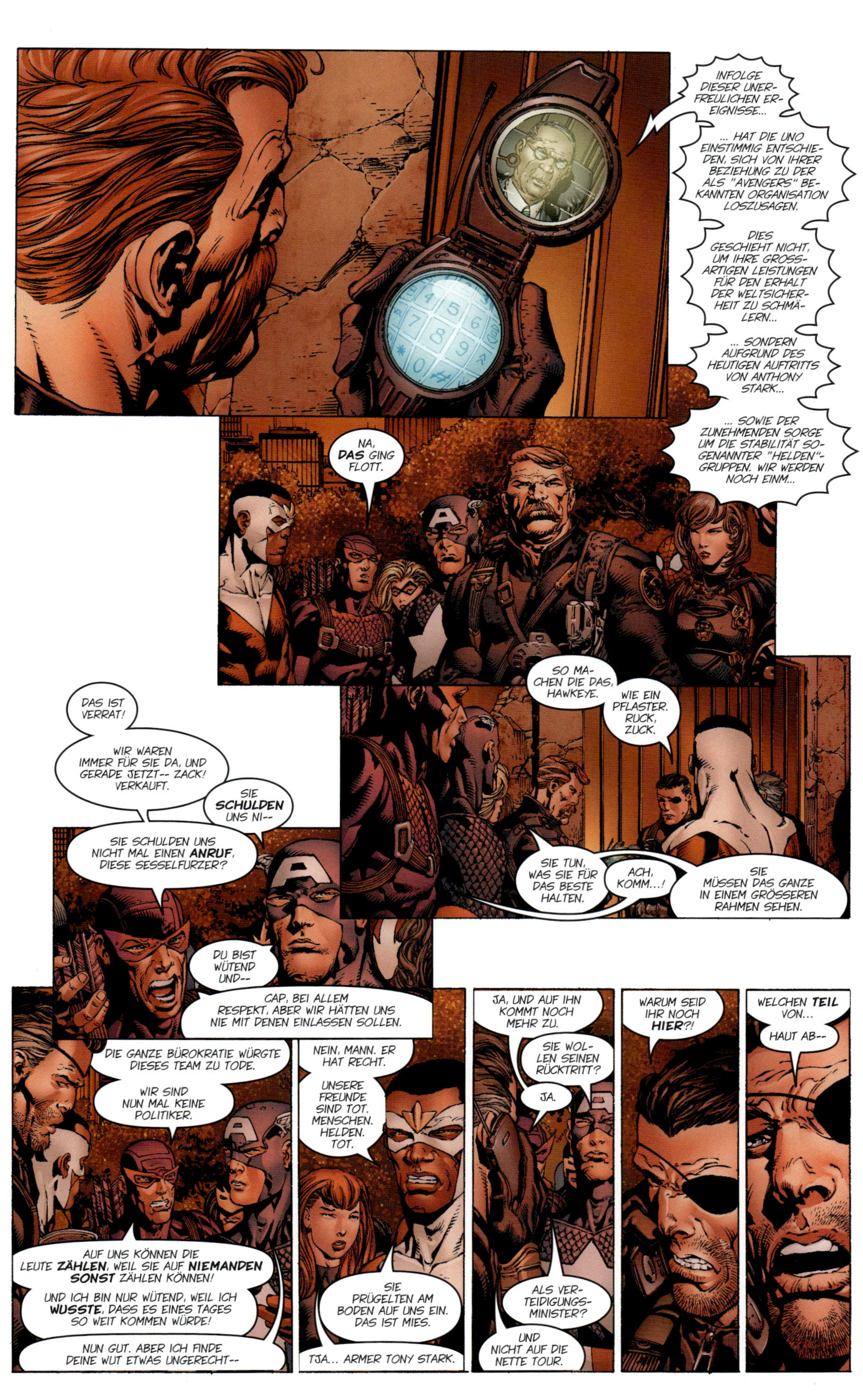
INFOLGE DIESER UNERFREULICHEN EREIGNISSE...
... HAT DIE UNO EINSTIMMIG ENTSCHIEDEN, SICH VON IHRER BEZIEHUNG ZU DER ALS "AVENGERS" BEKANNTEN ORGANISATION LOSZUSAGEN.
DIES GESCHIEHT NICHT, UM IHRE GROSSARTIGEN LEISTUNGEN FÜR DEN ERHALT DER WELTSICHERHEIT ZU SCHMÄLERN...
... SONDERN AUFGRUND DES HEUTIGEN AUFTRITTS VON ANTHONY STARK...
... SOWIE DER ZUNEHMENDEN SORGE UM DIE STABILITÄT SOGENANNTER "HELDEN"-GRUPPEN. WIR WERDEN NOCH EINM...
NA, **DAS** GING FLOTT.
SO MACHEN DIE DAS, HAWKEYE.
WIE EIN PFLASTER. RUCK, ZUCK.
DAS IST VERRAT!
WIR WAREN IMMER FÜR SIE DA, UND GERADE JETZT-- ZACK! VERKAUFT.
SIE **SCHULDEN** UNS NI--
SIE SCHULDEN UNS NICHT MAL EINEN **ANRUF**, DIESE SESSELFURZER?
SIE TUN, WAS SIE FÜR DAS BESTE HALTEN.
ACH, KOMM...!
SIE MÜSSEN DAS GANZE IN EINEM GRÖSSEREN RAHMEN SEHEN.
DU BIST WÜTEND UND--
CAP, BEI ALLEM RESPEKT, ABER WIR HÄTTEN UNS NIE MIT DENEN EINLASSEN SOLLEN.
DIE GANZE BÜROKRATIE WÜRGTE DIESES TEAM ZU TODE.
WIR SIND NUN MAL KEINE POLITIKER.
AUF UNS KÖNNEN DIE LEUTE **ZÄHLEN**, WEIL SIE AUF **NIEMANDEN SONST** ZÄHLEN KÖNNEN!
UND ICH BIN NUR WÜTEND, WEIL ICH **WUSSTE**, DASS ES EINES TAGES SO WEIT KOMMEN WÜRDE!
NUN GUT. ABER ICH FINDE DEINE WUT ETWAS UNGERECHT--
NEIN, MANN. ER HAT RECHT.
UNSERE FREUNDE SIND TOT. MENSCHEN. HELDEN. TOT.
SIE PRÜGELTEN AM BODEN AUF UNS EIN. DAS IST MIES.
TJA... ARMER TONY STARK.
JA, UND AUF IHN KOMMT NOCH MEHR ZU.
SIE WOLLEN SEINEN RÜCKTRITT?
JA.
ALS VERTEIDIGUNGSMINISTER?
UND NICHT AUF DIE NETTE TOUR.
WARUM SEID IHR NOCH **HIER**?!
WELCHEN **TEIL** VON...
HAUT AB--

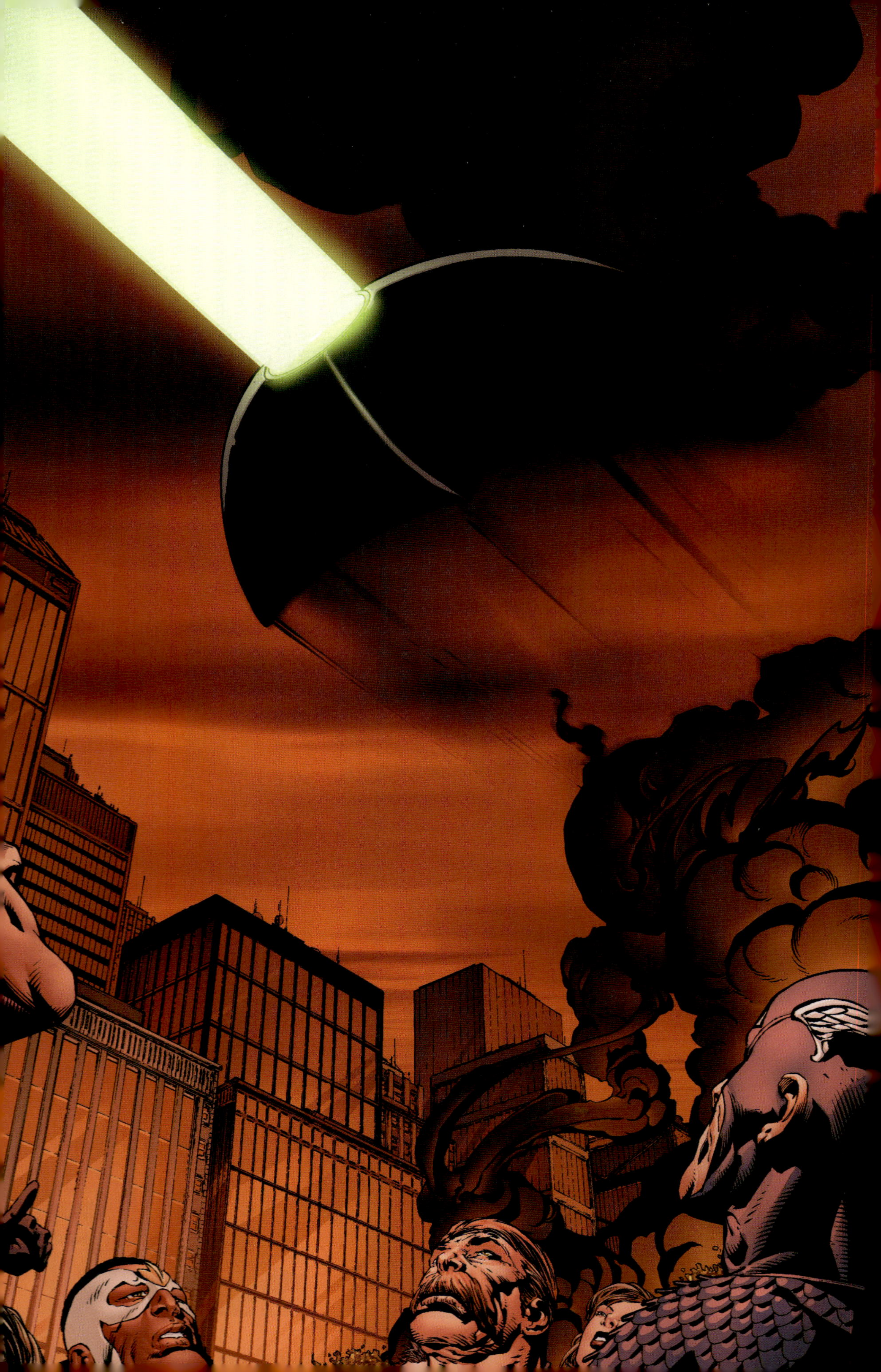

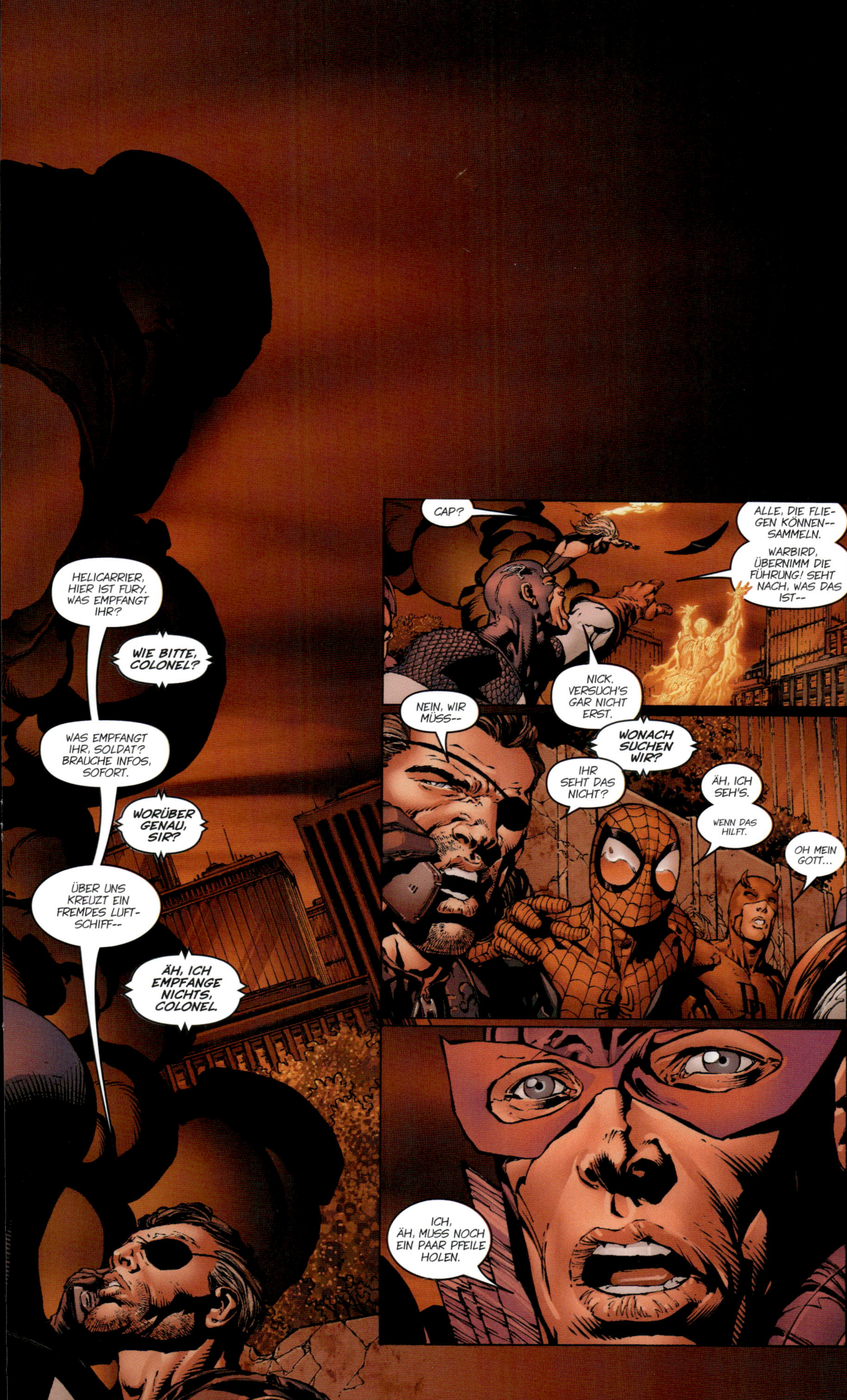
HELICARRIER, HIER IST FURY. WAS EMPFANGT IHR?
WIE BITTE, COLONEL?
WAS EMPFANGT IHR, SOLDAT? BRAUCHE INFOS, SOFORT.
WORÜBER GENAU, SIR?
ÜBER UNS KREUZT EIN FREMDES LUFT-SCHIFF--
ÄH, ICH EMPFANGE NICHTS, COLONEL.
CAP?
ALLE, DIE FLIE-GEN KÖNNEN-- SAMMELN.
WARBIRD, ÜBERNIMM DIE FÜHRUNG! SEHT NACH, WAS DAS IST--
NICK. VERSUCH'S GAR NICHT ERST.
NEIN, WIR MÜSS--
WONACH SUCHEN WIR?
IHR SEHT DAS NICHT?
ÄH, ICH SEH'S.
WENN DAS HILFT.
OH MEIN GOTT...
ICH, ÄH, MUSS NOCH EIN PAAR PFEILE HOLEN.

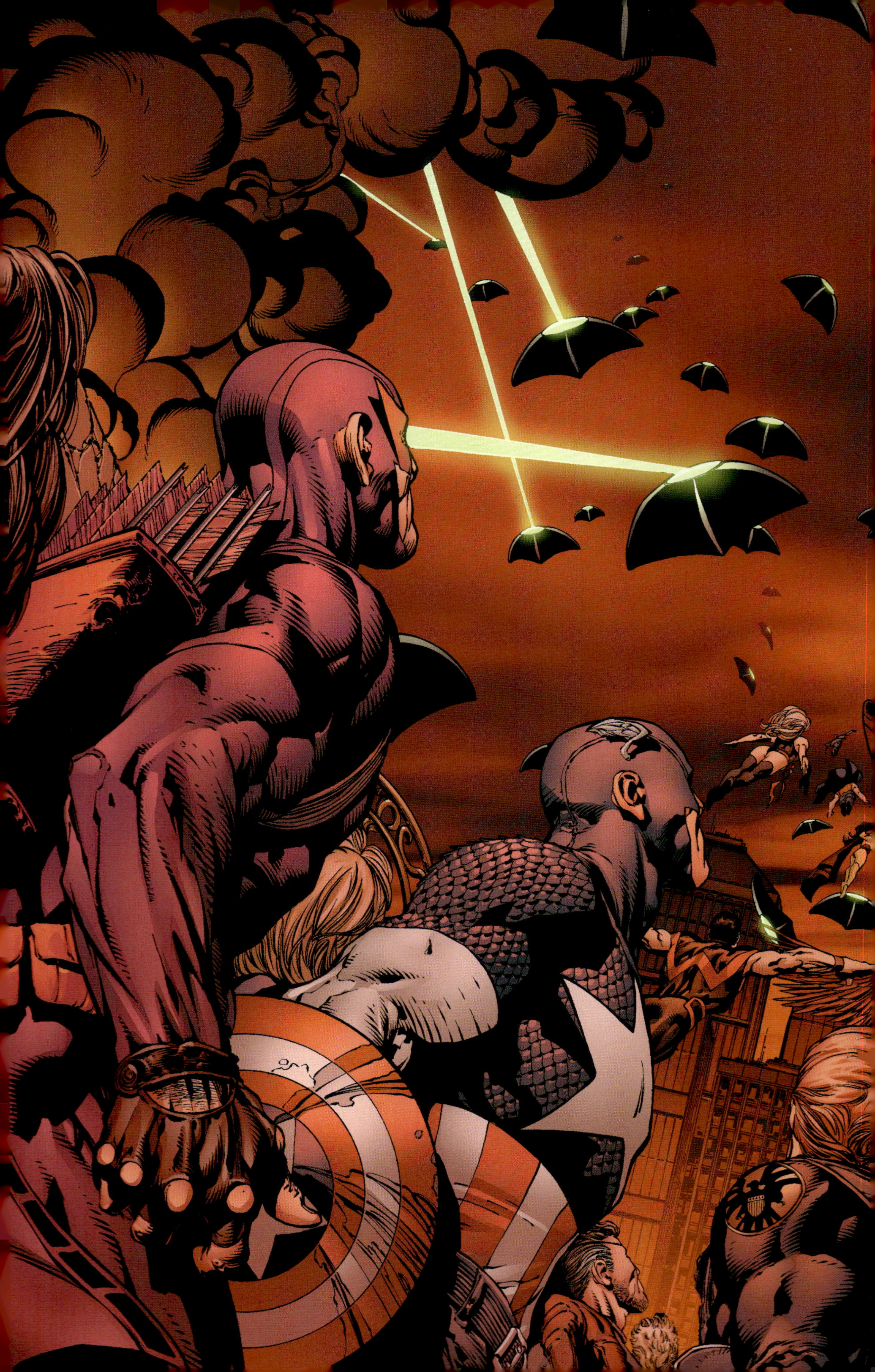

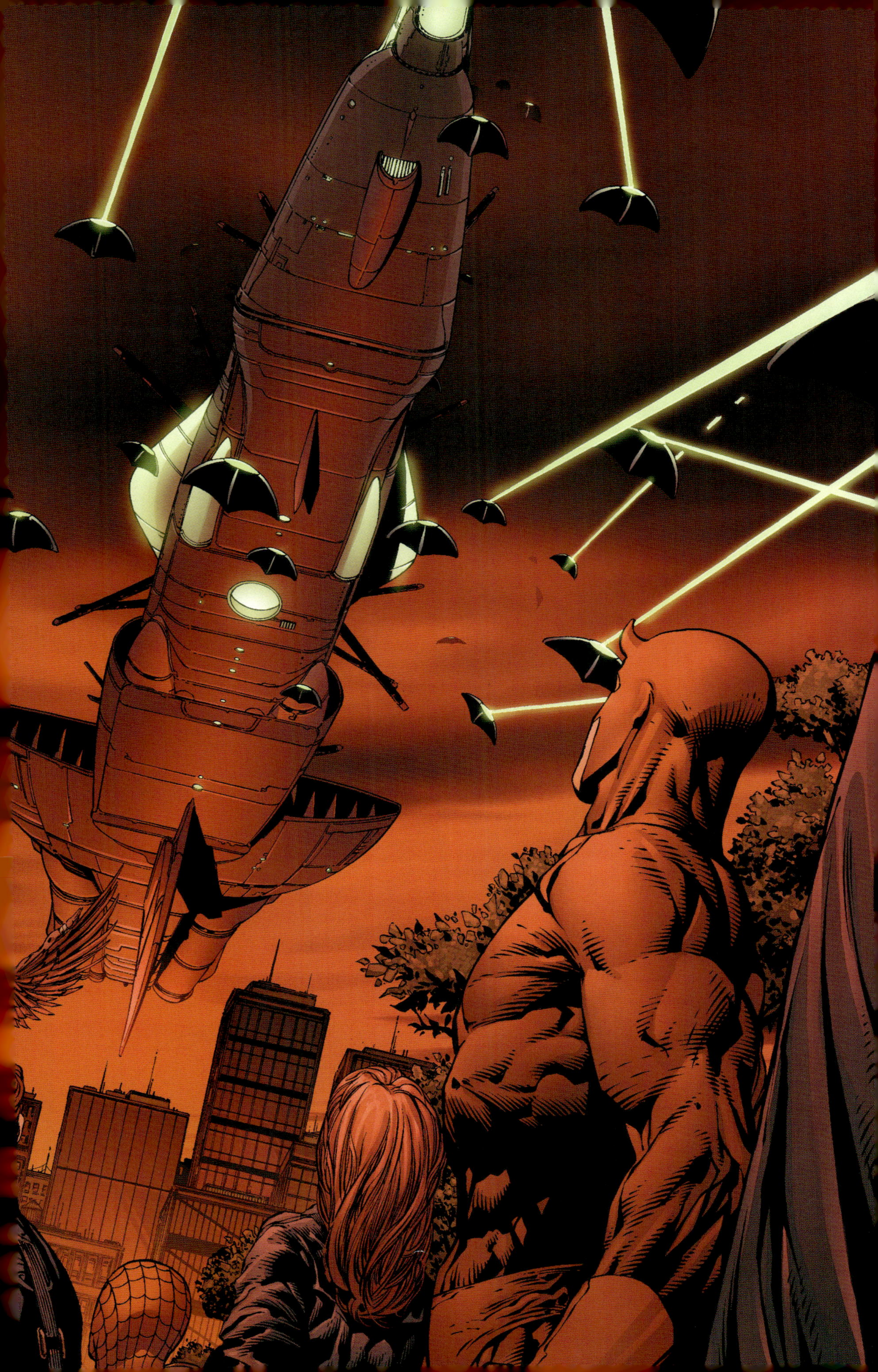

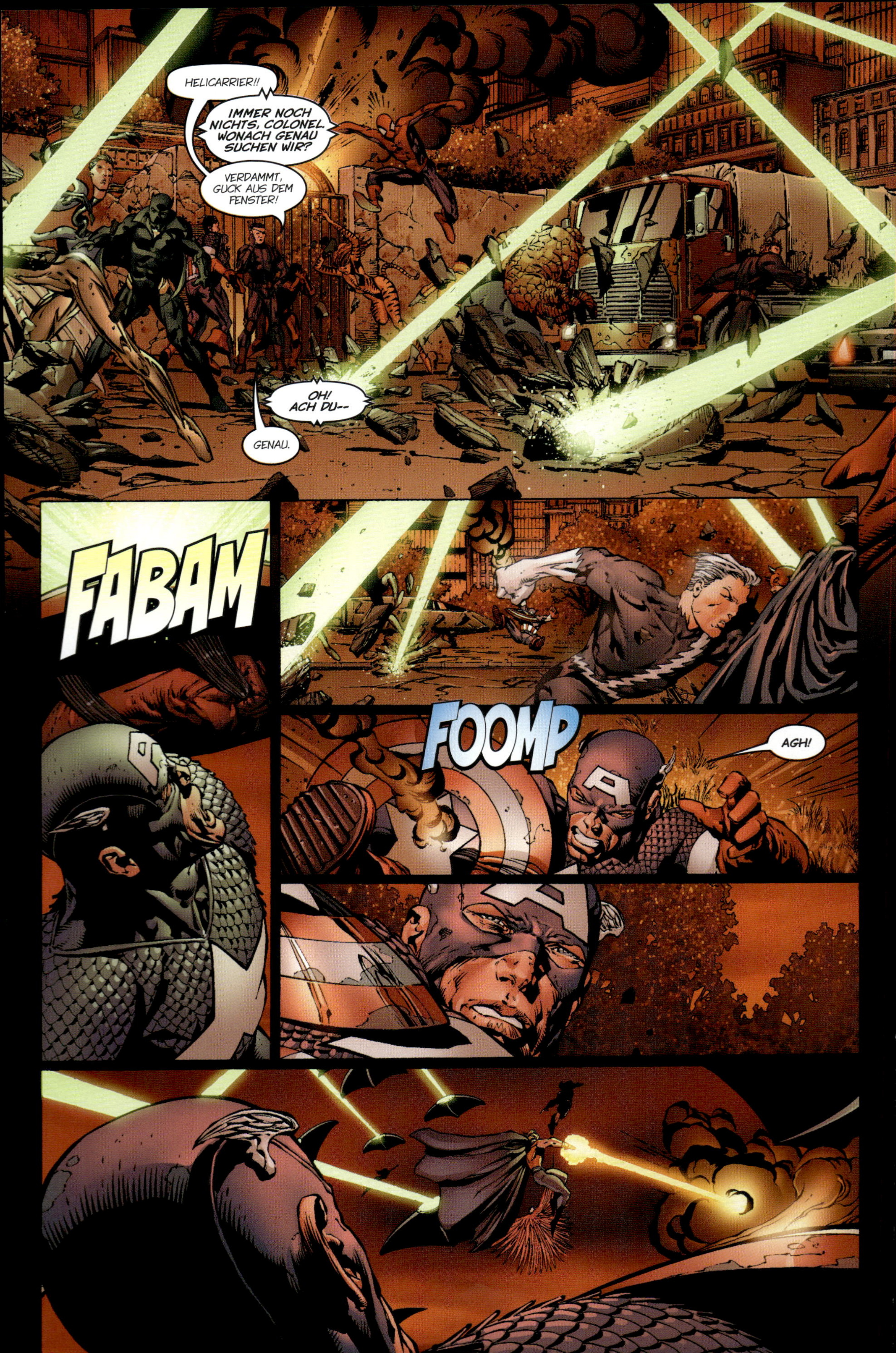
HELICARRIER!!
IMMER NOCH NICHTS, COLONEL. WONACH GENAU SUCHEN WIR?
VERDAMMT, GUCK AUS DEM FENSTER!
OH! ACH DU--
GENAU.
FABAM
FOOMP
AGH!

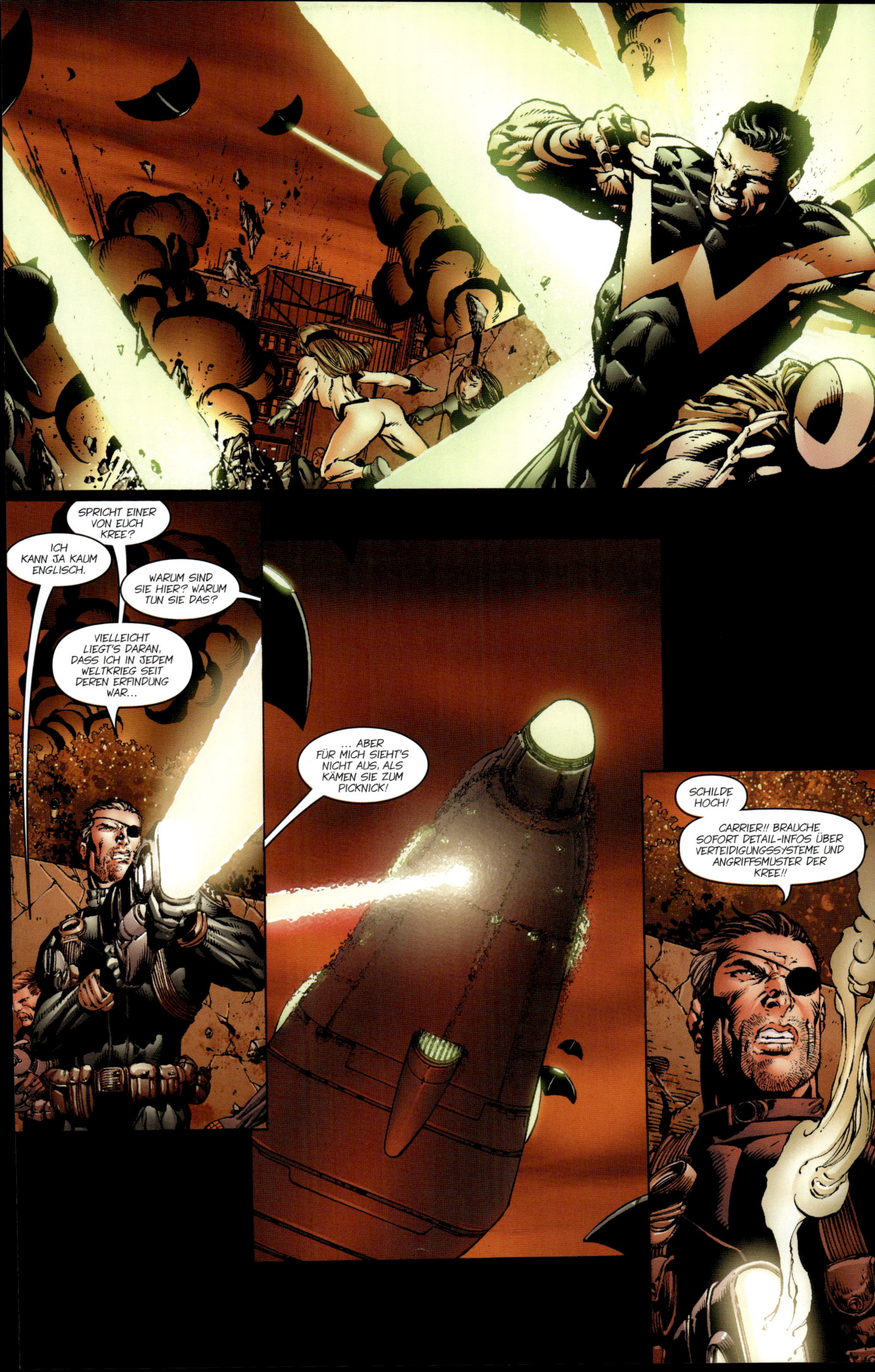

SPRICHT EINER VON EUCH KREE?
ICH KANN JA KAUM ENGLISCH.
WARUM SIND SIE HIER? WARUM TUN SIE DAS?
VIELLEICHT LIEGT'S DARAN, DASS ICH IN JEDEM WELTKRIEG SEIT DEREN ERFINDUNG WAR...
... ABER FÜR MICH SIEHT'S NICHT AUS, ALS KÄMEN SIE ZUM PICKNICK!
SCHILDE HOCH!
CARRIER!! BRAUCHE SOFORT DETAIL-INFOS ÜBER VERTEIDIGUNGSSYSTEME UND ANGRIFFSMUSTER DER KREE!!

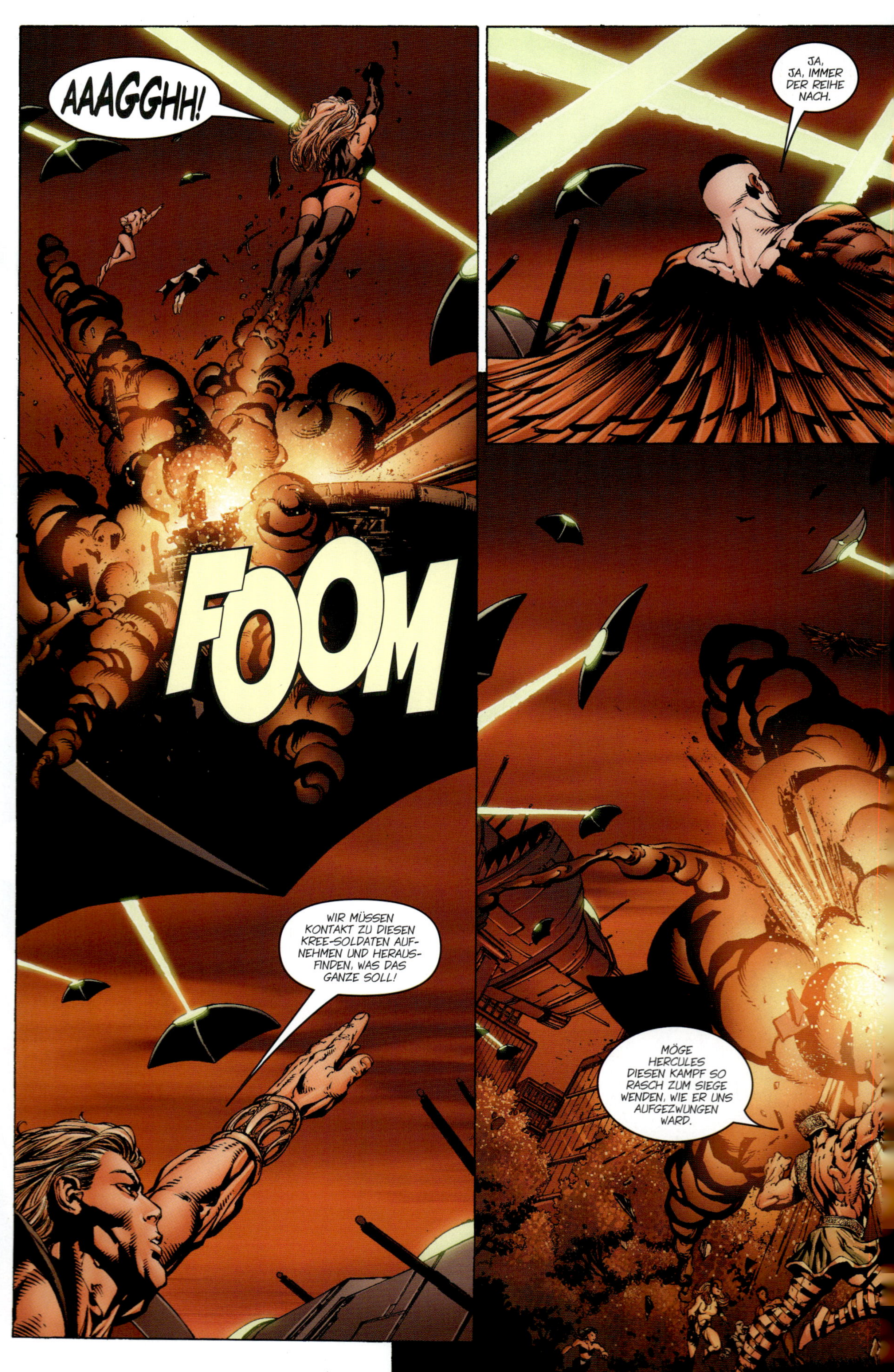
AAAGGHH!
FOOM
JA, JA, IMMER DER REIHE NACH.
WIR MÜSSEN KONTAKT ZU DIESEN KREE-SOLDATEN AUF-NEHMEN UND HERAUS-FINDEN, WAS DAS GANZE SOLL!
MÖGE HERCULES DIESEN KAMPF SO RASCH ZUM SIEGE WENDEN, WIE ER UNS AUFGEZWUNGEN WARD.

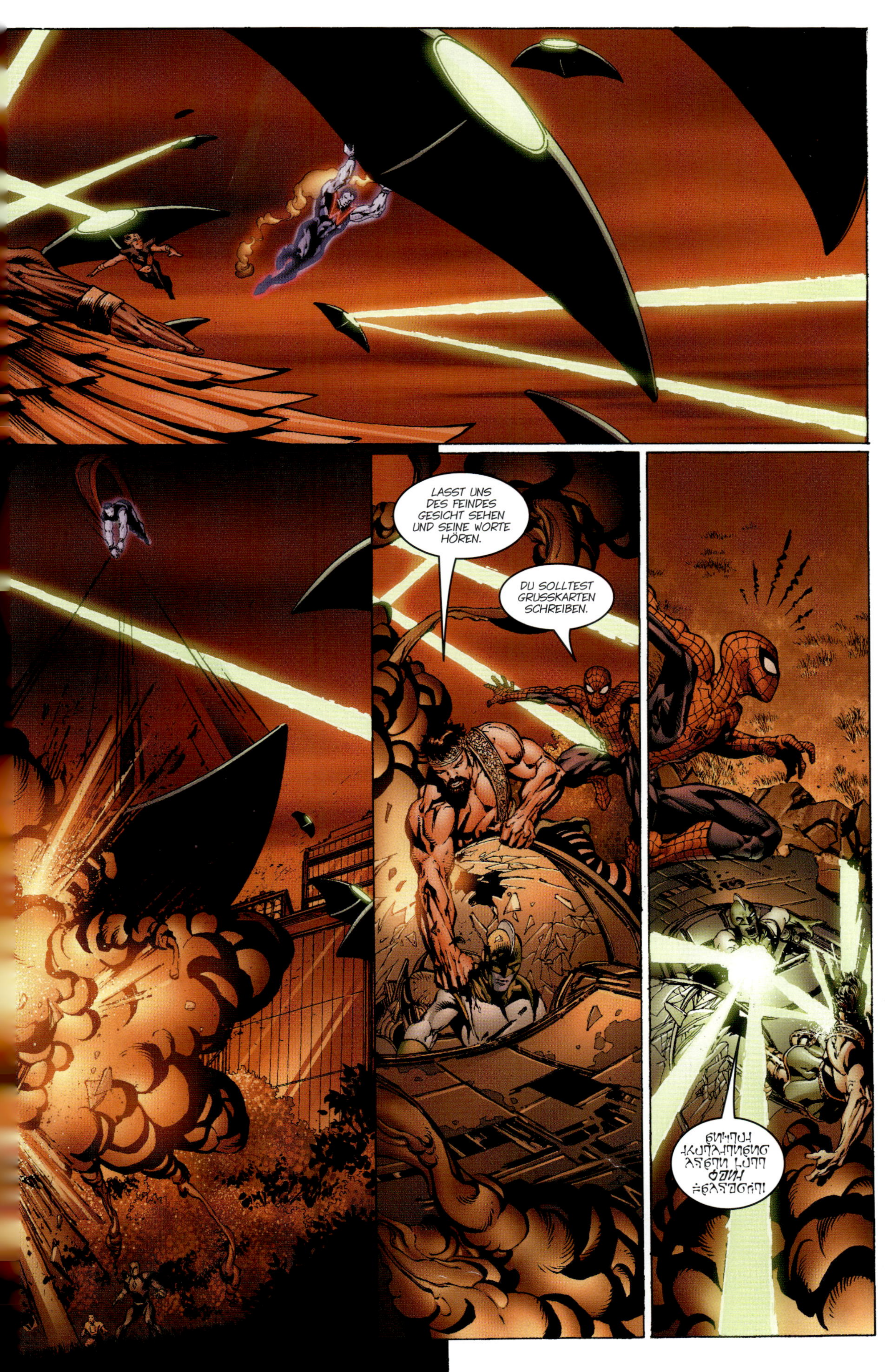
LASST UNS DES FEINDES GESICHT SEHEN UND SEINE WORTE HÖREN.
DU SOLLTEST GRUSSKARTEN SCHREIBEN.

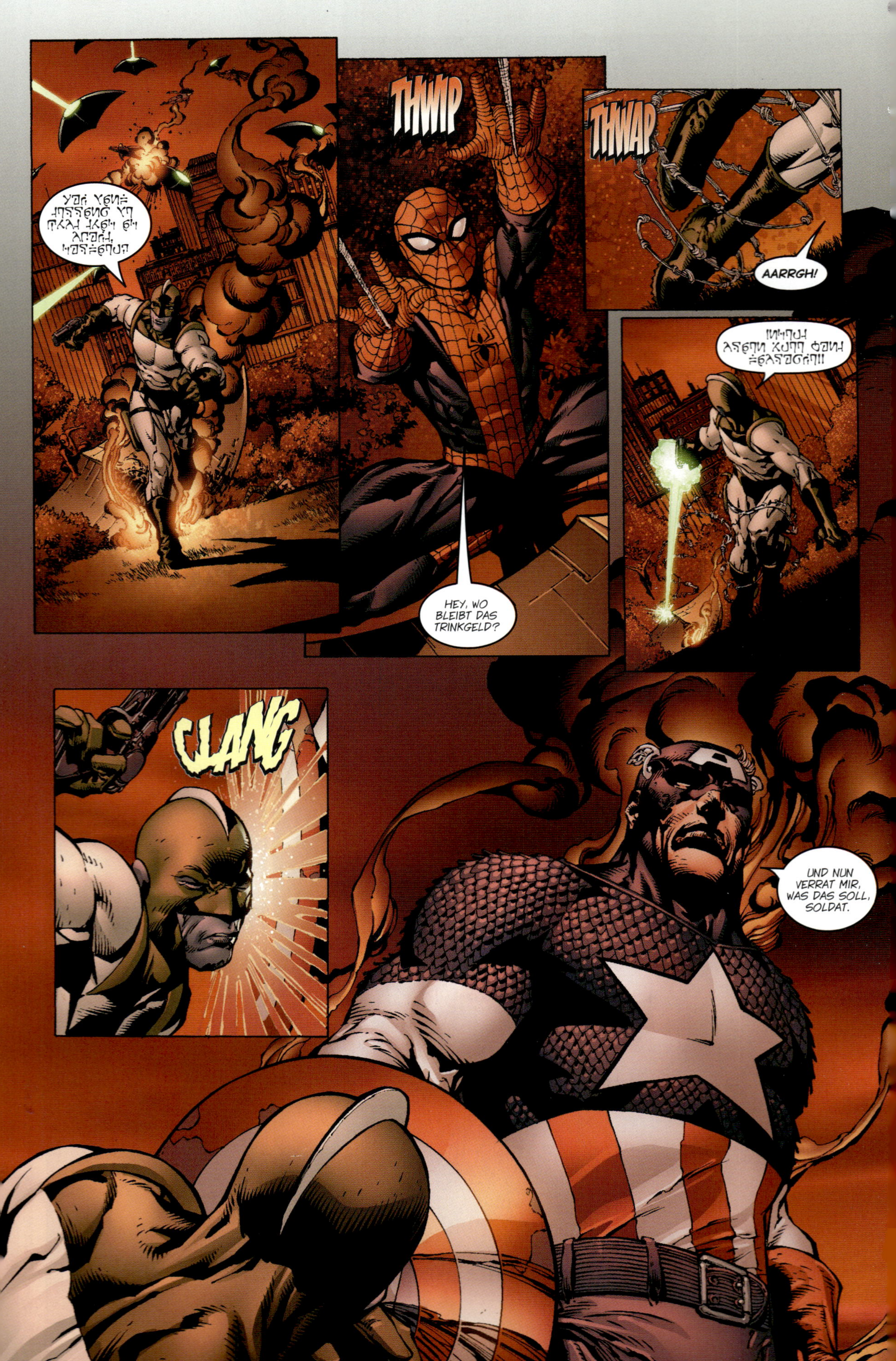
THWIP
HEY, WO BLEIBT DAS TRINKGELD?
THWAP
AARRGH!
CLANG
UND NUN VERRAT MIR, WAS DAS SOLL, SOLDAT.

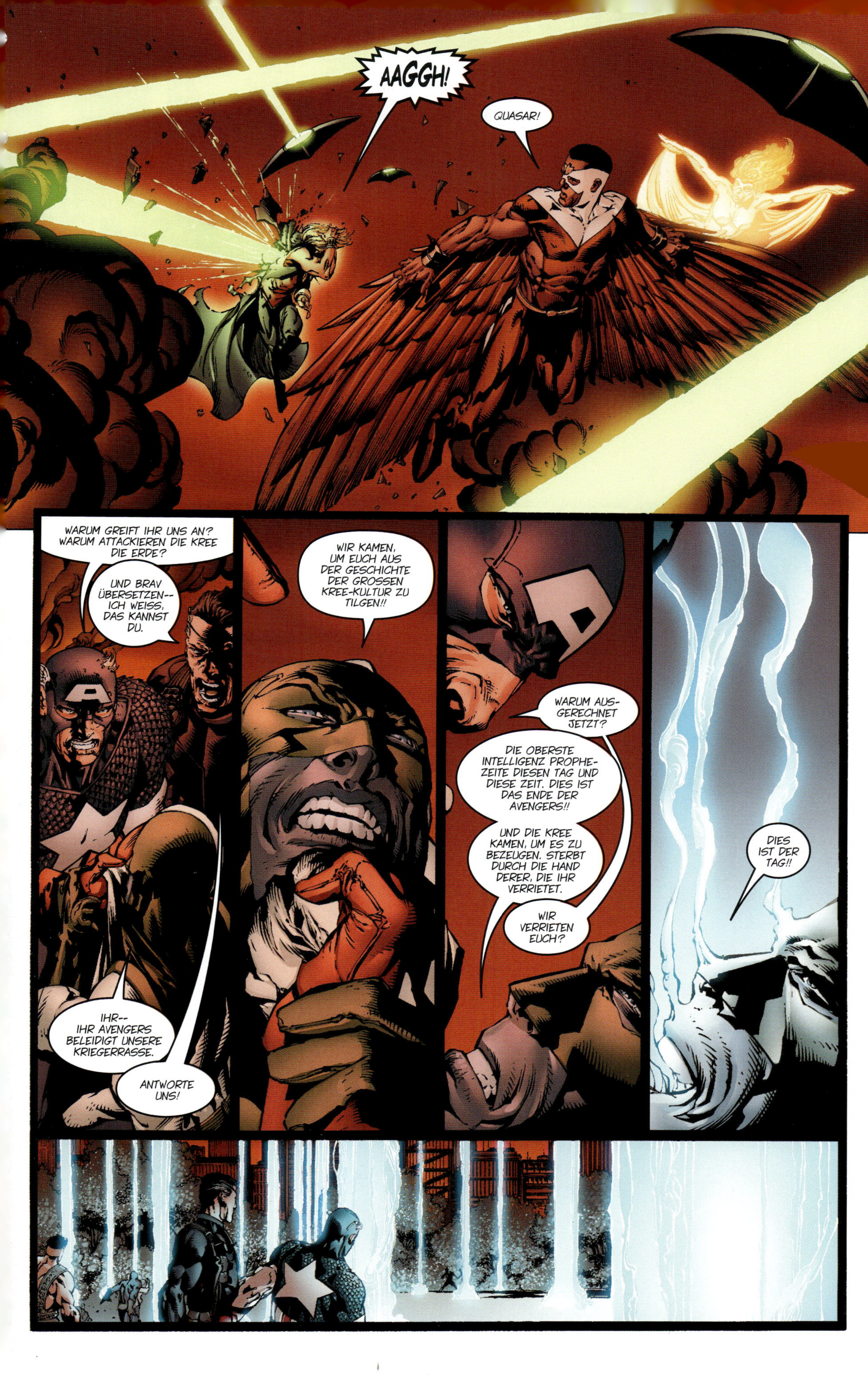
AAGGH!
QUASAR!
WARUM GREIFT IHR UNS AN? WARUM ATTACKIEREN DIE KREE DIE ERDE?
UND BRAV ÜBERSETZEN-- ICH WEISS, DAS KANNST DU.
IHR-- IHR AVENGERS BELEIDIGT UNSERE KRIEGERRASSE.
ANTWORTE UNS!
WIR KAMEN, UM EUCH AUS DER GESCHICHTE DER GROSSEN KREE-KULTUR ZU TILGEN!!
WARUM AUS-GERECHNET JETZT?
DIE OBERSTE INTELLIGENZ PROPHE-ZEITE DIESEN TAG UND DIESE ZEIT. DIES IST DAS ENDE DER AVENGERS!!
UND DIE KREE KAMEN, UM ES ZU BEZEUGEN. STERBT DURCH DIE HAND DERER, DIE IHR VERRIETET.
WIR VERRIETEN EUCH?
DIES IST DER TAG!!

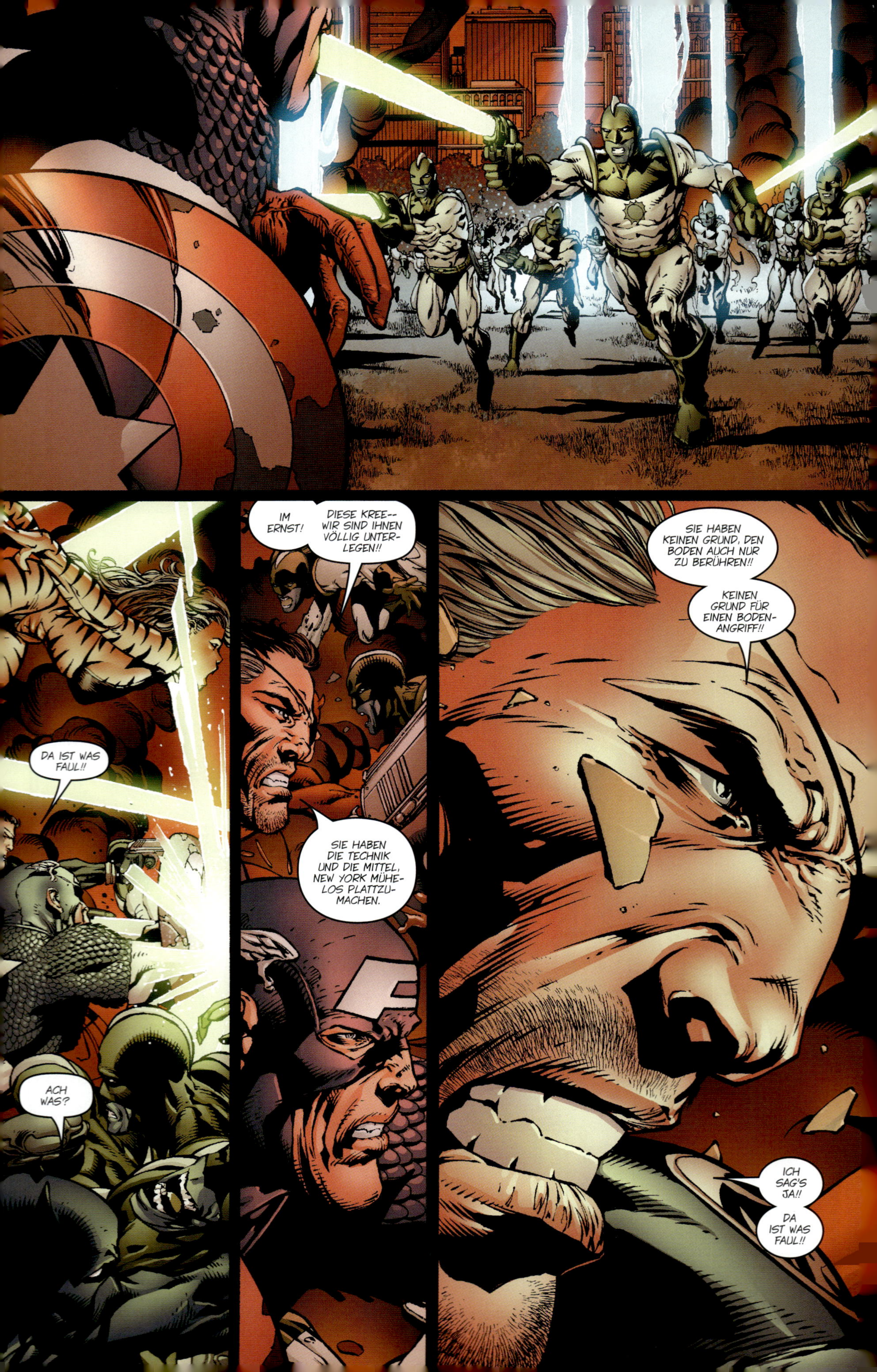
DA IST WAS FAUL!!
ACH WAS?
IM ERNST!
DIESE KREE-- WIR SIND IHNEN VÖLLIG UNTERLEGEN!!
SIE HABEN DIE TECHNIK UND DIE MITTEL, NEW YORK MÜHELOS PLATTZUMACHEN.
SIE HABEN KEINEN GRUND, DEN BODEN AUCH NUR ZU BERÜHREN!!
KEINEN GRUND FÜR EINEN BODENANGRIFF!!
ICH SAG'S JA!!
DA IST WAS FAUL!!

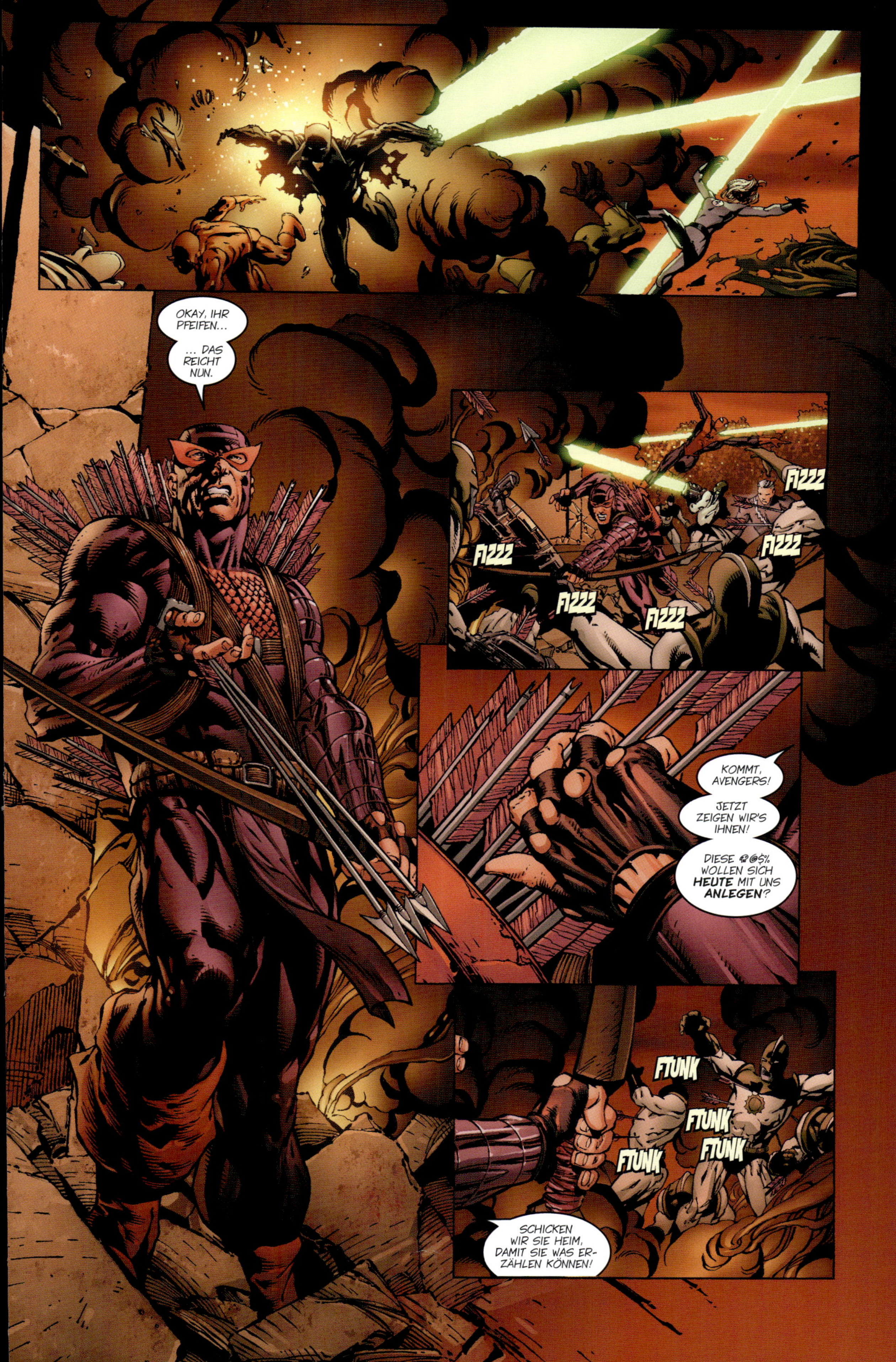
OKAY, IHR PFEIFEN...
... DAS REICHT NUN.
FIZZZ
FIZZZ
FIZZZ
FIZZZ
FIZZZ
KOMMT, AVENGERS!
JETZT ZEIGEN WIR'S IHNEN!
DIESE ☢@$% WOLLEN SICH **HEUTE** MIT UNS **ANLEGEN**?
FTUNK
FTUNK
FTUNK
FTUNK
SCHICKEN WIR SIE HEIM, DAMIT SIE WAS ERZÄHLEN KÖNNEN!

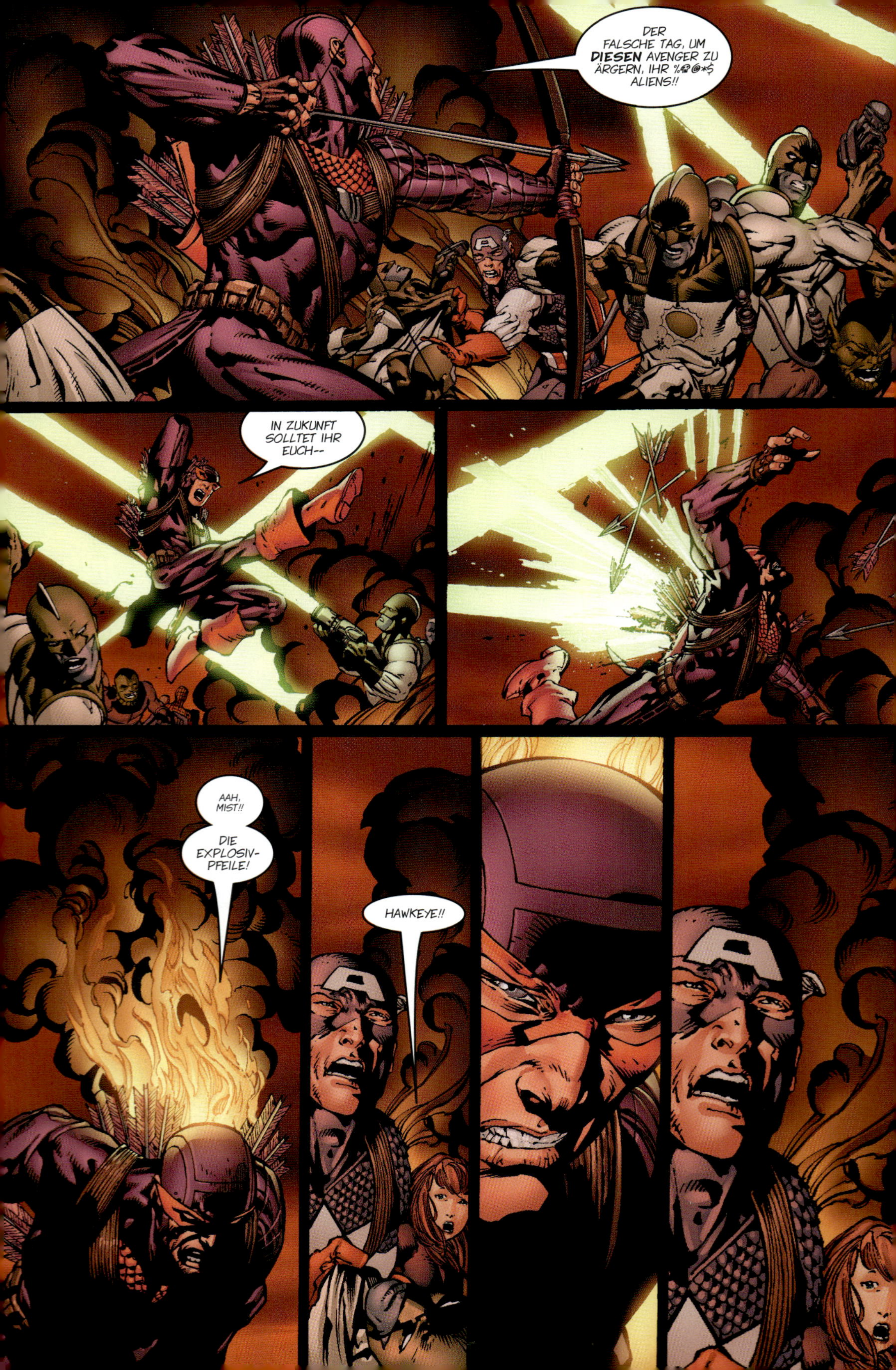
DER FALSCHE TAG, UM **DIESEN** AVENGER ZU ÄRGERN, IHR %&@*$ ALIENS!!
IN ZUKUNFT SOLLTET IHR EUCH--
AAH, MIST!!
DIE EXPLOSIV-PFEILE!
HAWKEYE!!

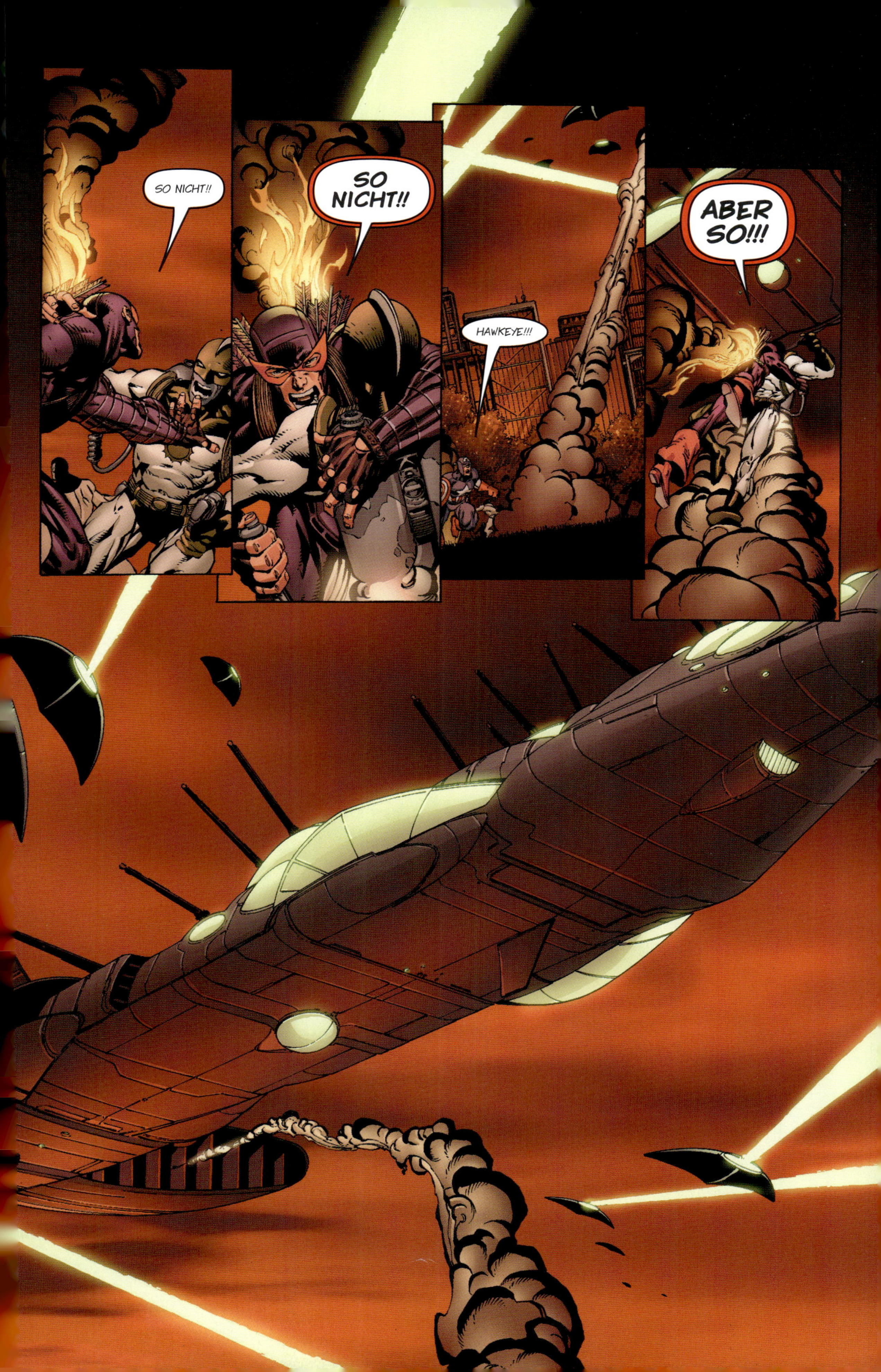
SO NICHT!!
SO NICHT!!
HAWKEYE!!!
ABER SO!!!

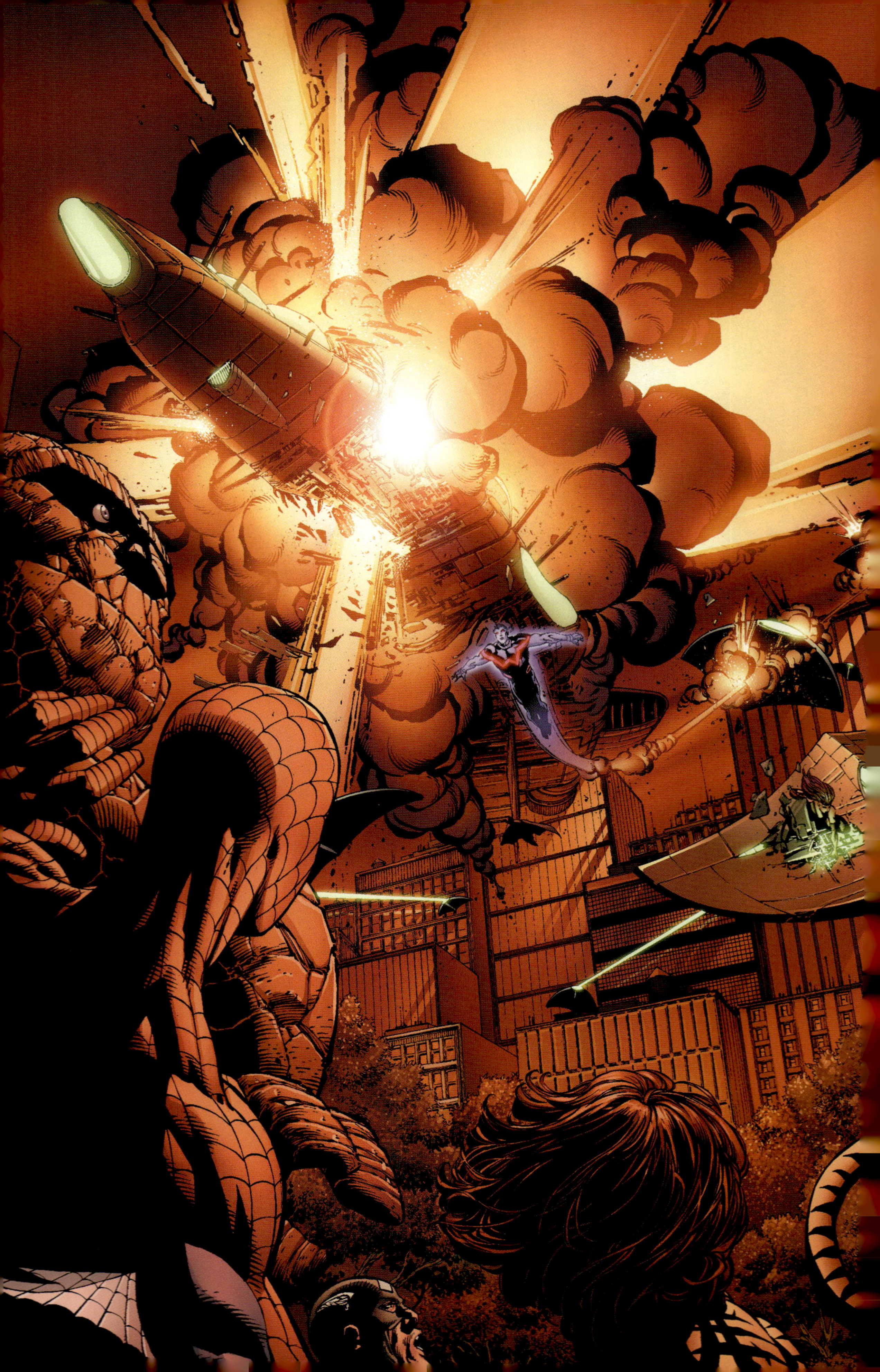

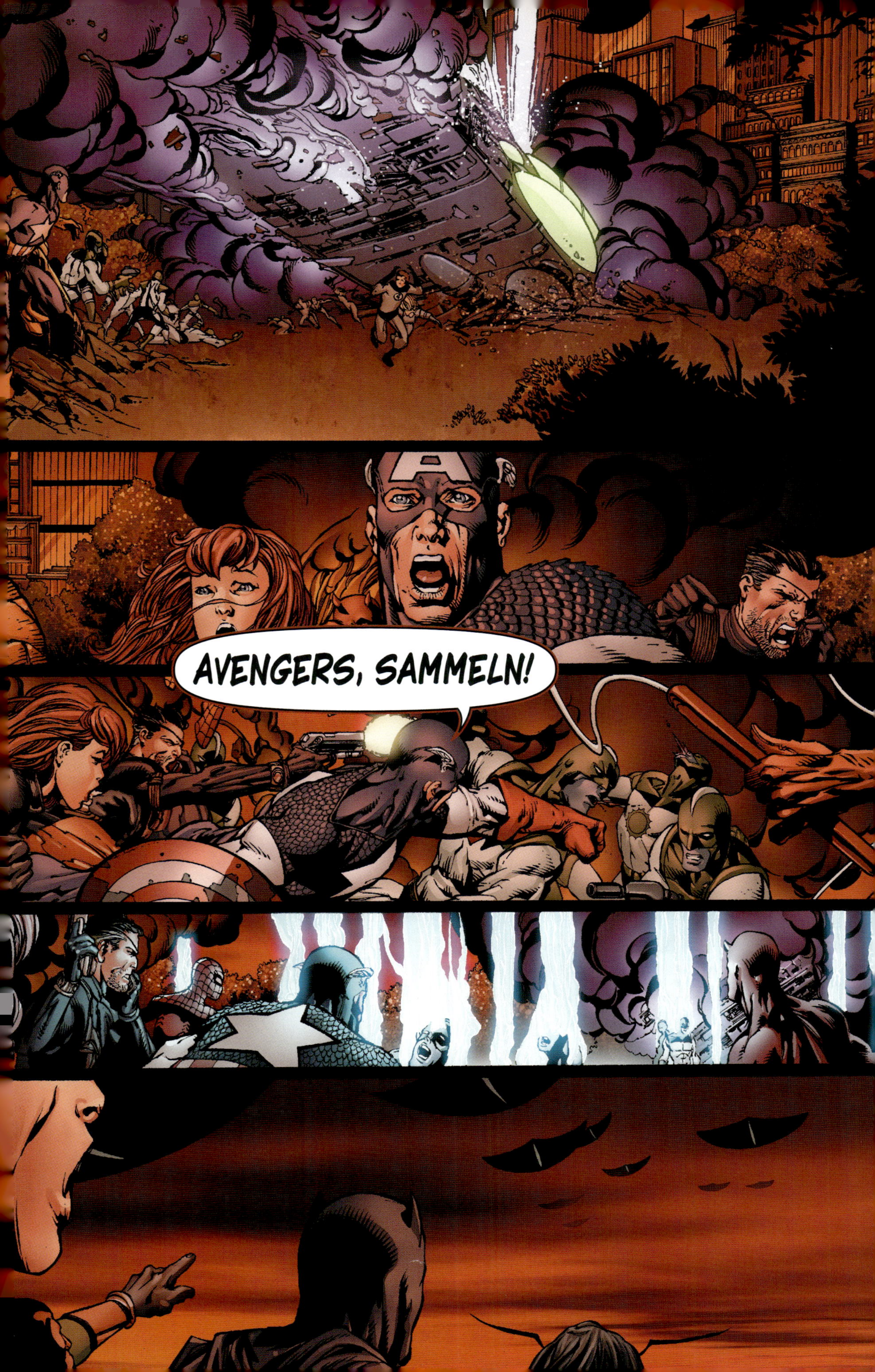
AVENGERS, SAMMELN!

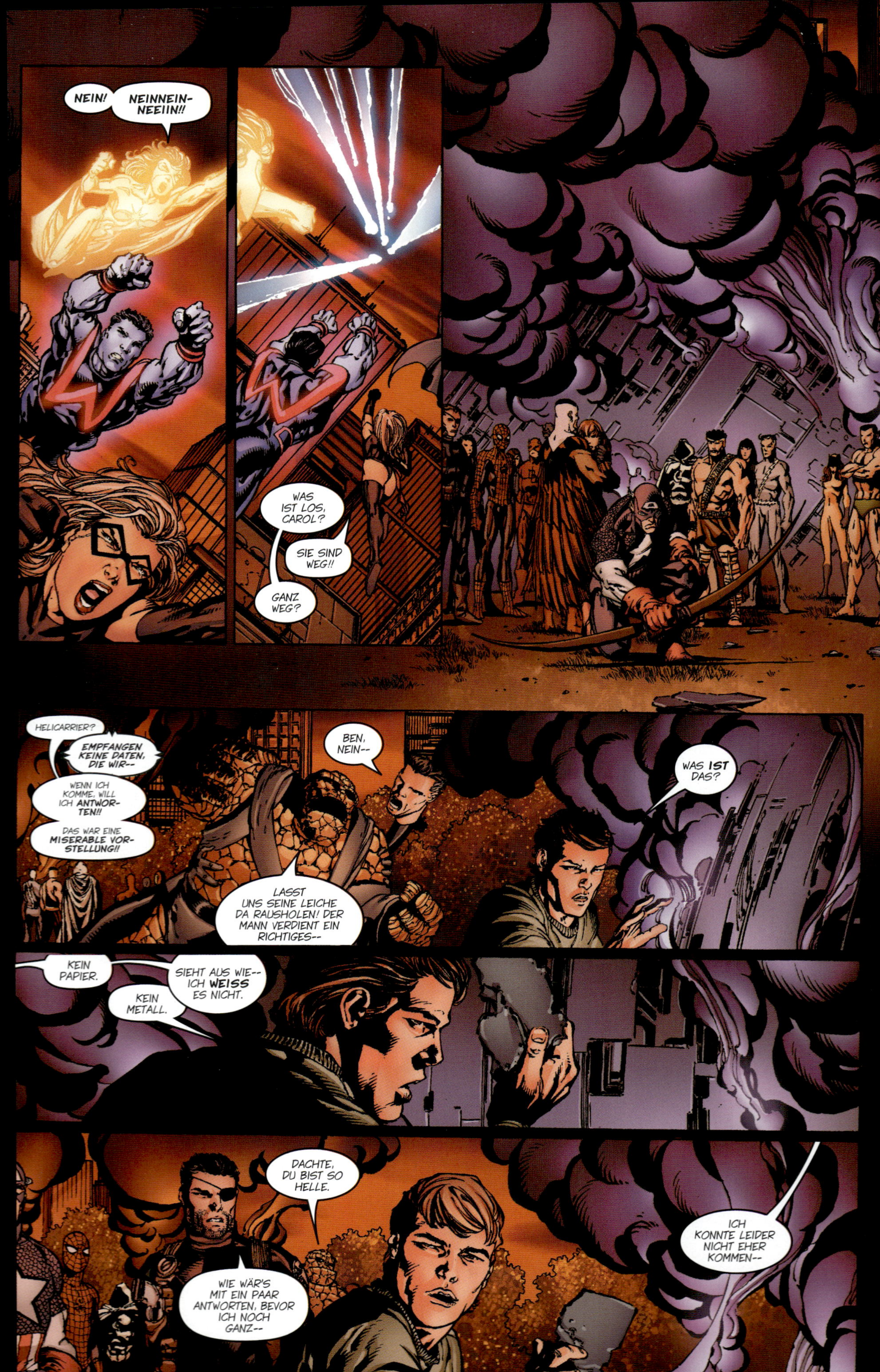
NEIN!
NEINNEIN-NEEIIN!!
WAS IST LOS, CAROL?
SIE SIND WEG!!
GANZ WEG?
HELICARRIER?
EMPFANGEN KEINE DATEN, DIE WIR--
WENN ICH KOMME, WILL ICH ANTWORTEN!!
DAS WAR EINE MISERABLE VORSTELLUNG!!
BEN, NEIN--
LASST UNS SEINE LEICHE DA RAUSHOLEN! DER MANN VERDIENT EIN RICHTIGES--
WAS IST DAS?
KEIN PAPIER.
KEIN METALL.
SIEHT AUS WIE-- ICH WEISS ES NICHT.
DACHTE, DU BIST SO HELLE.
WIE WÄR'S MIT EIN PAAR ANTWORTEN, BEVOR ICH NOCH GANZ--
ICH KONNTE LEIDER NICHT EHER KOMMEN--

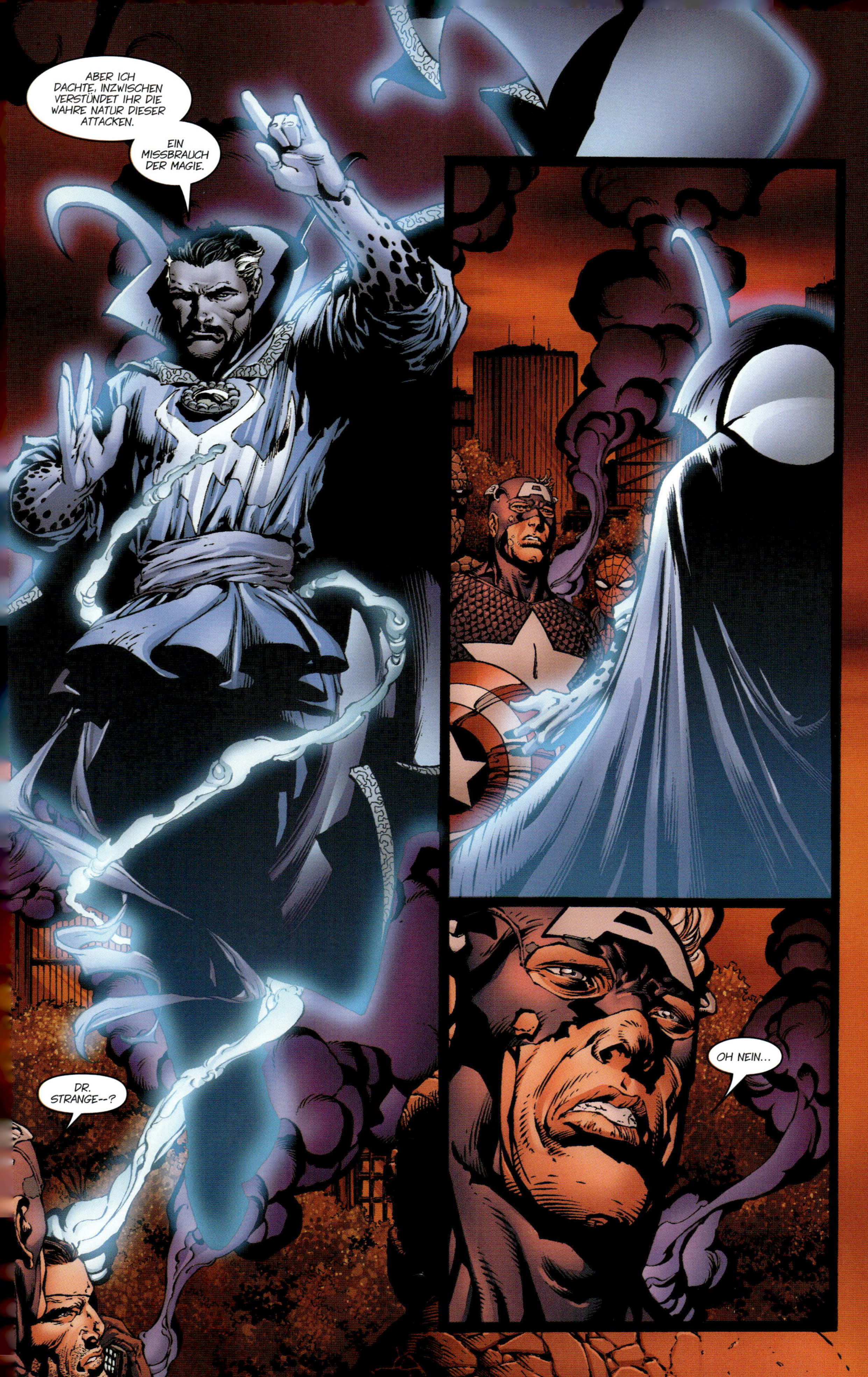
ABER ICH DACHTE, INZWISCHEN VERSTÜNDET IHR DIE WAHRE NATUR DIESER ATTACKEN.
EIN MISSBRAUCH DER MAGIE.
DR. STRANGE--?
OH NEIN...

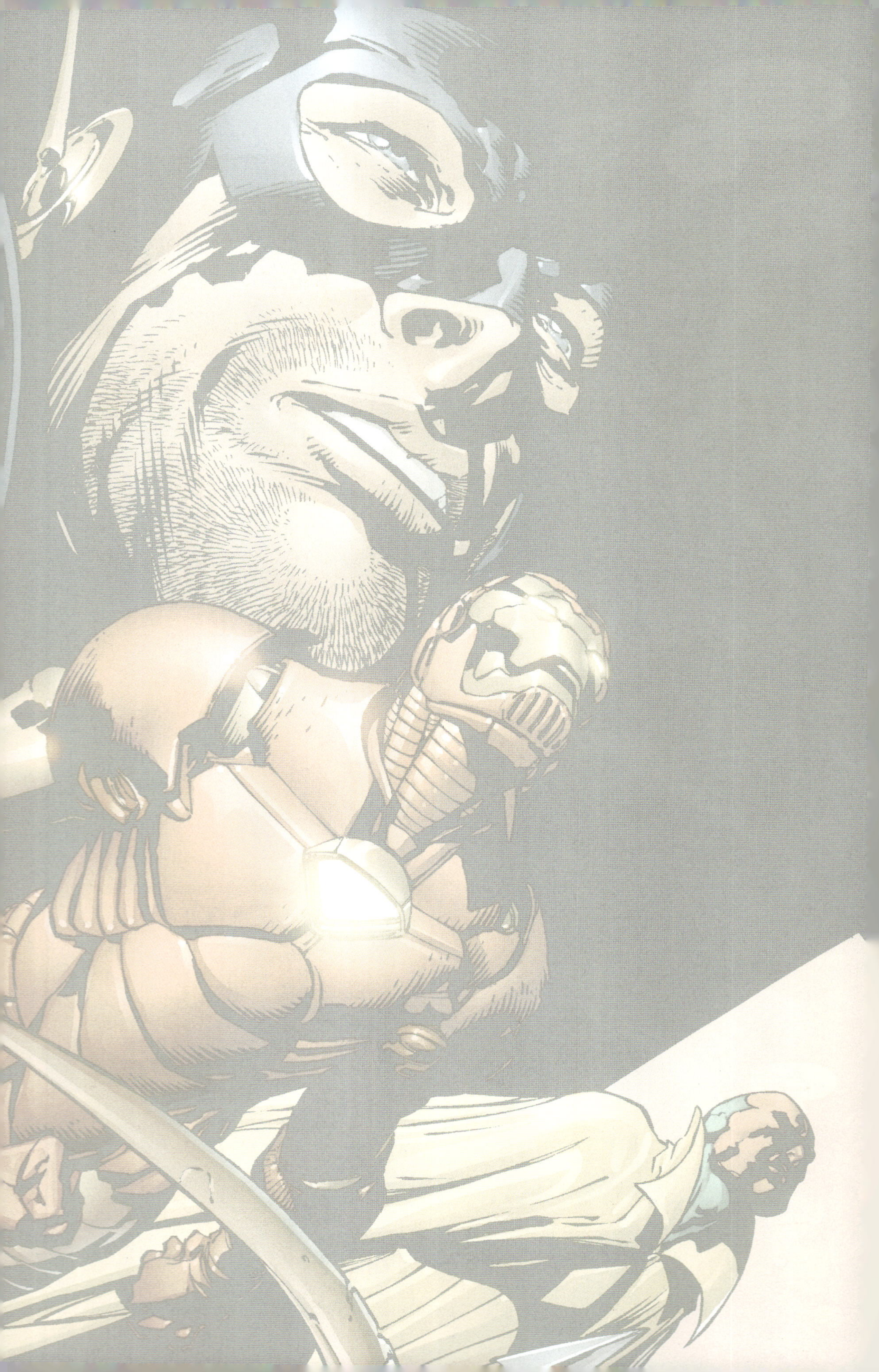

CHAOS, TEIL 4

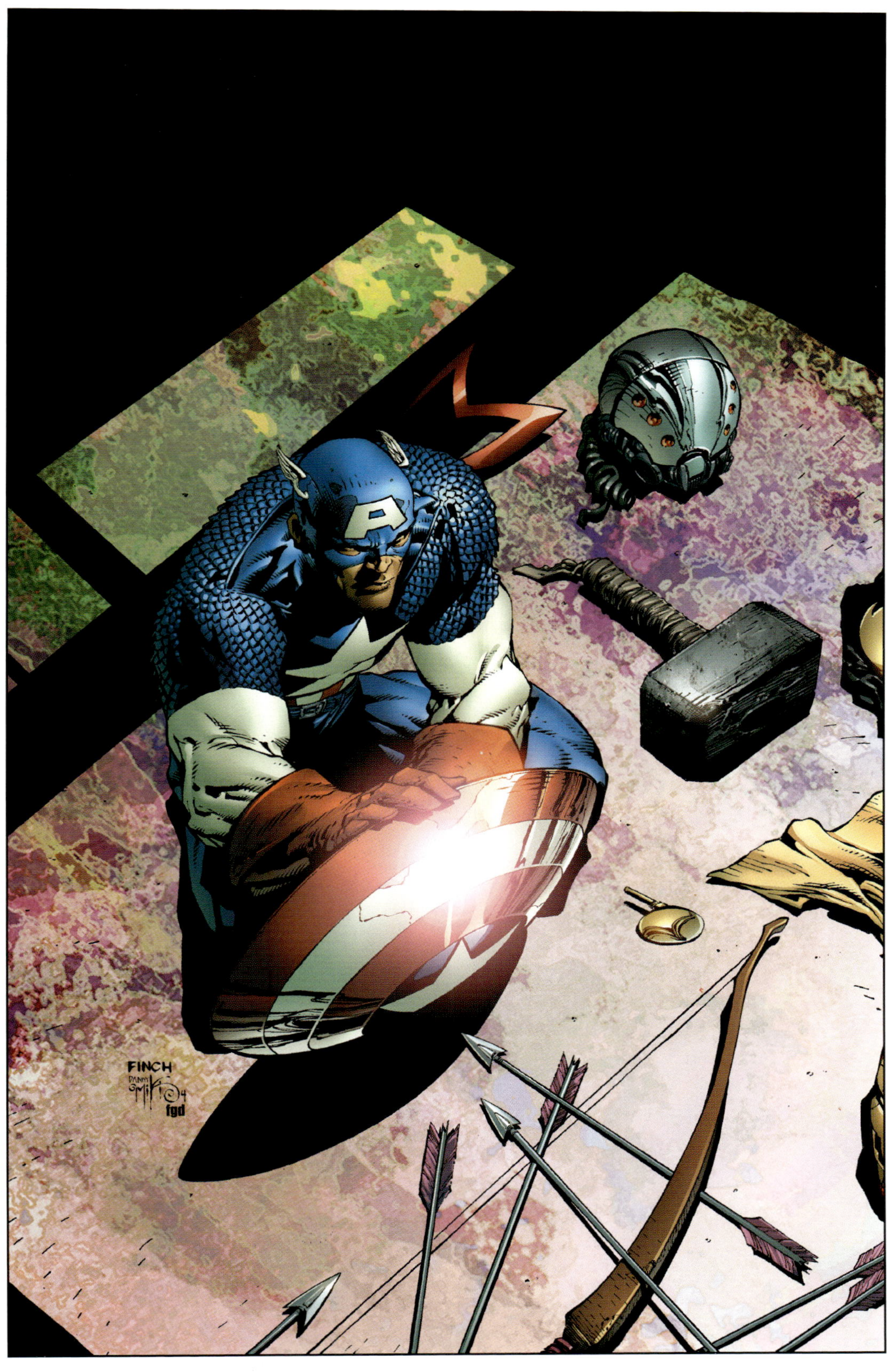

Avengers (1963) 503
Cover von **DAVID FINCH**

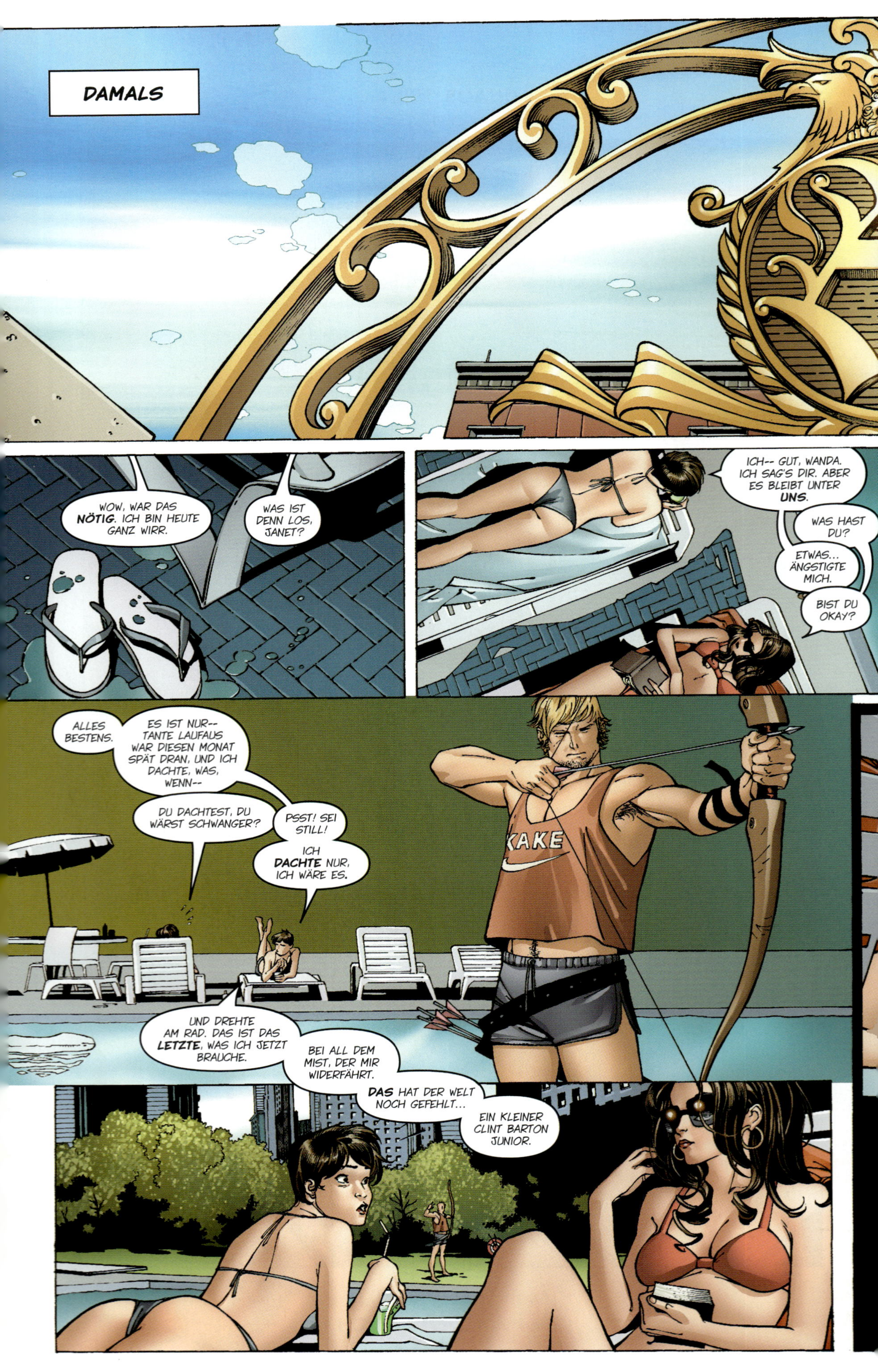
DAMALS
WOW, WAR DAS NÖTIG. ICH BIN HEUTE GANZ WIRR.
WAS IST DENN LOS, JANET?
ICH-- GUT, WANDA. ICH SAG'S DIR. ABER ES BLEIBT UNTER UNS.
WAS HAST DU?
ETWAS... ÄNGSTIGTE MICH.
BIST DU OKAY?
ALLES BESTENS.
ES IST NUR-- TANTE LAUFAUS WAR DIESEN MONAT SPÄT DRAN, UND ICH DACHTE, WAS, WENN--
DU DACHTEST, DU WÄRST SCHWANGER?
PSST! SEI STILL!
ICH DACHTE NUR, ICH WÄRE ES.
KAKE
UND DREHTE AM RAD. DAS IST DAS LETZTE, WAS ICH JETZT BRAUCHE.
BEI ALL DEM MIST, DER MIR WIDERFÄHRT.
DAS HAT DER WELT NOCH GEFEHLT...
EIN KLEINER CLINT BARTON JUNIOR.

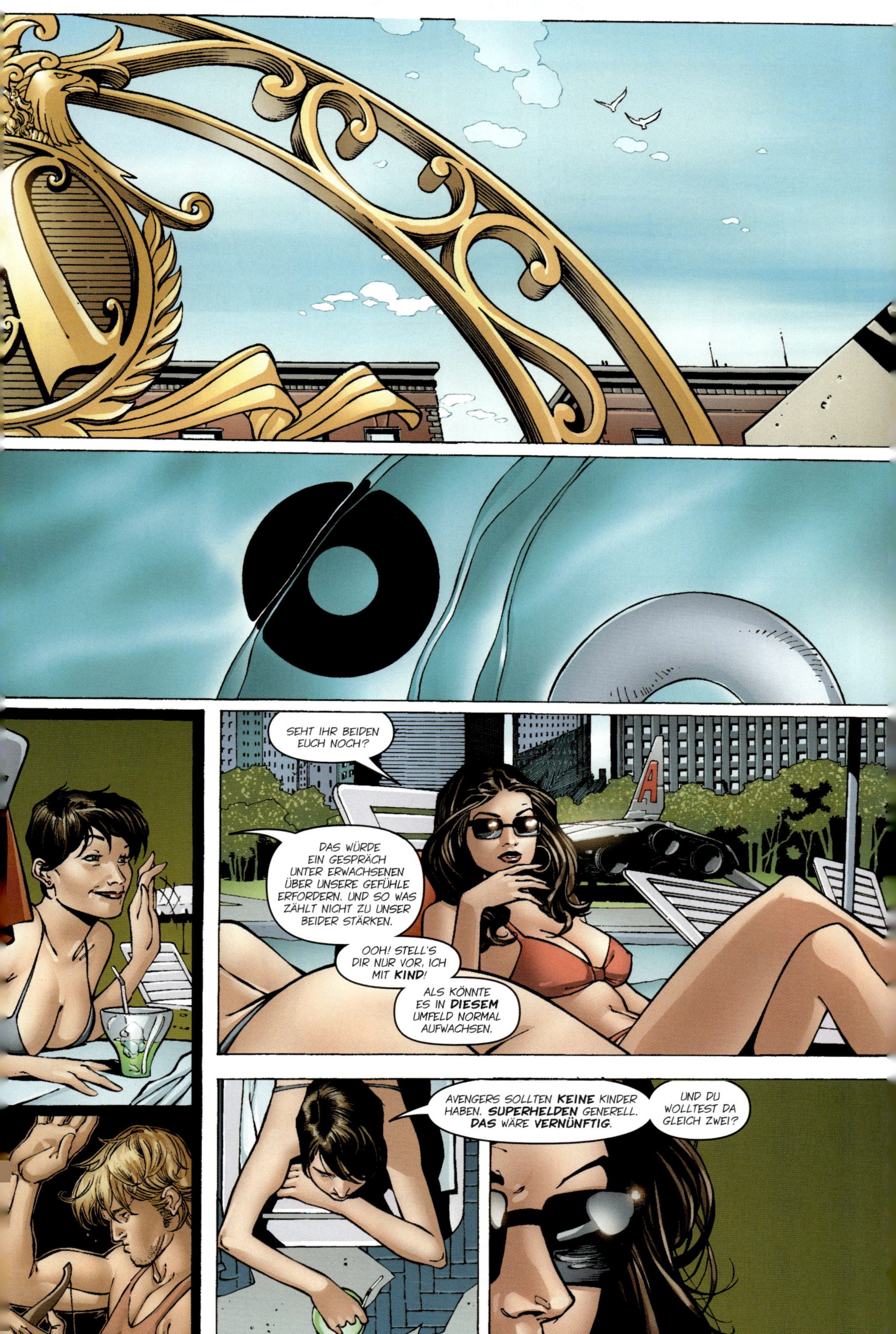
SEHT IHR BEIDEN EUCH NOCH?
DAS WÜRDE EIN GESPRÄCH UNTER ERWACHSENEN ÜBER UNSERE GEFÜHLE ERFORDERN. UND SO WAS ZÄHLT NICHT ZU UNSER BEIDER STÄRKEN.
OOH! STELL'S DIR NUR VOR, ICH MIT **KIND**!
ALS KÖNNTE ES IN **DIESEM** UMFELD NORMAL AUFWACHSEN.
AVENGERS SOLLTEN **KEINE** KINDER HABEN. **SUPERHELDEN** GENERELL. **DAS** WÄRE **VERNÜNFTIG**.
UND DU WOLLTEST DA GLEICH ZWEI?

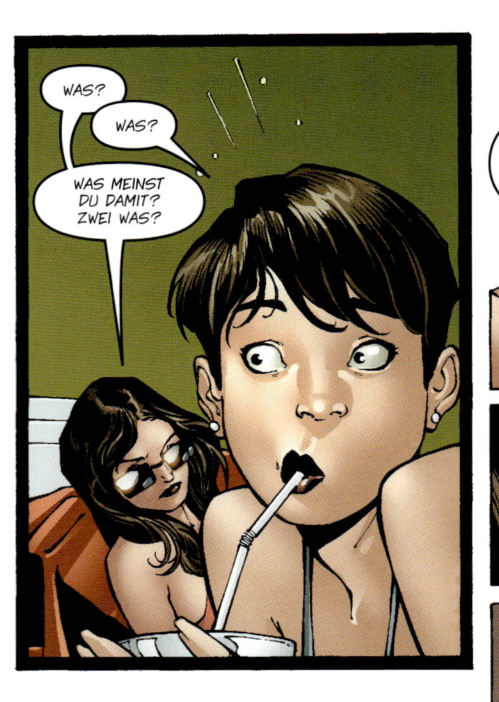
WAS?
WAS?
WAS MEINST DU DAMIT? ZWEI WAS?

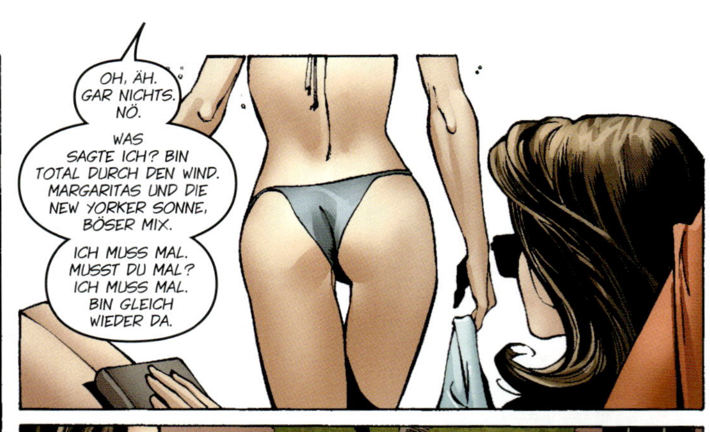
OH, ÄH. GAR NICHTS. NÖ.
WAS SAGTE ICH? BIN TOTAL DURCH DEN WIND. MARGARITAS UND DIE NEW YORKER SONNE, BÖSER MIX.
ICH MUSS MAL. MUSST DU MAL? ICH MUSS MAL. BIN GLEICH WIEDER DA.

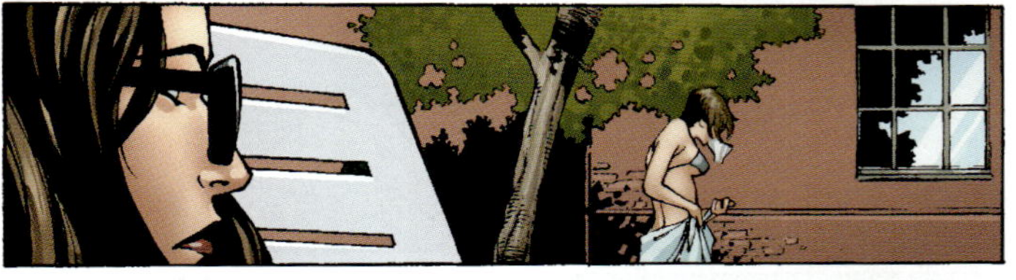

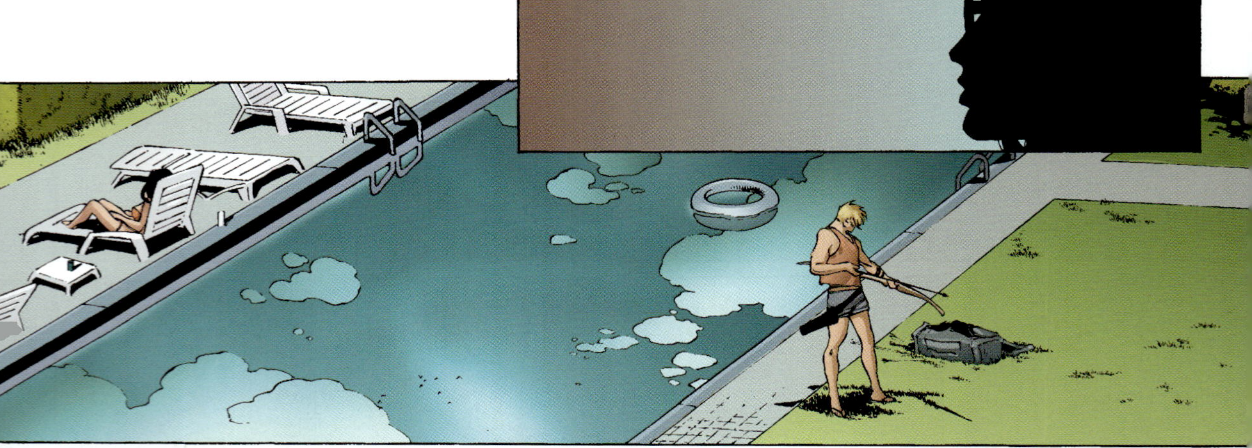

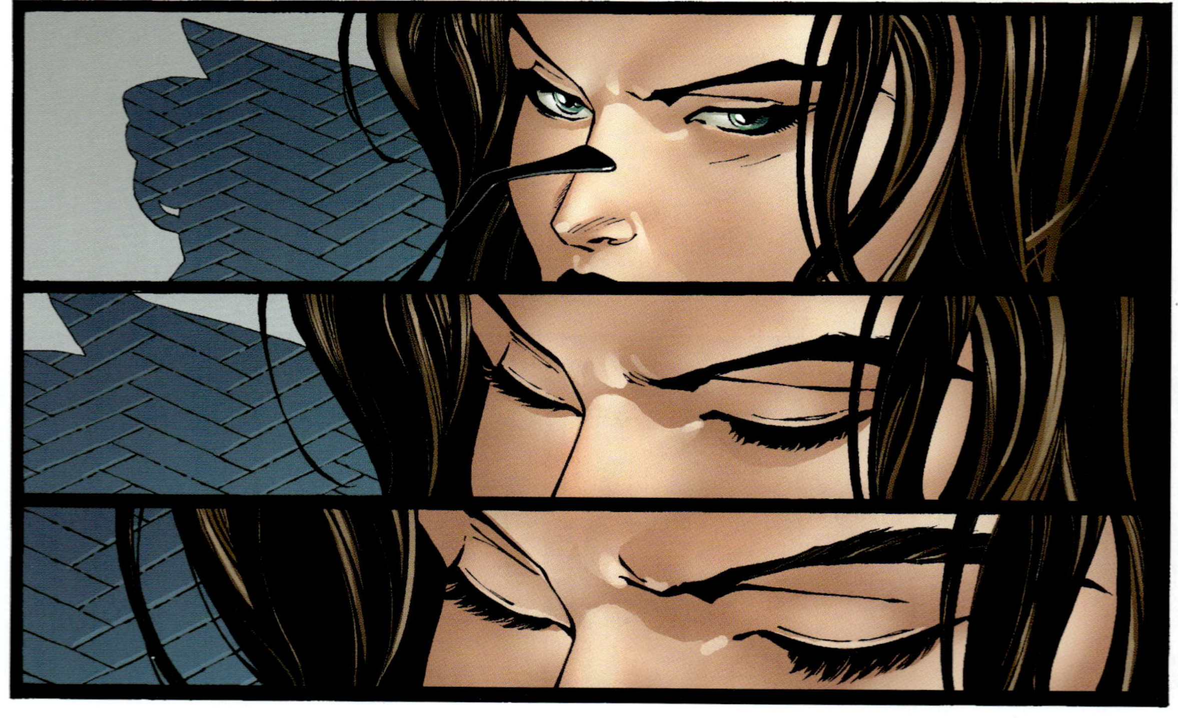

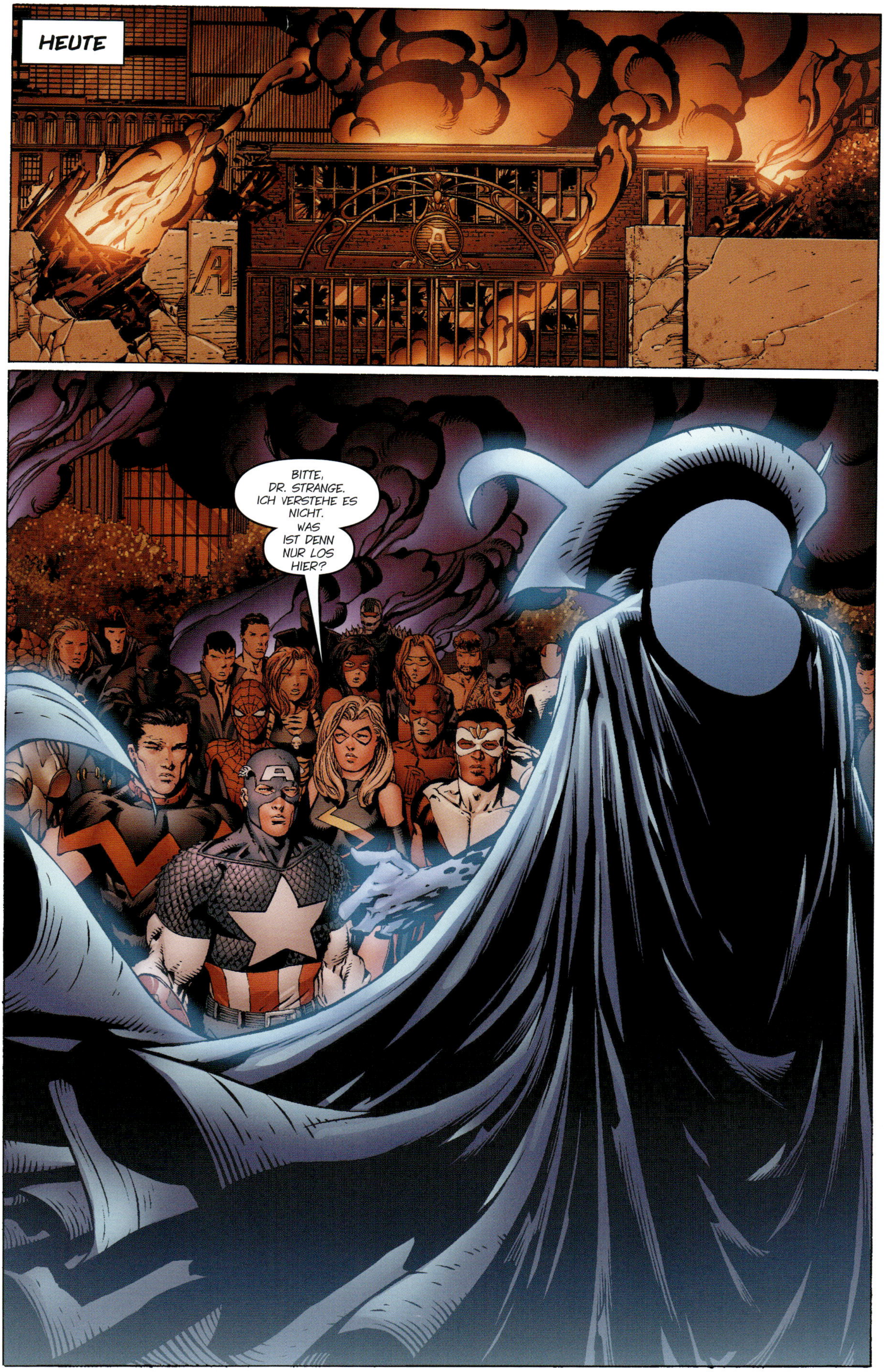

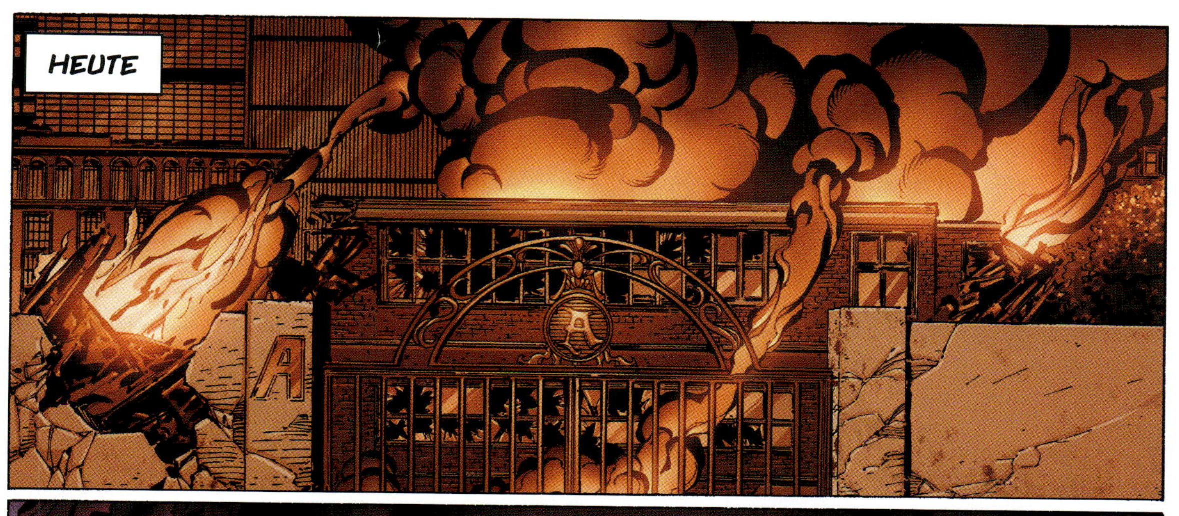
HEUTE

BITTE, DR. STRANGE. ICH VERSTEHE ES NICHT. WAS IST DENN NUR LOS HIER?

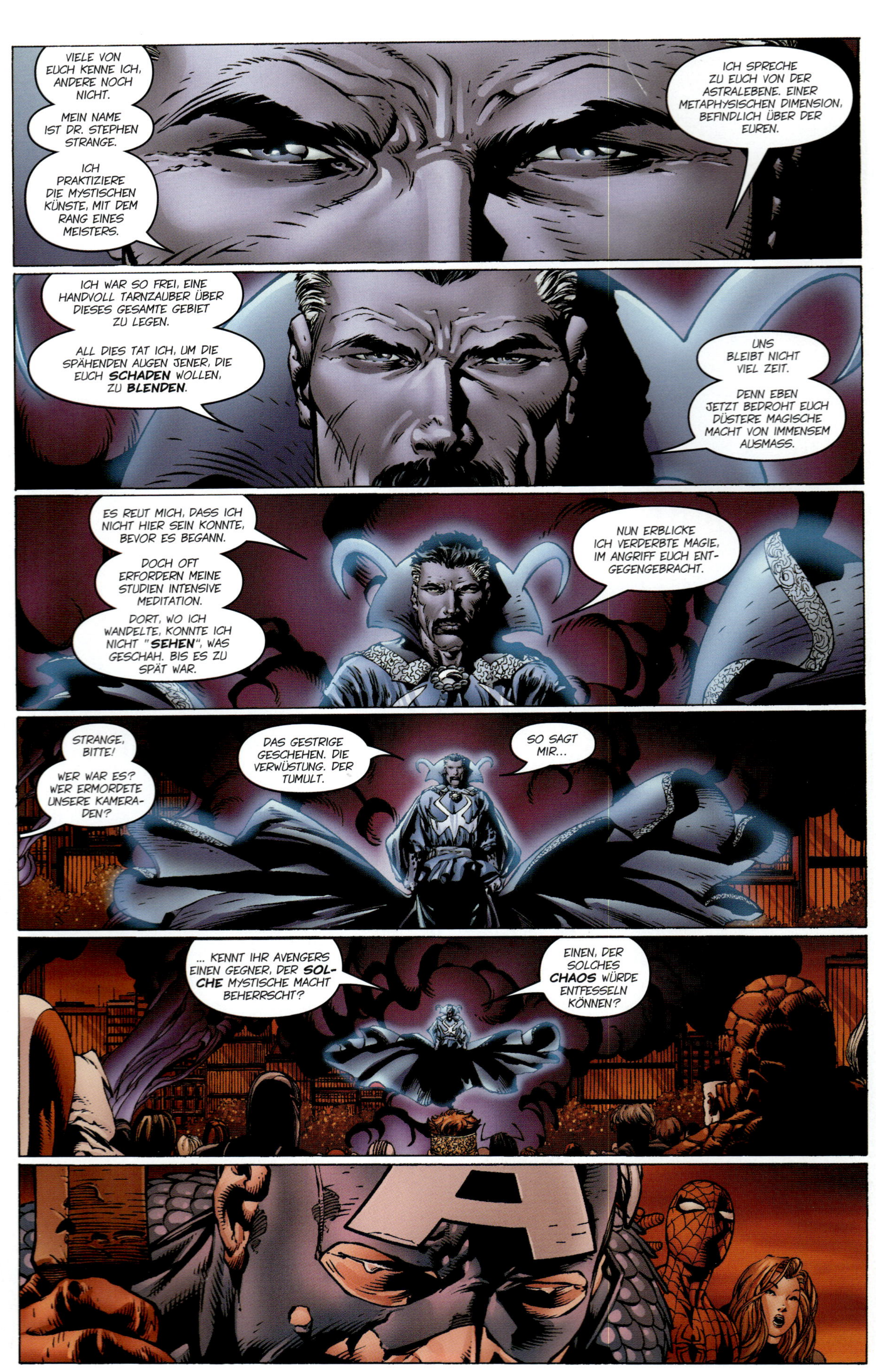
VIELE VON EUCH KENNE ICH, ANDERE NOCH NICHT.
MEIN NAME IST DR. STEPHEN STRANGE.
ICH PRAKTIZIERE DIE MYSTISCHEN KÜNSTE, MIT DEM RANG EINES MEISTERS.
ICH SPRECHE ZU EUCH VON DER ASTRALEBENE. EINER METAPHYSISCHEN DIMENSION, BEFINDLICH ÜBER DER EUREN.
ICH WAR SO FREI, EINE HANDVOLL TARNZAUBER ÜBER DIESES GESAMTE GEBIET ZU LEGEN.
ALL DIES TAT ICH, UM DIE SPÄHENDEN AUGEN JENER, DIE EUCH **SCHADEN** WOLLEN, ZU **BLENDEN**.
UNS BLEIBT NICHT VIEL ZEIT.
DENN EBEN JETZT BEDROHT EUCH DÜSTERE MAGISCHE MACHT VON IMMENSEM AUSMASS.
ES REUT MICH, DASS ICH NICHT HIER SEIN KONNTE, BEVOR ES BEGANN.
DOCH OFT ERFORDERN MEINE STUDIEN INTENSIVE MEDITATION.
DORT, WO ICH WANDELTE, KONNTE ICH NICHT "**SEHEN**", WAS GESCHAH. BIS ES ZU SPÄT WAR.
NUN ERBLICKE ICH VERDERBTE MAGIE, IM ANGRIFF EUCH ENTGEGENGEBRACHT.
STRANGE, BITTE!
WER WAR ES? WER ERMORDETE UNSERE KAMERADEN?
DAS GESTRIGE GESCHEHEN. DIE VERWÜSTUNG. DER TUMULT.
SO SAGT MIR...
... KENNT IHR AVENGERS EINEN GEGNER, DER **SOLCHE** MYSTISCHE MACHT BEHERRSCHT?
EINEN, DER SOLCHES **CHAOS** WÜRDE ENTFESSELN KÖNNEN?

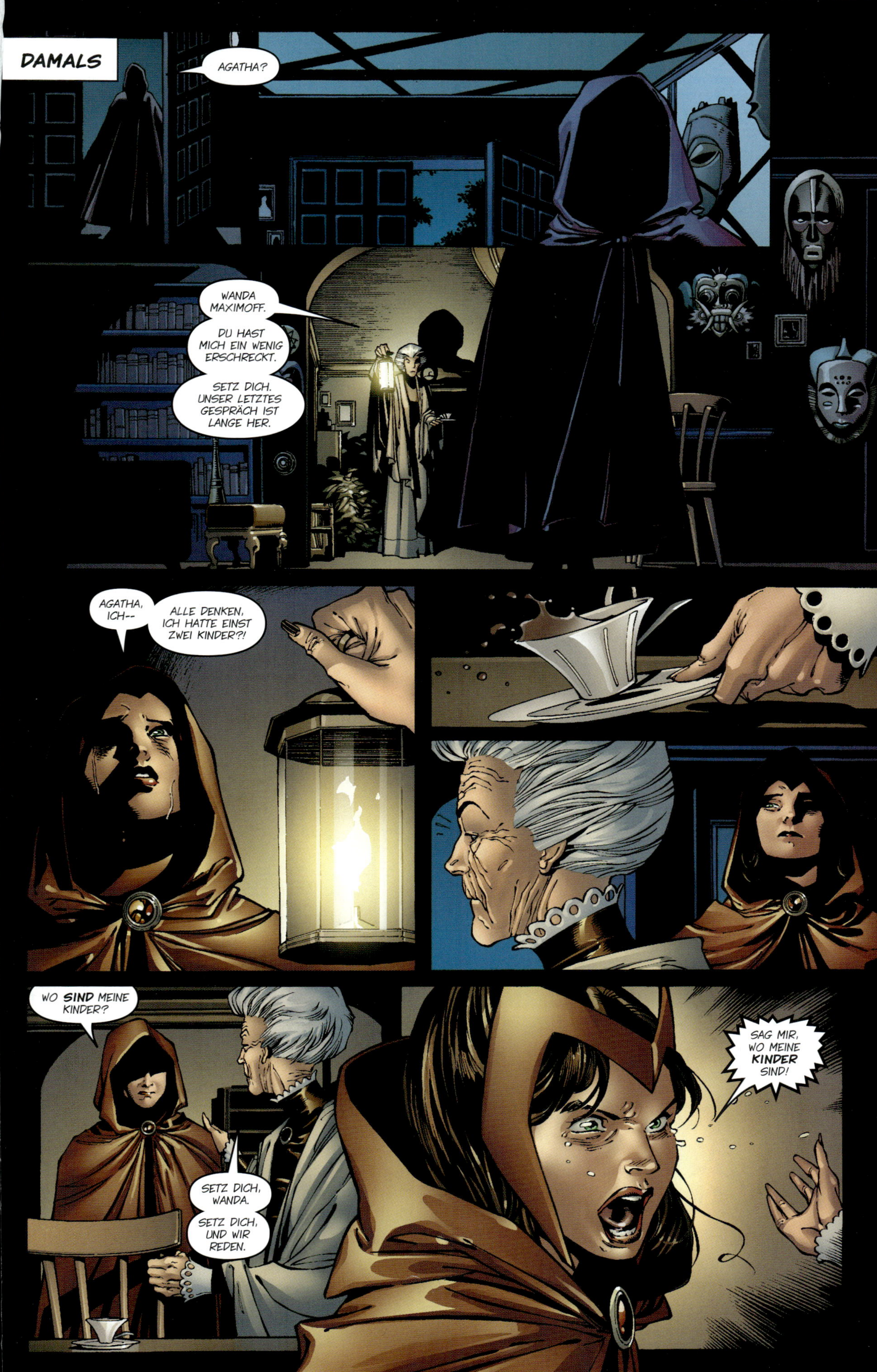
DAMALS
AGATHA?
WANDA MAXIMOFF.
DU HAST MICH EIN WENIG ERSCHRECKT.
SETZ DICH. UNSER LETZTES GESPRÄCH IST LANGE HER.
AGATHA, ICH--
ALLE DENKEN, ICH HATTE EINST ZWEI KINDER?!
WO SIND MEINE KINDER?
SETZ DICH, WANDA.
SETZ DICH, UND WIR REDEN.
SAG MIR, WO MEINE KINDER SIND!

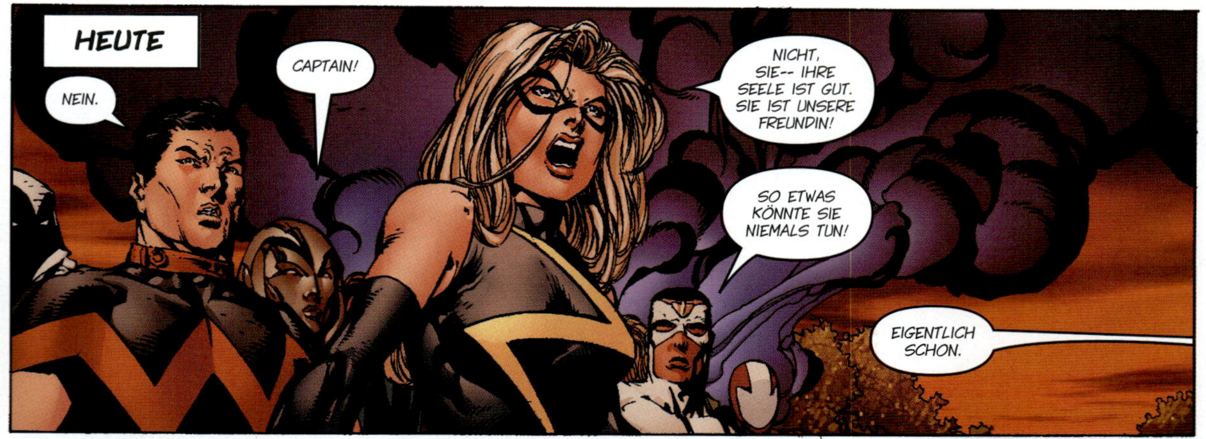
HEUTE
NEIN.
CAPTAIN!
NICHT, SIE-- IHRE SEELE IST GUT. SIE IST UNSERE FREUNDIN!
SO ETWAS KÖNNTE SIE NIEMALS TUN!
EIGENTLICH SCHON.

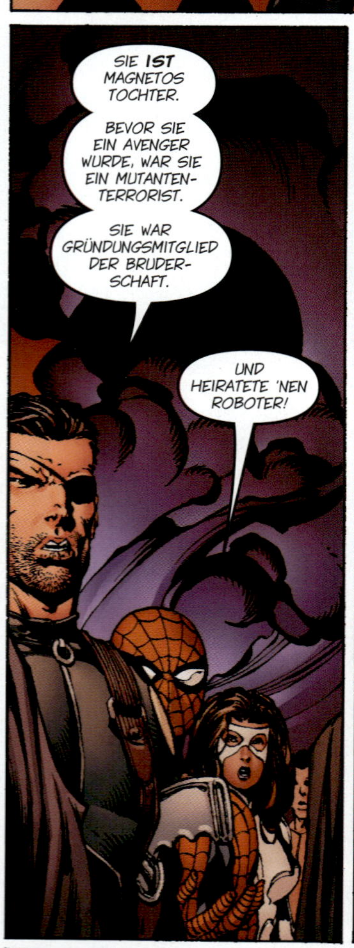
SIE IST MAGNETOS TOCHTER.
BEVOR SIE EIN AVENGER WURDE, WAR SIE EIN MUTANTEN-TERRORIST.
SIE WAR GRÜNDUNGSMITGLIED DER BRUDER-SCHAFT.
UND HEIRATETE 'NEN ROBOTER!

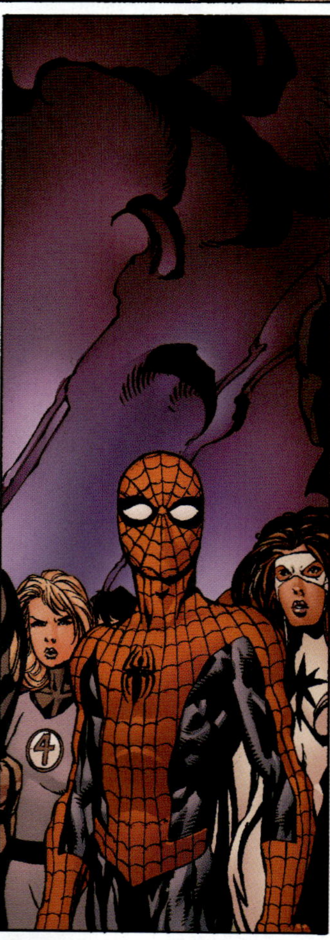

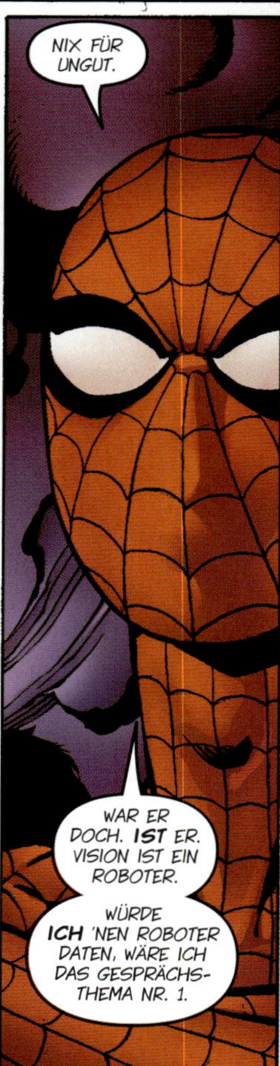
NIX FÜR UNGUT.
WAR ER DOCH. IST ER. VISION IST EIN ROBOTER.
WÜRDE ICH 'NEN ROBOTER DATEN, WÄRE ICH DAS GESPRÄCHS-THEMA NR. 1.

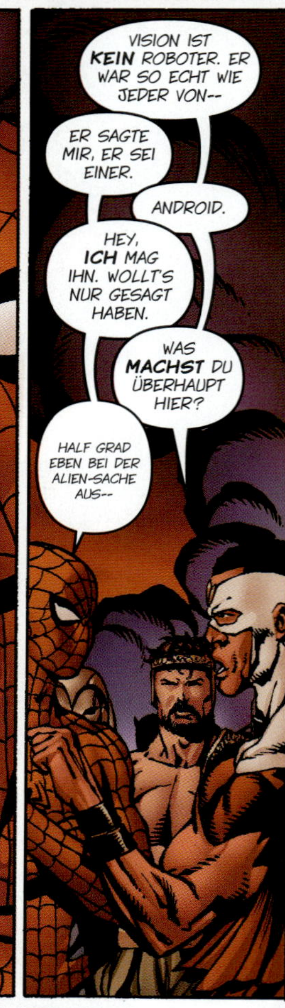
VISION IST KEIN ROBOTER. ER WAR SO ECHT WIE JEDER VON--
ER SAGTE MIR, ER SEI EINER.
ANDROID.
HEY, ICH MAG IHN. WOLLT'S NUR GESAGT HABEN.
WAS MACHST DU ÜBERHAUPT HIER?
HALF GRAD EBEN BEI DER ALIEN-SACHE AUS--

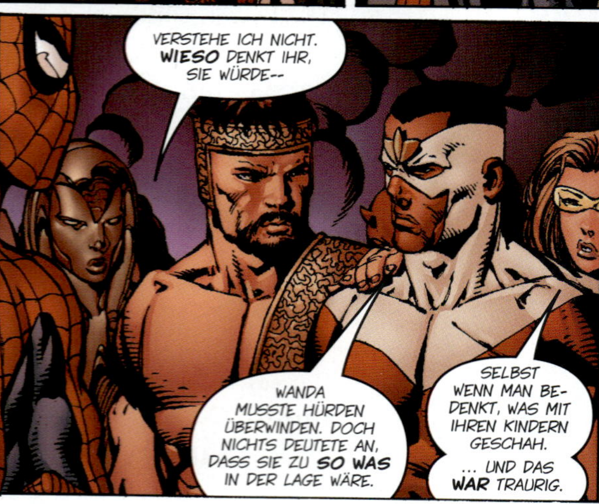
VERSTEHE ICH NICHT. WIESO DENKT IHR, SIE WÜRDE--
WANDA MUSSTE HÜRDEN ÜBERWINDEN. DOCH NICHTS DEUTETE AN, DASS SIE ZU SO WAS IN DER LAGE WÄRE.
SELBST WENN MAN BE-DENKT, WAS MIT IHREN KINDERN GESCHAH.
... UND DAS WAR TRAURIG.

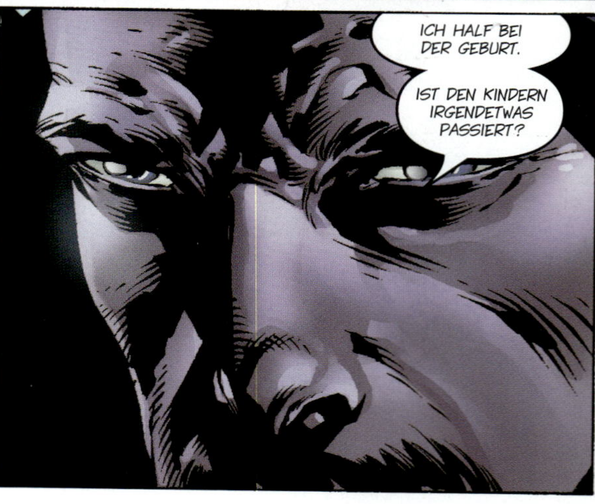
ICH HALF BEI DER GEBURT.
IST DEN KINDERN IRGENDETWAS PASSIERT?

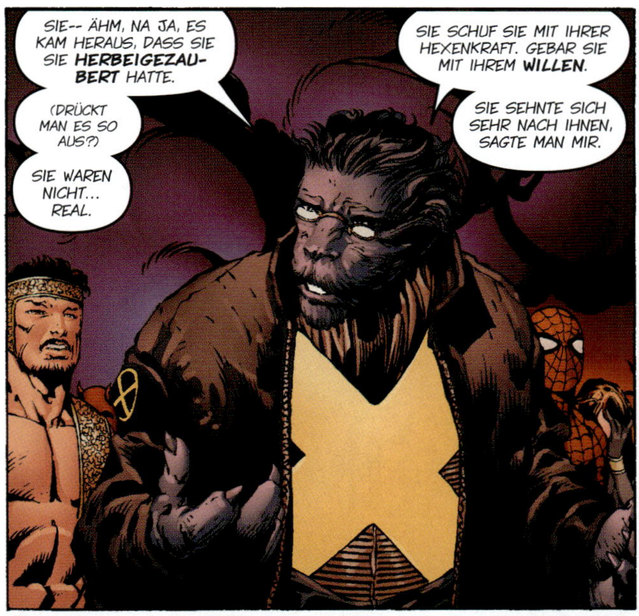

SIE-- ÄHM, NA JA, ES KAM HERAUS, DASS SIE SIE **HERBEIGEZAUBERT** HATTE.
(DRÜCKT MAN ES SO AUS?)
SIE WAREN NICHT... REAL.
SIE SCHUF SIE MIT IHRER HEXENKRAFT. GEBAR SIE MIT IHREM **WILLEN**.
SIE SEHNTE SICH SEHR NACH IHNEN, SAGTE MAN MIR.

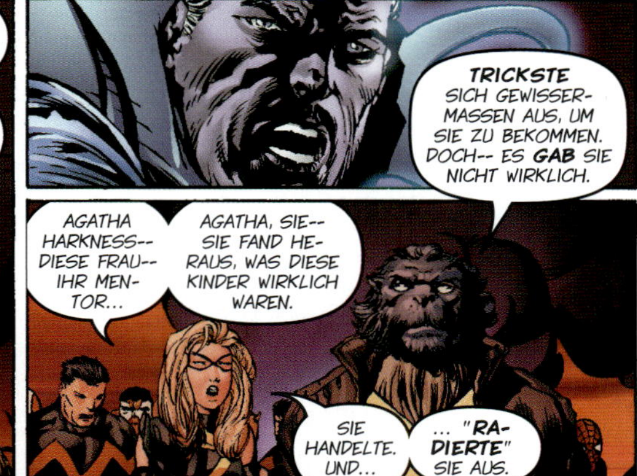

TRICKSTE SICH GEWISSERMASSEN AUS, UM SIE ZU BEKOMMEN. DOCH-- ES **GAB** SIE NICHT WIRKLICH.
AGATHA HARKNESS-- DIESE FRAU-- IHR MENTOR...
AGATHA, SIE-- SIE FAND HERAUS, WAS DIESE KINDER WIRKLICH WAREN.
SIE HANDELTE. UND...
... "**RADIERTE**" SIE AUS.

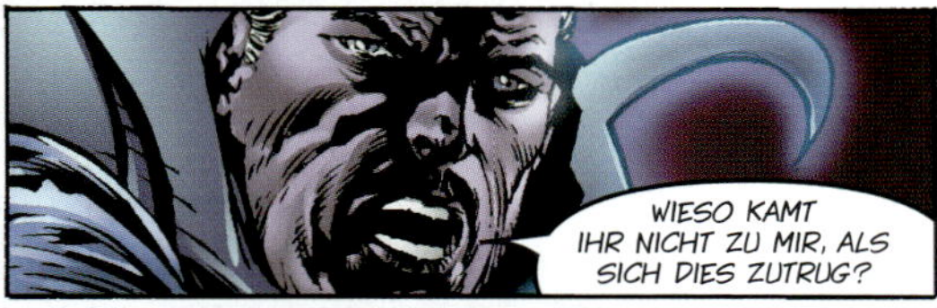

WIESO KAMT IHR NICHT ZU MIR, ALS SICH DIES ZUTRUG?

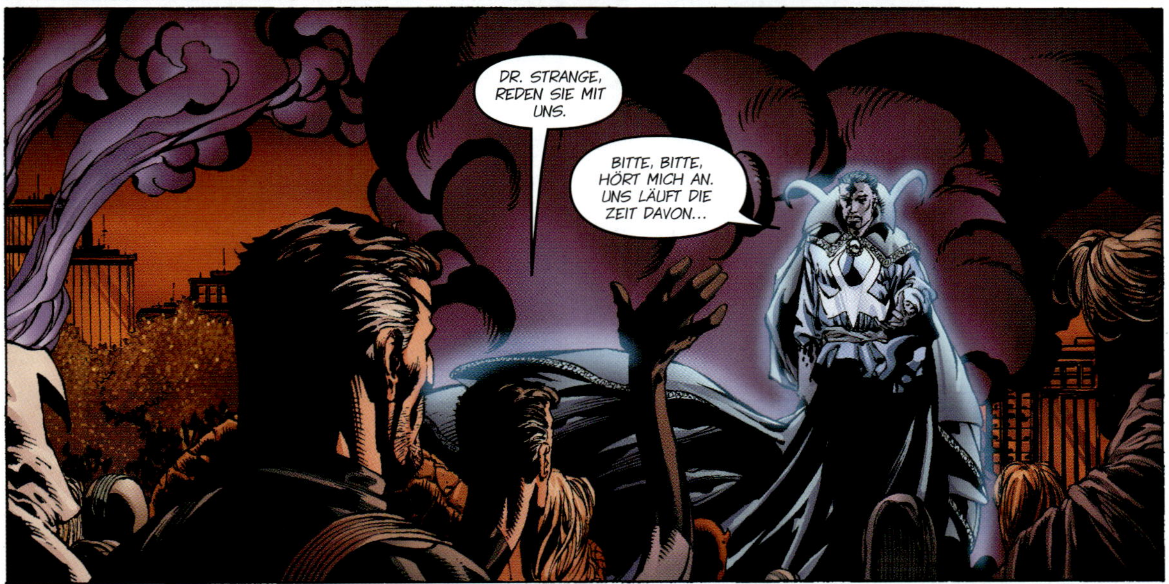

DR. STRANGE, REDEN SIE MIT UNS.
BITTE, BITTE, HÖRT MICH AN. UNS LÄUFT DIE ZEIT DAVON...

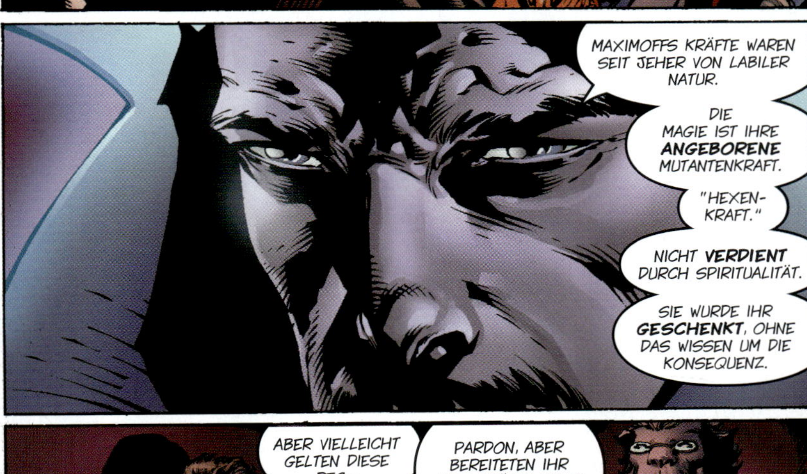

MAXIMOFFS KRÄFTE WAREN SEIT JEHER VON LABILER NATUR.
DIE MAGIE IST IHRE **ANGEBORENE** MUTANTENKRAFT.
"HEXENKRAFT."
NICHT **VERDIENT** DURCH SPIRITUALITÄT.
SIE WURDE IHR **GESCHENKT**, OHNE DAS WISSEN UM DIE KONSEQUENZ.
ABER VIELLEICHT GELTEN DIESE REG--
PARDON, ABER BEREITETEN IHR IHRE KRÄFTE NICHT SCHON FRÜHER PROBLEME?

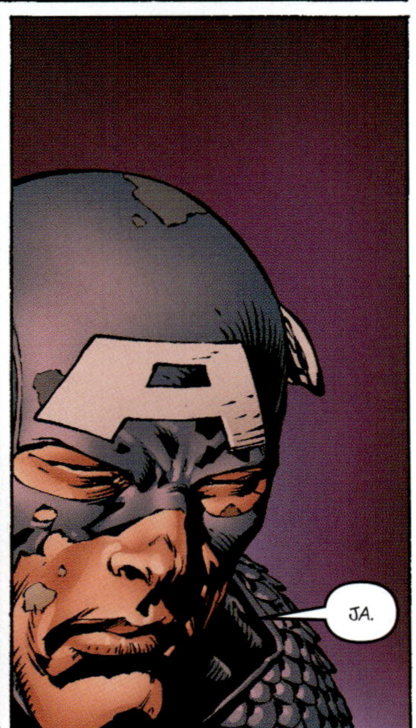

JA.

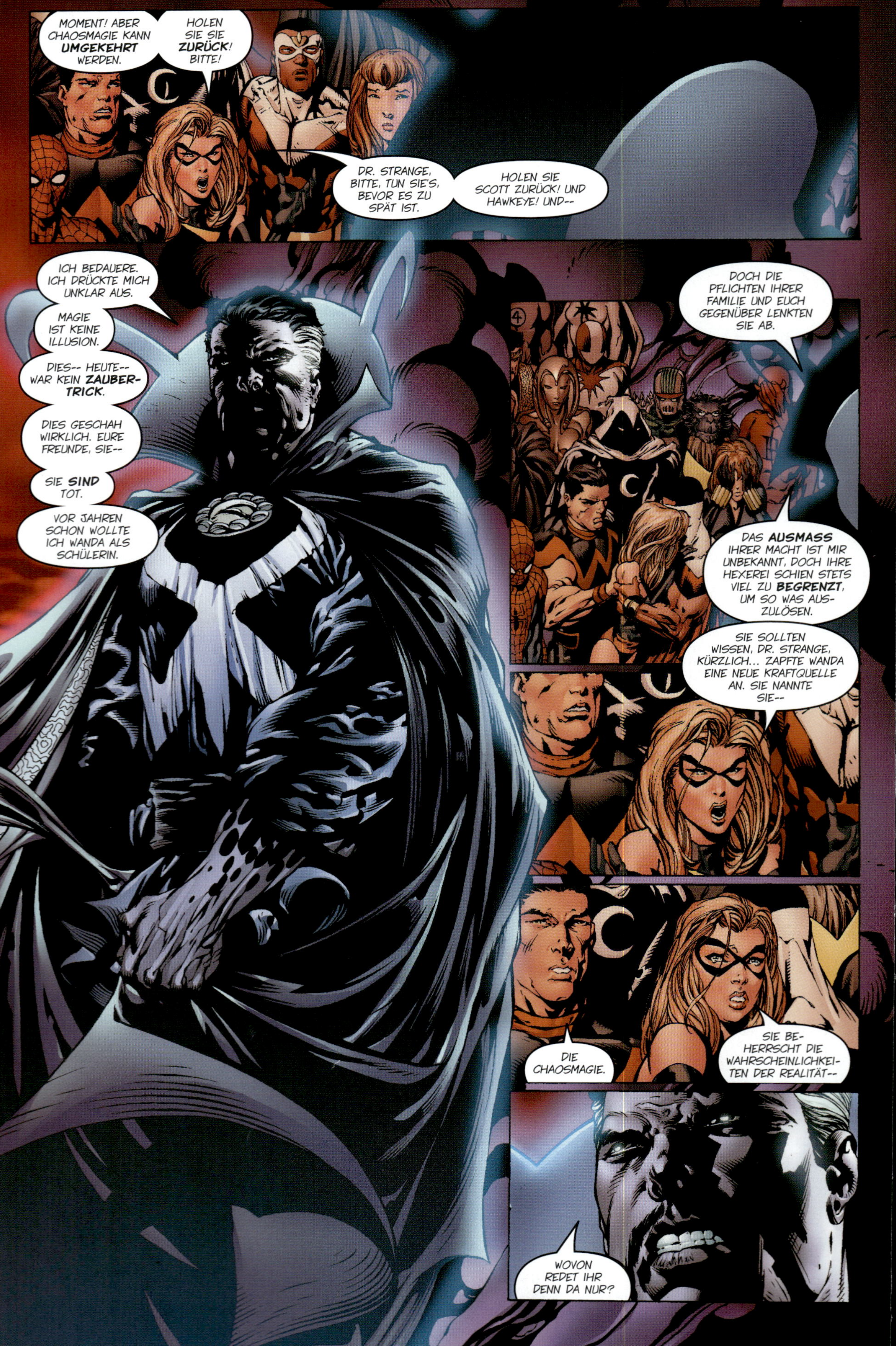
MOMENT! ABER CHAOSMAGIE KANN **UMGEKEHRT** WERDEN.
HOLEN SIE SIE **ZURÜCK**! BITTE!
DR. STRANGE, BITTE, TUN SIE'S, BEVOR ES ZU SPÄT IST.
HOLEN SIE SCOTT ZURÜCK! UND HAWKEYE! UND--
ICH BEDAUERE. ICH DRÜCKTE MICH UNKLAR AUS.
MAGIE IST KEINE ILLUSION.
DIES-- HEUTE-- WAR KEIN **ZAUBERTRICK**.
DIES GESCHAH WIRKLICH. EURE FREUNDE, SIE--
SIE **SIND** TOT.
VOR JAHREN SCHON WOLLTE ICH WANDA ALS SCHÜLERIN.
DOCH DIE PFLICHTEN IHRER FAMILIE UND EUCH GEGENÜBER LENKTEN SIE AB.
DAS **AUSMASS** IHRER MACHT IST MIR UNBEKANNT, DOCH IHRE HEXEREI SCHIEN STETS VIEL ZU **BEGRENZT**, UM SO WAS AUSZULÖSEN.
SIE SOLLTEN WISSEN, DR. STRANGE, KÜRZLICH... ZAPFTE WANDA EINE NEUE KRAFTQUELLE AN. SIE NANNTE SIE--
DIE CHAOSMAGIE.
SIE BEHERRSCHT DIE WAHRSCHEINLICHKEITEN DER REALITÄT--
WOVON REDET IHR DENN DA NUR?

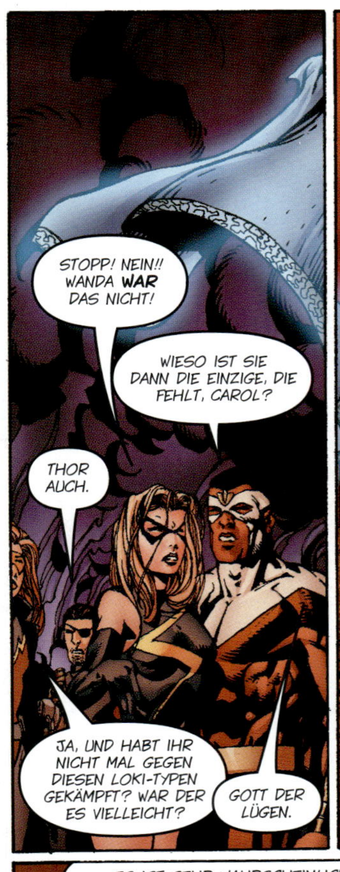
STOPP! NEIN!! WANDA **WAR** DAS NICHT!
WIESO IST SIE DANN DIE EINZIGE, DIE FEHLT, CAROL?
THOR AUCH.
JA, UND HABT IHR NICHT MAL GEGEN DIESEN LOKI-TYPEN GEKÄMPFT? WAR DER ES VIELLEICHT?
GOTT DER LÜGEN.

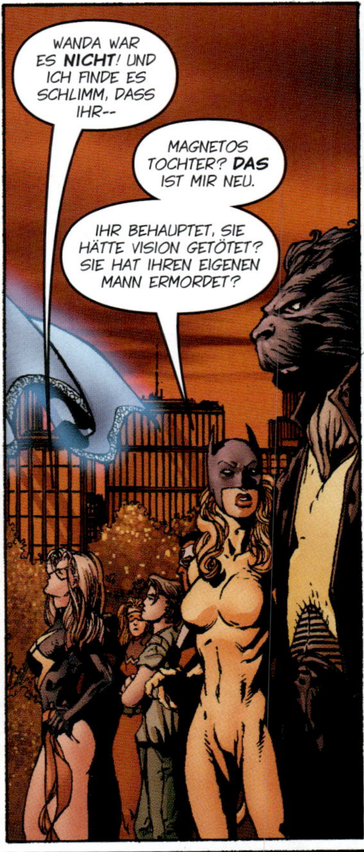
WANDA WAR ES **NICHT**! UND ICH FINDE ES SCHLIMM, DASS IHR--
MAGNETOS TOCHTER? **DAS** IST MIR NEU.
IHR BEHAUPTET, SIE HÄTTE VISION GETÖTET? SIE HAT IHREN EIGENEN MANN ERMORDET?

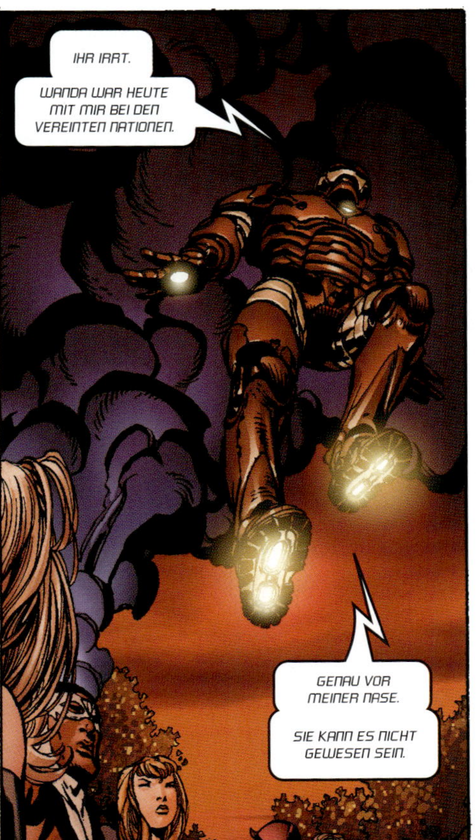
IHR IRRT.
WANDA WAR HEUTE MIT MIR BEI DEN VEREINTEN NATIONEN.
GENAU VOR MEINER NASE.
SIE KANN ES NICHT GEWESEN SEIN.

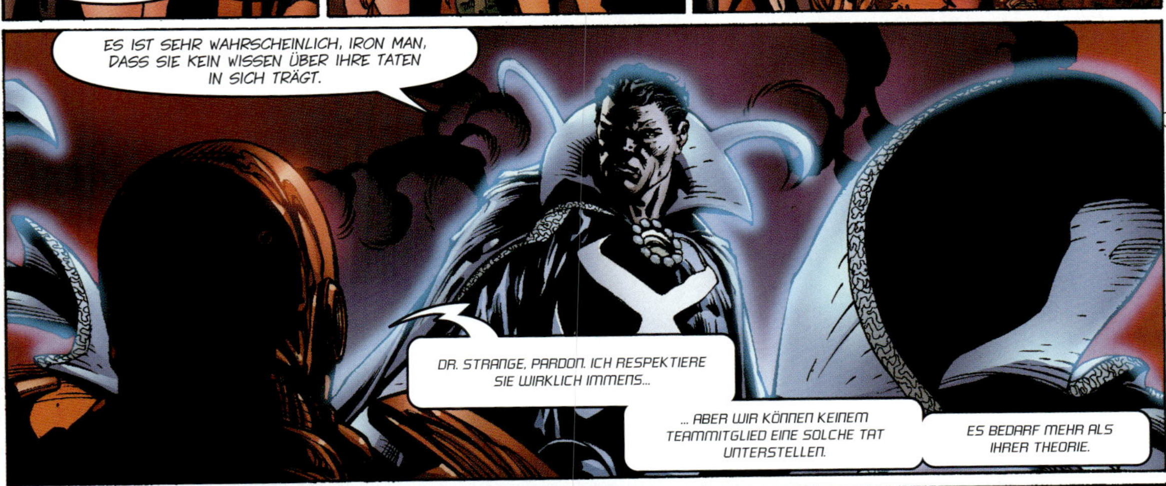
ES IST SEHR WAHRSCHEINLICH, IRON MAN, DASS SIE KEIN WISSEN ÜBER IHRE TATEN IN SICH TRÄGT.
DR. STRANGE, PARDON. ICH RESPEKTIERE SIE WIRKLICH IMMENS...
... ABER WIR KÖNNEN KEINEM TEAMMITGLIED EINE SOLCHE TAT UNTERSTELLEN.
ES BEDARF MEHR ALS IHRER THEORIE.

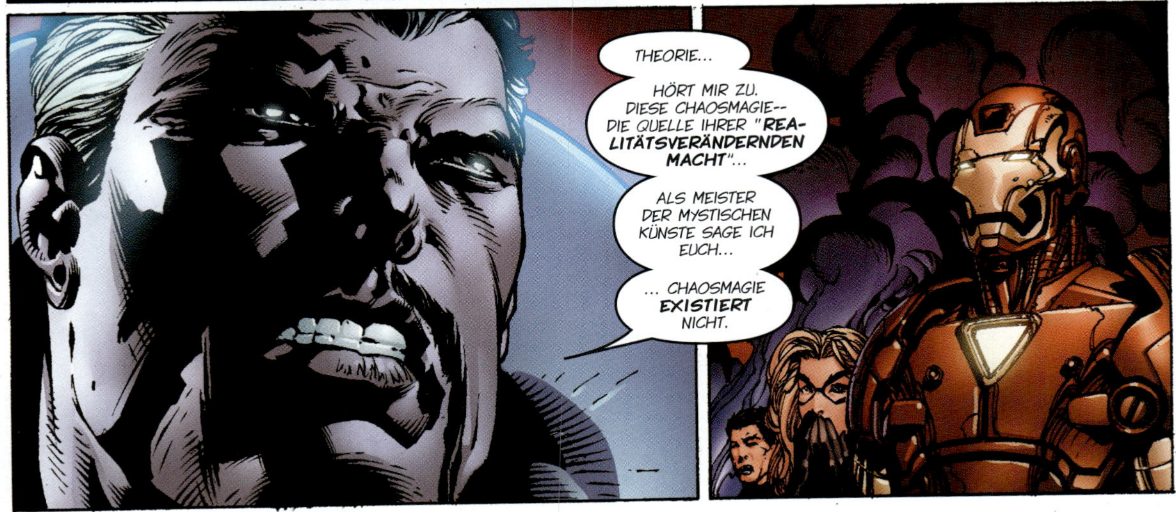
THEORIE...
HÖRT MIR ZU. DIESE CHAOSMAGIE-- DIE QUELLE IHRER "**REALITÄTSVERÄNDERNDEN MACHT**"...
ALS MEISTER DER MYSTISCHEN KÜNSTE SAGE ICH EUCH...
... CHAOSMAGIE **EXISTIERT** NICHT.

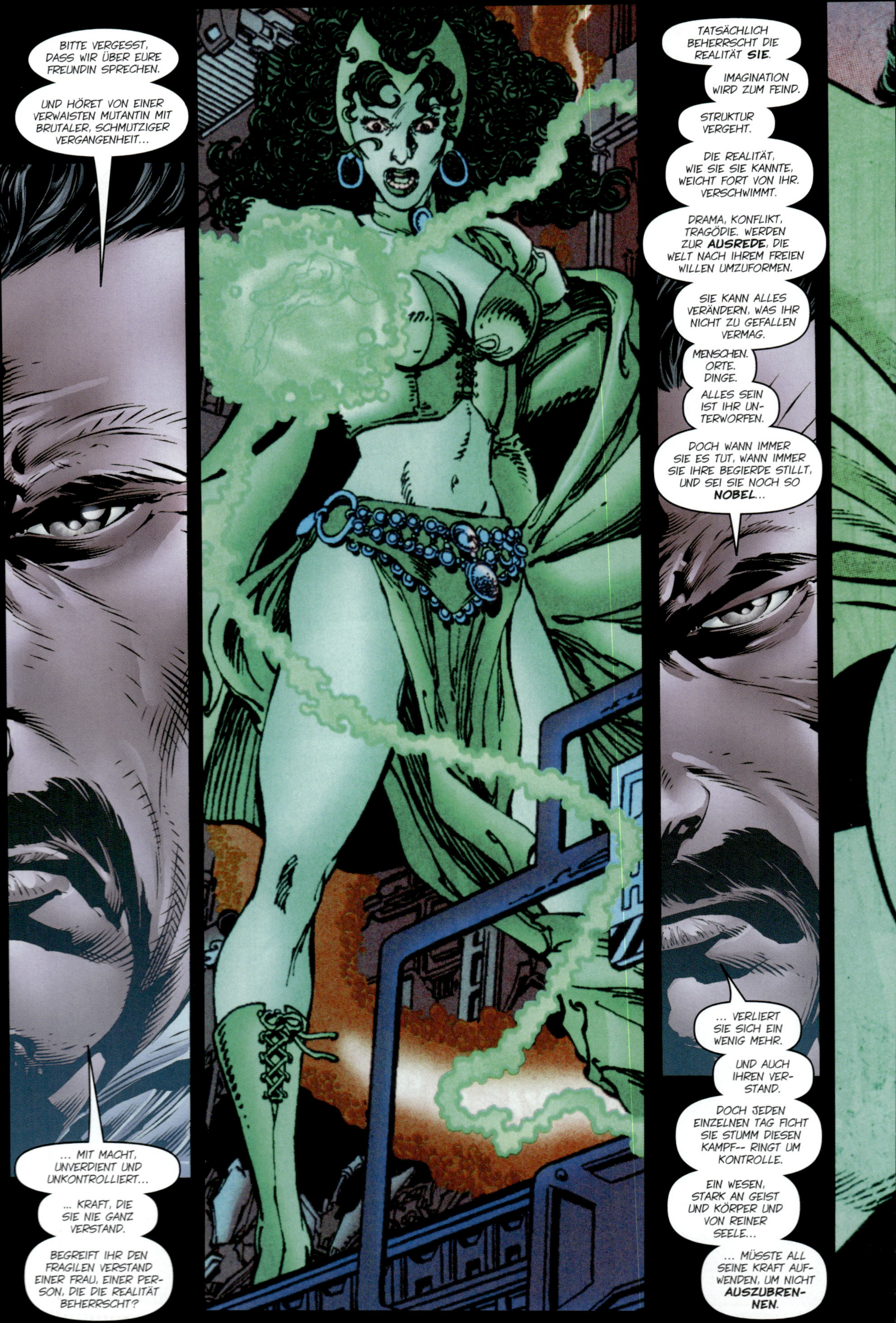

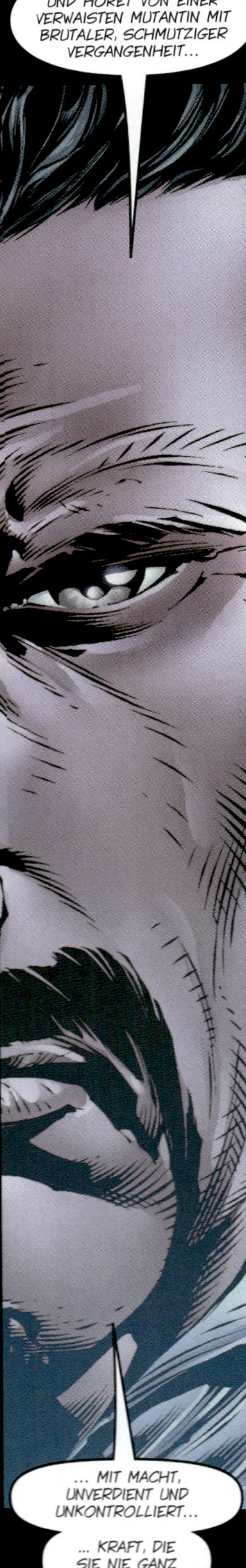
BITTE VERGESST, DASS WIR ÜBER EURE FREUNDIN SPRECHEN.
UND HÖRET VON EINER VERWAISTEN MUTANTIN MIT BRUTALER, SCHMUTZIGER VERGANGENHEIT...
... MIT MACHT, UNVERDIENT UND UNKONTROLLIERT...
... KRAFT, DIE SIE NIE GANZ VERSTAND.
BEGREIFT IHR DEN FRAGILEN VERSTAND EINER FRAU, EINER PERSON, DIE DIE REALITÄT BEHERRSCHT?

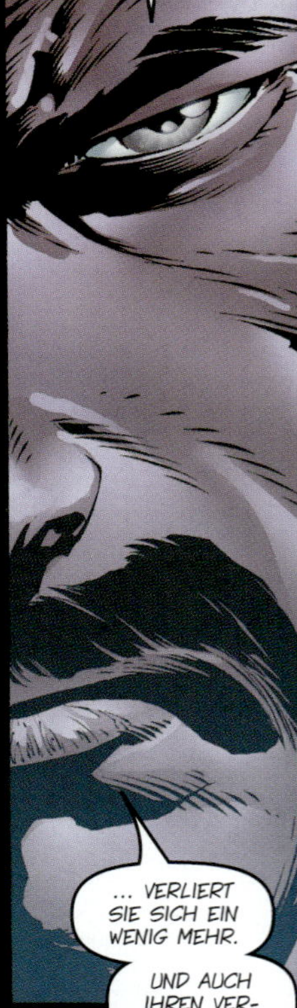
TATSÄCHLICH BEHERRSCHT DIE REALITÄT **SIE**.
IMAGINATION WIRD ZUM FEIND.
STRUKTUR VERGEHT.
DIE REALITÄT, WIE SIE SIE KANNTE, WEICHT FORT VON IHR. VERSCHWIMMT.
DRAMA, KONFLIKT, TRAGÖDIE. WERDEN ZUR **AUSREDE**, DIE WELT NACH IHREM FREIEN WILLEN UMZUFORMEN.
SIE KANN ALLES VERÄNDERN, WAS IHR NICHT ZU GEFALLEN VERMAG.
MENSCHEN. ORTE. DINGE.
ALLES SEIN IST IHR UNTERWORFEN.
DOCH WANN IMMER SIE ES TUT, WANN IMMER SIE IHRE BEGIERDE STILLT, UND SEI SIE NOCH SO **NOBEL**...
... VERLIERT SIE SICH EIN WENIG MEHR.
UND AUCH IHREN VERSTAND.
DOCH JEDEN EINZELNEN TAG FICHT SIE STUMM DIESEN KAMPF-- RINGT UM KONTROLLE.
EIN WESEN, STARK AN GEIST UND KÖRPER UND VON REINER SEELE...
... MÜSSTE ALL SEINE KRAFT AUFWENDEN, UM NICHT **AUSZUBRENNEN**.

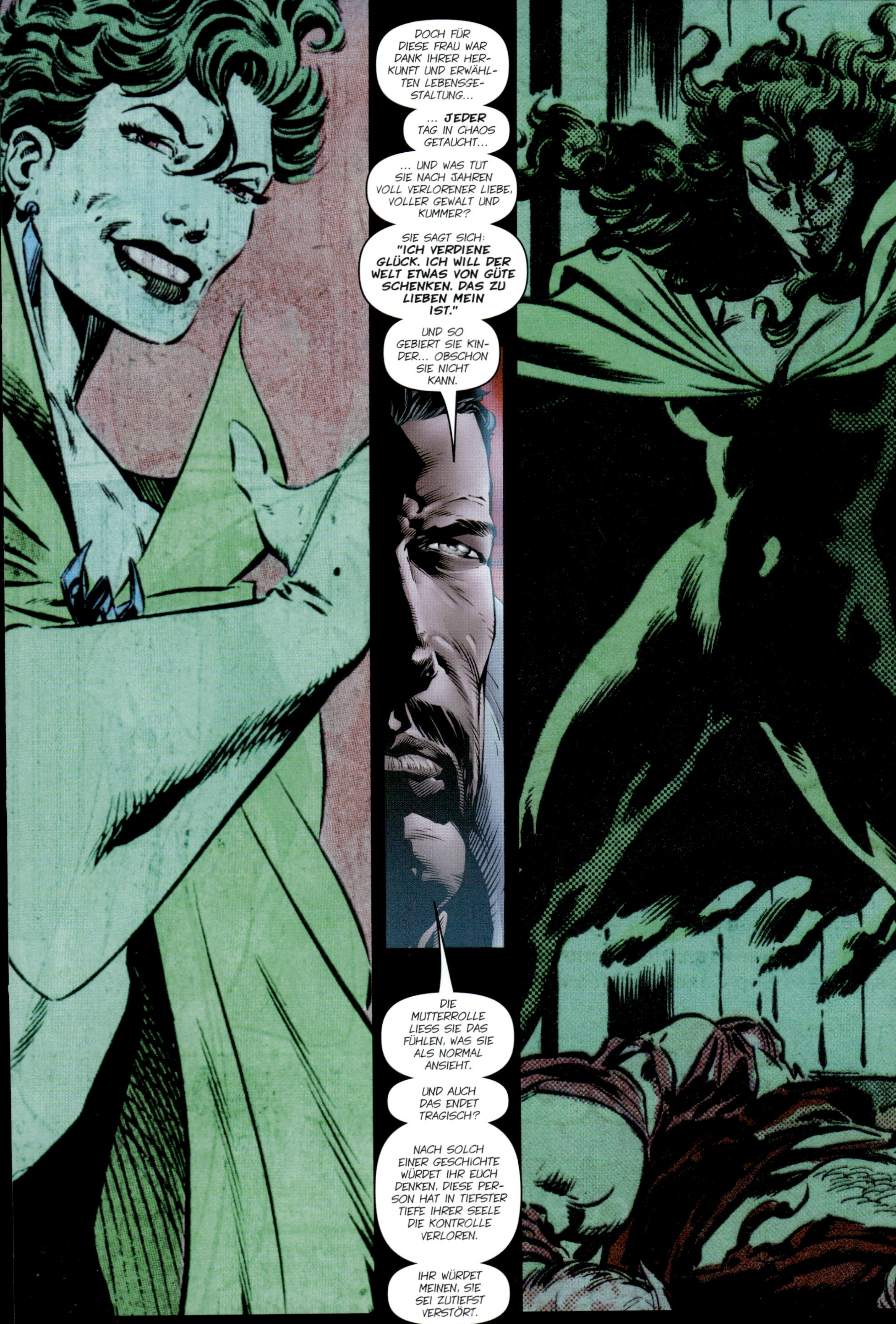
DOCH FÜR DIESE FRAU WAR DANK IHRER HERKUNFT UND ERWÄHLTEN LEBENSGESTALTUNG...
... **JEDER** TAG IN CHAOS GETAUCHT...
... UND WAS TUT SIE NACH JAHREN VOLL VERLORENER LIEBE, VOLLER GEWALT UND KUMMER?
SIE SAGT SICH: **"ICH VERDIENE GLÜCK. ICH WILL DER WELT ETWAS VON GÜTE SCHENKEN. DAS ZU LIEBEN MEIN IST."**
UND SO GEBIERT SIE KINDER... OBSCHON SIE NICHT KANN.
DIE MUTTERROLLE LIESS SIE DAS FÜHLEN, WAS SIE ALS NORMAL ANSIEHT.
UND AUCH DAS ENDET TRAGISCH?
NACH SOLCH EINER GESCHICHTE WÜRDET IHR EUCH DENKEN, DIESE PERSON HAT IN TIEFSTER TIEFE IHRER SEELE DIE KONTROLLE VERLOREN.
IHR WÜRDET MEINEN, SIE SEI ZUTIEFST VERSTÖRT.

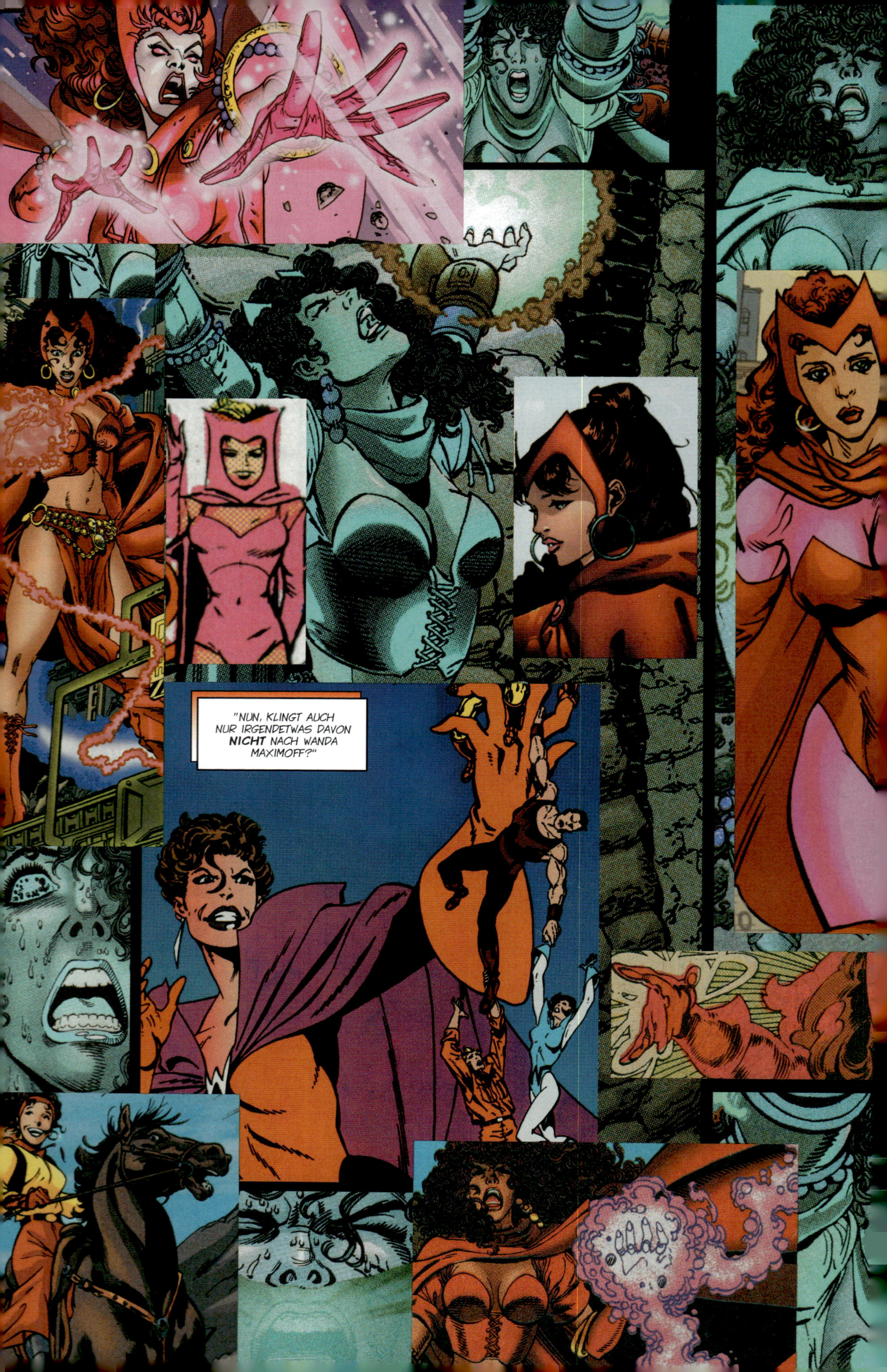
"NUN, KLINGT AUCH NUR IRGENDETWAS DAVON **NICHT** NACH WANDA MAXIMOFF?"

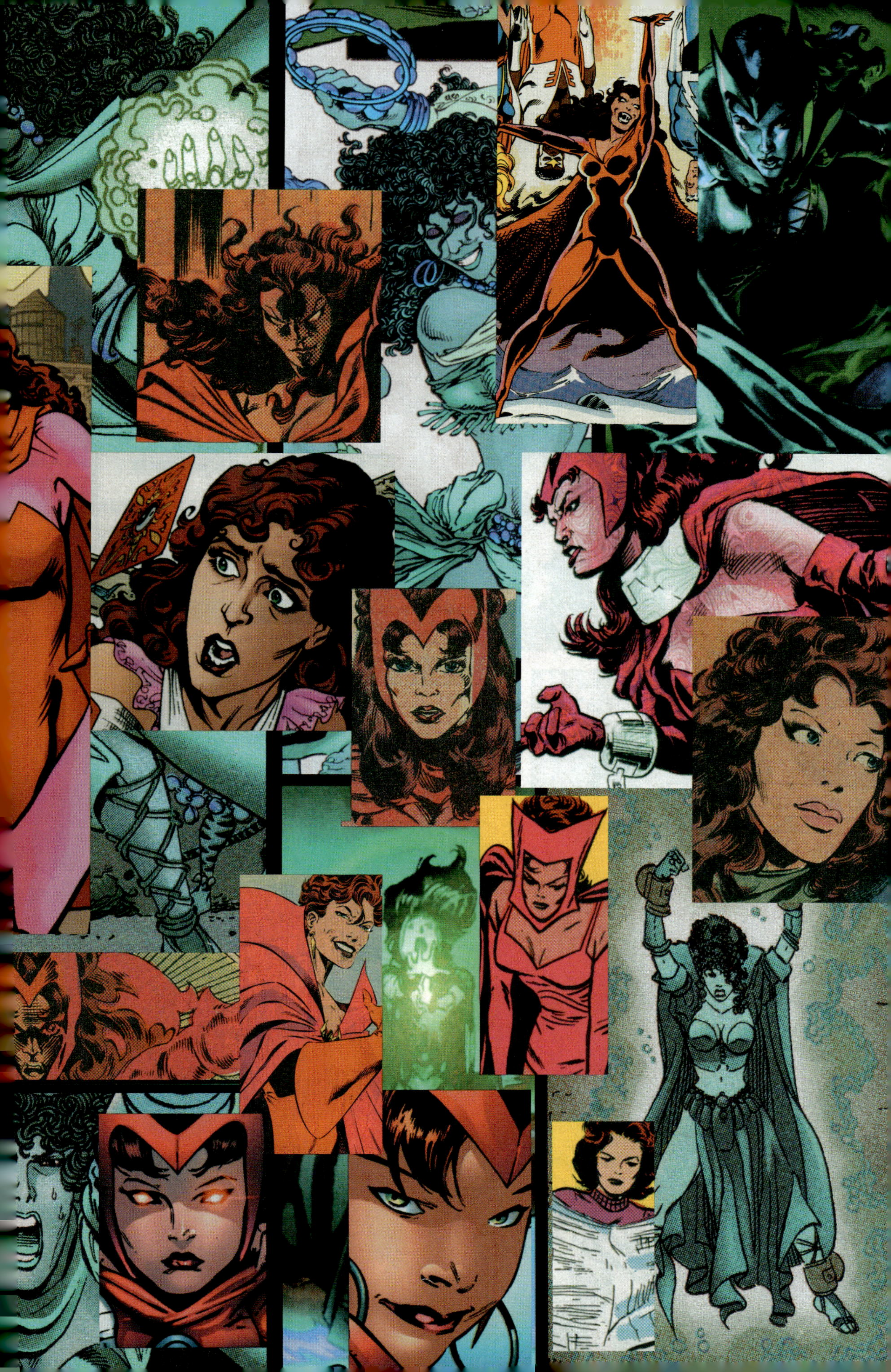

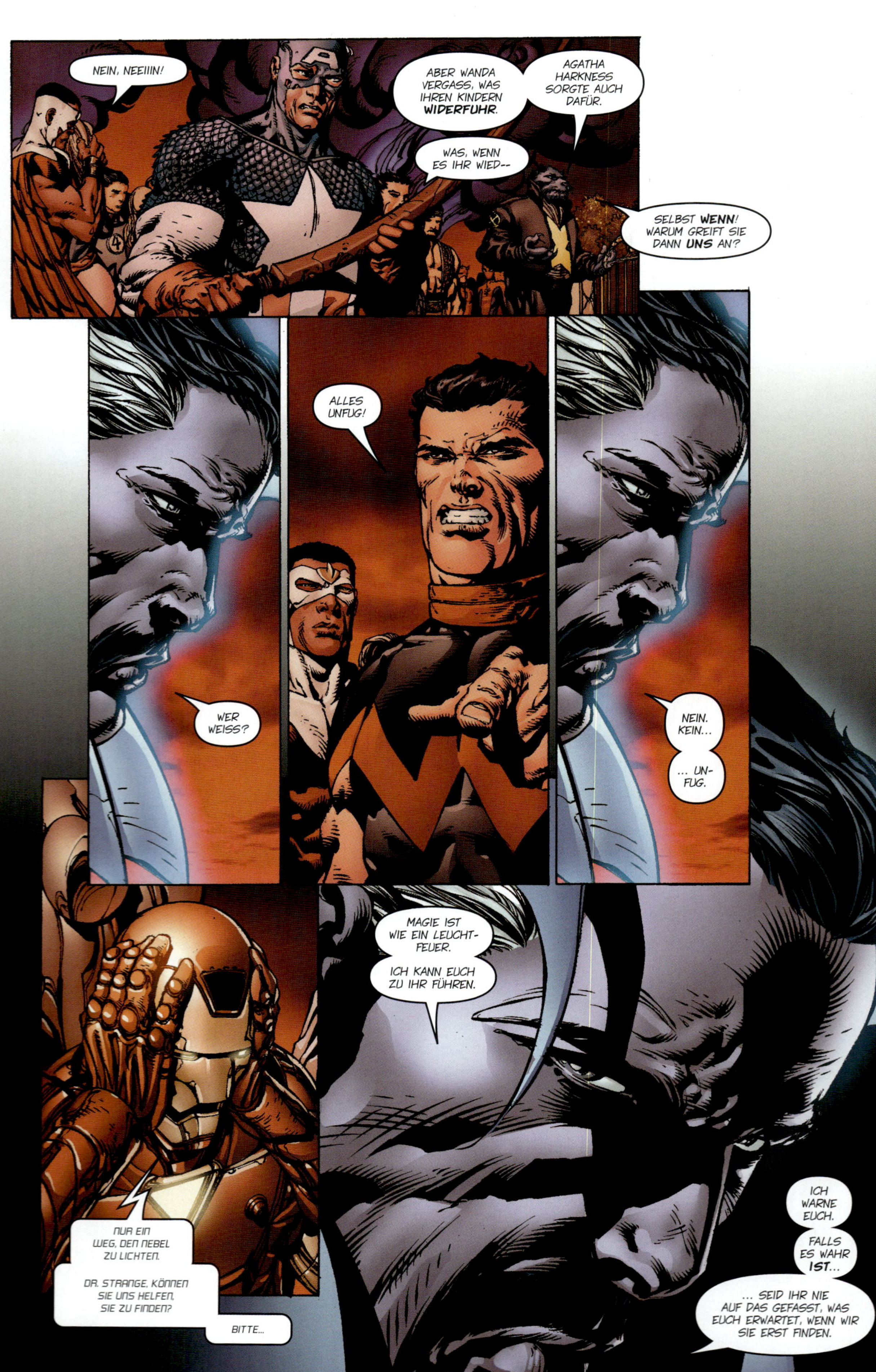
NEIN, NEEIIIN!
ABER WANDA VERGASS, WAS IHREN KINDERN WIDERFUHR.
AGATHA HARKNESS SORGTE AUCH DAFÜR.
WAS, WENN ES IHR WIED--
SELBST WENN! WARUM GREIFT SIE DANN UNS AN?
WER WEISS?
ALLES UNFUG!
NEIN. KEIN...
... UN-FUG.
NUR EIN WEG, DEN NEBEL ZU LICHTEN.
DR. STRANGE, KÖNNEN SIE UNS HELFEN, SIE ZU FINDEN?
BITTE...
MAGIE IST WIE EIN LEUCHT-FEUER.
ICH KANN EUCH ZU IHR FÜHREN.
ICH WARNE EUCH.
FALLS ES WAHR IST...
... SEID IHR NIE AUF DAS GEFASST, WAS EUCH ERWARTET, WENN WIR SIE ERST FINDEN.

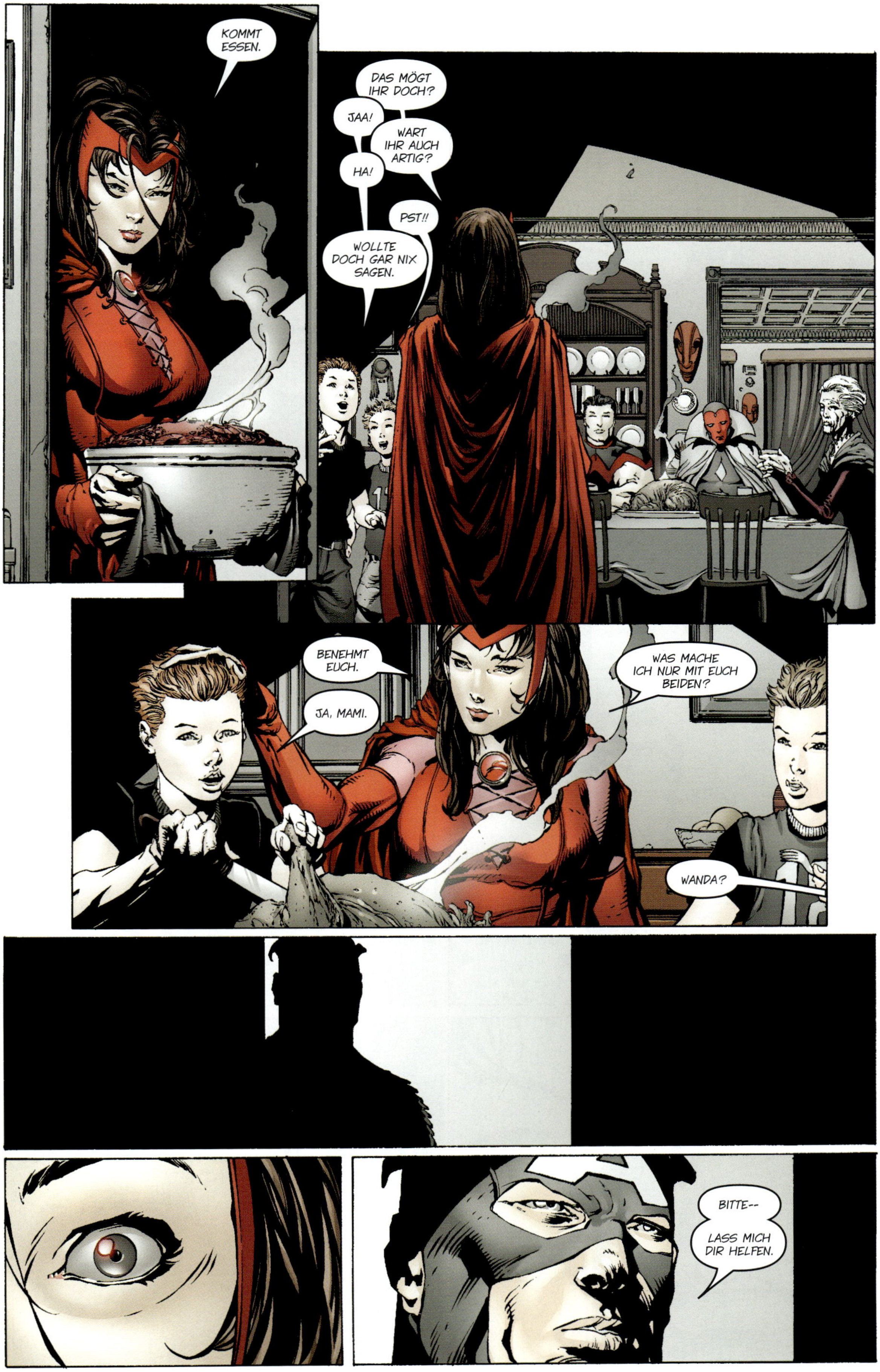

KOMMT ESSEN.

DAS MÖGT IHR DOCH?

JAA!

WART IHR AUCH ARTIG?

HA!

PST!!

WOLLTE DOCH GAR NIX SAGEN.

BENEHMT EUCH.

JA, MAMI.

WAS MACHE ICH NUR MIT EUCH BEIDEN?

WANDA?

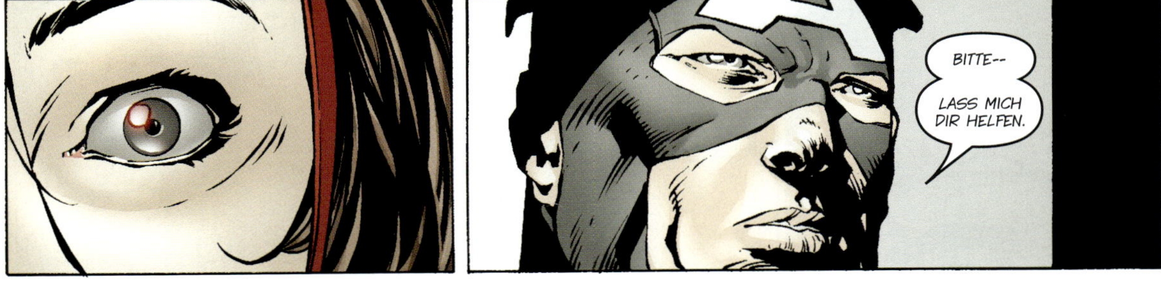

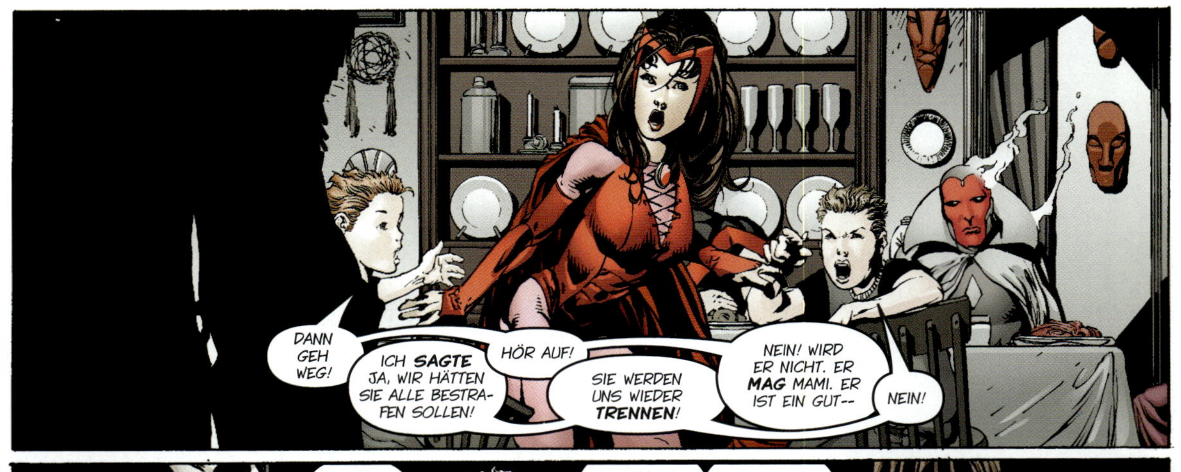
DANN GEH WEG!
ICH SAGTE JA, WIR HÄTTEN SIE ALLE BESTRAFEN SOLLEN!
HÖR AUF!
SIE WERDEN UNS WIEDER TRENNEN!
NEIN! WIRD ER NICHT. ER MAG MAMI. ER IST EIN GUT--
NEIN!

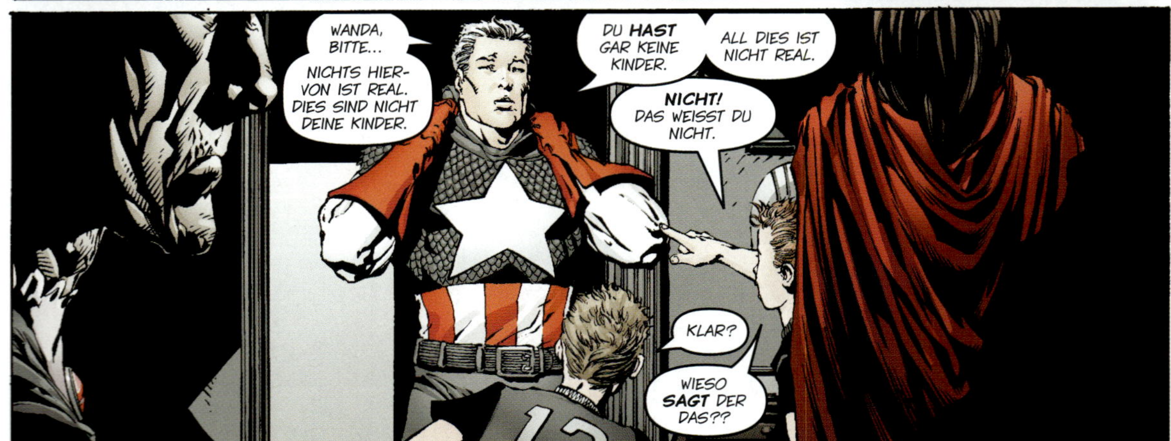
WANDA, BITTE...
NICHTS HIERVON IST REAL. DIES SIND NICHT DEINE KINDER.
DU HAST GAR KEINE KINDER.
ALL DIES IST NICHT REAL.
NICHT! DAS WEISST DU NICHT.
KLAR?
WIESO SAGT DER DAS??

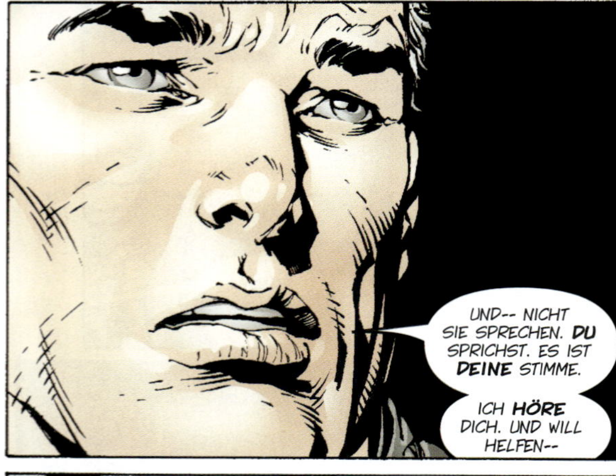
UND-- NICHT SIE SPRECHEN. DU SPRICHST. ES IST DEINE STIMME.
ICH HÖRE DICH. UND WILL HELFEN--

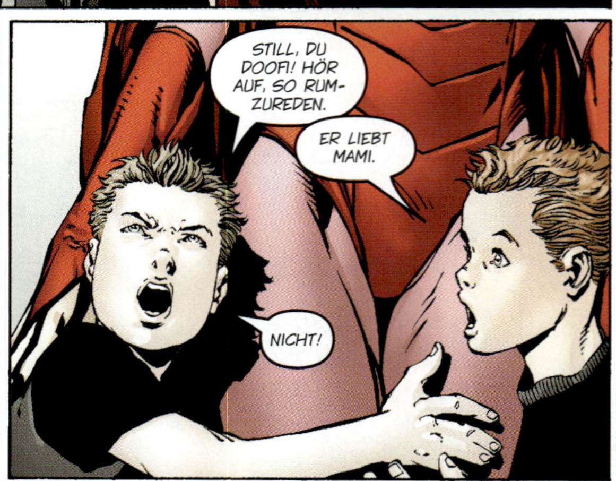
STILL, DU DOOFI! HÖR AUF, SO RUMZUREDEN.
ER LIEBT MAMI.
NICHT!

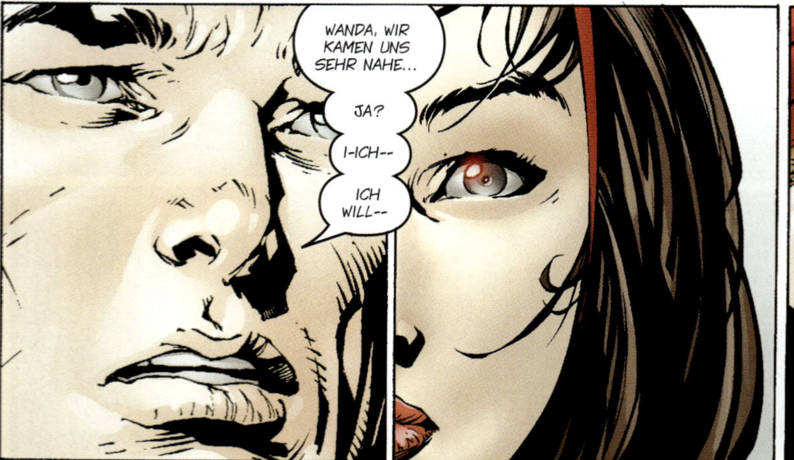
WANDA, WIR KAMEN UNS SEHR NAHE...
JA?
I-ICH--
ICH WILL--

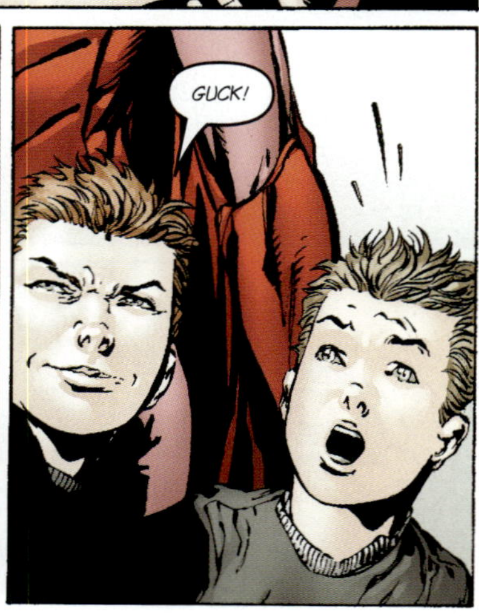
GUCK!

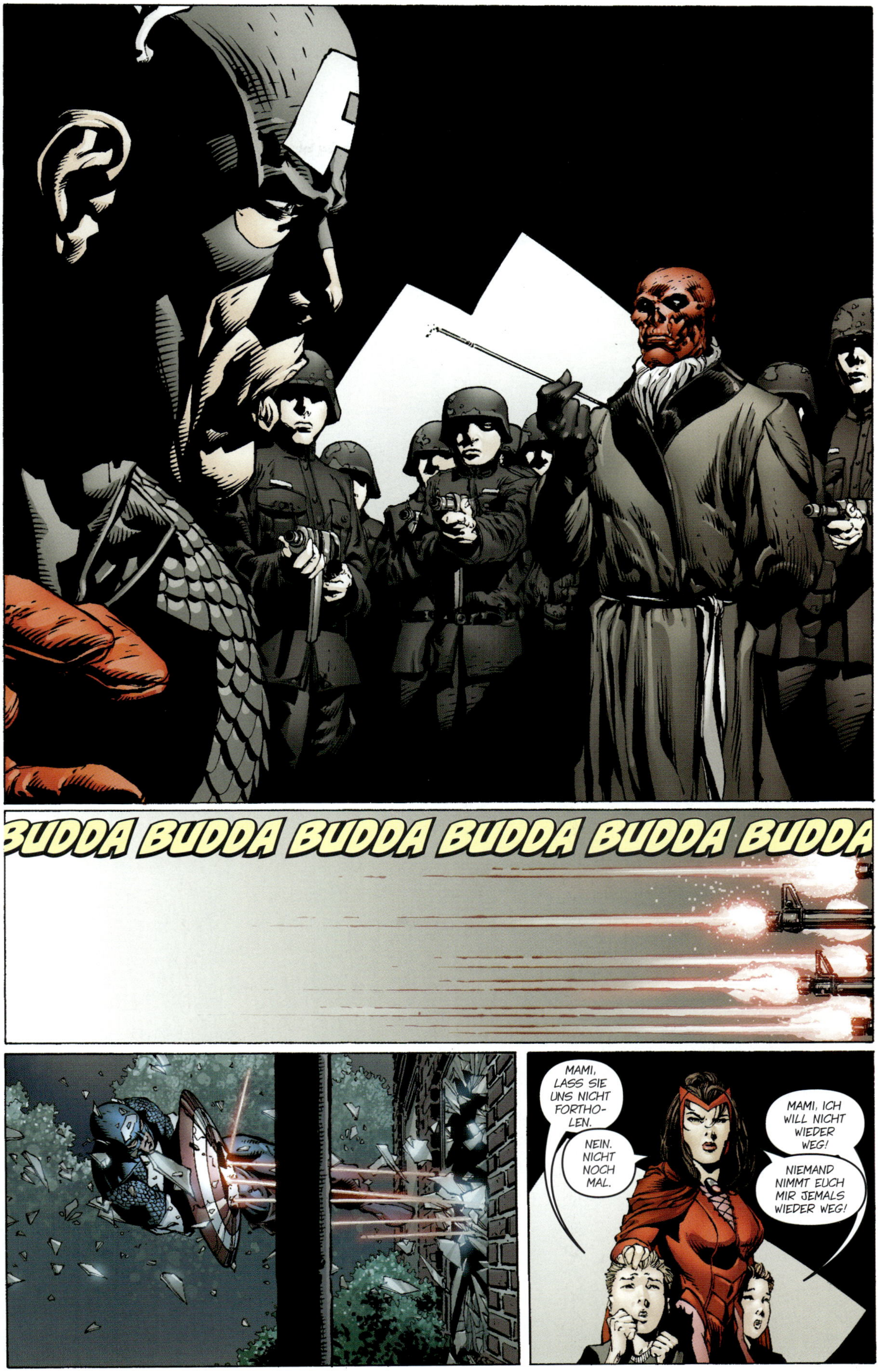

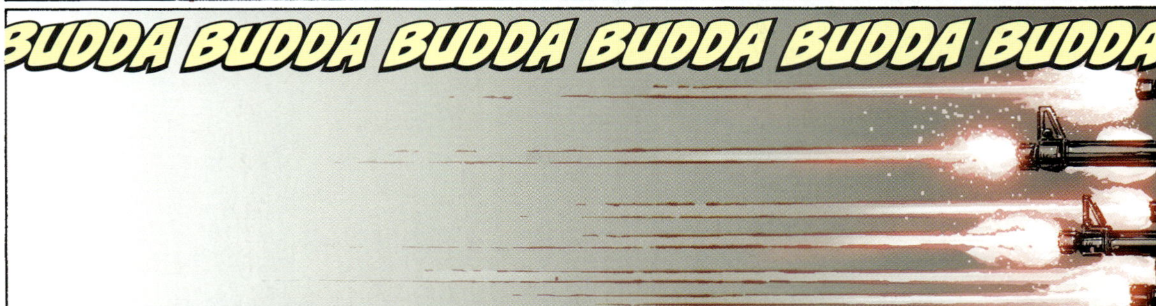
BUDDA BUDDA BUDDA BUDDA BUDDA BUDDA

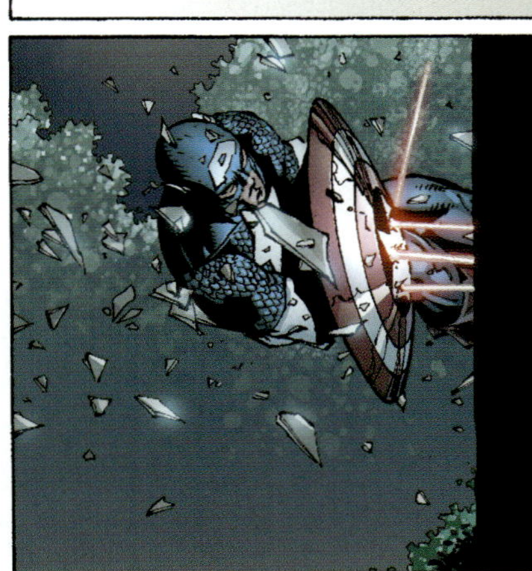

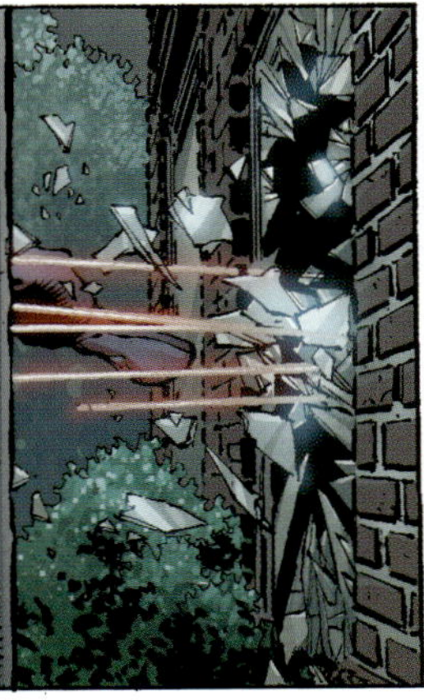

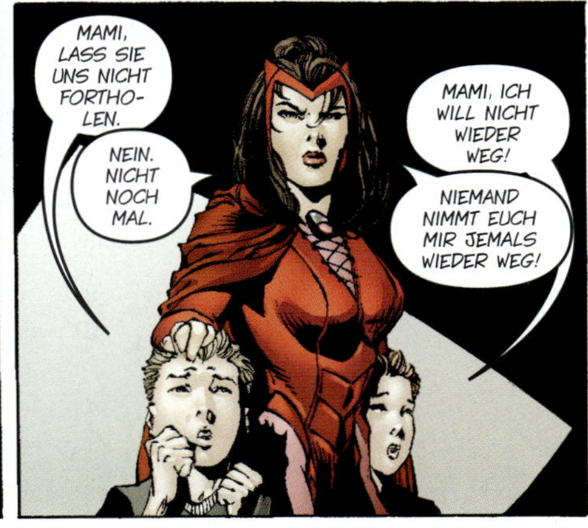
MAMI, LASS SIE UNS NICHT FORTHOLEN.
NEIN. NICHT NOCH MAL.
MAMI, ICH WILL NICHT WIEDER WEG!
NIEMAND NIMMT EUCH MIR JEMALS WIEDER WEG!

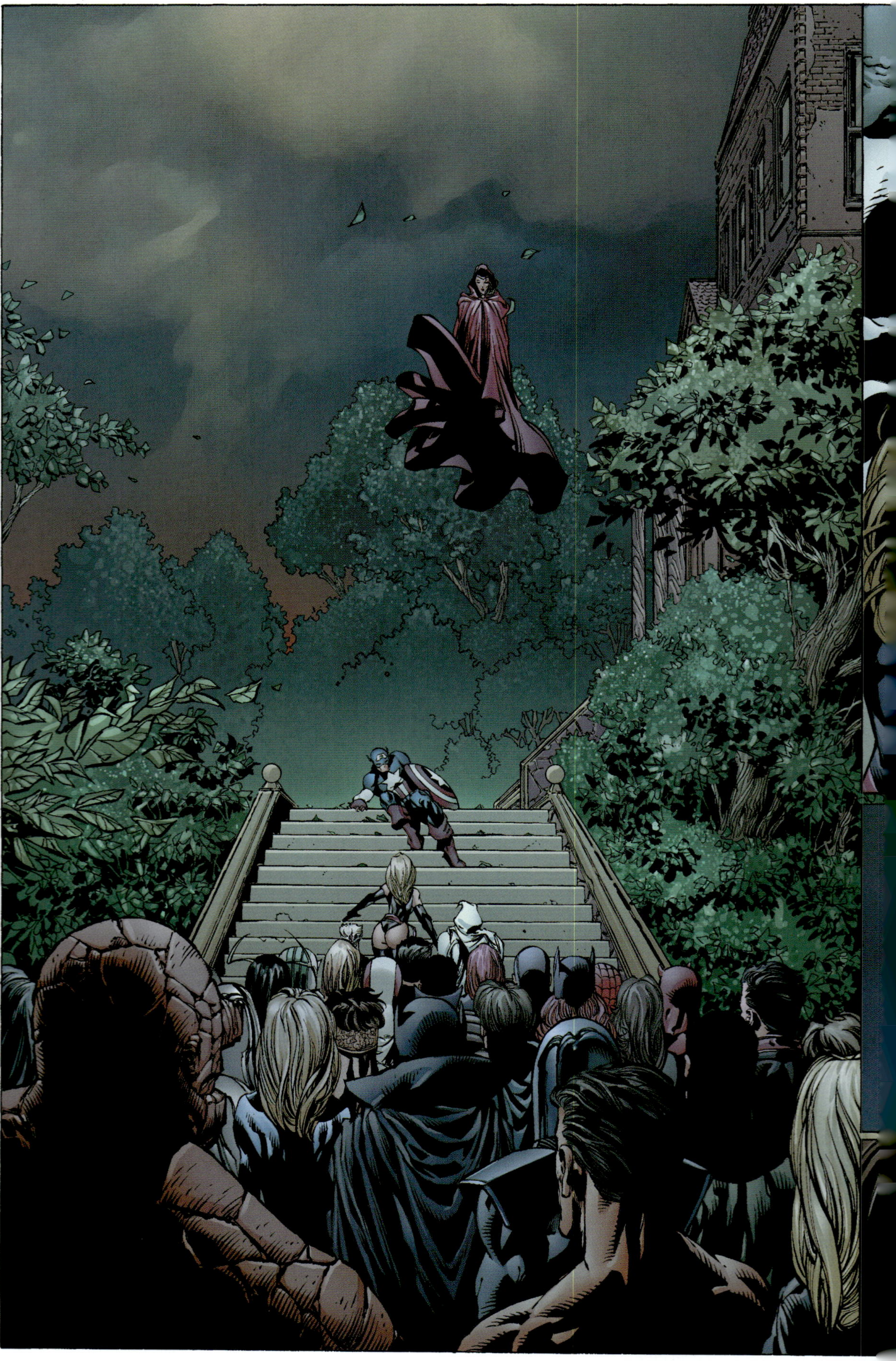

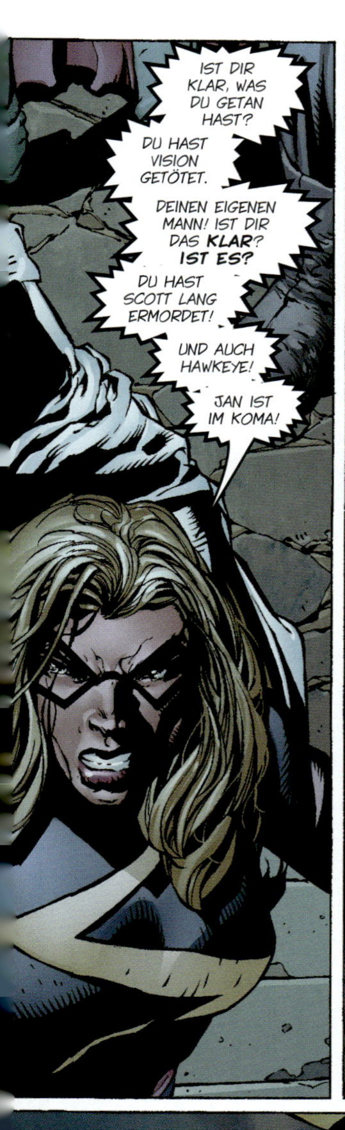
IST DIR KLAR, WAS DU GETAN HAST?
DU HAST VISION GETÖTET.
DEINEN EIGENEN MANN! IST DIR DAS **KLAR**? **IST ES?**
DU HAST SCOTT LANG ERMORDET!
UND AUCH HAWKEYE!
JAN IST IM KOMA!
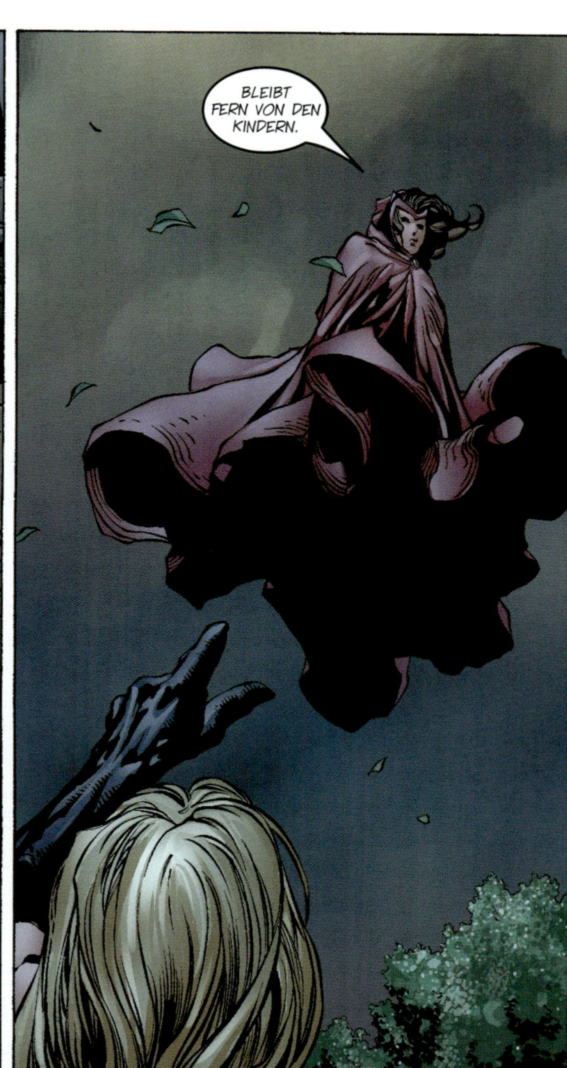
BLEIBT FERN VON DEN KINDERN.
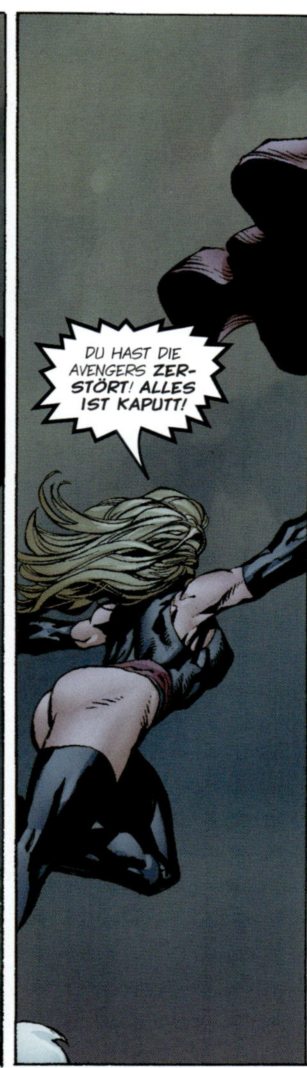
DU HAST DIE AVENGERS **ZERSTÖRT**! **ALLES IST KAPUTT**!
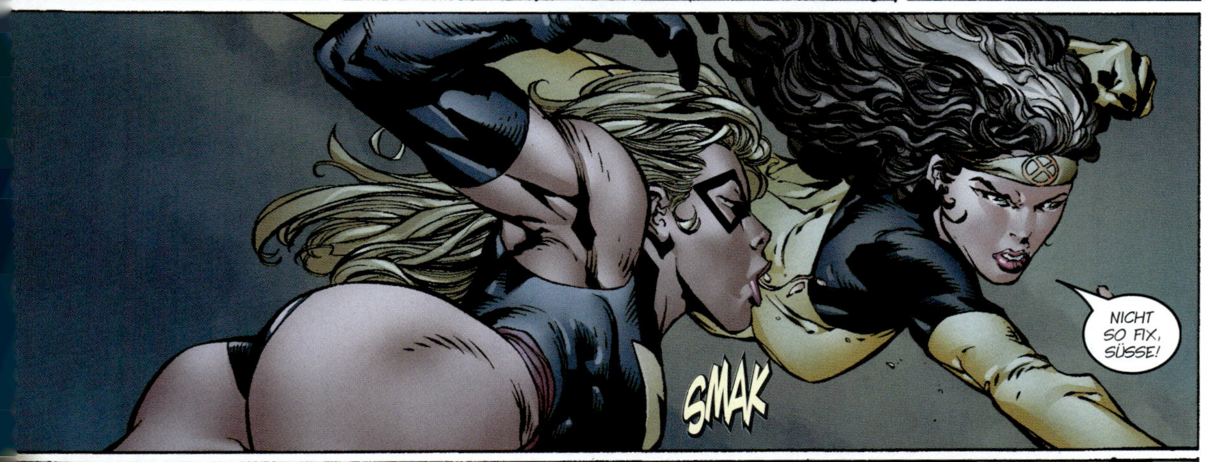
NICHT SO FIX, SÜSSE!
SMAK
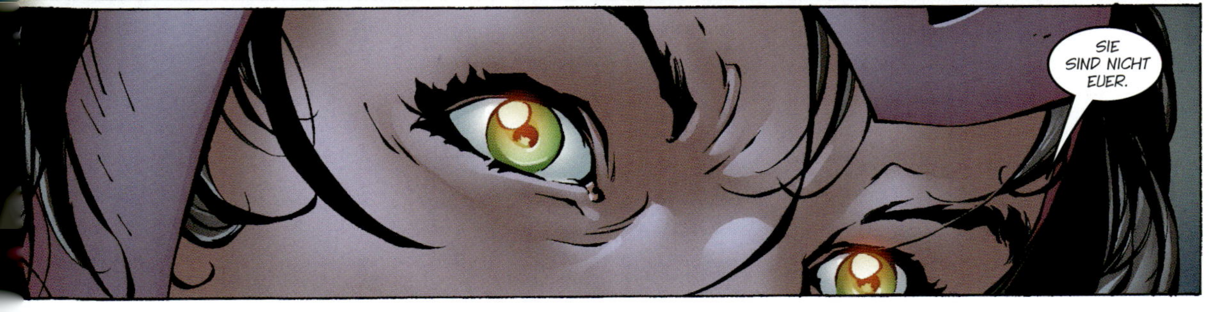
SIE SIND NICHT EUER.

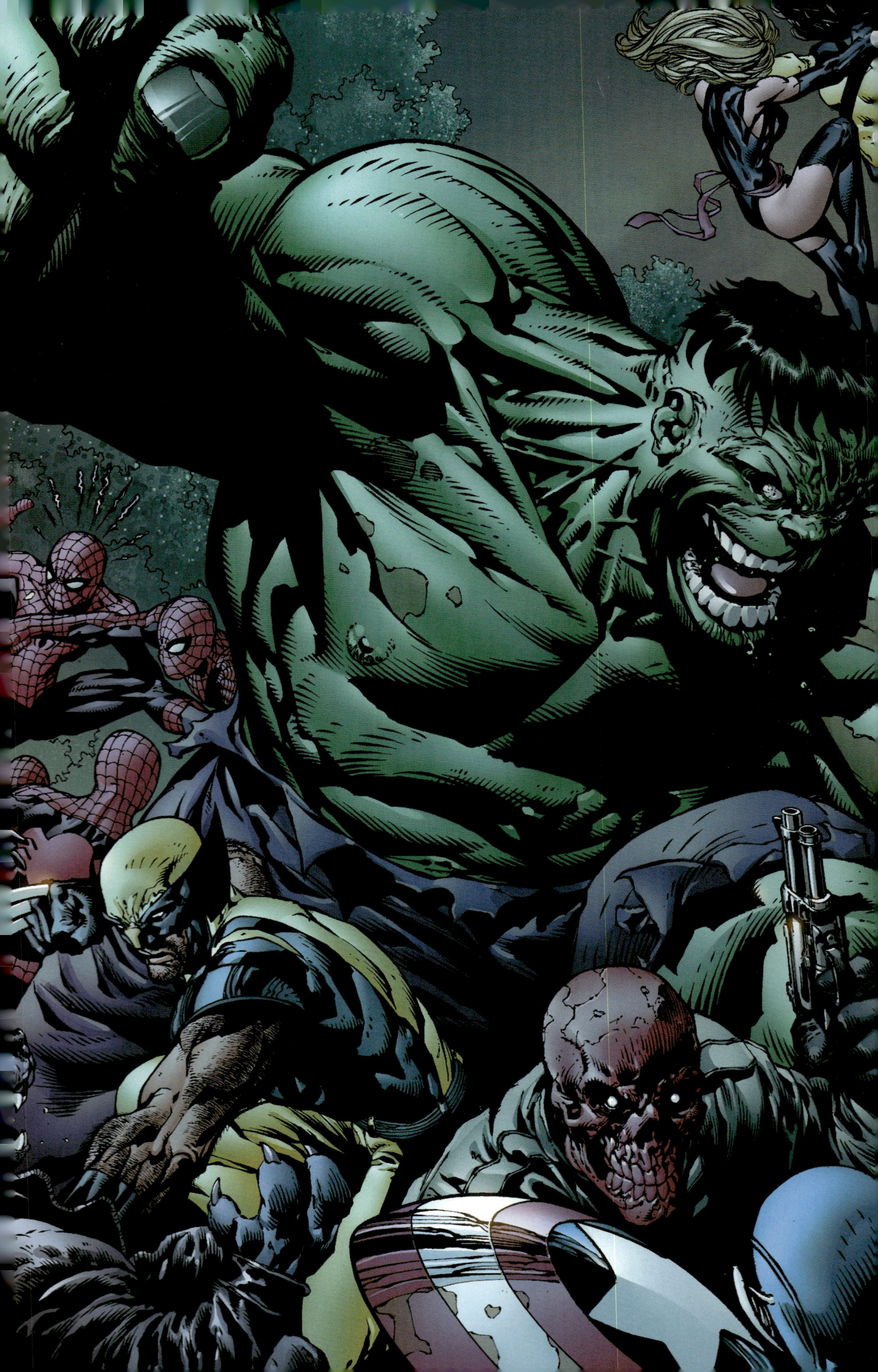

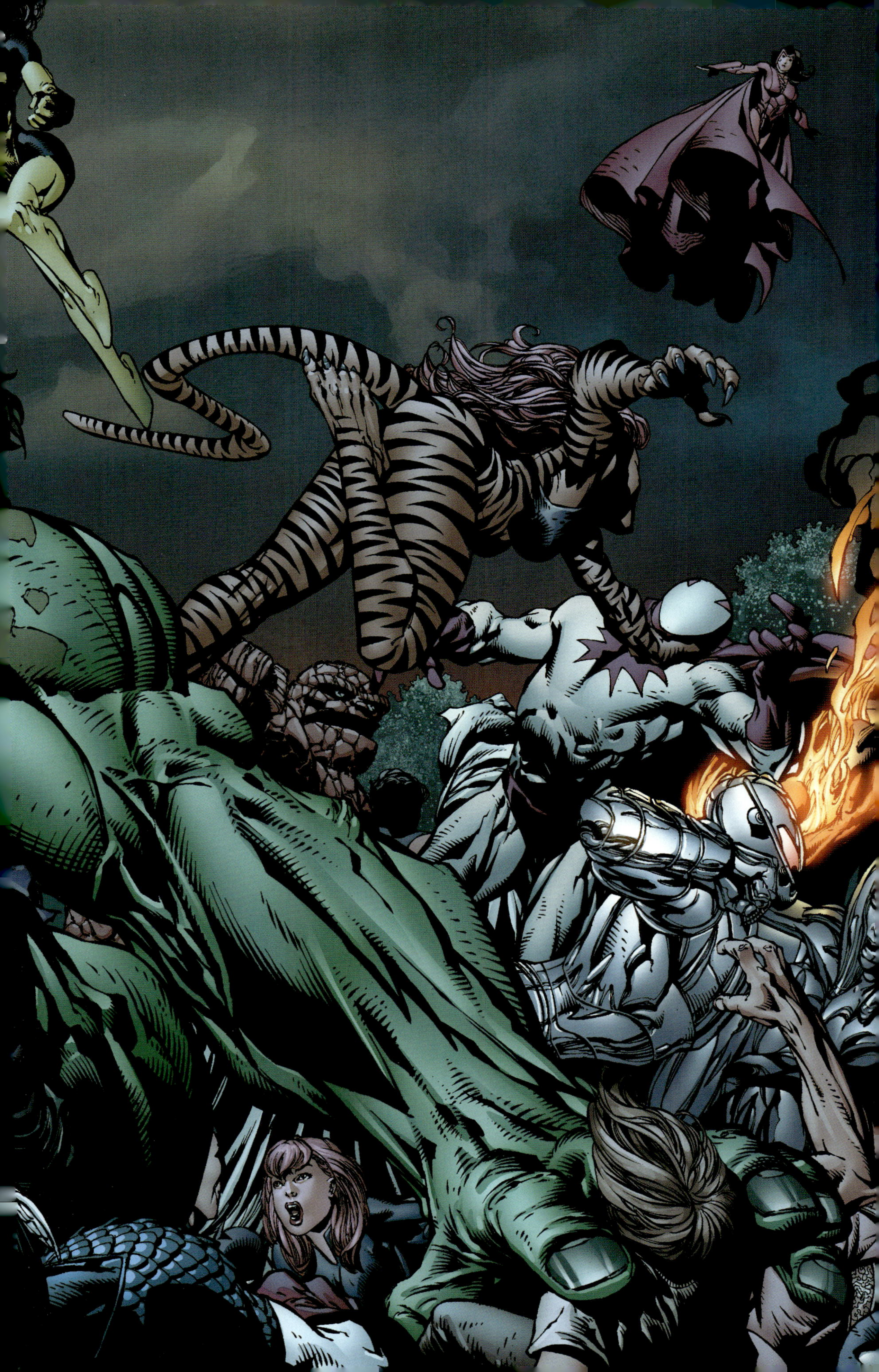

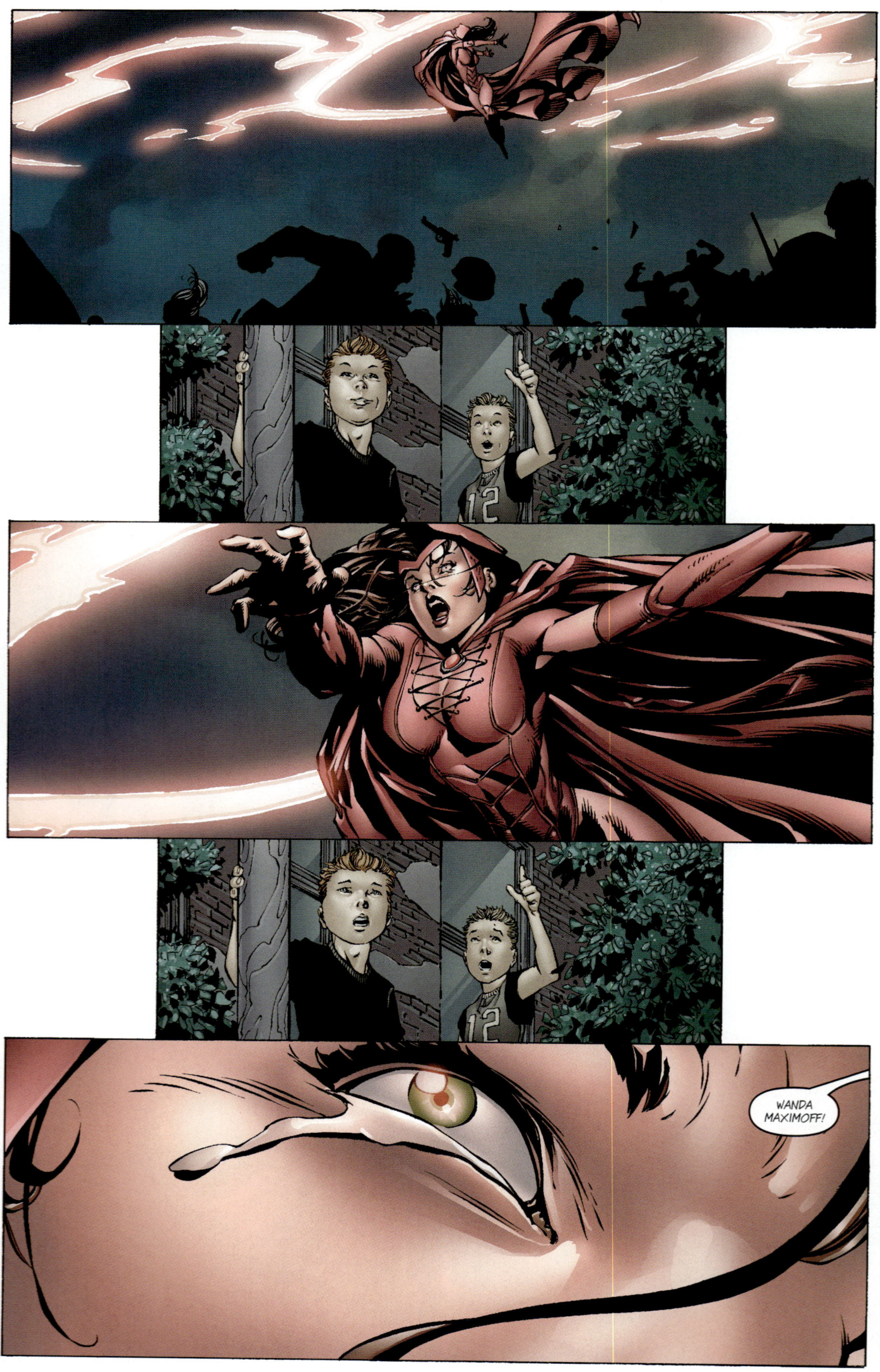
WANDA
MAXIMOFF!

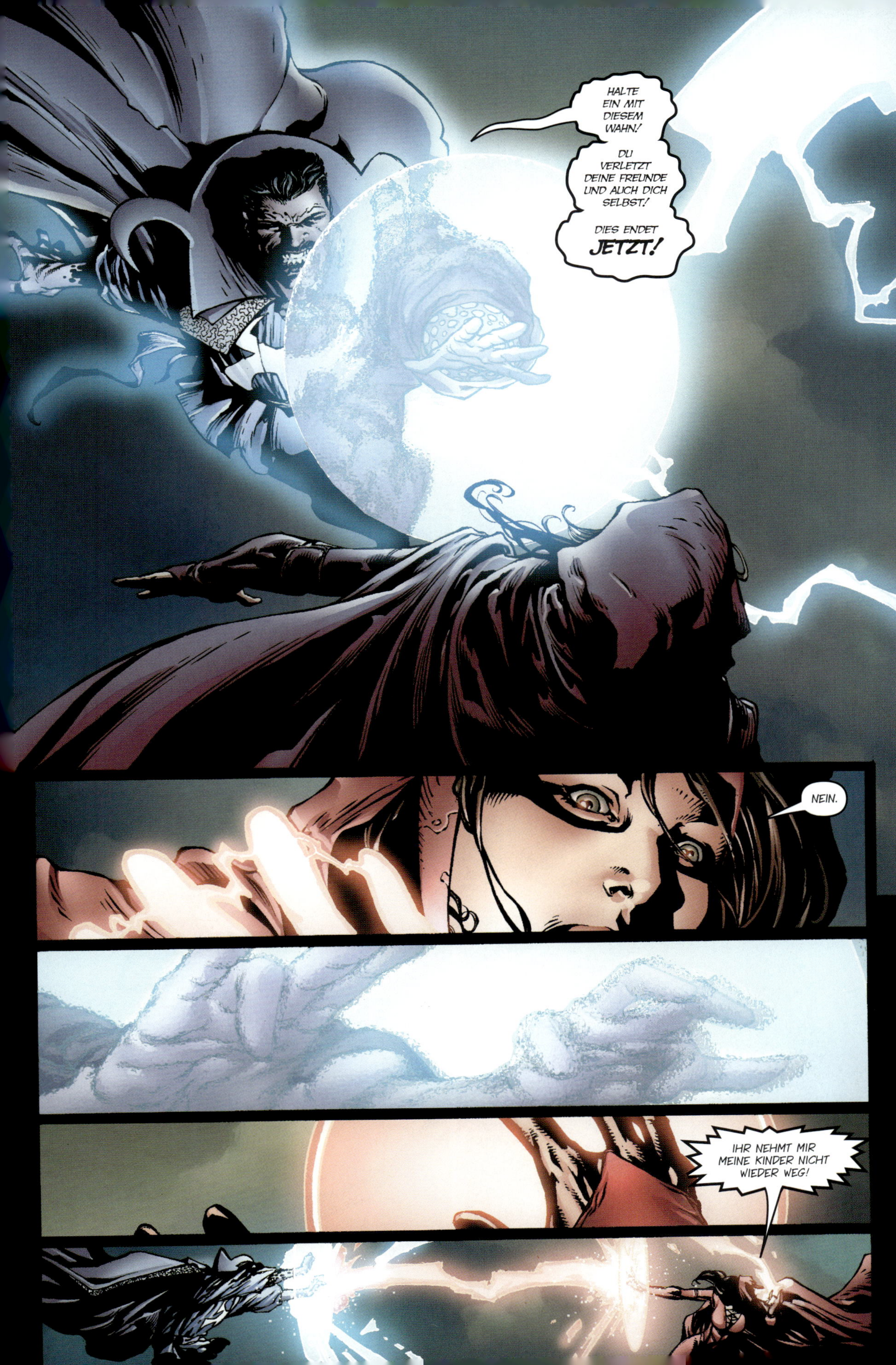
HALTE EIN MIT DIESEM WAHN!
DU VERLETZT DEINE FREUNDE UND AUCH DICH SELBST!
DIES ENDET JETZT!
NEIN.
IHR NEHMT MIR MEINE KINDER NICHT WIEDER WEG!

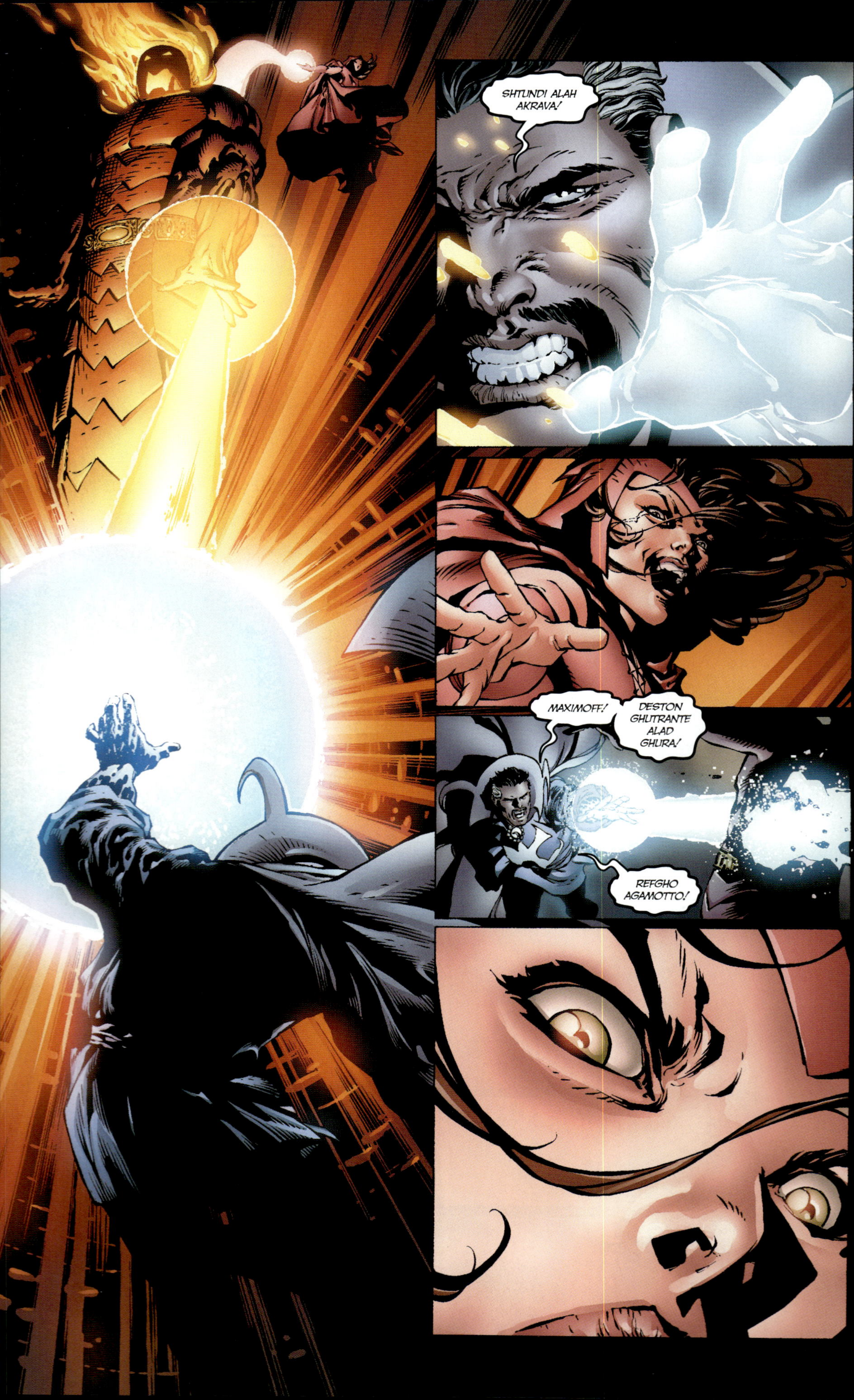
SHTUNDI ALAH AKRAVA!
MAXIMOFF!
DESTON GHUTRANTE ALAD GHURA!
REFGHO AGAMOTTO!

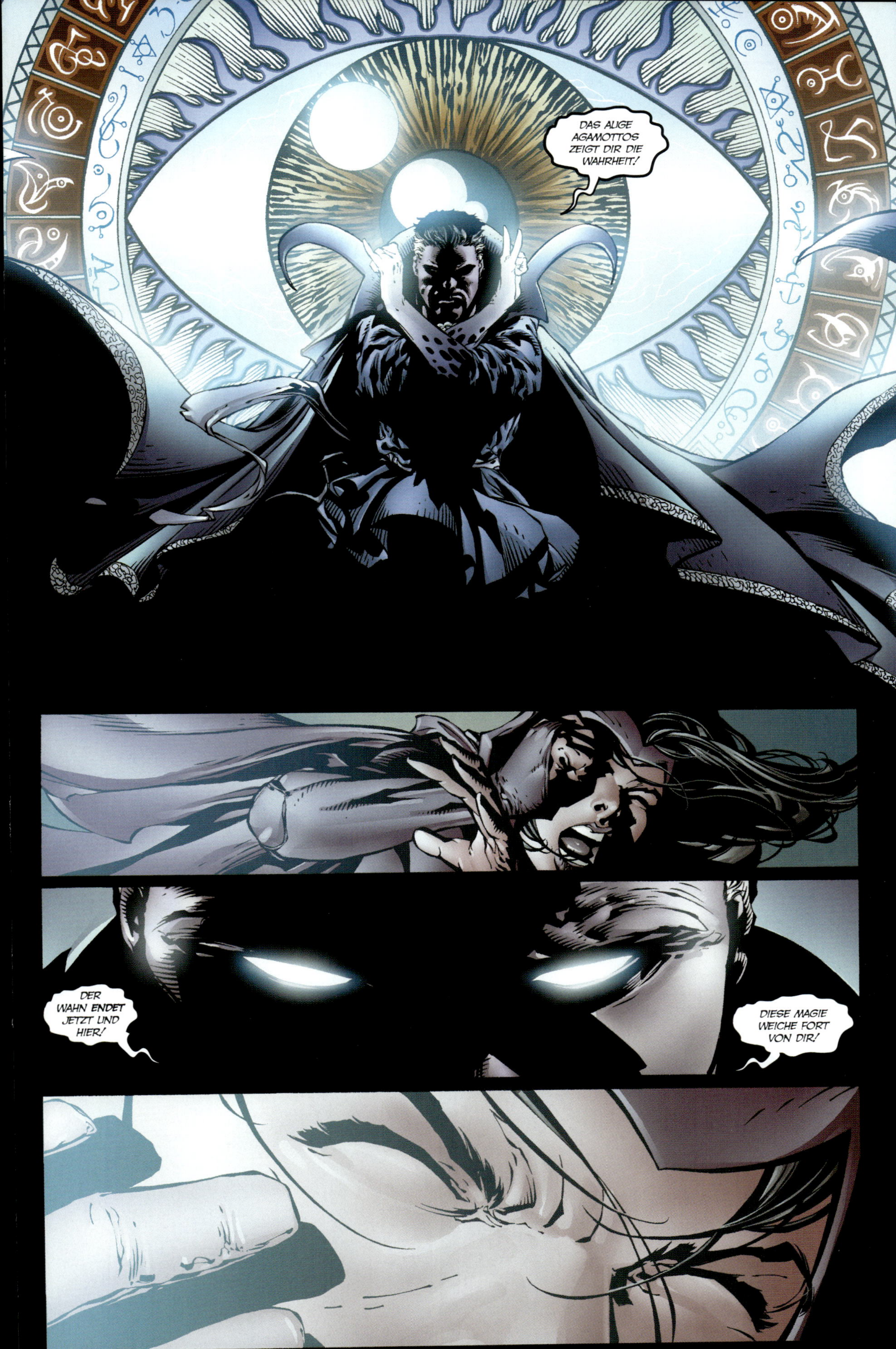
DAS AUGE AGAMOTTOS ZEIGT DIR DIE WAHRHEIT!
DER WAHN ENDET JETZT UND HIER!
DIESE MAGIE WEICHE FORT VON DIR!

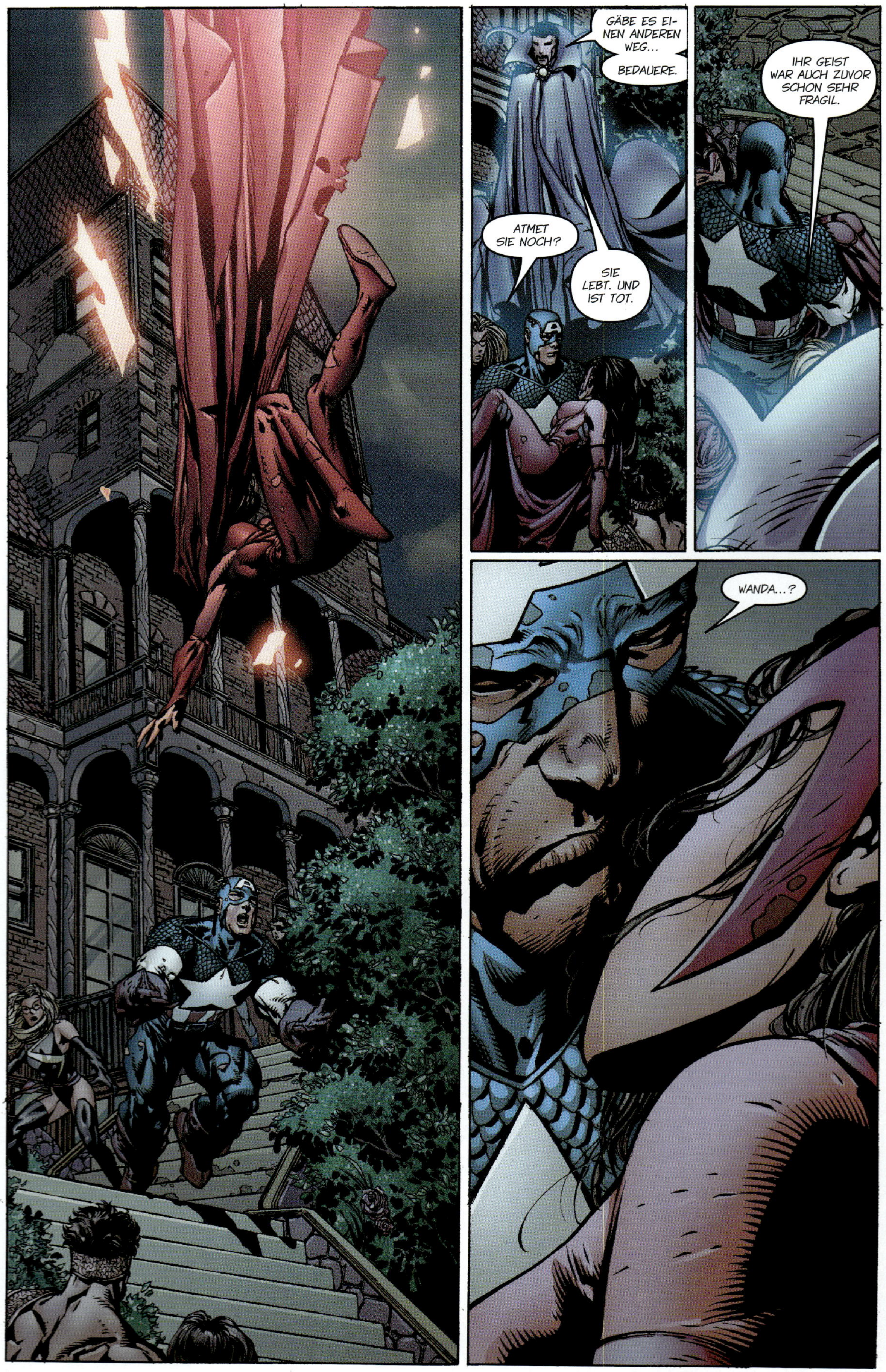

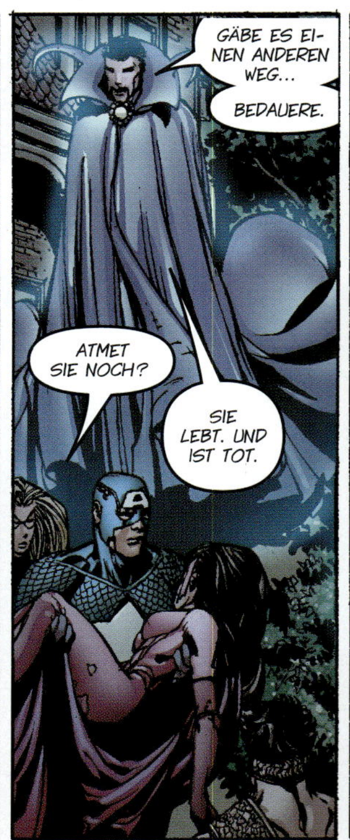
GÄBE ES EINEN ANDEREN WEG...
BEDAUERE.
ATMET SIE NOCH?
SIE LEBT. UND IST TOT.

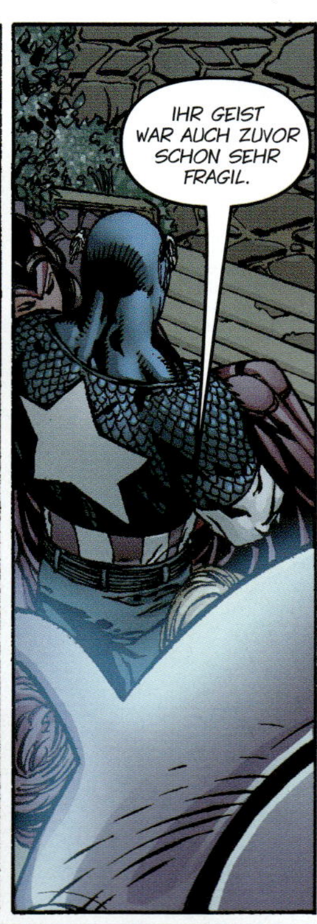
IHR GEIST WAR AUCH ZUVOR SCHON SEHR FRAGIL.

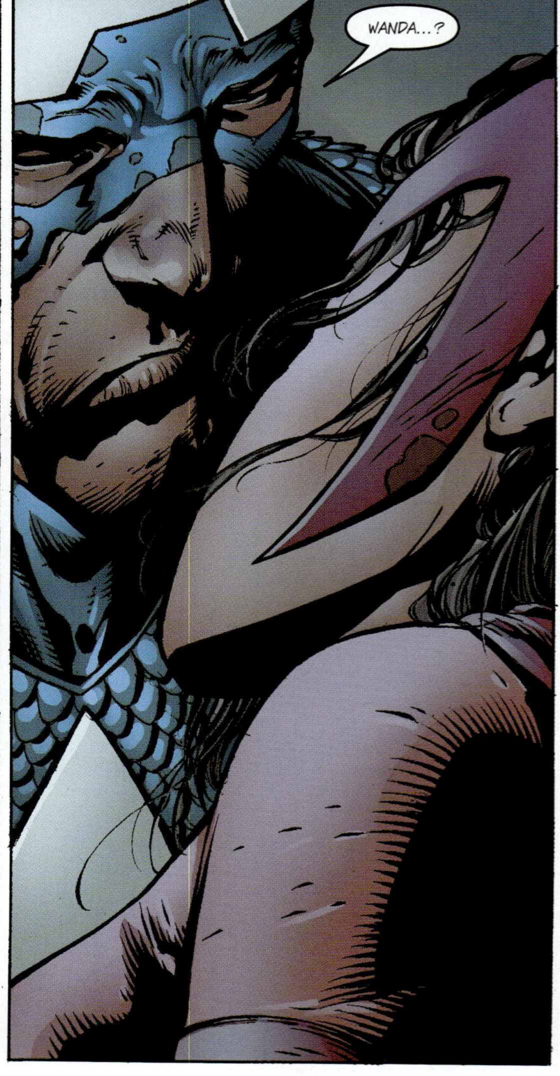
WANDA...?

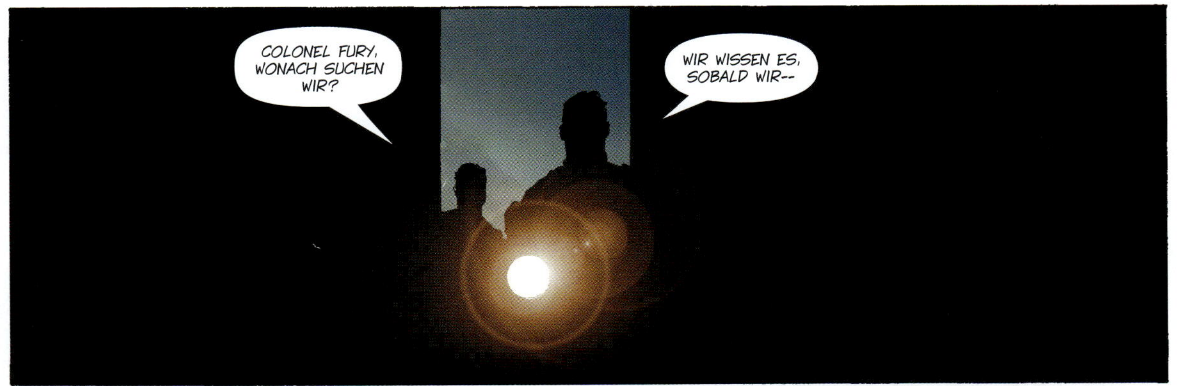
COLONEL FURY, WONACH SUCHEN WIR?
WIR WISSEN ES, SOBALD WIR--

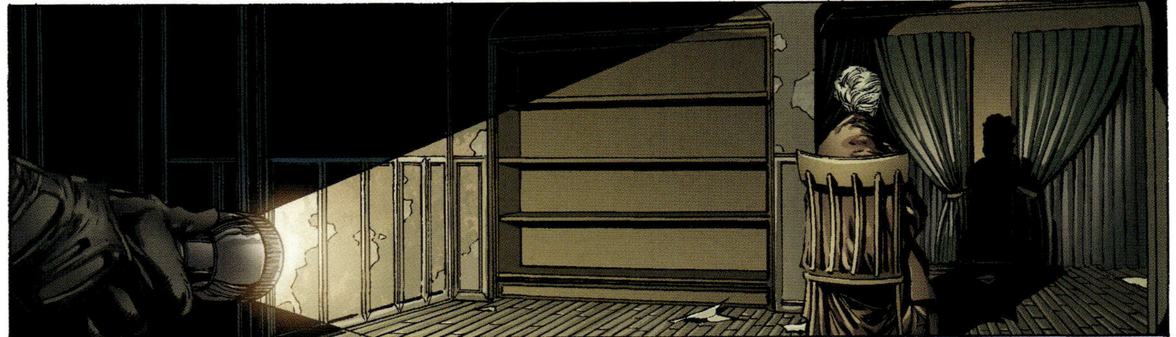

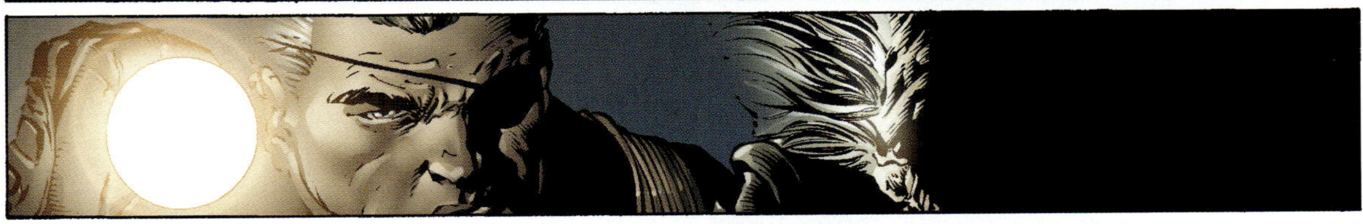

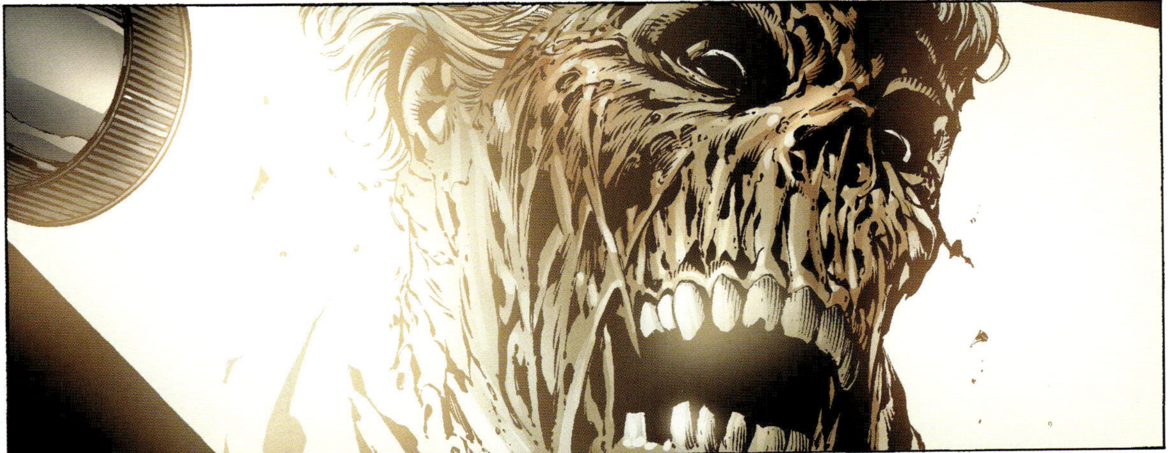

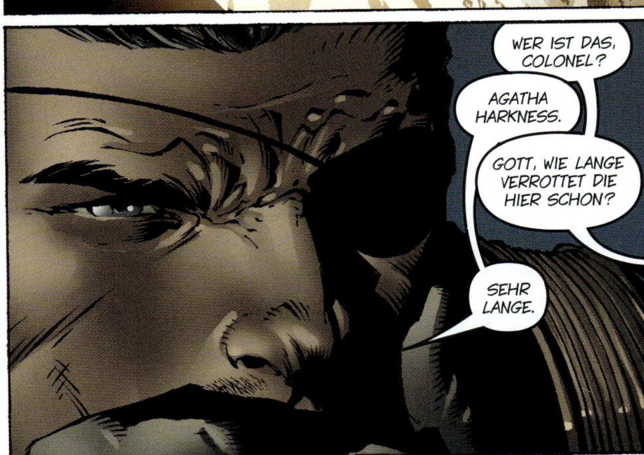
WER IST DAS, COLONEL?
AGATHA HARKNESS.
GOTT, WIE LANGE VERROTTET DIE HIER SCHON?
SEHR LANGE.

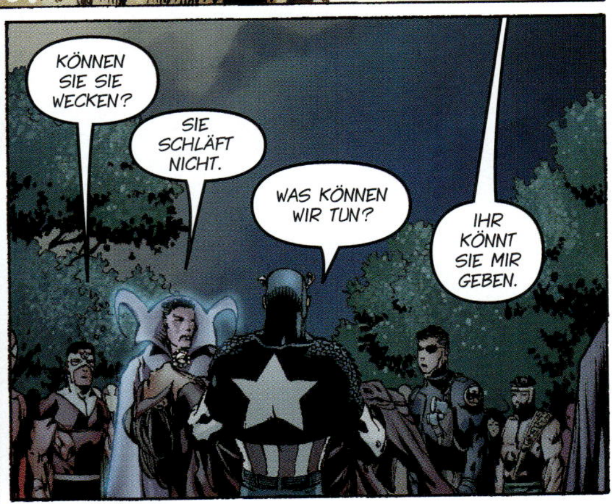
KÖNNEN SIE SIE WECKEN?
SIE SCHLÄFT NICHT.
WAS KÖNNEN WIR TUN?
IHR KÖNNT SIE MIR GEBEN.

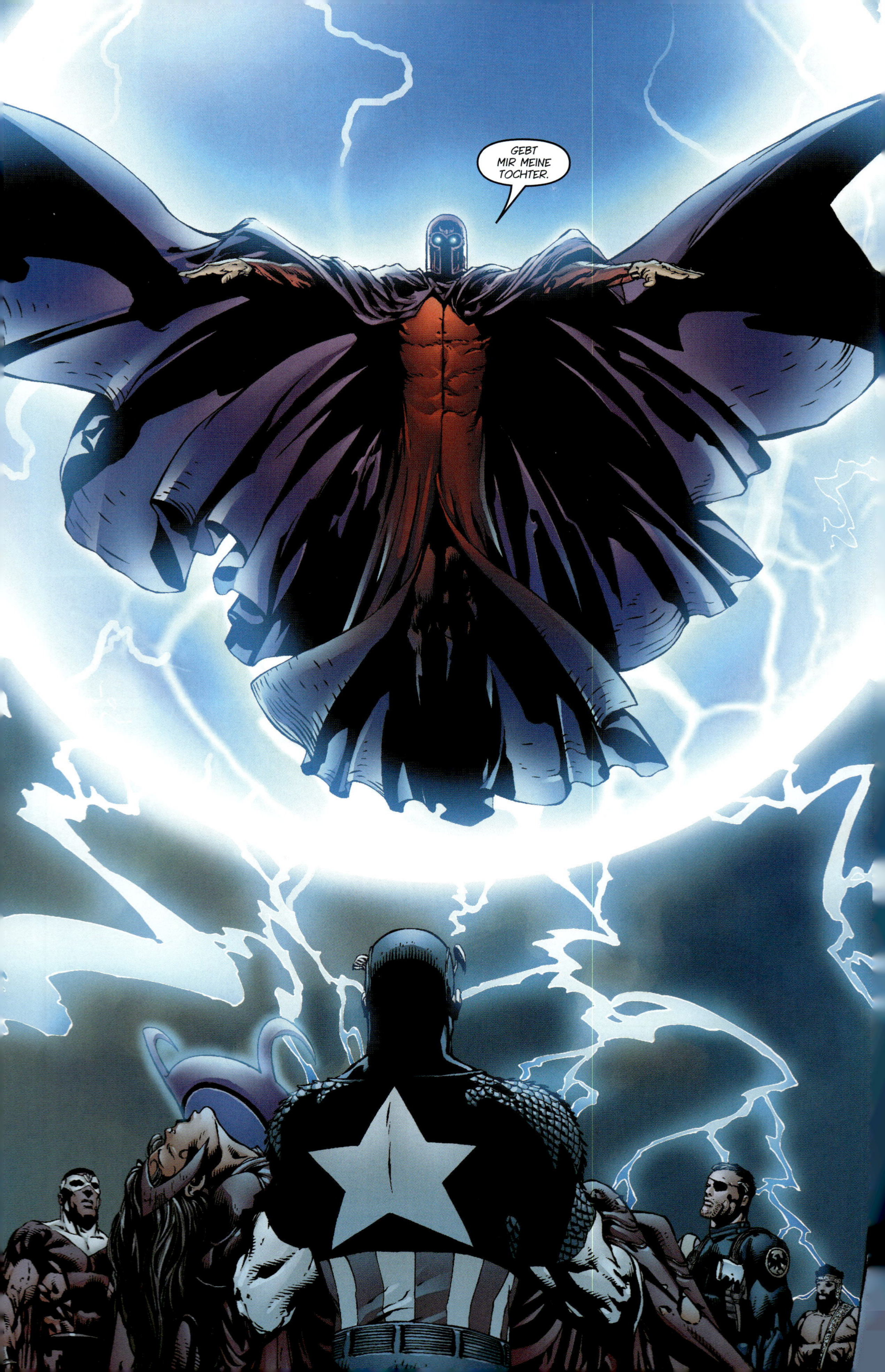
GEBT MIR MEINE TOCHTER.

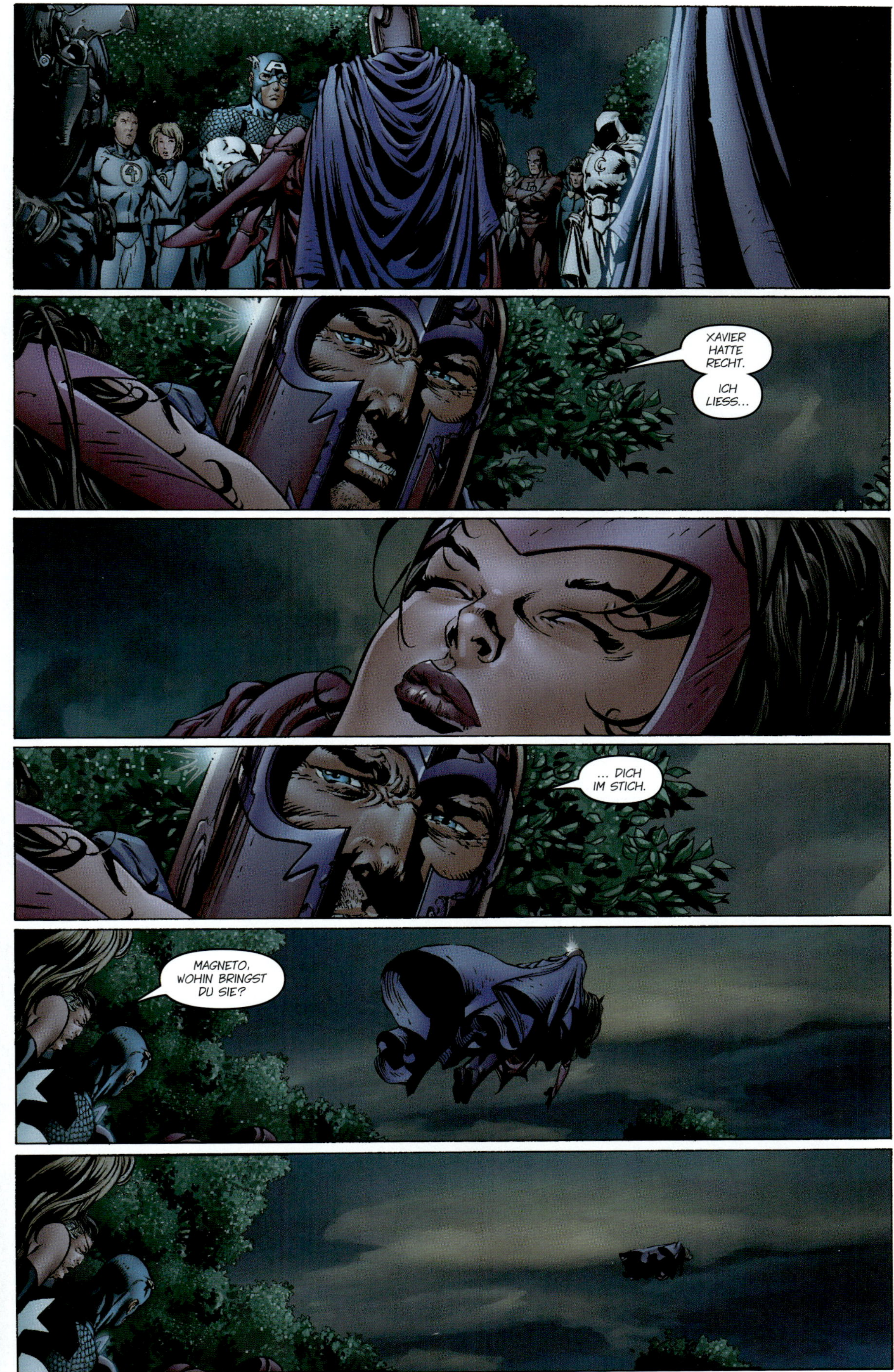
XAVIER HATTE RECHT.
ICH LIESS...
... DICH IM STICH.
MAGNETO, WOHIN BRINGST DU SIE?

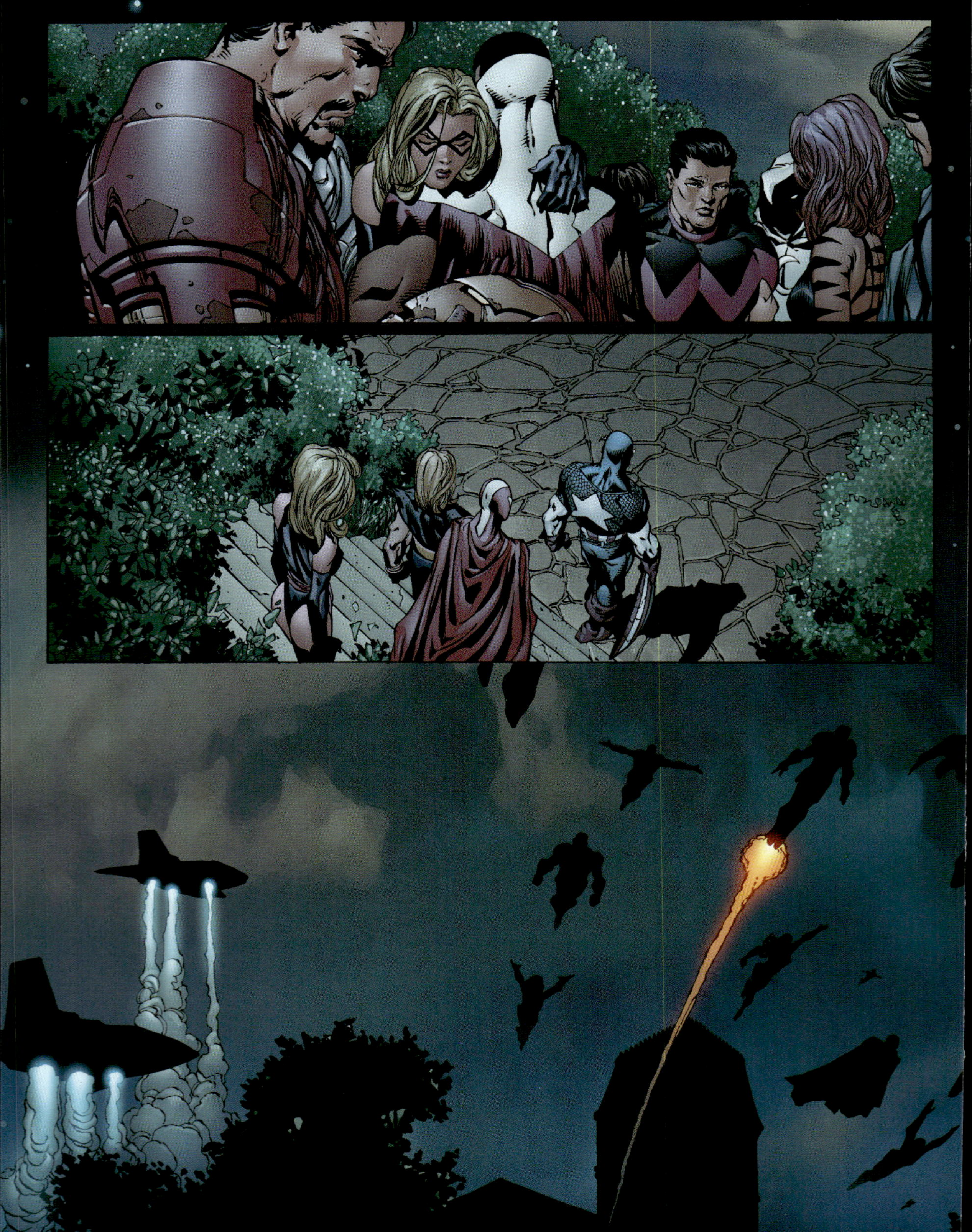

DAMALS

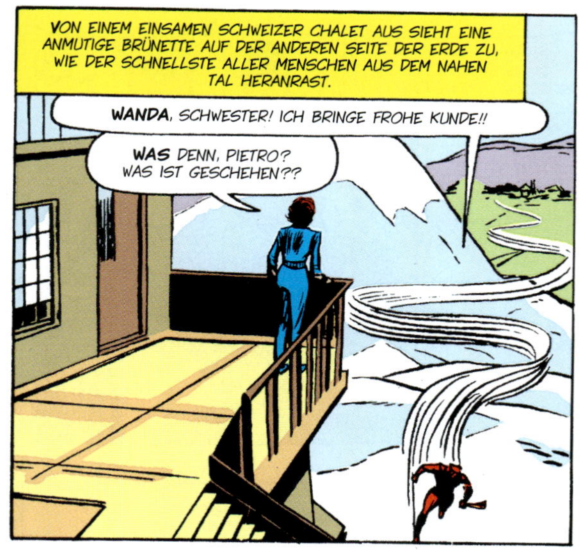

VON EINEM EINSAMEN SCHWEIZER CHALET AUS SIEHT EINE ANMUTIGE BRÜNETTE AUF DER ANDEREN SEITE DER ERDE ZU, WIE DER SCHNELLSTE ALLER MENSCHEN AUS DEM NAHEN TAL HERANRAST.
WANDA, SCHWESTER! ICH BRINGE FROHE KUNDE!!
WAS DENN, PIETRO? WAS IST GESCHEHEN??

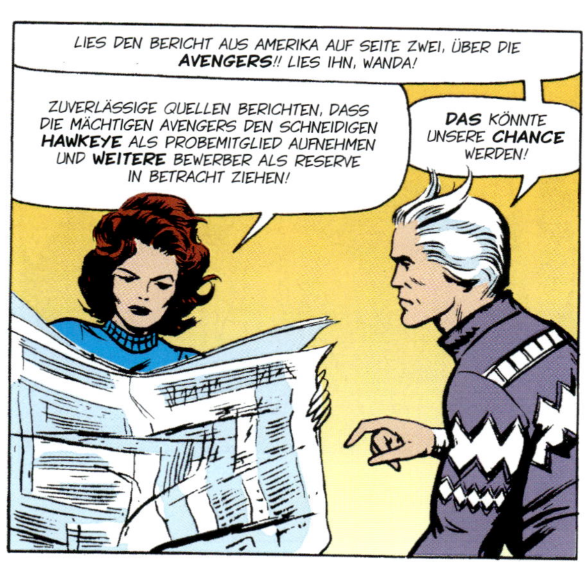

LIES DEN BERICHT AUS AMERIKA AUF SEITE ZWEI, ÜBER DIE AVENGERS!! LIES IHN, WANDA!
ZUVERLÄSSIGE QUELLEN BERICHTEN, DASS DIE MÄCHTIGEN AVENGERS DEN SCHNEIDIGEN HAWKEYE ALS PROBEMITGLIED AUFNEHMEN UND WEITERE BEWERBER ALS RESERVE IN BETRACHT ZIEHEN!
DAS KÖNNTE UNSERE CHANCE WERDEN!

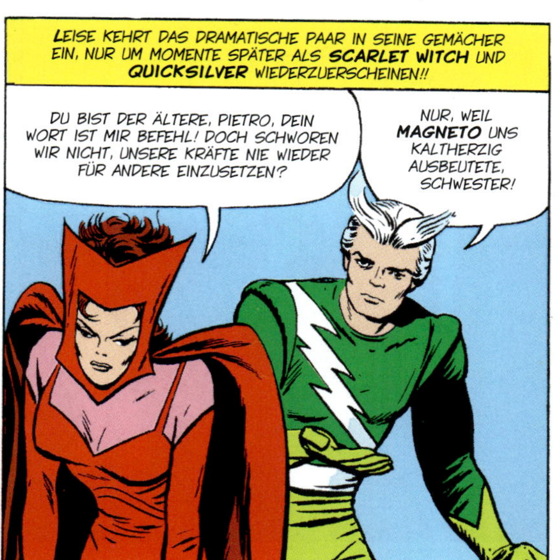

LEISE KEHRT DAS DRAMATISCHE PAAR IN SEINE GEMÄCHER EIN, NUR UM MOMENTE SPÄTER ALS SCARLET WITCH UND QUICKSILVER WIEDERZUERSCHEINEN!!
DU BIST DER ÄLTERE, PIETRO, DEIN WORT IST MIR BEFEHL! DOCH SCHWOREN WIR NICHT, UNSERE KRÄFTE NIE WIEDER FÜR ANDERE EINZUSETZEN?
NUR, WEIL MAGNETO UNS KALTHERZIG AUSBEUTETE, SCHWESTER!

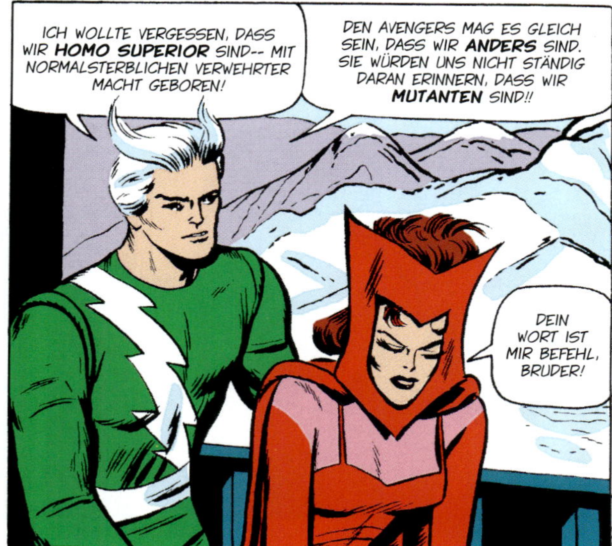

ICH WOLLTE VERGESSEN, DASS WIR HOMO SUPERIOR SIND-- MIT NORMALSTERBLICHEN VERWEHRTER MACHT GEBOREN!
DEN AVENGERS MAG ES GLEICH SEIN, DASS WIR ANDERS SIND. SIE WÜRDEN UNS NICHT STÄNDIG DARAN ERINNERN, DASS WIR MUTANTEN SIND!!
DEIN WORT IST MIR BEFEHL, BRUDER!

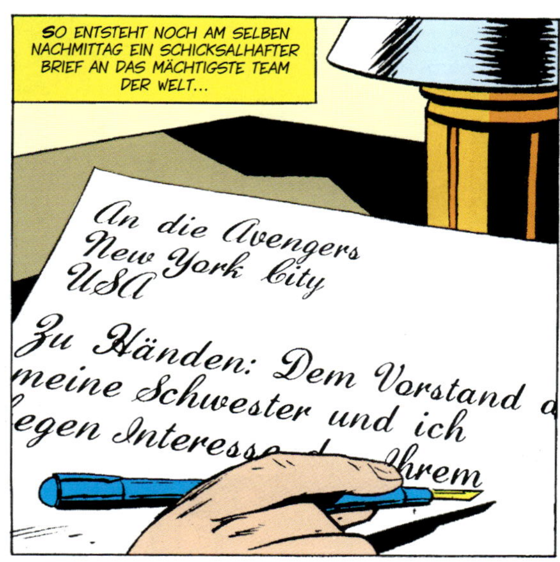

SO ENTSTEHT NOCH AM SELBEN NACHMITTAG EIN SCHICKSALHAFTER BRIEF AN DAS MÄCHTIGSTE TEAM DER WELT...
An die Avengers
New York City
USA
Zu Händen: Dem Vorstand
meine Schwester und ich

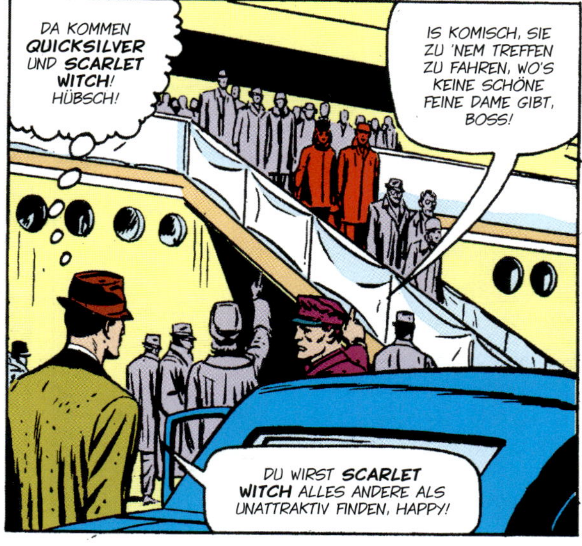

DA KOMMEN QUICKSILVER UND SCARLET WITCH! HÜBSCH!
IS KOMISCH, SIE ZU 'NEM TREFFEN ZU FAHREN, WO'S KEINE SCHÖNE FEINE DAME GIBT, BOSS!
DU WIRST SCARLET WITCH ALLES ANDERE ALS UNATTRAKTIV FINDEN, HAPPY!

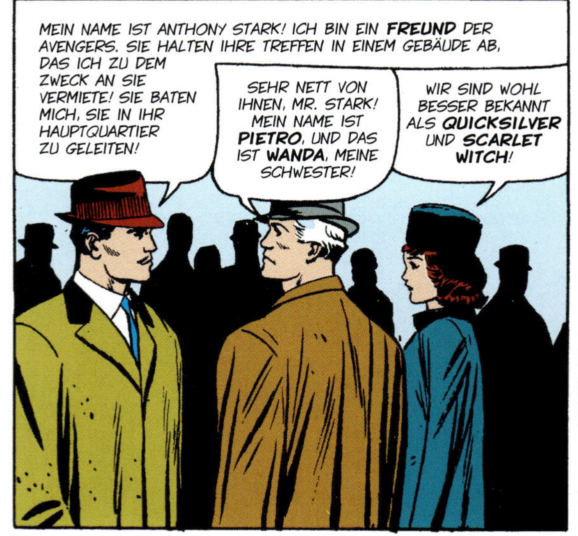
MEIN NAME IST ANTHONY STARK! ICH BIN EIN FREUND DER AVENGERS. SIE HALTEN IHRE TREFFEN IN EINEM GEBÄUDE AB, DAS ICH ZU DEM ZWECK AN SIE VERMIETE! SIE BATEN MICH, SIE IN IHR HAUPTQUARTIER ZU GELEITEN!
SEHR NETT VON IHNEN, MR. STARK! MEIN NAME IST PIETRO, UND DAS IST WANDA, MEINE SCHWESTER!
WIR SIND WOHL BESSER BEKANNT ALS QUICKSILVER UND SCARLET WITCH!

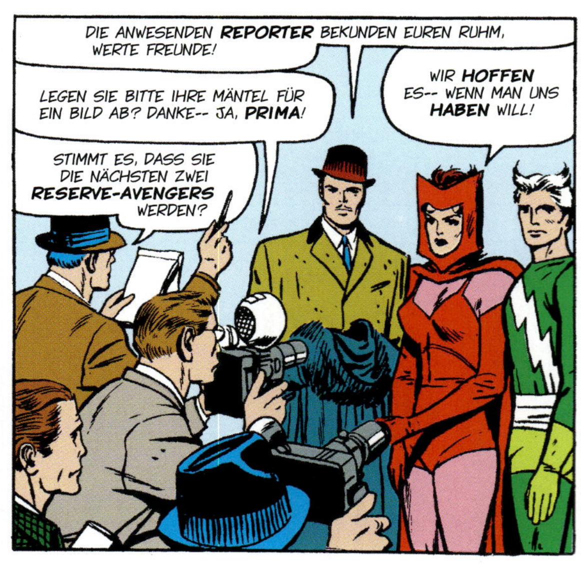
DIE ANWESENDEN REPORTER BEKUNDEN EUREN RUHM, WERTE FREUNDE!
LEGEN SIE BITTE IHRE MÄNTEL FÜR EIN BILD AB? DANKE-- JA, PRIMA!
WIR HOFFEN ES-- WENN MAN UNS HABEN WILL!
STIMMT ES, DASS SIE DIE NÄCHSTEN ZWEI RESERVE-AVENGERS WERDEN?

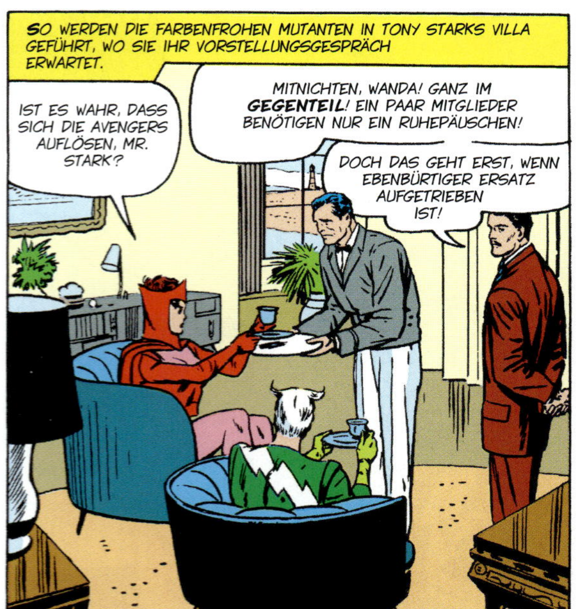
SO WERDEN DIE FARBENFROHEN MUTANTEN IN TONY STARKS VILLA GEFÜHRT, WO SIE IHR VORSTELLUNGSGESPRÄCH ERWARTET.
IST ES WAHR, DASS SICH DIE AVENGERS AUFLÖSEN, MR. STARK?
MITNICHTEN, WANDA! GANZ IM GEGENTEIL! EIN PAAR MITGLIEDER BENÖTIGEN NUR EIN RUHEPÄUSCHEN!
DOCH DAS GEHT ERST, WENN EBENBÜRTIGER ERSATZ AUFGETRIEBEN IST!

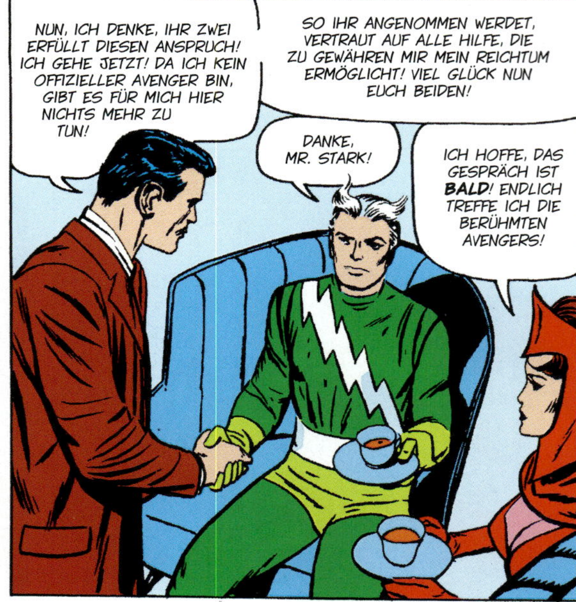
NUN, ICH DENKE, IHR ZWEI ERFÜLLT DIESEN ANSPRUCH! ICH GEHE JETZT! DA ICH KEIN OFFIZIELLER AVENGER BIN, GIBT ES FÜR MICH HIER NICHTS MEHR ZU TUN!
SO IHR ANGENOMMEN WERDET, VERTRAUT AUF ALLE HILFE, DIE ZU GEWÄHREN MIR MEIN REICHTUM ERMÖGLICHT! VIEL GLÜCK NUN EUCH BEIDEN!
DANKE, MR. STARK!
ICH HOFFE, DAS GESPRÄCH IST BALD! ENDLICH TREFFE ICH DIE BERÜHMTEN AVENGERS!

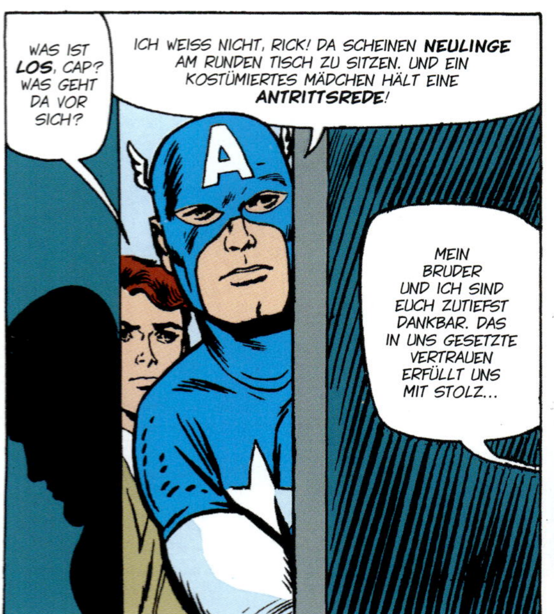
WAS IST LOS, CAP? WAS GEHT DA VOR SICH?
ICH WEISS NICHT, RICK! DA SCHEINEN NEULINGE AM RUNDEN TISCH ZU SITZEN. UND EIN KOSTÜMIERTES MÄDCHEN HÄLT EINE ANTRITTSREDE!
MEIN BRUDER UND ICH SIND EUCH ZUTIEFST DANKBAR. DAS IN UNS GESETZTE VERTRAUEN ERFÜLLT UNS MIT STOLZ...

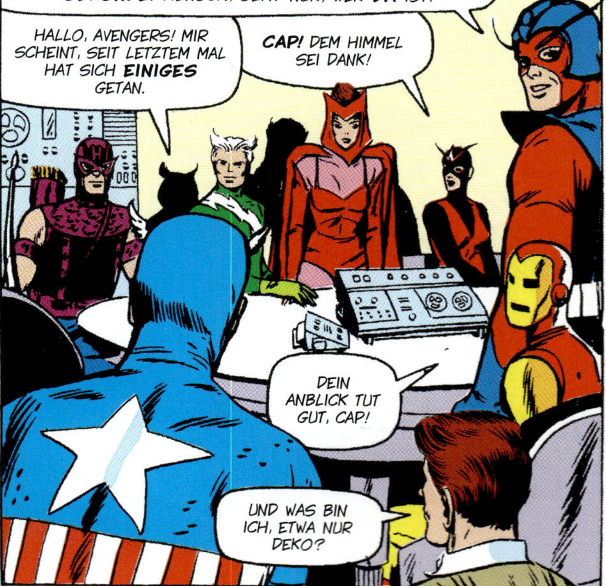
SEKUNDE! MENSCH, SEHT NUR, WER DA IST!
HALLO, AVENGERS! MIR SCHEINT, SEIT LETZTEM MAL HAT SICH EINIGES GETAN.
CAP! DEM HIMMEL SEI DANK!
DEIN ANBLICK TUT GUT, CAP!
UND WAS BIN ICH, ETWA NUR DEKO?

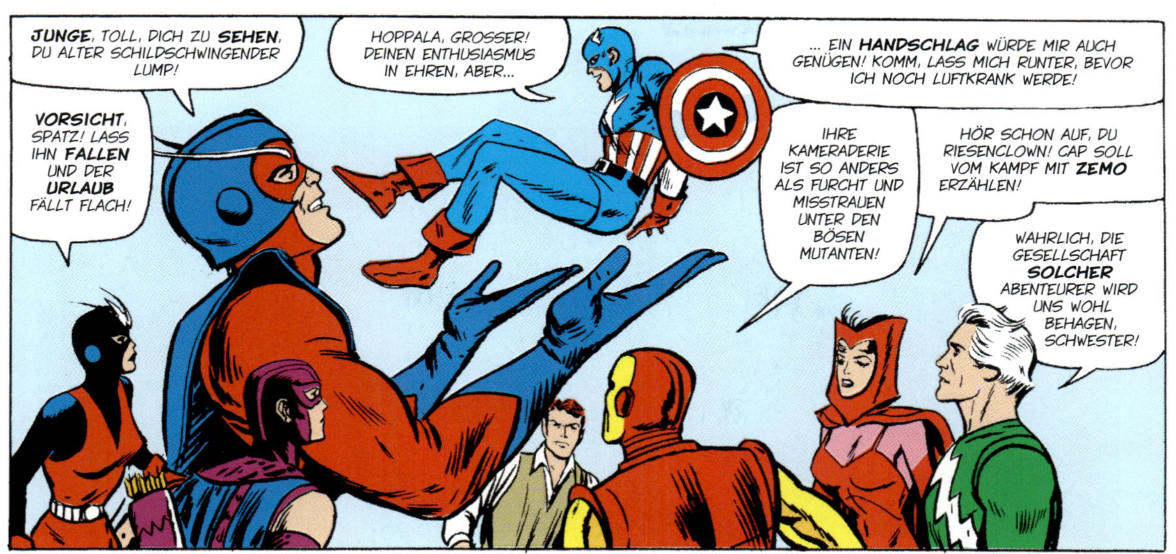
JUNGE, TOLL, DICH ZU SEHEN, DU ALTER SCHILDSCHWINGENDER LUMP!
VORSICHT, SPATZ! LASS IHN FALLEN UND DER URLAUB FÄLLT FLACH!
HOPPALA, GROSSER! DEINEN ENTHUSIASMUS IN EHREN, ABER...
... EIN HANDSCHLAG WÜRDE MIR AUCH GENÜGEN! KOMM, LASS MICH RUNTER, BEVOR ICH NOCH LUFTKRANK WERDE!
IHRE KAMERADERIE IST SO ANDERS ALS FURCHT UND MISSTRAUEN UNTER DEN BÖSEN MUTANTEN!
HÖR SCHON AUF, DU RIESENCLOWN! CAP SOLL VOM KAMPF MIT ZEMO ERZÄHLEN!
WAHRLICH, DIE GESELLSCHAFT SOLCHER ABENTEURER WIRD UNS WOHL BEHAGEN, SCHWESTER!

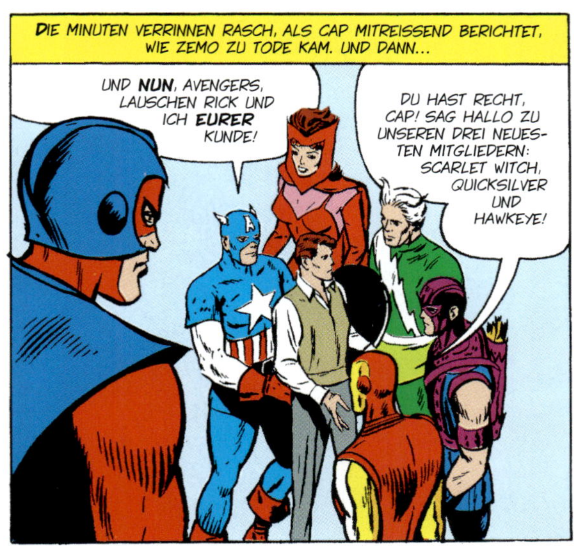
DIE MINUTEN VERRINNEN RASCH, ALS CAP MITREISSEND BERICHTET, WIE ZEMO ZU TODE KAM. UND DANN...
UND NUN, AVENGERS, LAUSCHEN RICK UND ICH EURER KUNDE!
DU HAST RECHT, CAP! SAG HALLO ZU UNSEREN DREI NEUESTEN MITGLIEDERN: SCARLET WITCH, QUICKSILVER UND HAWKEYE!

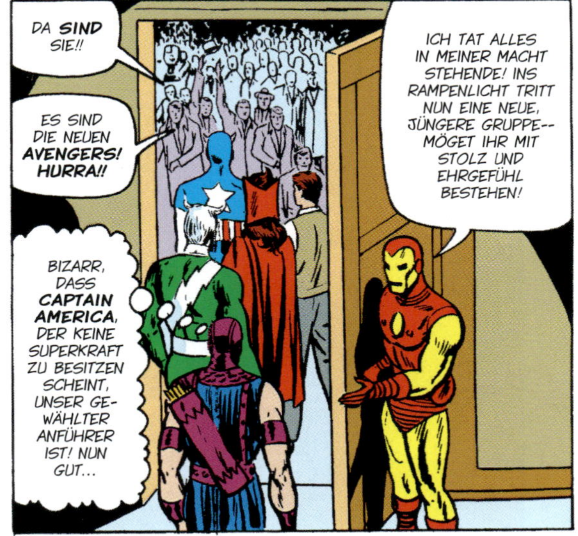
DA SIND SIE!!
ES SIND DIE NEUEN AVENGERS! HURRA!!
ICH TAT ALLES IN MEINER MACHT STEHENDE! INS RAMPENLICHT TRITT NUN EINE NEUE, JÜNGERE GRUPPE-- MÖGET IHR MIT STOLZ UND EHRGEFÜHL BESTEHEN!
BIZARR, DASS CAPTAIN AMERICA, DER KEINE SUPERKRAFT ZU BESITZEN SCHEINT, UNSER GEWÄHLTER ANFÜHRER IST! NUN GUT...

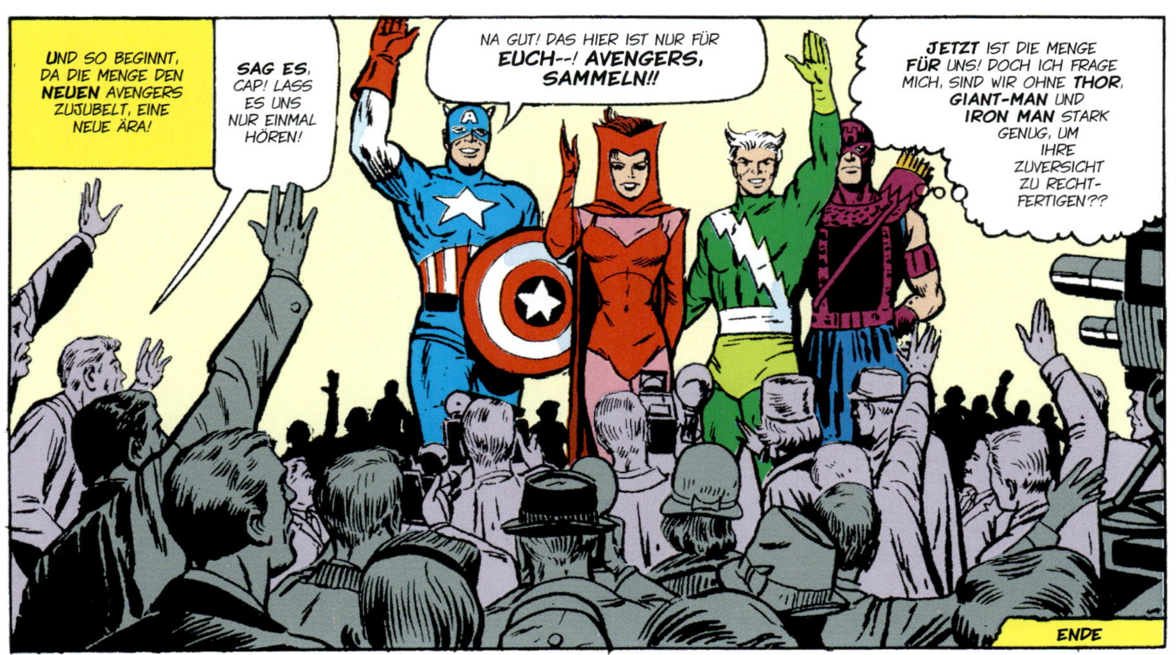
UND SO BEGINNT, DA DIE MENGE DEN NEUEN AVENGERS ZUJUBELT, EINE NEUE ÄRA!
SAG ES, CAP! LASS ES UNS NUR EINMAL HÖREN!
NA GUT! DAS HIER IST NUR FÜR EUCH--! AVENGERS, SAMMELN!!
JETZT IST DIE MENGE FÜR UNS! DOCH ICH FRAGE MICH, SIND WIR OHNE THOR, GIANT-MAN UND IRON MAN STARK GENUG, UM IHRE ZUVERSICHT ZU RECHTFERTIGEN??
ENDE

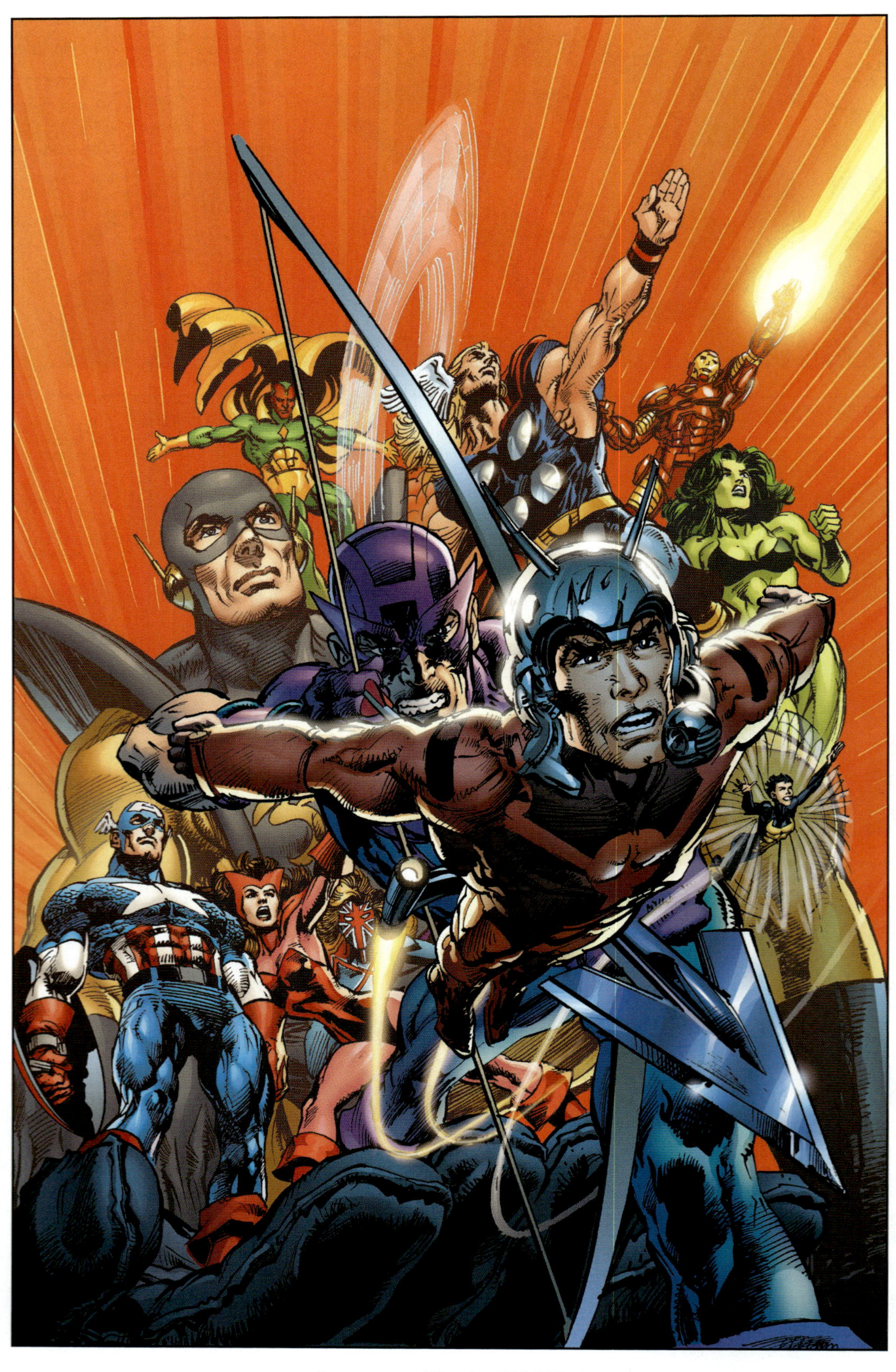

Avengers Finale (2005) 1
Cover von **NEAL ADAMS**

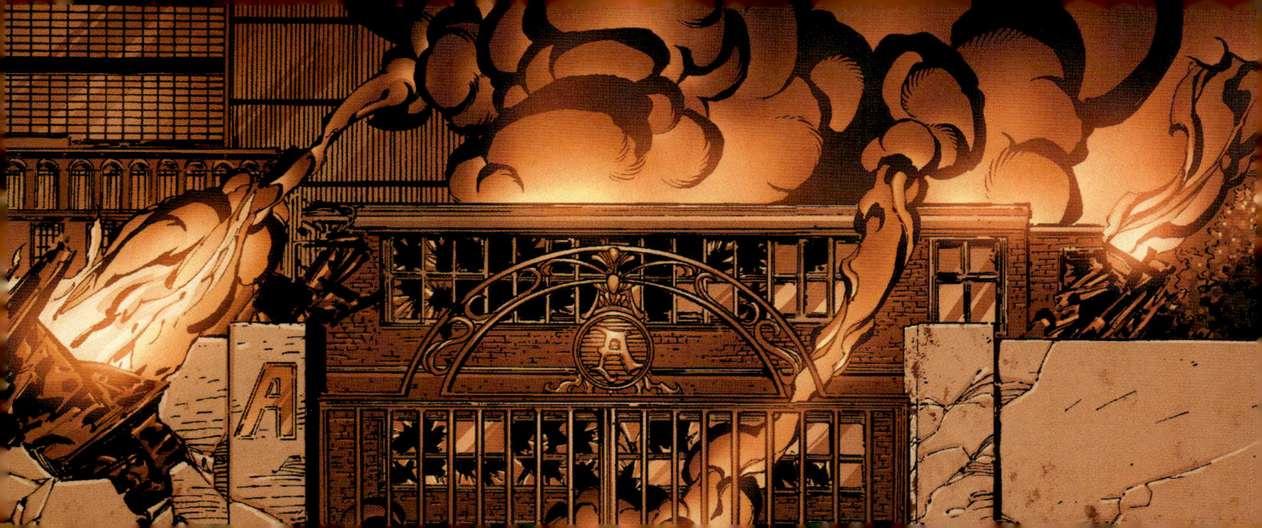

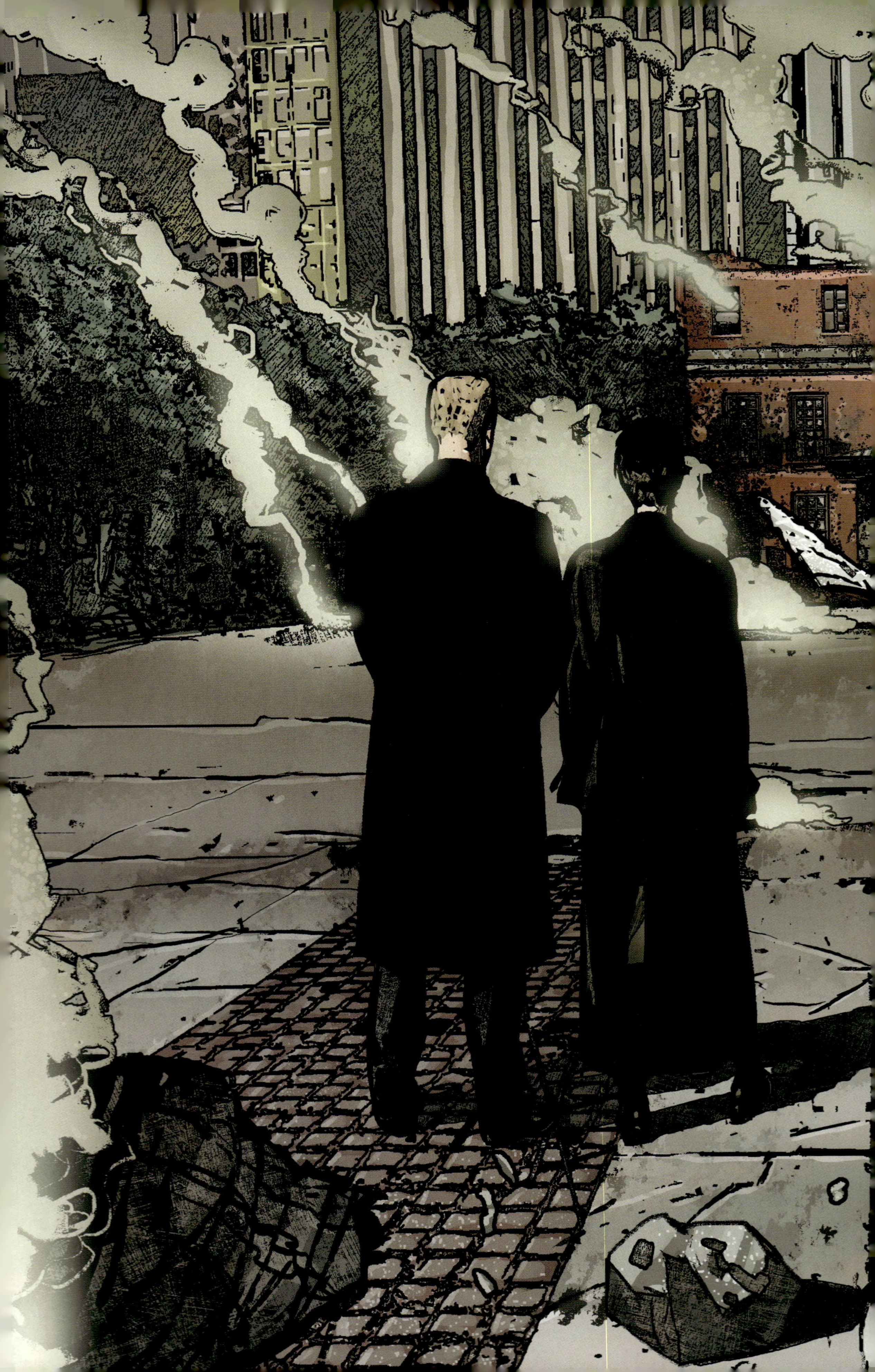

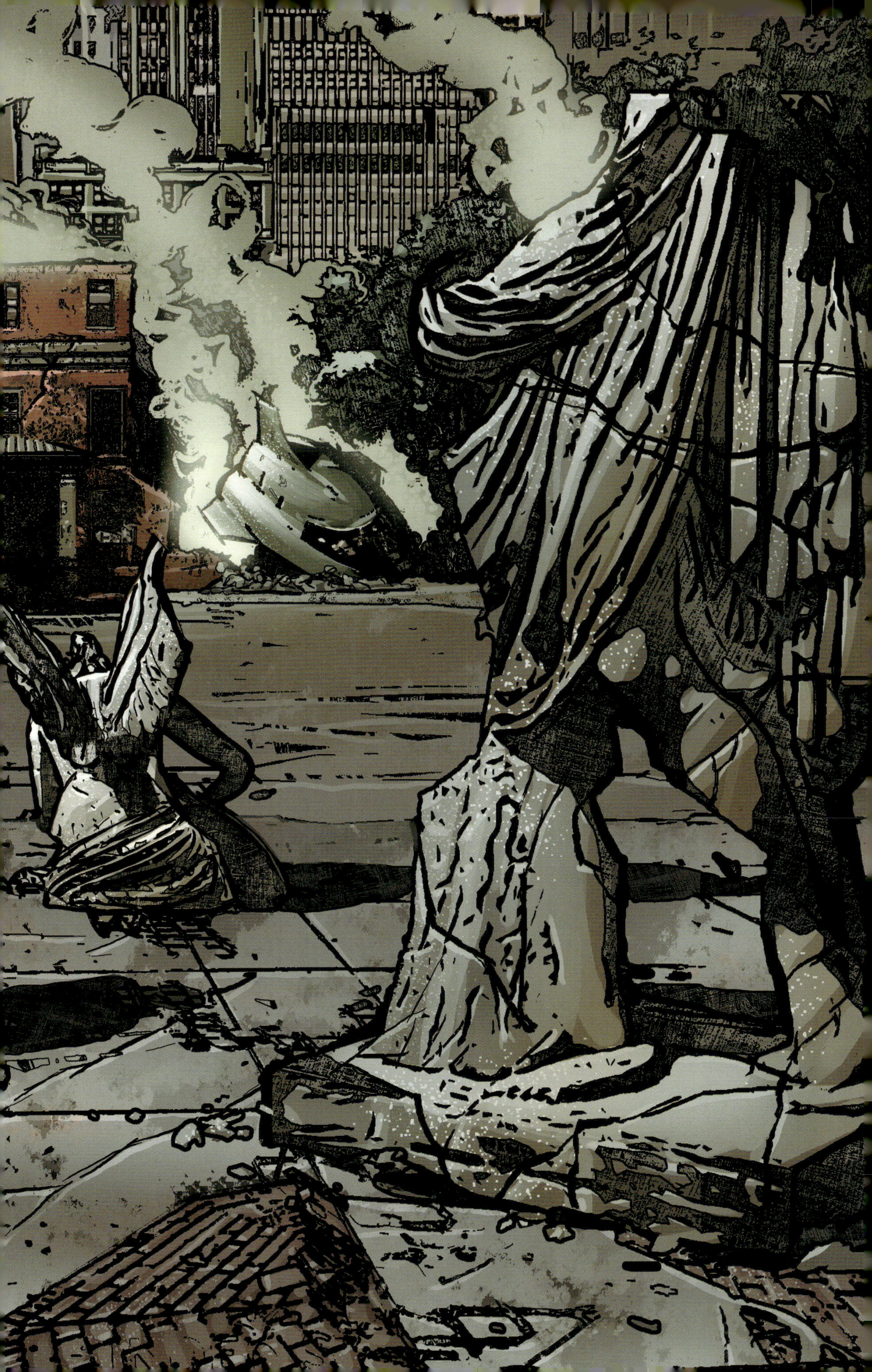

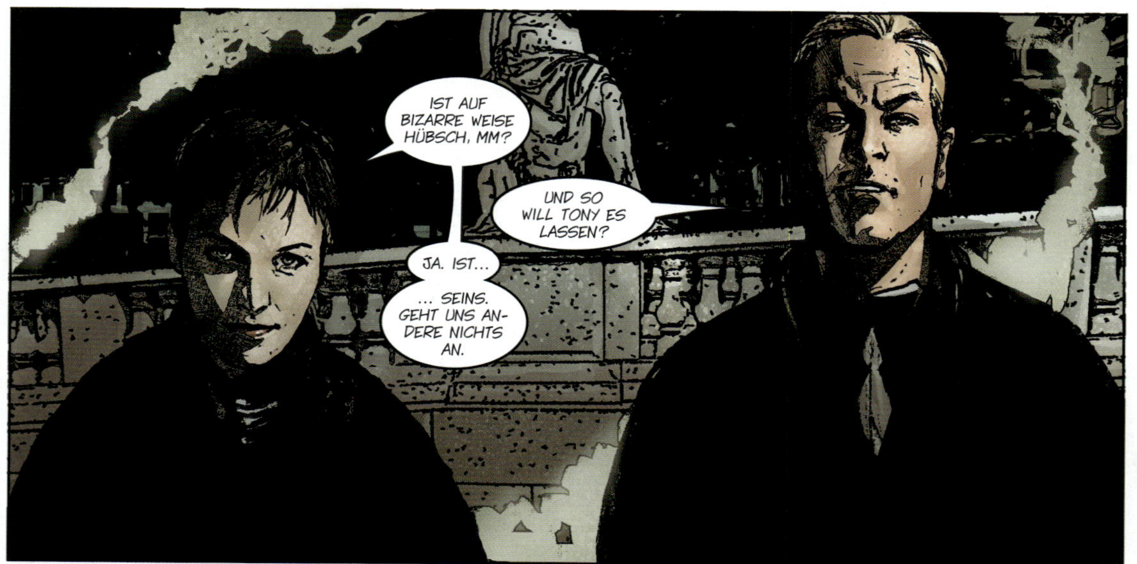
IST AUF
BIZARRE WEISE
HÜBSCH, MM?
UND SO
WILL TONY ES
LASSEN?
JA. IST...
... SEINS.
GEHT UNS AN-
DERE NICHTS
AN.

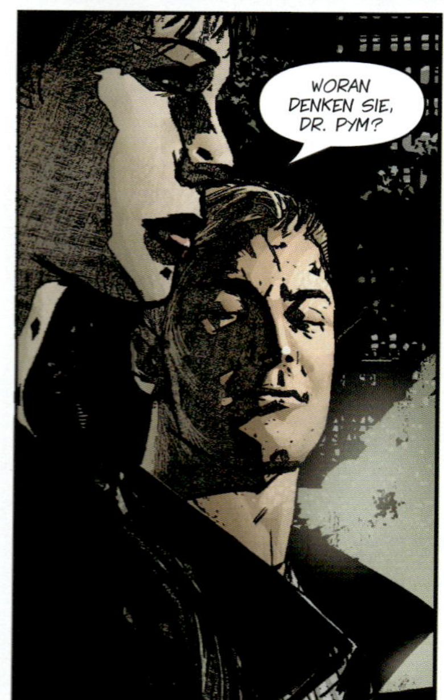
WORAN
DENKEN SIE,
DR. PYM?

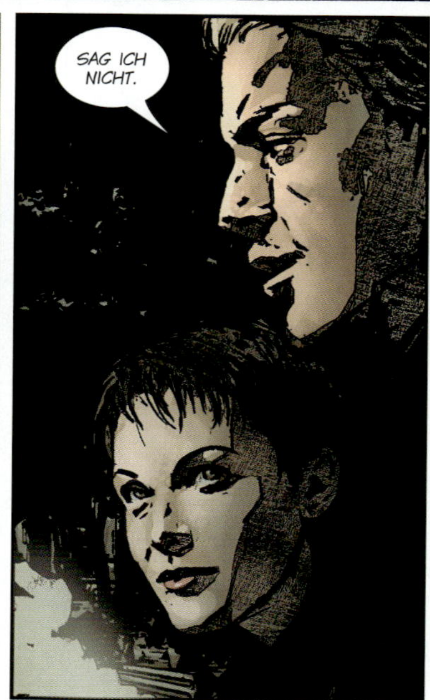
SAG ICH
NICHT.

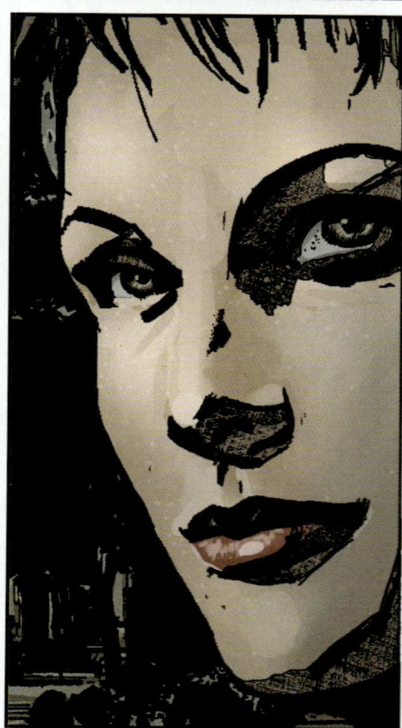

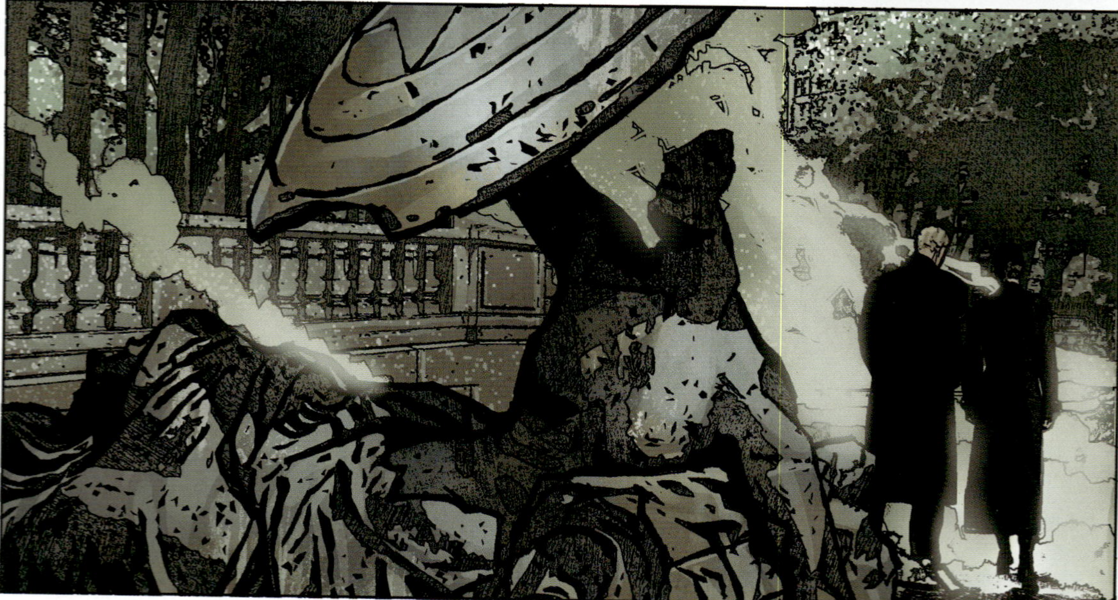

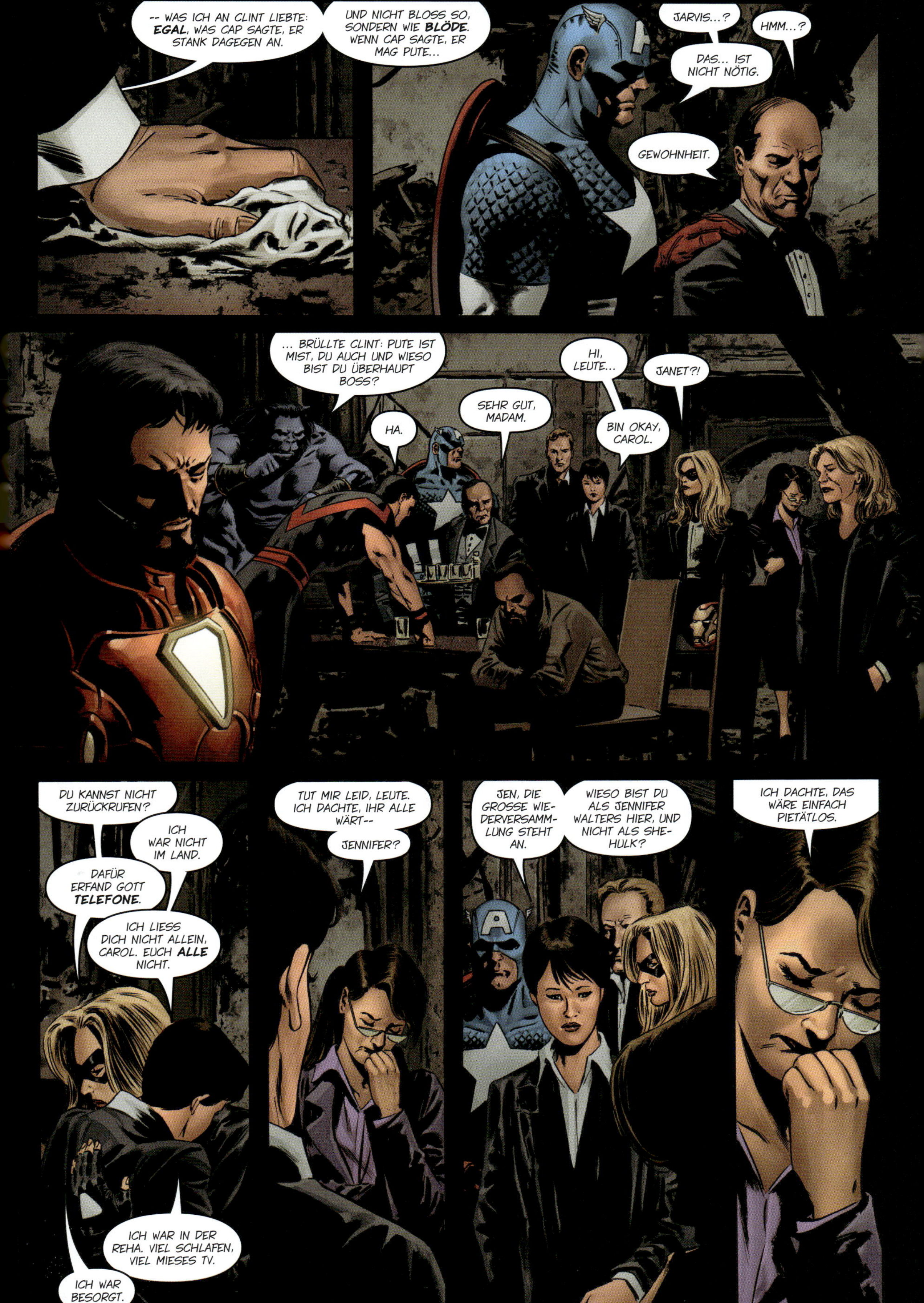

-- WAS ICH AN CLINT LIEBTE: **EGAL**, WAS CAP SAGTE, ER STANK DAGEGEN AN.
UND NICHT BLOSS SO, SONDERN WIE **BLÖDE**. WENN CAP SAGTE, ER MAG PUTE...
JARVIS...?
DAS... IST NICHT NÖTIG.
HMM...?
GEWOHNHEIT.
... BRÜLLTE CLINT: PUTE IST MIST, DU AUCH UND WIESO BIST DU ÜBERHAUPT BOSS?
HA.
SEHR GUT, MADAM.
HI, LEUTE...
BIN OKAY, CAROL.
JANET?!

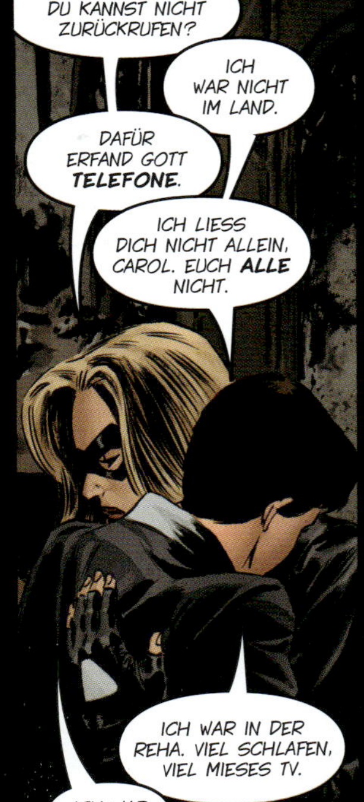
DU KANNST NICHT ZURÜCKRUFEN?
ICH WAR NICHT IM LAND.
DAFÜR ERFAND GOTT **TELEFONE**.
ICH LIESS DICH NICHT ALLEIN, CAROL. EUCH **ALLE** NICHT.
ICH WAR IN DER REHA. VIEL SCHLAFEN, VIEL MIESES TV.
ICH WAR BESORGT.

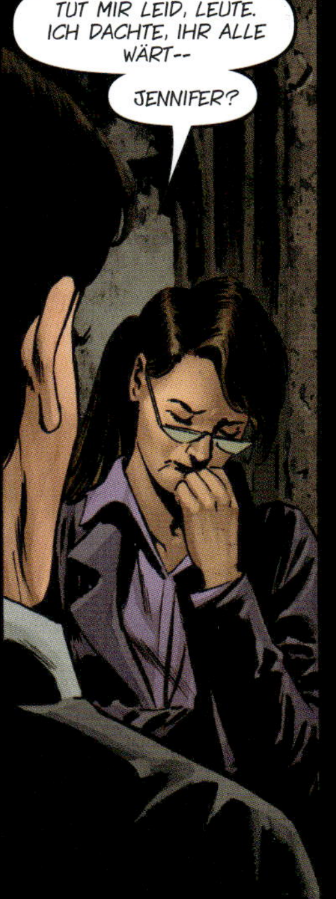
TUT MIR LEID, LEUTE. ICH DACHTE, IHR ALLE WÄRT--
JENNIFER?

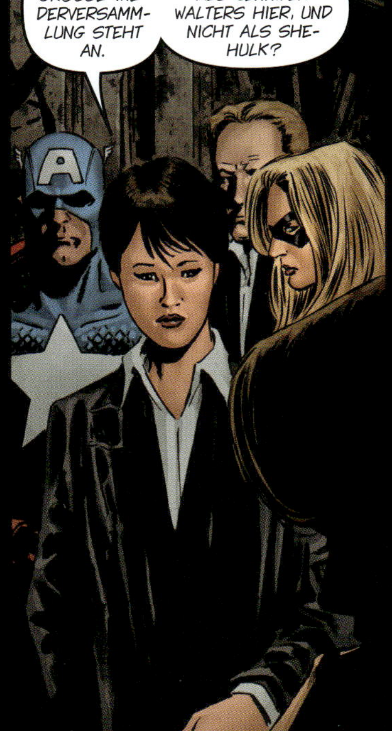
JEN, DIE GROSSE WIEDERVERSAMMLUNG STEHT AN.
WIESO BIST DU ALS JENNIFER WALTERS HIER, UND NICHT ALS SHE-HULK?

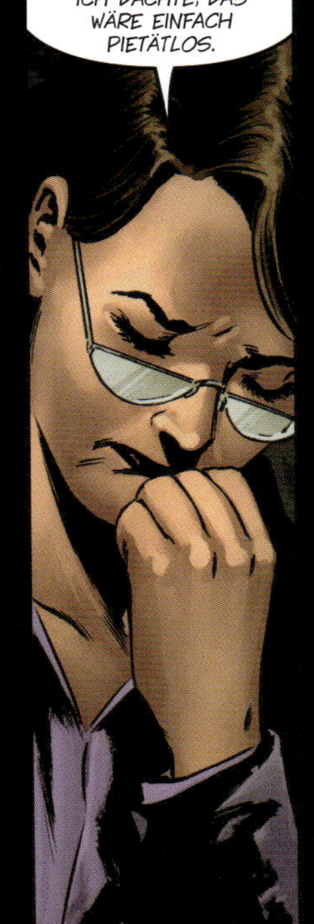
ICH DACHTE, DAS WÄRE EINFACH PIETÄTLOS.

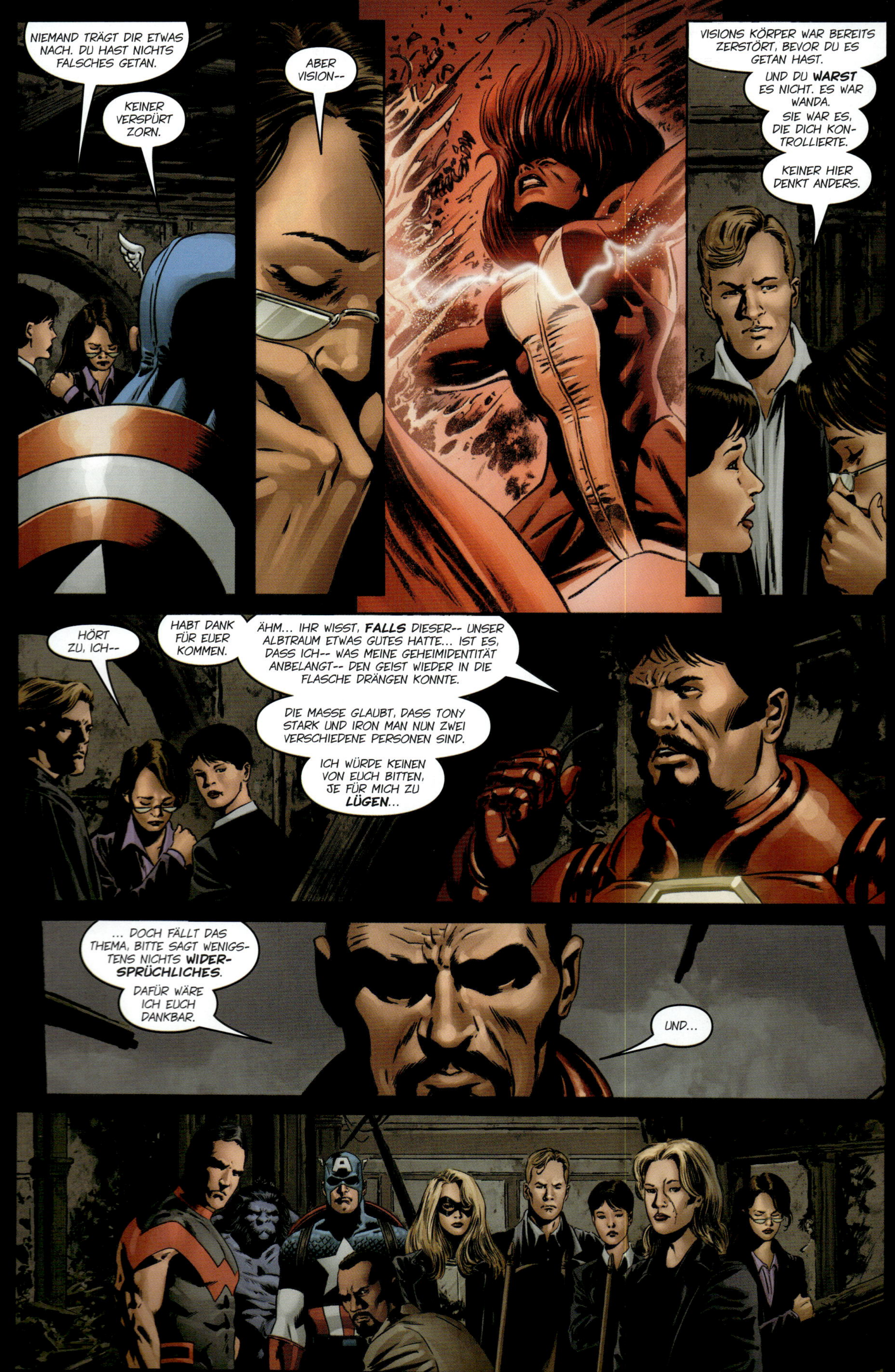
NIEMAND TRÄGT DIR ETWAS NACH. DU HAST NICHTS FALSCHES GETAN.
KEINER VERSPÜRT ZORN.
ABER VISION--
VISIONS KÖRPER WAR BEREITS ZERSTÖRT, BEVOR DU ES GETAN HAST.
UND DU **WARST** ES NICHT. ES WAR WANDA.
SIE WAR ES, DIE DICH KONTROLLIERTE.
KEINER HIER DENKT ANDERS.
HÖRT ZU, ICH--
HABT DANK FÜR EUER KOMMEN.
ÄHM... IHR WISST, **FALLS** DIESER-- UNSER ALBTRAUM ETWAS GUTES HATTE... IST ES, DASS ICH-- WAS MEINE GEHEIMIDENTITÄT ANBELANGT-- DEN GEIST WIEDER IN DIE FLASCHE DRÄNGEN KONNTE.
DIE MASSE GLAUBT, DASS TONY STARK UND IRON MAN NUN ZWEI VERSCHIEDENE PERSONEN SIND.
ICH WÜRDE KEINEN VON EUCH BITTEN, JE FÜR MICH ZU **LÜGEN**...
... DOCH FÄLLT DAS THEMA, BITTE SAGT WENIGSTENS NICHTS **WIDERSPRÜCHLICHES**.
DAFÜR WÄRE ICH EUCH DANKBAR.
UND...

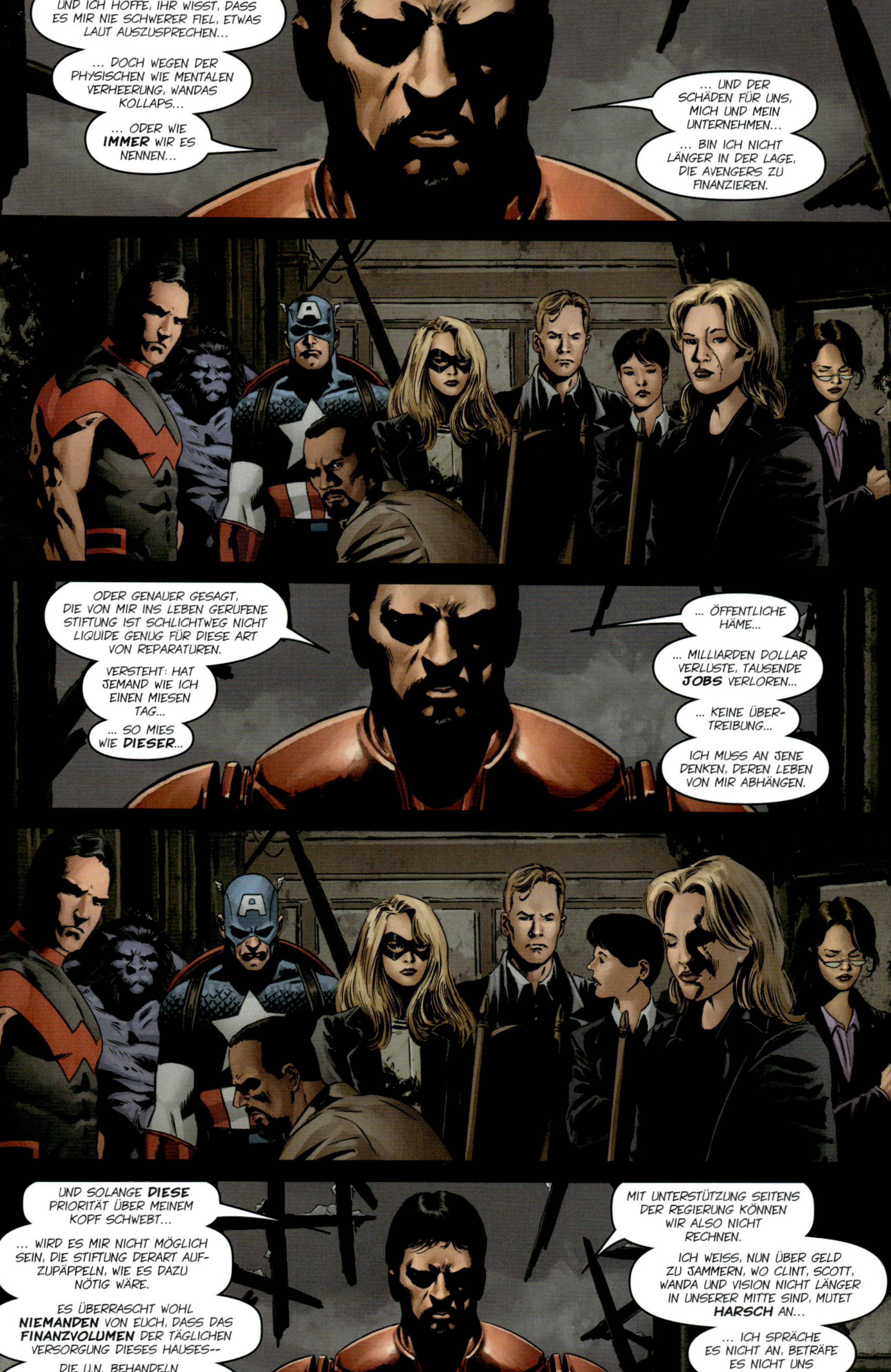
UND ICH HOFFE, IHR WISST, DASS ES MIR NIE SCHWERER FIEL, ETWAS LAUT AUSZUSPRECHEN...
... DOCH WEGEN DER PHYSISCHEN WIE MENTALEN VERHEERUNG, WANDAS KOLLAPS...
... ODER WIE **IMMER** WIR ES NENNEN...
... UND DER SCHÄDEN FÜR UNS, MICH UND MEIN UNTERNEHMEN...
... BIN ICH NICHT LÄNGER IN DER LAGE, DIE AVENGERS ZU FINANZIEREN.
ODER GENAUER GESAGT, DIE VON MIR INS LEBEN GERUFENE STIFTUNG IST SCHLICHTWEG NICHT LIQUIDE GENUG FÜR DIESE ART VON REPARATUREN.
VERSTEHT: HAT JEMAND WIE ICH EINEN MIESEN TAG...
... SO MIES WIE **DIESER**...
... ÖFFENTLICHE HÄME...
... MILLIARDEN DOLLAR VERLUSTE, TAUSENDE **JOBS** VERLOREN...
... KEINE ÜBERTREIBUNG...
ICH MUSS AN JENE DENKEN, DEREN LEBEN VON MIR ABHÄNGEN.
UND SOLANGE **DIESE** PRIORITÄT ÜBER MEINEM KOPF SCHWEBT...
... WIRD ES MIR NICHT MÖGLICH SEIN, DIE STIFTUNG DERART AUFZUPÄPPELN, WIE ES DAZU NÖTIG WÄRE.
ES ÜBERRASCHT WOHL **NIEMANDEN** VON EUCH, DASS DAS **FINANZVOLUMEN** DER TÄGLICHEN VERSORGUNG DIESES HAUSES--
DIE U.N. BEHANDELN UNS OFFIZIELL, ALS HÄTTEN WIR IN IHRE SUPPE GESPUCKT.
MIT UNTERSTÜTZUNG SEITENS DER REGIERUNG KÖNNEN WIR ALSO NICHT RECHNEN.
ICH WEISS, NUN ÜBER GELD ZU JAMMERN, WO CLINT, SCOTT, WANDA UND VISION NICHT LÄNGER IN UNSERER MITTE SIND, MUTET **HARSCH** AN...
... ICH SPRÄCHE ES NICHT AN, BETRÄFE ES NICHT UNS ALLE.

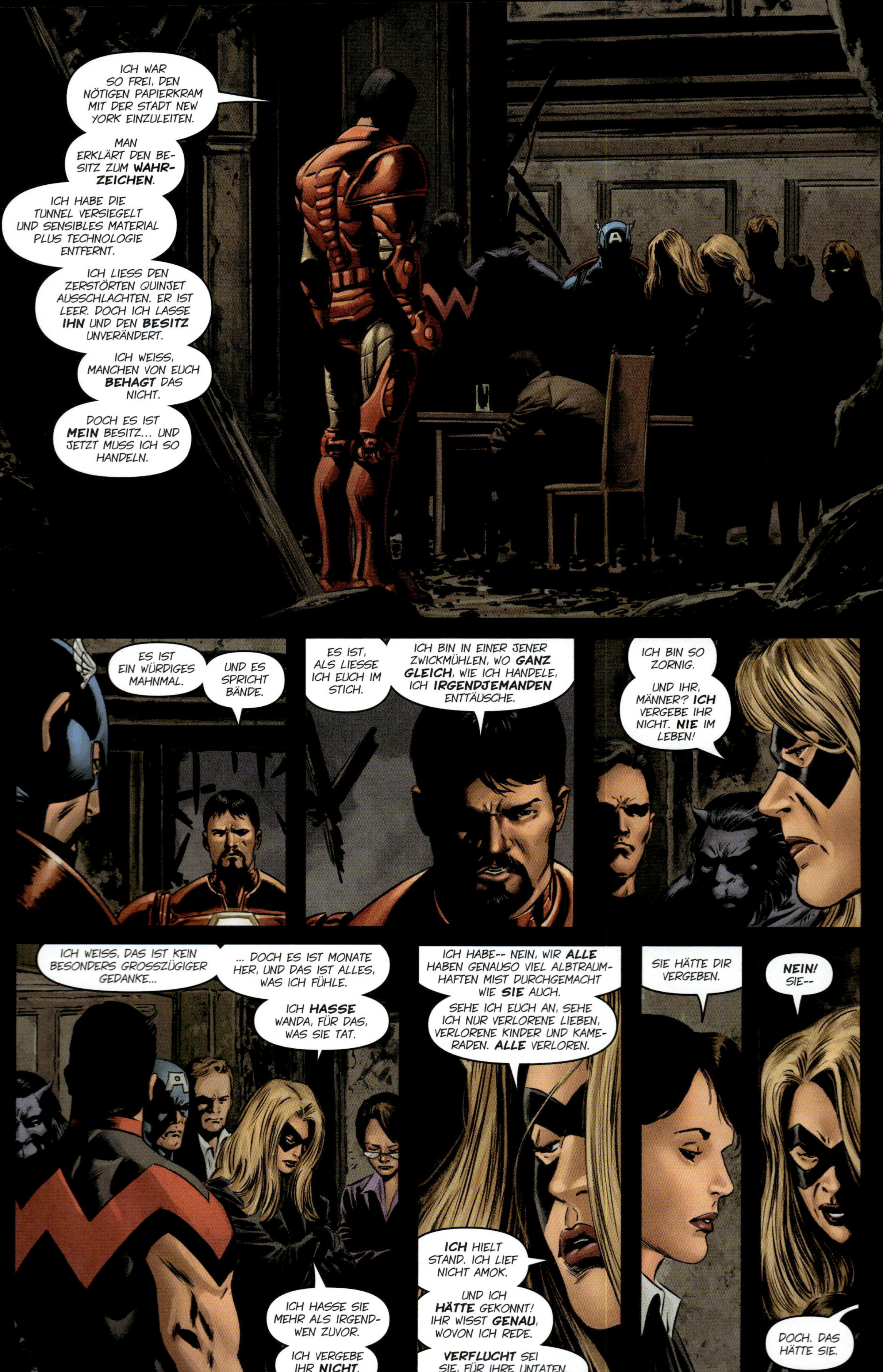
ICH WAR SO FREI, DEN NÖTIGEN PAPIERKRAM MIT DER STADT NEW YORK EINZULEITEN.
MAN ERKLÄRT DEN BESITZ ZUM **WAHRZEICHEN**.
ICH HABE DIE TUNNEL VERSIEGELT UND SENSIBLES MATERIAL PLUS TECHNOLOGIE ENTFERNT.
ICH LIESS DEN ZERSTÖRTEN QUINJET AUSSCHLACHTEN. ER IST LEER. DOCH ICH LASSE **IHN** UND DEN **BESITZ** UNVERÄNDERT.
ICH WEISS, MANCHEN VON EUCH **BEHAGT** DAS NICHT.
DOCH ES IST **MEIN** BESITZ... UND JETZT MUSS ICH SO HANDELN.
ES IST EIN WÜRDIGES MAHNMAL.
UND ES SPRICHT BÄNDE.
ES IST, ALS LIESSE ICH EUCH IM STICH.
ICH BIN IN EINER JENER ZWICKMÜHLEN, WO **GANZ GLEICH**, WIE ICH HANDELE, ICH **IRGENDJEMANDEN** ENTTÄUSCHE.
ICH BIN SO ZORNIG.
UND IHR, MÄNNER? **ICH** VERGEBE IHR NICHT. **NIE** IM LEBEN!
ICH WEISS, DAS IST KEIN BESONDERS GROSSZÜGIGER GEDANKE...
... DOCH ES IST MONATE HER, UND DAS IST ALLES, WAS ICH FÜHLE.
ICH **HASSE** WANDA, FÜR DAS, WAS SIE TAT.
ICH HASSE SIE MEHR ALS IRGENDWEN ZUVOR.
ICH VERGEBE IHR **NICHT**.
ICH HABE-- NEIN, WIR **ALLE** HABEN GENAUSO VIEL ALBTRAUMHAFTEN MIST DURCHGEMACHT WIE **SIE** AUCH.
SEHE ICH EUCH AN, SEHE ICH NUR VERLORENE LIEBEN, VERLORENE KINDER UND KAMERADEN. **ALLE** VERLOREN.
ICH HIELT STAND. ICH LIEF NICHT AMOK.
UND ICH **HÄTTE** GEKONNT! IHR WISST **GENAU**, WOVON ICH REDE.
VERFLUCHT SEI SIE, FÜR IHRE UNTATEN.
SIE HÄTTE DIR VERGEBEN.
NEIN! SIE--
DOCH. DAS HÄTTE SIE.

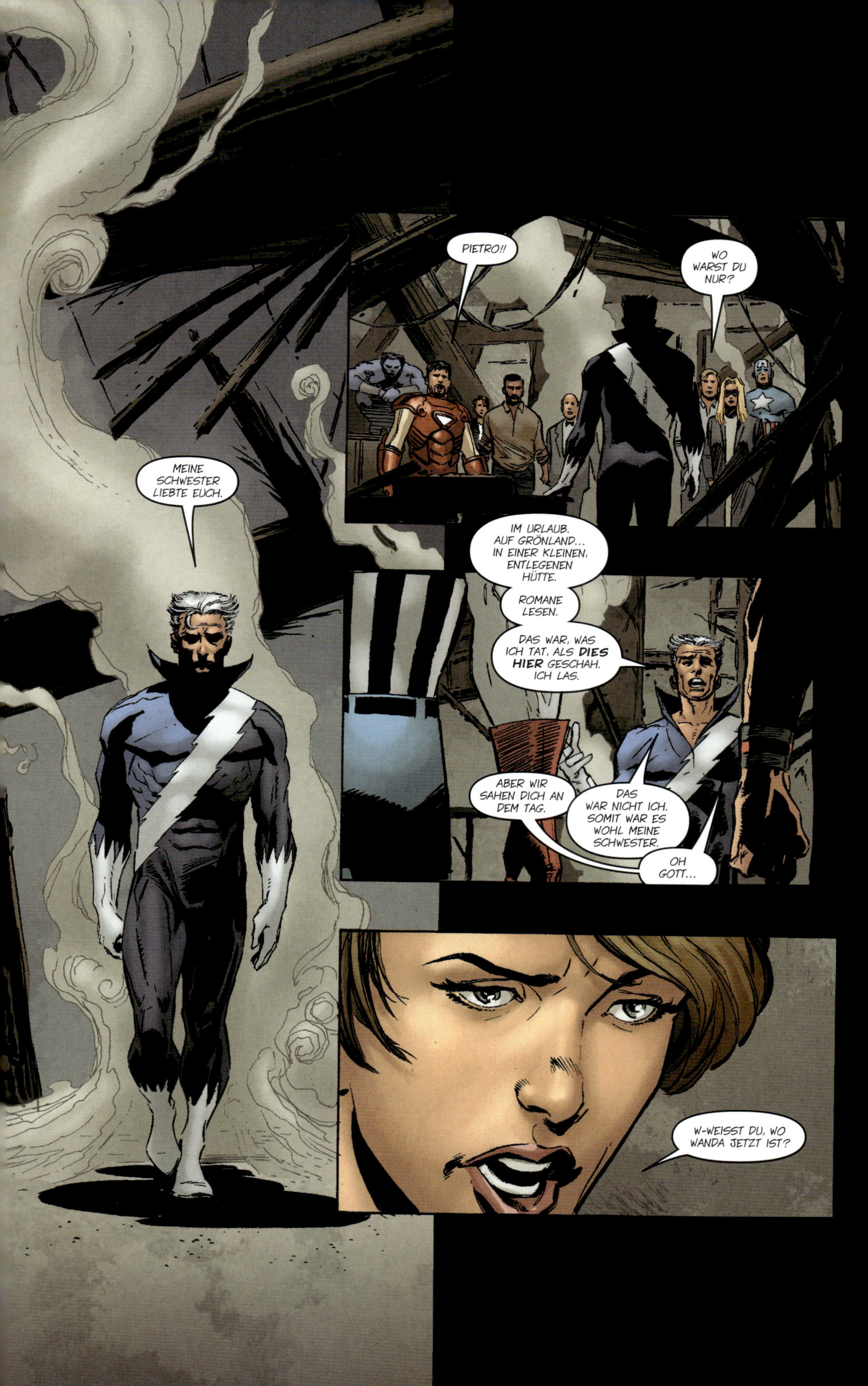
PIETRO!!
WO WARST DU NUR?
MEINE SCHWESTER LIEBTE EUCH.
IM URLAUB. AUF GRÖNLAND... IN EINER KLEINEN, ENTLEGENEN HÜTTE.
ROMANE LESEN.
DAS WAR, WAS ICH TAT, ALS **DIES HIER** GESCHAH. ICH LAS.
ABER WIR SAHEN DICH AN DEM TAG.
DAS WAR NICHT ICH. SOMIT WAR ES WOHL MEINE SCHWESTER.
OH GOTT...
W-WEISST DU, WO WANDA JETZT IST?

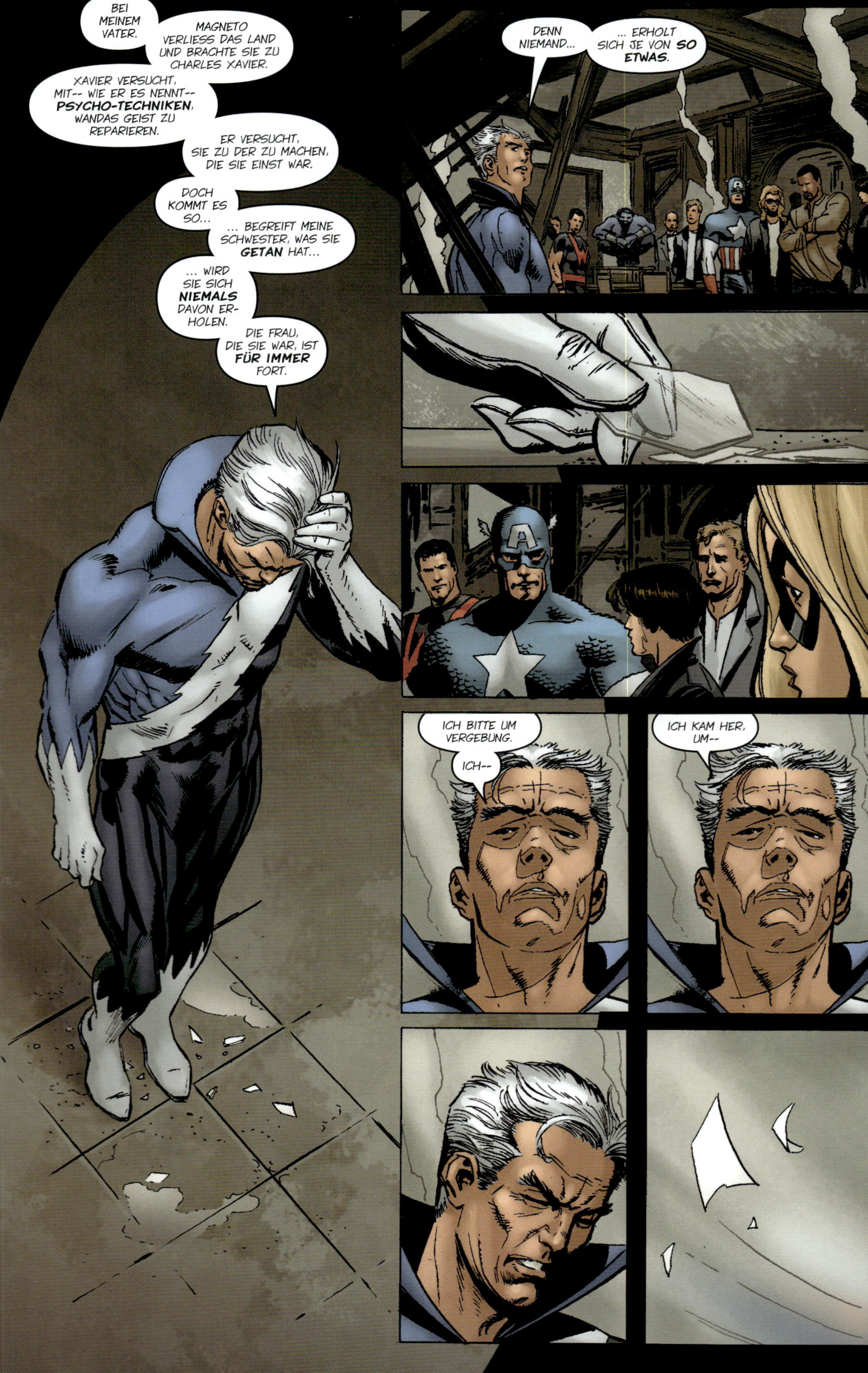
BEI MEINEM VATER.
MAGNETO VERLIESS DAS LAND UND BRACHTE SIE ZU CHARLES XAVIER.
XAVIER VERSUCHT, MIT-- WIE ER ES NENNT-- PSYCHO-TECHNIKEN, WANDAS GEIST ZU REPARIEREN.
ER VERSUCHT, SIE ZU DER ZU MACHEN, DIE SIE EINST WAR.
DOCH KOMMT ES SO...
... BEGREIFT MEINE SCHWESTER, WAS SIE GETAN HAT...
... WIRD SIE SICH NIEMALS DAVON ER-HOLEN.
DIE FRAU, DIE SIE WAR, IST FÜR IMMER FORT.
DENN NIEMAND...
... ERHOLT SICH JE VON SO ETWAS.
ICH BITTE UM VERGEBUNG.
ICH--
ICH KAM HER, UM--

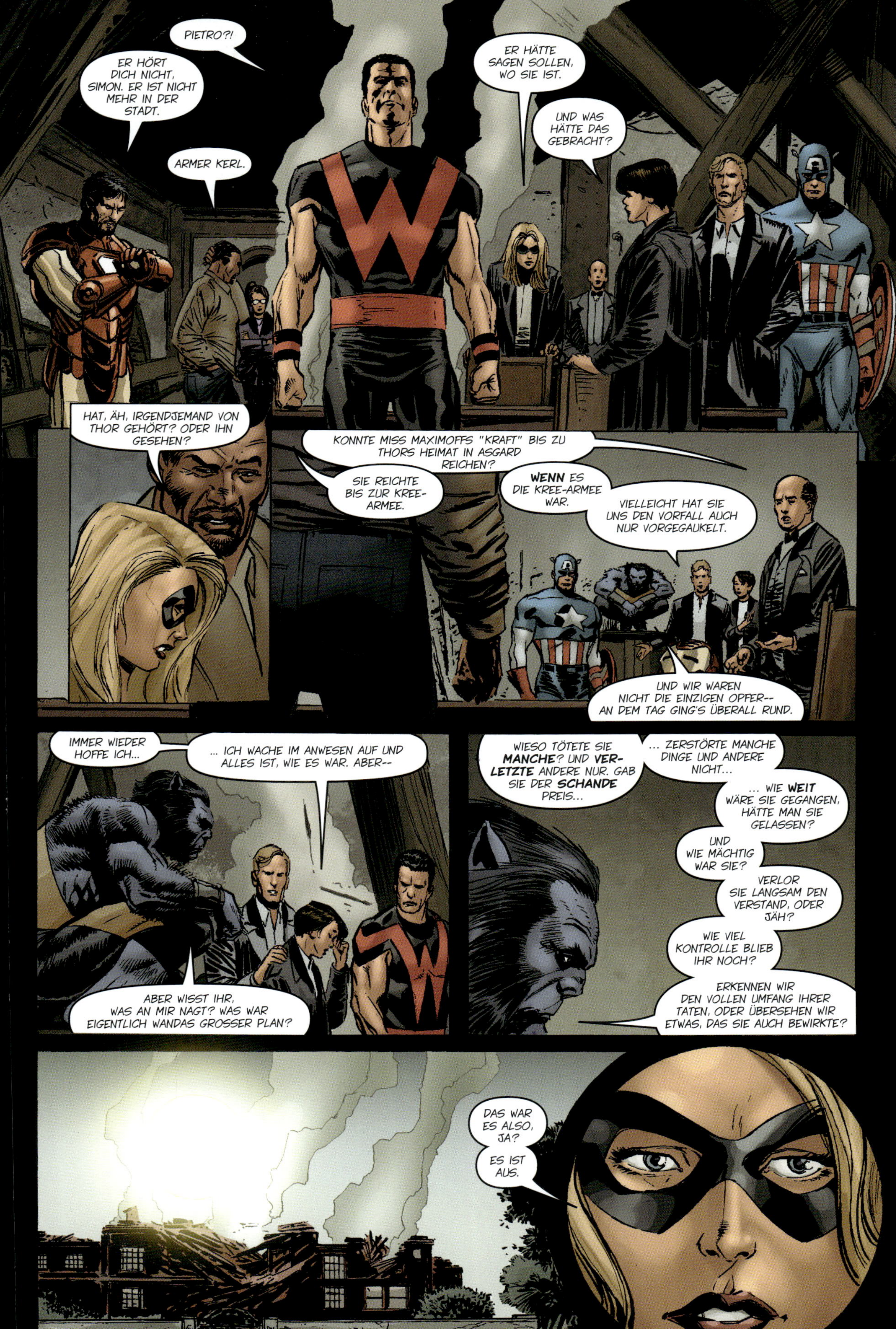
PIETRO?!
ER HÖRT DICH NICHT, SIMON. ER IST NICHT MEHR IN DER STADT.
ARMER KERL.
ER HÄTTE SAGEN SOLLEN, WO SIE IST.
UND WAS HÄTTE DAS GEBRACHT?
HAT, ÄH, IRGENDJEMAND VON THOR GEHÖRT? ODER IHN GESEHEN?
KONNTE MISS MAXIMOFFS "KRAFT" BIS ZU THORS HEIMAT IN ASGARD REICHEN?
SIE REICHTE BIS ZUR KREE-ARMEE.
WENN ES DIE KREE-ARMEE WAR.
VIELLEICHT HAT SIE UNS DEN VORFALL AUCH NUR VORGEGAUKELT.
UND WIR WAREN NICHT DIE EINZIGEN OPFER-- AN DEM TAG GING'S ÜBERALL RUND.
IMMER WIEDER HOFFE ICH...
... ICH WACHE IM ANWESEN AUF UND ALLES IST, WIE ES WAR. ABER--
ABER WISST IHR, WAS AN MIR NAGT? WAS WAR EIGENTLICH WANDAS GROSSER PLAN?
WIESO TÖTETE SIE MANCHE? UND VERLETZTE ANDERE NUR. GAB SIE DER SCHANDE PREIS...
... ZERSTÖRTE MANCHE DINGE UND ANDERE NICHT...
... WIE WEIT WÄRE SIE GEGANGEN, HÄTTE MAN SIE GELASSEN?
UND WIE MÄCHTIG WAR SIE?
VERLOR SIE LANGSAM DEN VERSTAND, ODER JÄH?
WIE VIEL KONTROLLE BLIEB IHR NOCH?
ERKENNEN WIR DEN VOLLEN UMFANG IHRER TATEN, ODER ÜBERSEHEN WIR ETWAS, DAS SIE AUCH BEWIRKTE?
DAS WAR ES ALSO, JA?
ES IST AUS.

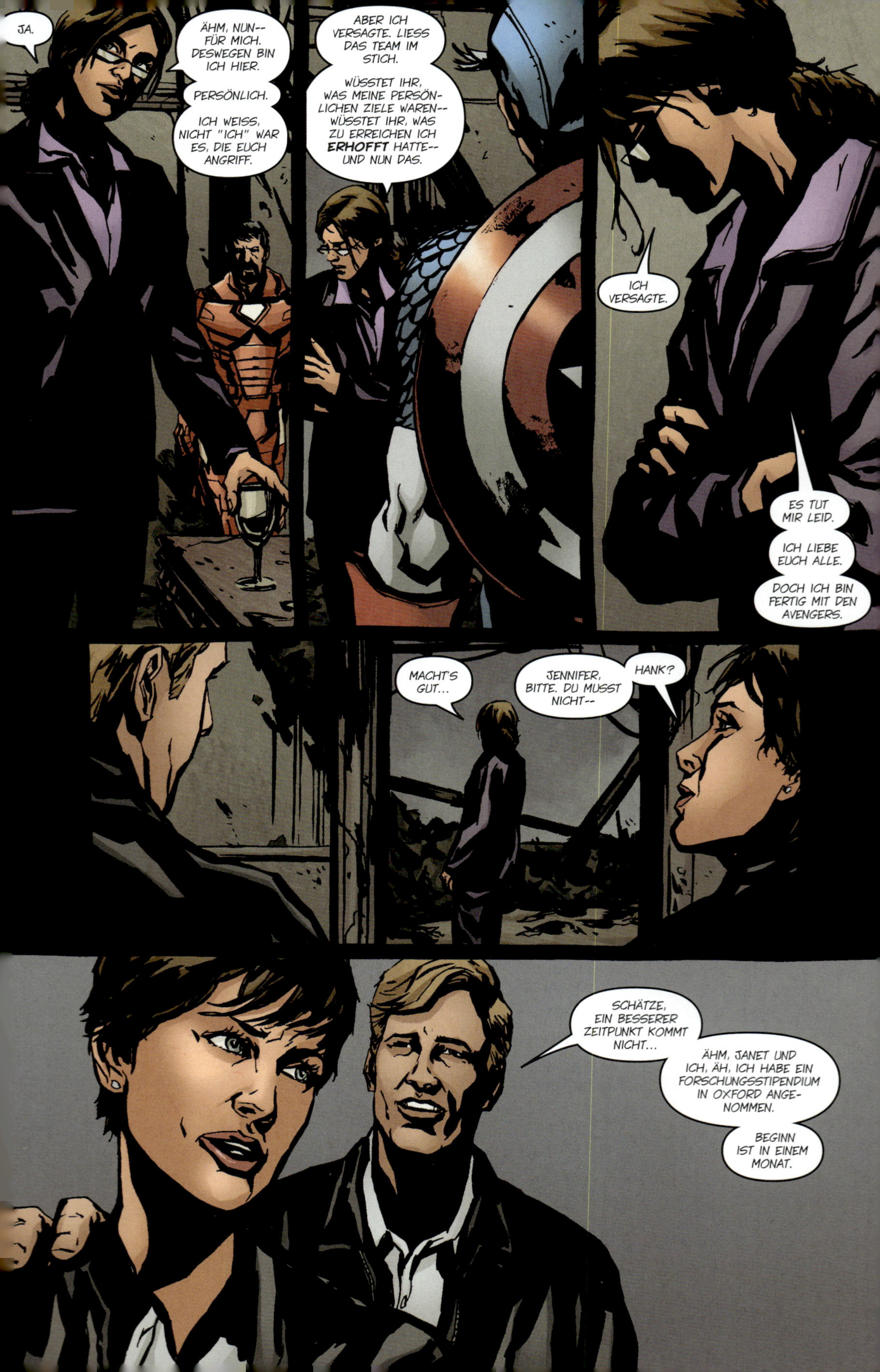
JA.
ÄHM, NUN--
FÜR MICH.
DESWEGEN BIN
ICH HIER.
PERSÖNLICH.
ICH WEISS,
NICHT "ICH" WAR
ES, DIE EUCH
ANGRIFF.
ABER ICH
VERSAGTE. LIESS
DAS TEAM IM
STICH.
WÜSSTET IHR,
WAS MEINE PERSÖN-
LICHEN ZIELE WAREN--
WÜSSTET IHR, WAS
ZU ERREICHEN ICH
ERHOFFT HATTE--
UND NUN DAS.
ICH
VERSAGTE.
ES TUT
MIR LEID.
ICH LIEBE
EUCH ALLE.
DOCH ICH BIN
FERTIG MIT DEN
AVENGERS.
MACHT'S
GUT...
JENNIFER,
BITTE. DU MUSST
NICHT--
HANK?
SCHÄTZE,
EIN BESSERER
ZEITPUNKT KOMMT
NICHT...
ÄHM, JANET UND
ICH, ÄH, ICH HABE EIN
FORSCHUNGSSTIPENDIUM
IN OXFORD ANGE-
NOMMEN.
BEGINN
IST IN EINEM
MONAT.

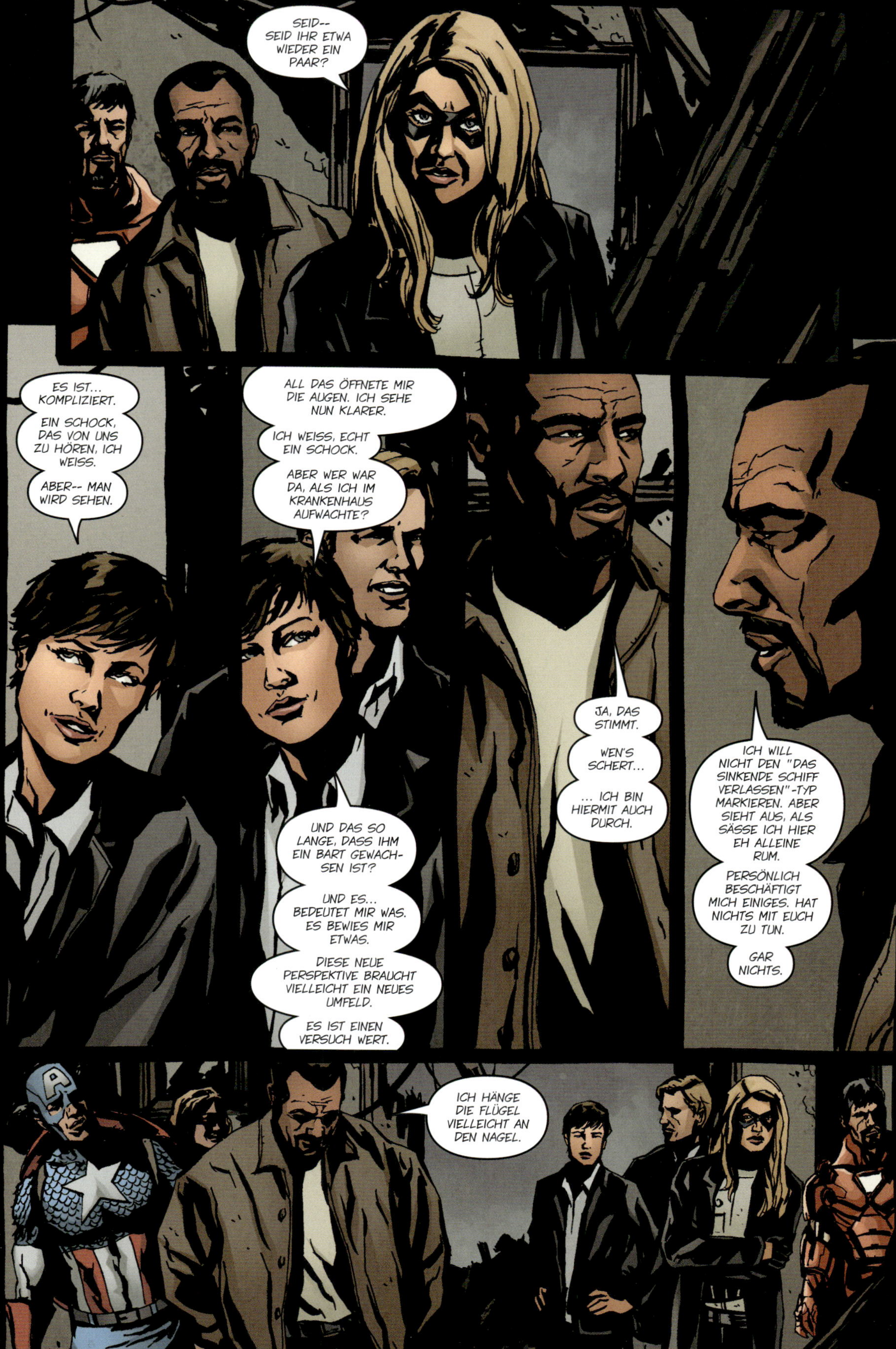
SEID-- SEID IHR ETWA WIEDER EIN PAAR?
ES IST... KOMPLIZIERT.
EIN SCHOCK, DAS VON UNS ZU HÖREN, ICH WEISS.
ABER-- MAN WIRD SEHEN.
ALL DAS ÖFFNETE MIR DIE AUGEN. ICH SEHE NUN KLARER.
ICH WEISS, ECHT EIN SCHOCK.
ABER WER WAR DA, ALS ICH IM KRANKENHAUS AUFWACHTE?
UND DAS SO LANGE, DASS IHM EIN BART GEWACH-SEN IST?
UND ES... BEDEUTET MIR WAS. ES BEWIES MIR ETWAS.
DIESE NEUE PERSPEKTIVE BRAUCHT VIELLEICHT EIN NEUES UMFELD.
ES IST EINEN VERSUCH WERT.
JA, DAS STIMMT.
WEN'S SCHERT...
... ICH BIN HIERMIT AUCH DURCH.
ICH WILL NICHT DEN "DAS SINKENDE SCHIFF VERLASSEN"-TYP MARKIEREN. ABER SIEHT AUS, ALS SÄSSE ICH HIER EH ALLEINE RUM.
PERSÖNLICH BESCHÄFTIGT MICH EINIGES. HAT NICHTS MIT EUCH ZU TUN.
GAR NICHTS.
ICH HÄNGE DIE FLÜGEL VIELLEICHT AN DEN NAGEL.

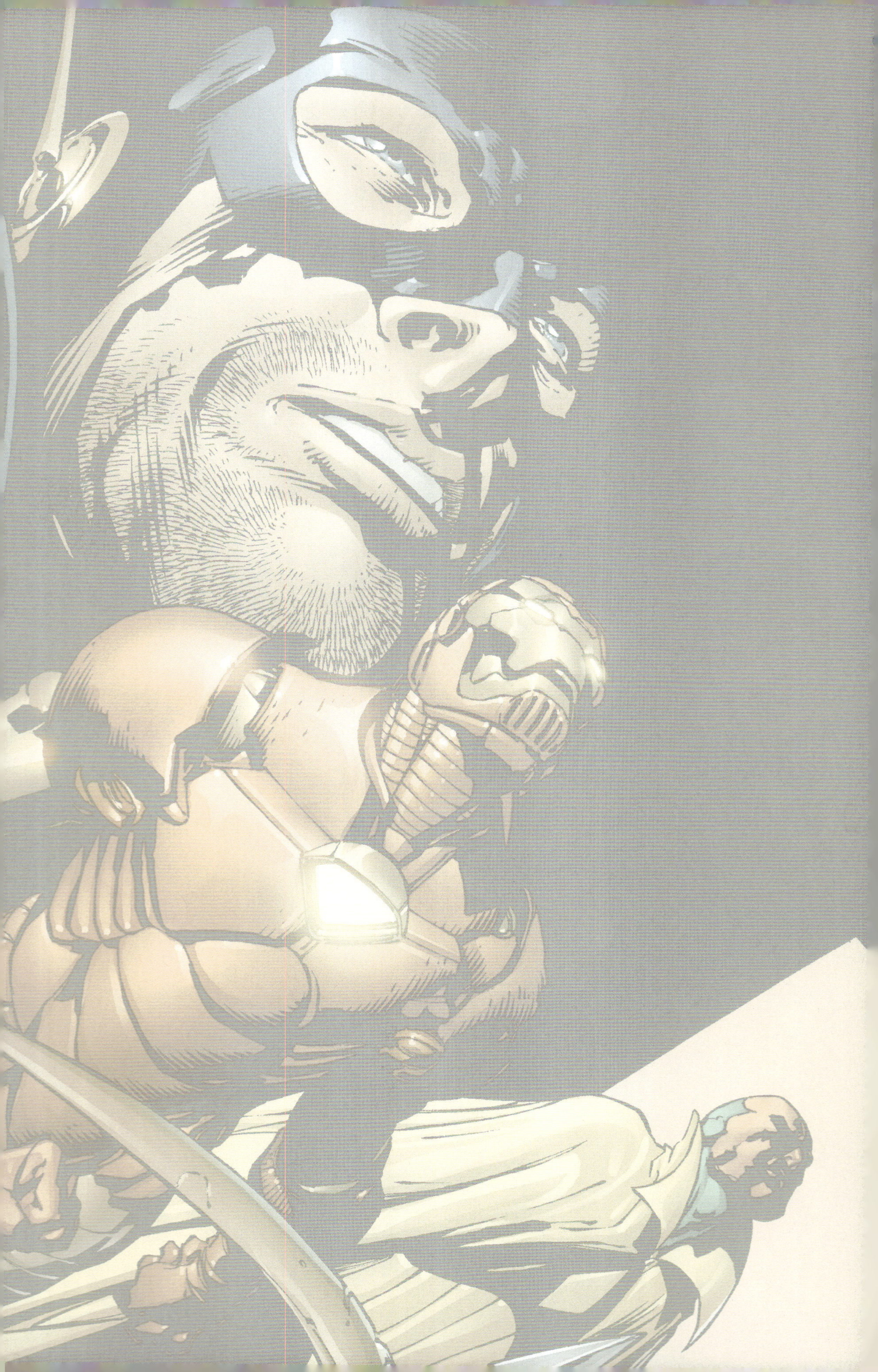

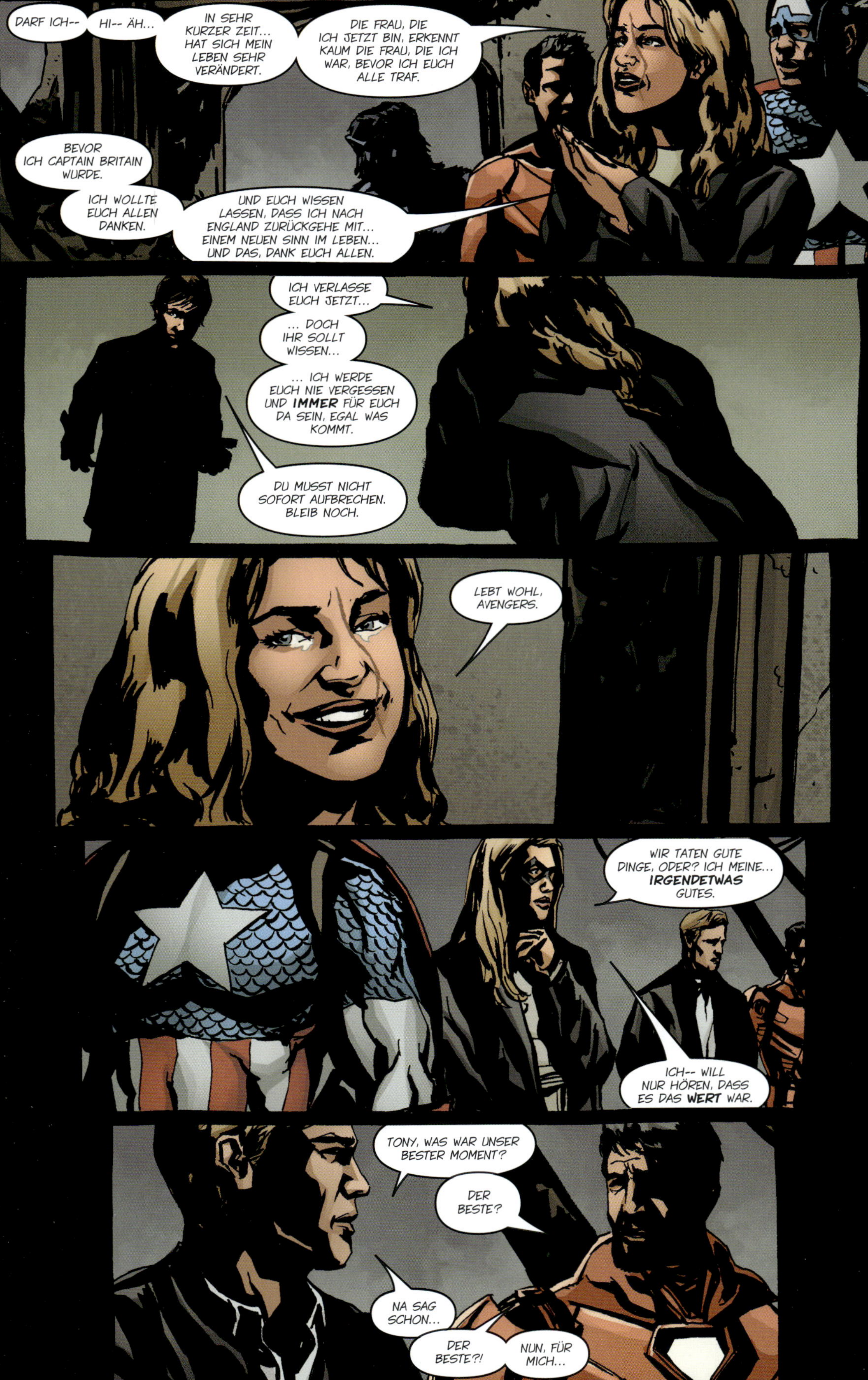
DARF ICH--
HI-- ÄH...
IN SEHR KURZER ZEIT... HAT SICH MEIN LEBEN SEHR VERÄNDERT.
DIE FRAU, DIE ICH JETZT BIN, ERKENNT KAUM DIE FRAU, DIE ICH WAR, BEVOR ICH EUCH ALLE TRAF.
BEVOR ICH CAPTAIN BRITAIN WURDE.
ICH WOLLTE EUCH ALLEN DANKEN.
UND EUCH WISSEN LASSEN, DASS ICH NACH ENGLAND ZURÜCKGEHE MIT... EINEM NEUEN SINN IM LEBEN... UND DAS, DANK EUCH ALLEN.
ICH VERLASSE EUCH JETZT...
... DOCH IHR SOLLT WISSEN...
... ICH WERDE EUCH NIE VERGESSEN UND **IMMER** FÜR EUCH DA SEIN, EGAL WAS KOMMT.
DU MUSST NICHT SOFORT AUFBRECHEN. BLEIB NOCH.
LEBT WOHL, AVENGERS.
WIR TATEN GUTE DINGE, ODER? ICH MEINE... **IRGENDETWAS** GUTES.
ICH-- WILL NUR HÖREN, DASS ES DAS **WERT** WAR.
TONY, WAS WAR UNSER BESTER MOMENT?
DER BESTE?
NA SAG SCHON...
DER BESTE?!
NUN, FÜR MICH...

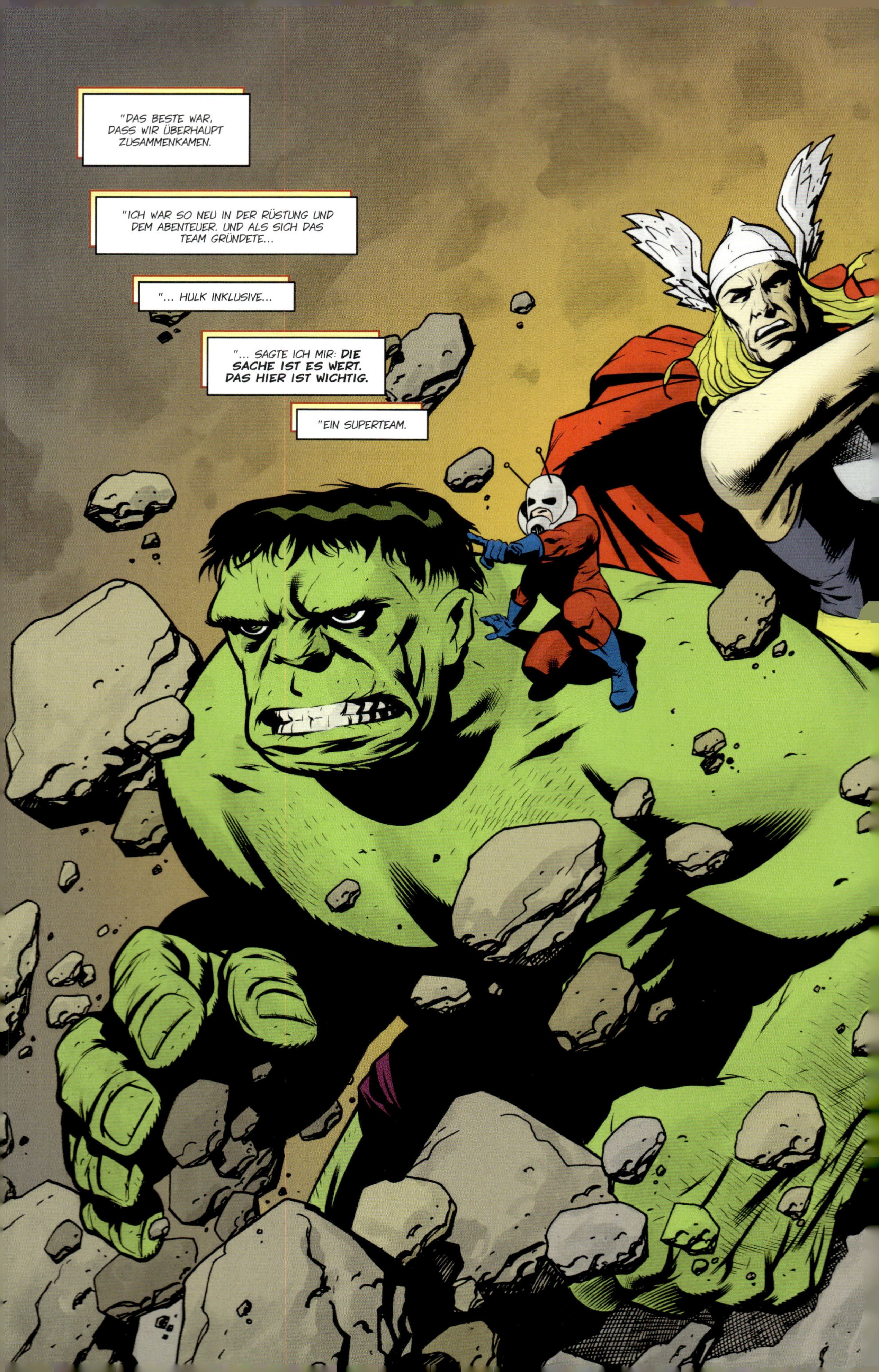
"DAS BESTE WAR, DASS WIR ÜBERHAUPT ZUSAMMENKAMEN.
"ICH WAR SO NEU IN DER RÜSTUNG UND DEM ABENTEUER. UND ALS SICH DAS TEAM GRÜNDETE...
"... HULK INKLUSIVE...
"... SAGTE ICH MIR: **DIE SACHE IST ES WERT. DAS HIER IST WICHTIG.**
"EIN SUPERTEAM.

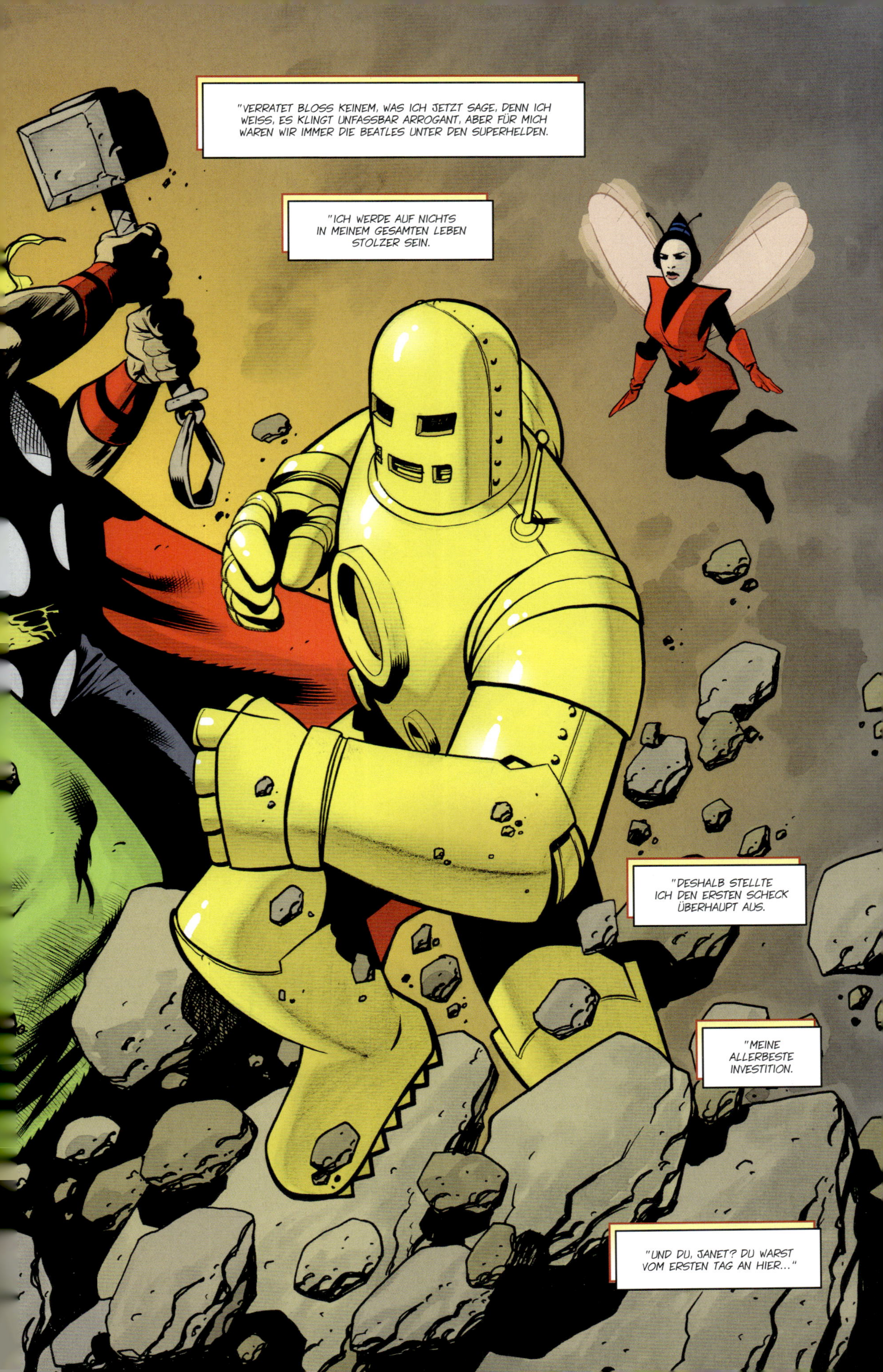
"VERRATET BLOSS KEINEM, WAS ICH JETZT SAGE, DENN ICH WEISS, ES KLINGT UNFASSBAR ARROGANT, ABER FÜR MICH WAREN WIR IMMER DIE BEATLES UNTER DEN SUPERHELDEN.
"ICH WERDE AUF NICHTS IN MEINEM GESAMTEN LEBEN STOLZER SEIN.
"DESHALB STELLTE ICH DEN ERSTEN SCHECK ÜBERHAUPT AUS.
"MEINE ALLERBESTE INVESTITION.
"UND DU, JANET? DU WARST VOM ERSTEN TAG AN HIER..."

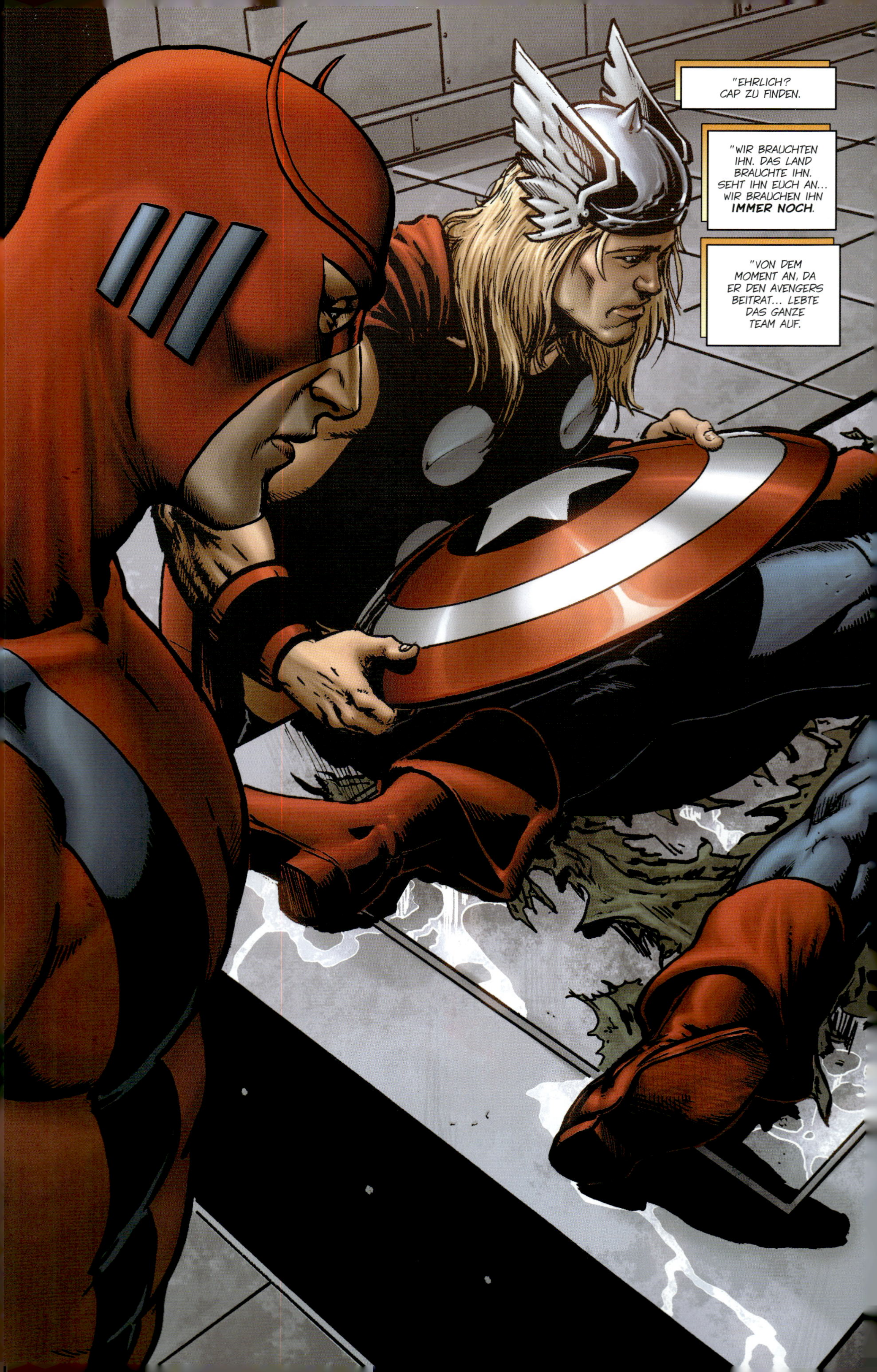
"EHRLICH? CAP ZU FINDEN.
"WIR BRAUCHTEN IHN. DAS LAND BRAUCHTE IHN. SEHT IHN EUCH AN... WIR BRAUCHEN IHN **IMMER NOCH**.
"VON DEM MOMENT AN, DA ER DEN AVENGERS BEITRAT... LEBTE DAS GANZE TEAM AUF.

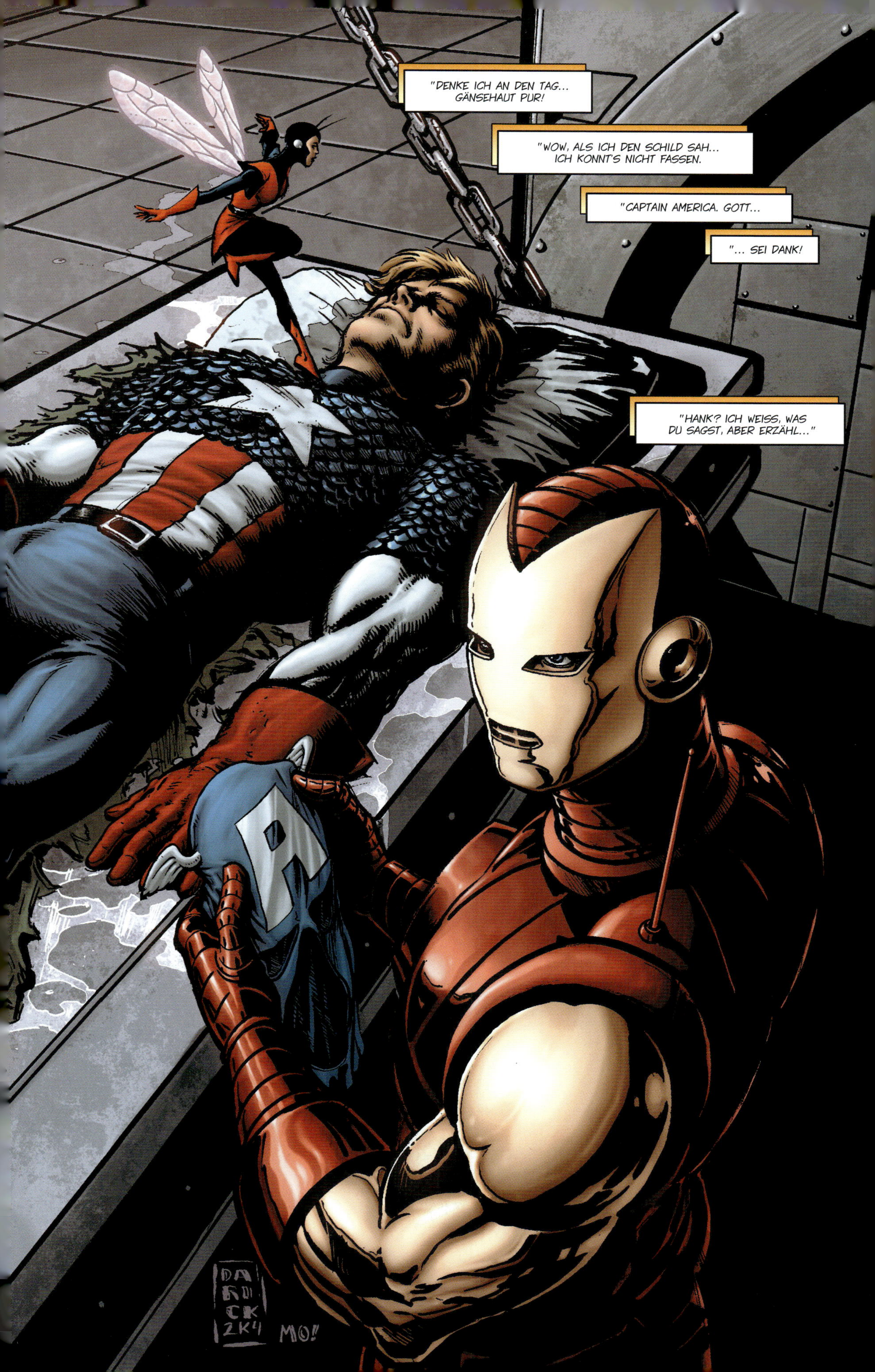
"DENKE ICH AN DEN TAG...
GÄNSEHAUT PUR!
"WOW, ALS ICH DEN SCHILD SAH...
ICH KONNT'S NICHT FASSEN.
"CAPTAIN AMERICA. GOTT...
"... SEI DANK!
"HANK? ICH WEISS, WAS
DU SAGST, ABER ERZÄHL..."
DA RU CK 2K4
MO!

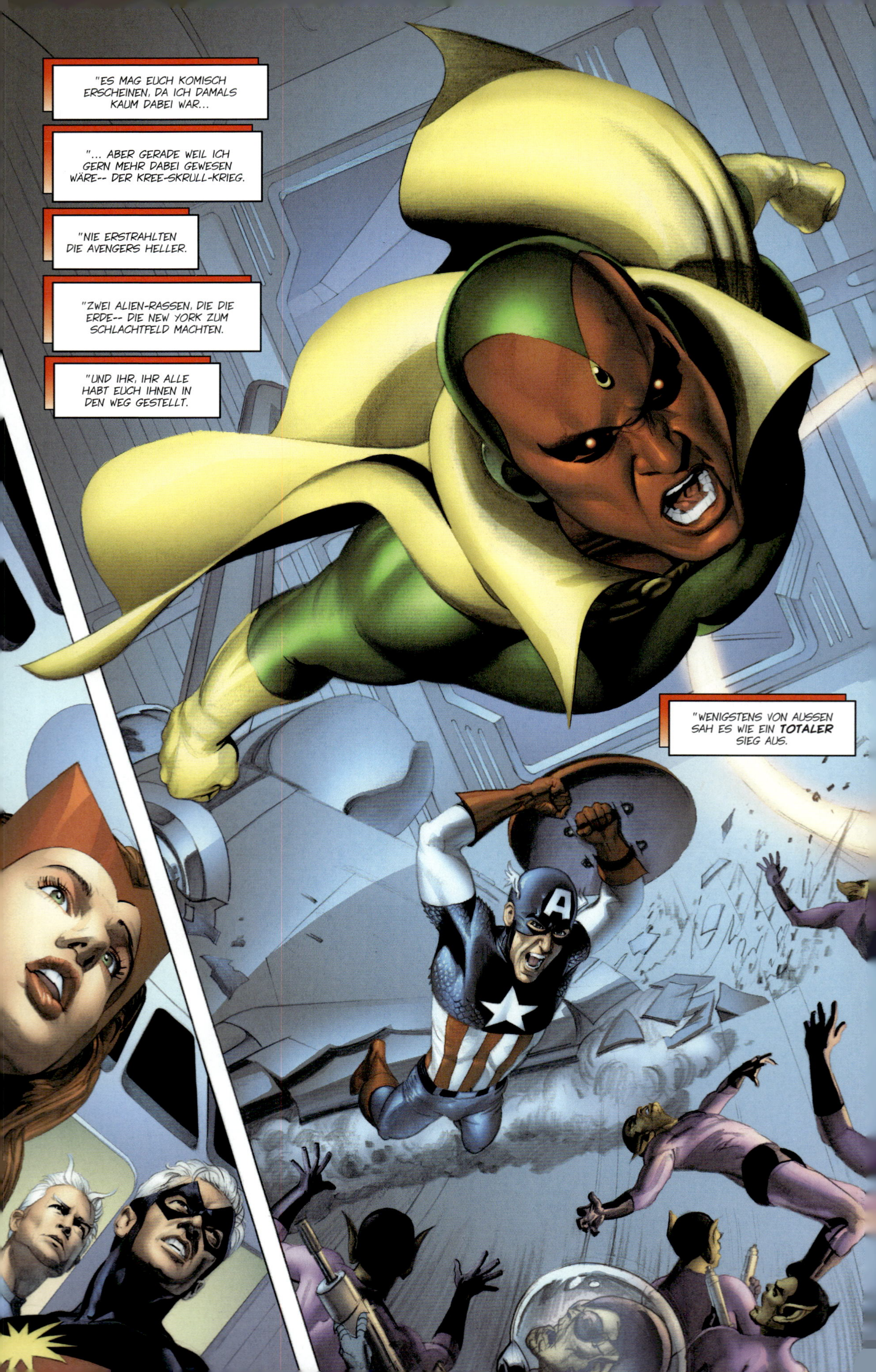
"ES MAG EUCH KOMISCH ERSCHEINEN, DA ICH DAMALS KAUM DABEI WAR...
"... ABER GERADE WEIL ICH GERN MEHR DABEI GEWESEN WÄRE-- DER KREE-SKRULL-KRIEG.
"NIE ERSTRAHLTEN DIE AVENGERS HELLER.
"ZWEI ALIEN-RASSEN, DIE DIE ERDE-- DIE NEW YORK ZUM SCHLACHTFELD MACHTEN.
"UND IHR, IHR ALLE HABT EUCH IHNEN IN DEN WEG GESTELLT.
"WENIGSTENS VON AUSSEN SAH ES WIE EIN **TOTALER** SIEG AUS.

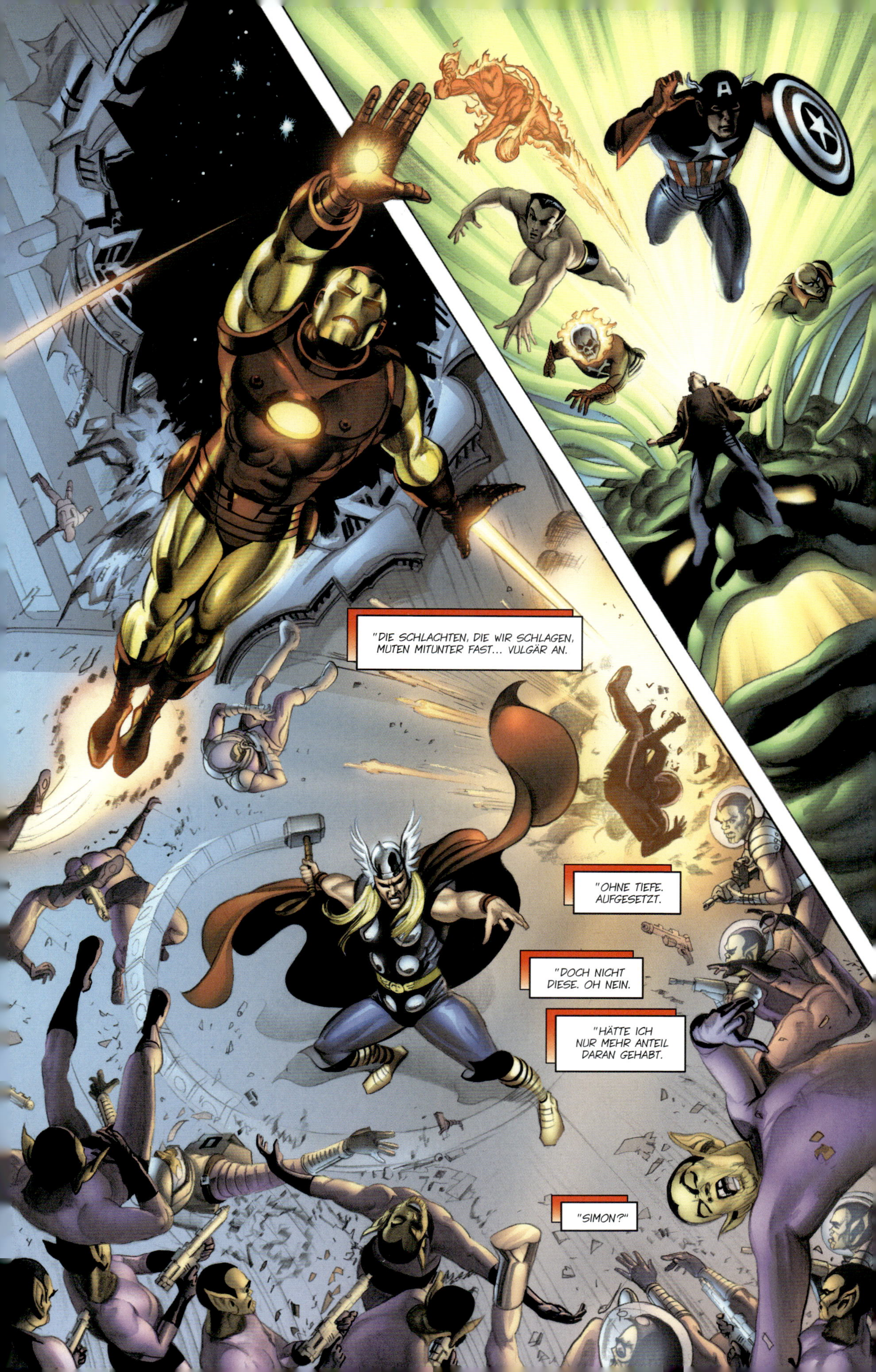
"DIE SCHLACHTEN, DIE WIR SCHLAGEN, MUTEN MITUNTER FAST... VULGÄR AN.
"OHNE TIEFE. AUFGESETZT.
"DOCH NICHT DIESE. OH NEIN.
"HÄTTE ICH NUR MEHR ANTEIL DARAN GEHABT.
"SIMON?"

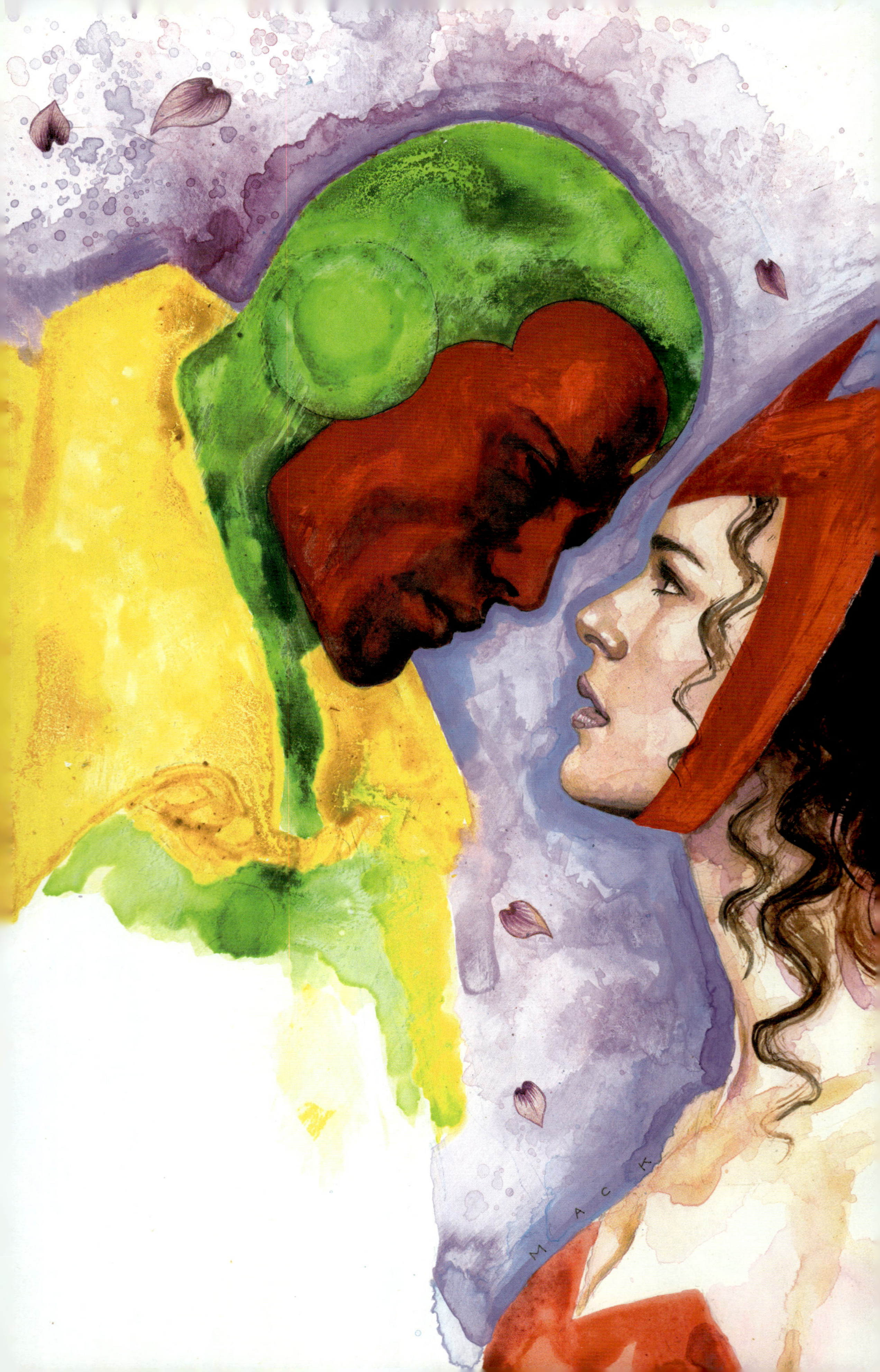
MACK

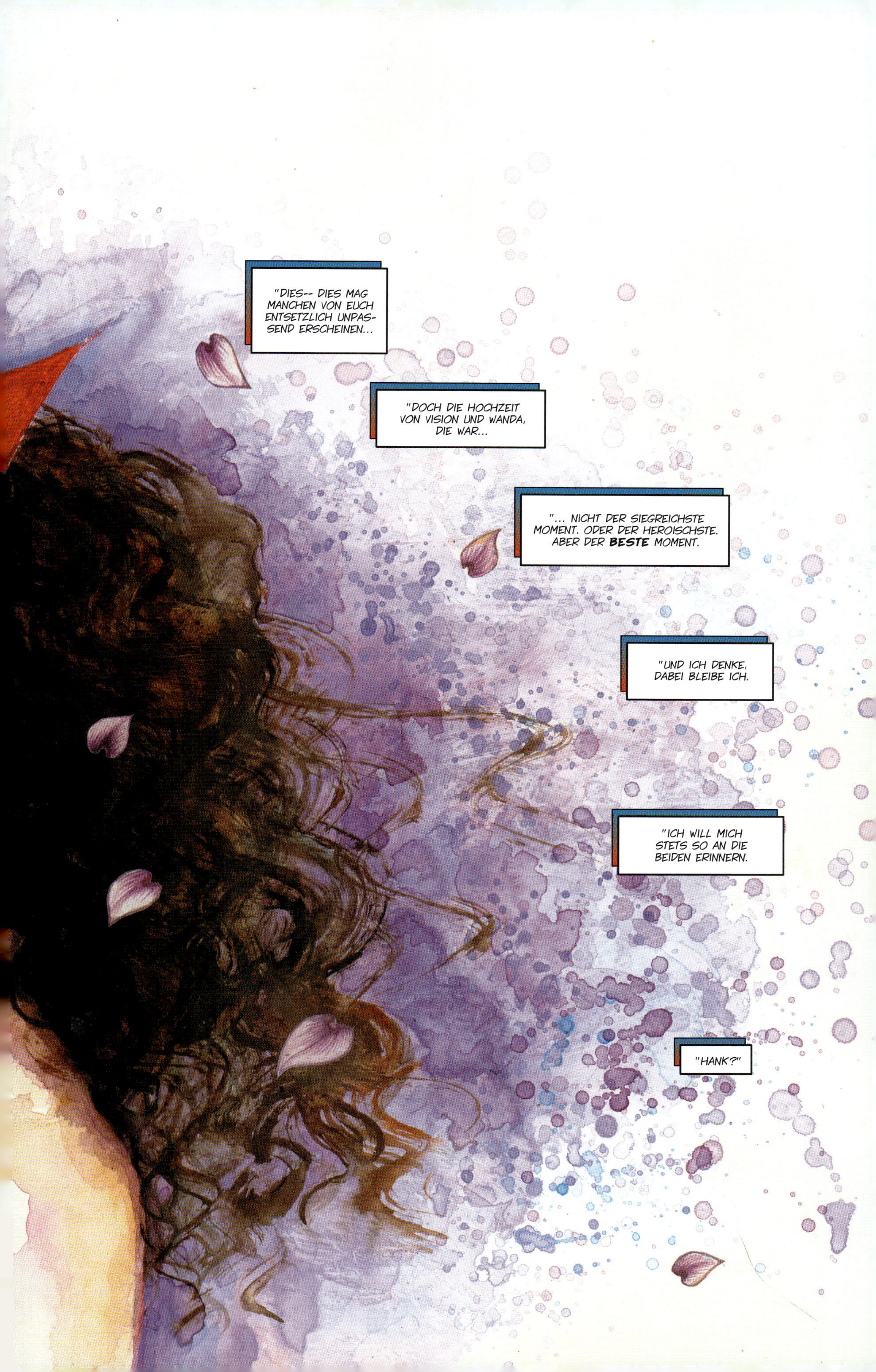

"DIES-- DIES MAG MANCHEN VON EUCH ENTSETZLICH UNPASSEND ERSCHEINEN...

"DOCH DIE HOCHZEIT VON VISION UND WANDA, DIE WAR...

"... NICHT DER SIEGREICHSTE MOMENT. ODER DER HEROISCHSTE. ABER DER **BESTE** MOMENT.

"UND ICH DENKE, DABEI BLEIBE ICH.

"ICH WILL MICH STETS SO AN DIE BEIDEN ERINNERN.

"HANK?"

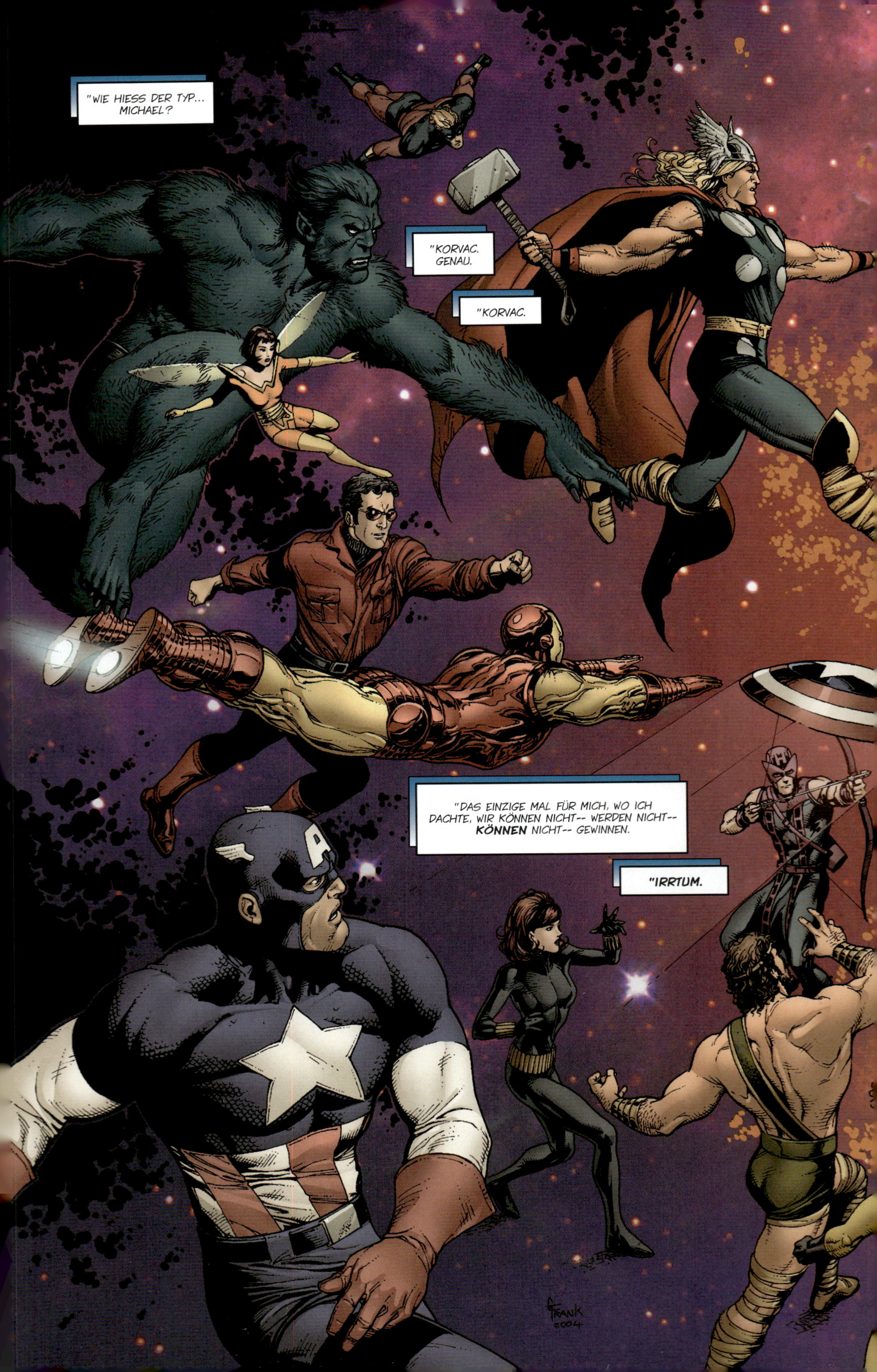
"WIE HIESS DER TYP... MICHAEL?
"KORVAC. GENAU.
"KORVAC.
"DAS EINZIGE MAL FÜR MICH, WO ICH DACHTE, WIR KÖNNEN NICHT-- WERDEN NICHT-- **KÖNNEN** NICHT-- GEWINNEN.
"IRRTUM.
FRANK 2004

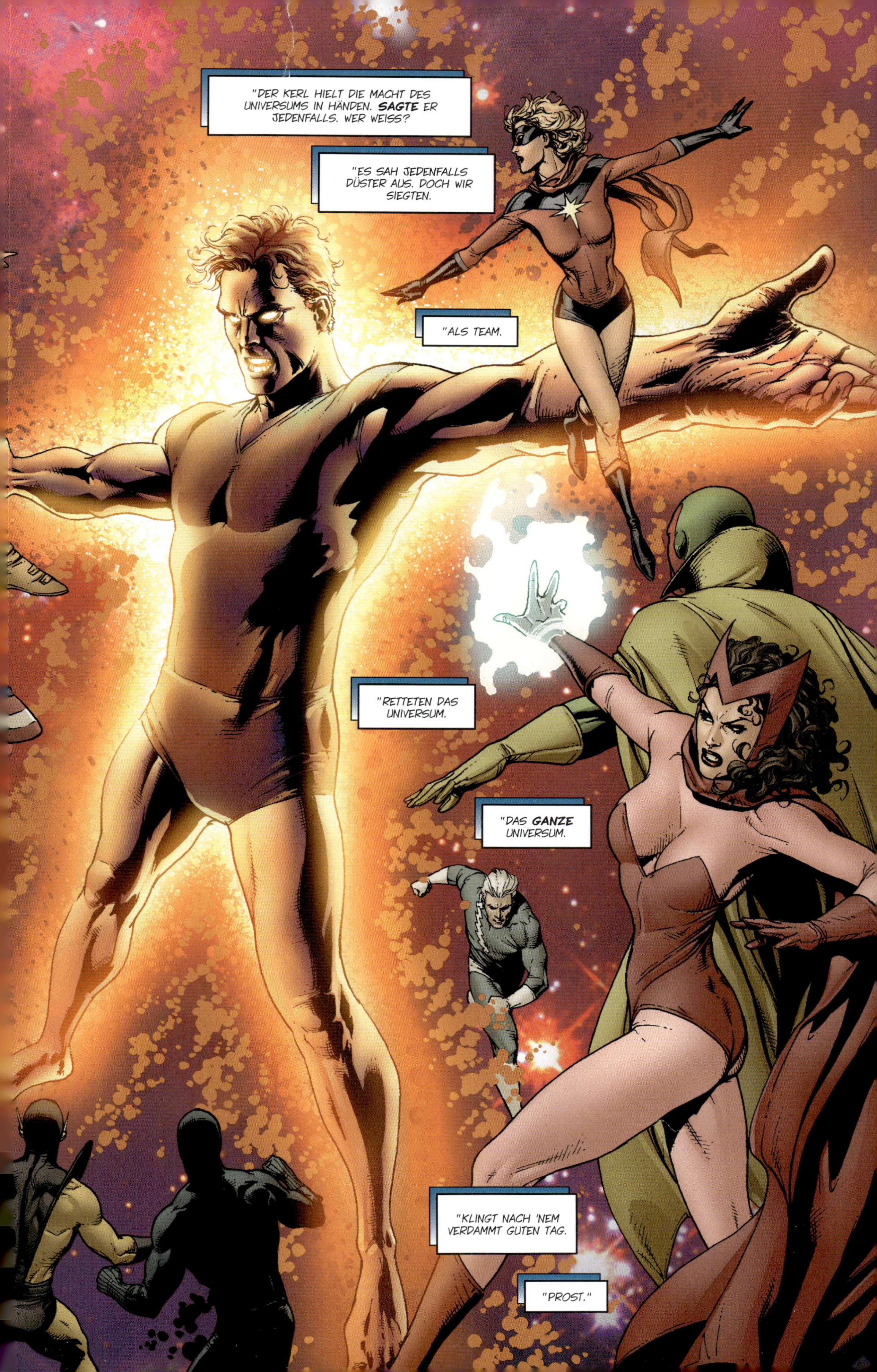
"DER KERL HIELT DIE MACHT DES UNIVERSUMS IN HÄNDEN. SAGTE ER JEDENFALLS. WER WEISS?
"ES SAH JEDENFALLS DÜSTER AUS. DOCH WIR SIEGTEN.
"ALS TEAM.
"RETTETEN DAS UNIVERSUM.
"DAS GANZE UNIVERSUM.
"KLINGT NACH 'NEM VERDAMMT GUTEN TAG.
"PROST."

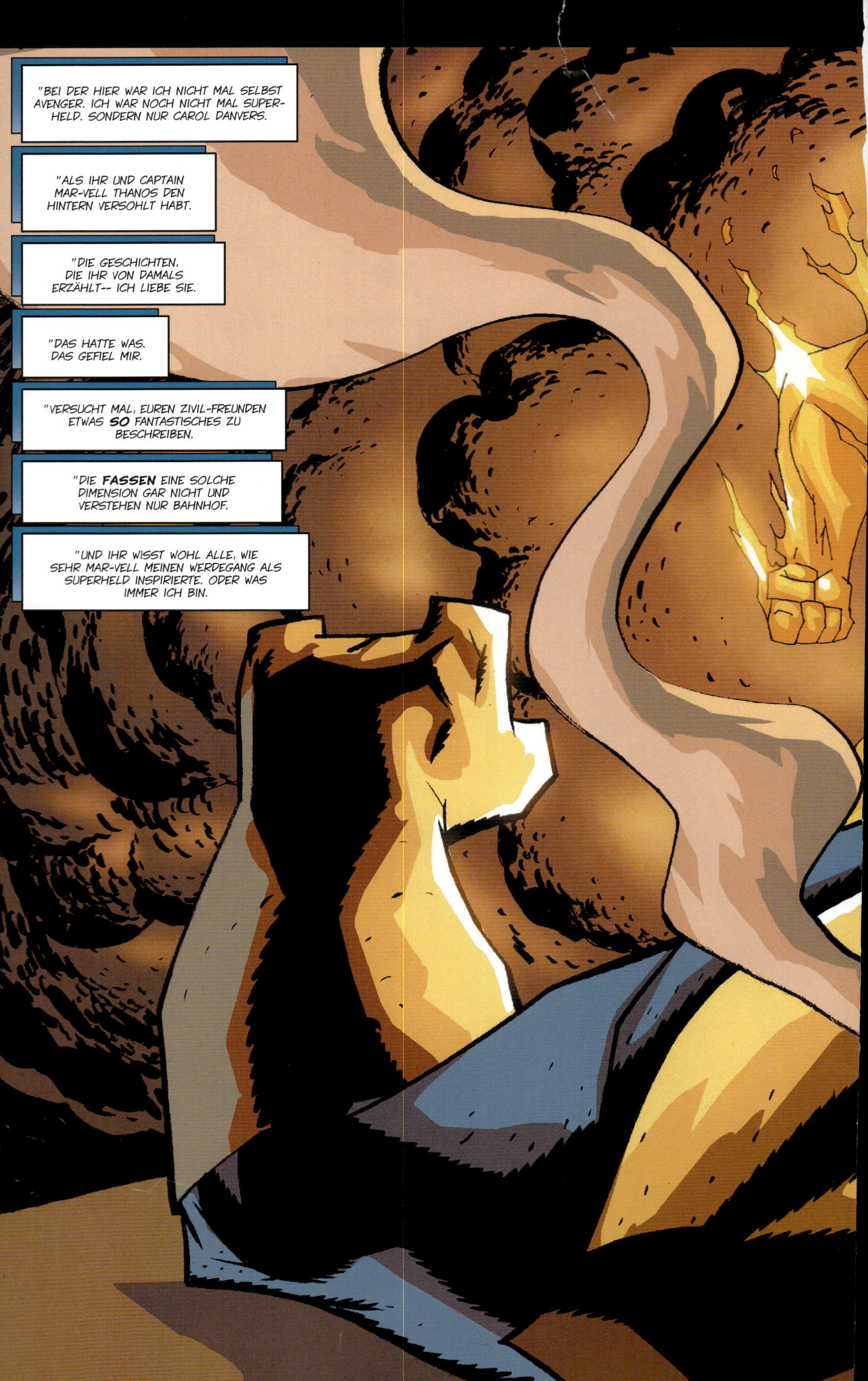
"BEI DER HIER WAR ICH NICHT MAL SELBST AVENGER. ICH WAR NOCH NICHT MAL SUPER-HELD. SONDERN NUR CAROL DANVERS.
"ALS IHR UND CAPTAIN MAR-VELL THANOS DEN HINTERN VERSOHLT HABT.
"DIE GESCHICHTEN, DIE IHR VON DAMALS ERZÄHLT-- ICH LIEBE SIE.
"DAS HATTE WAS. DAS GEFIEL MIR.
"VERSUCHT MAL, EUREN ZIVIL-FREUNDEN ETWAS **SO** FANTASTISCHES ZU BESCHREIBEN.
"DIE **FASSEN** EINE SOLCHE DIMENSION GAR NICHT UND VERSTEHEN NUR BAHNHOF.
"UND IHR WISST WOHL ALLE, WIE SEHR MAR-VELL MEINEN WERDEGANG ALS SUPERHELD INSPIRIERTE. ODER WAS IMMER ICH BIN.

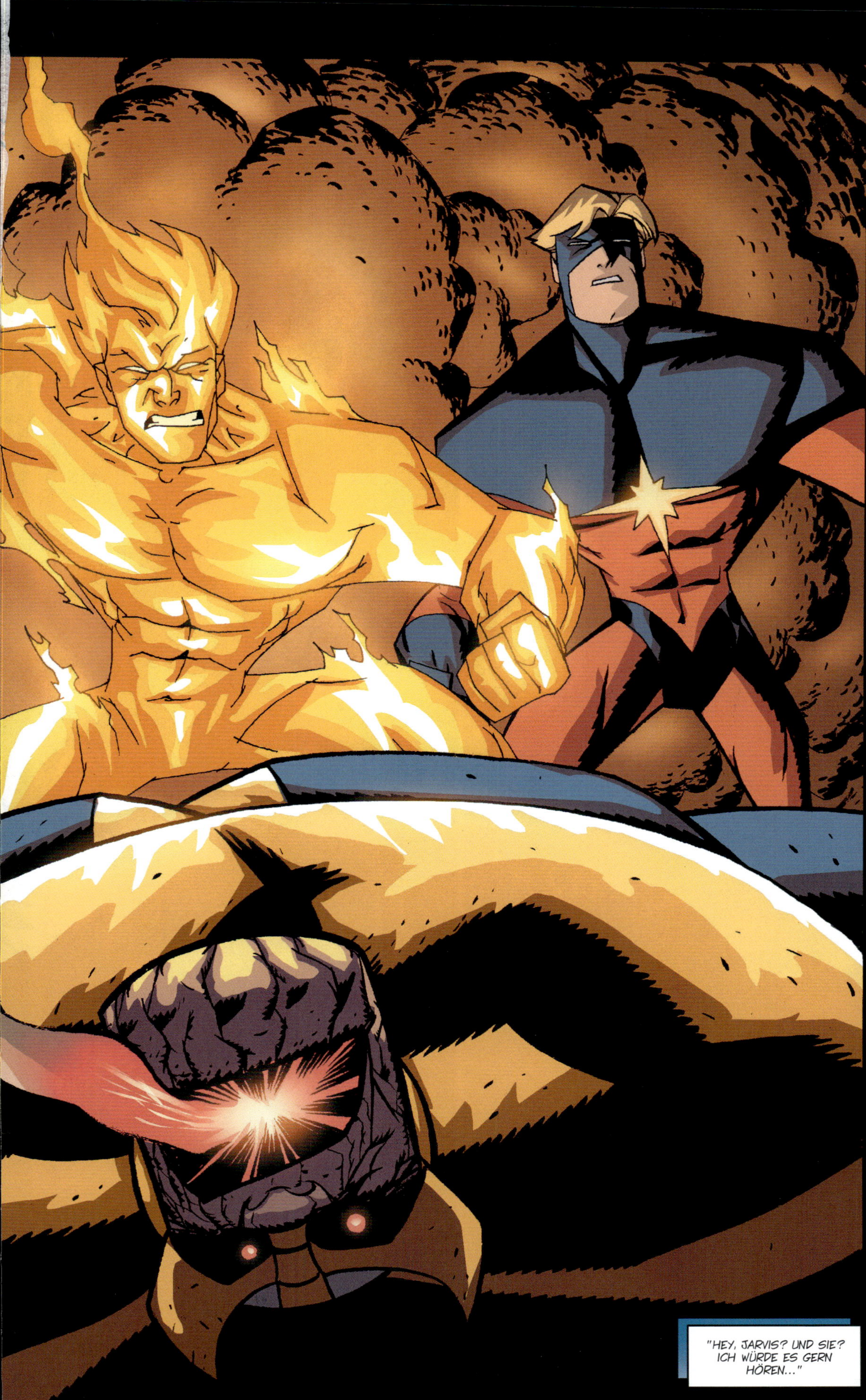
"HEY, JARVIS? UND SIE? ICH WÜRDE ES GERN HÖREN..."

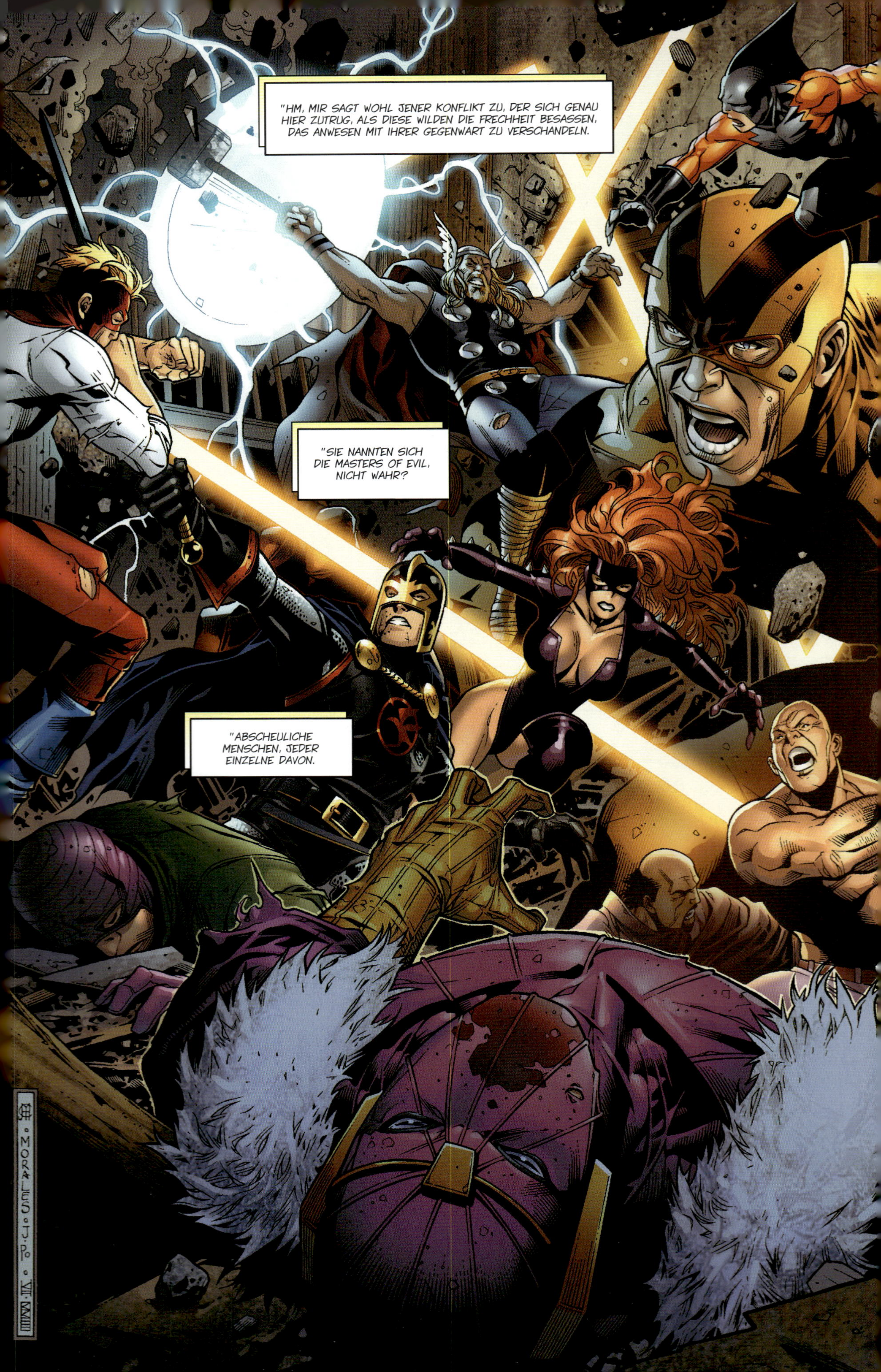
"HM, MIR SAGT WOHL JENER KONFLIKT ZU, DER SICH GENAU HIER ZUTRUG, ALS DIESE WILDEN DIE FRECHHEIT BESASSEN, DAS ANWESEN MIT IHRER GEGENWART ZU VERSCHANDELN.
"SIE NANNTEN SICH DIE MASTERS OF EVIL, NICHT WAHR?
"ABSCHEULICHE MENSCHEN, JEDER EINZELNE DAVON.
MORALES • J.P.

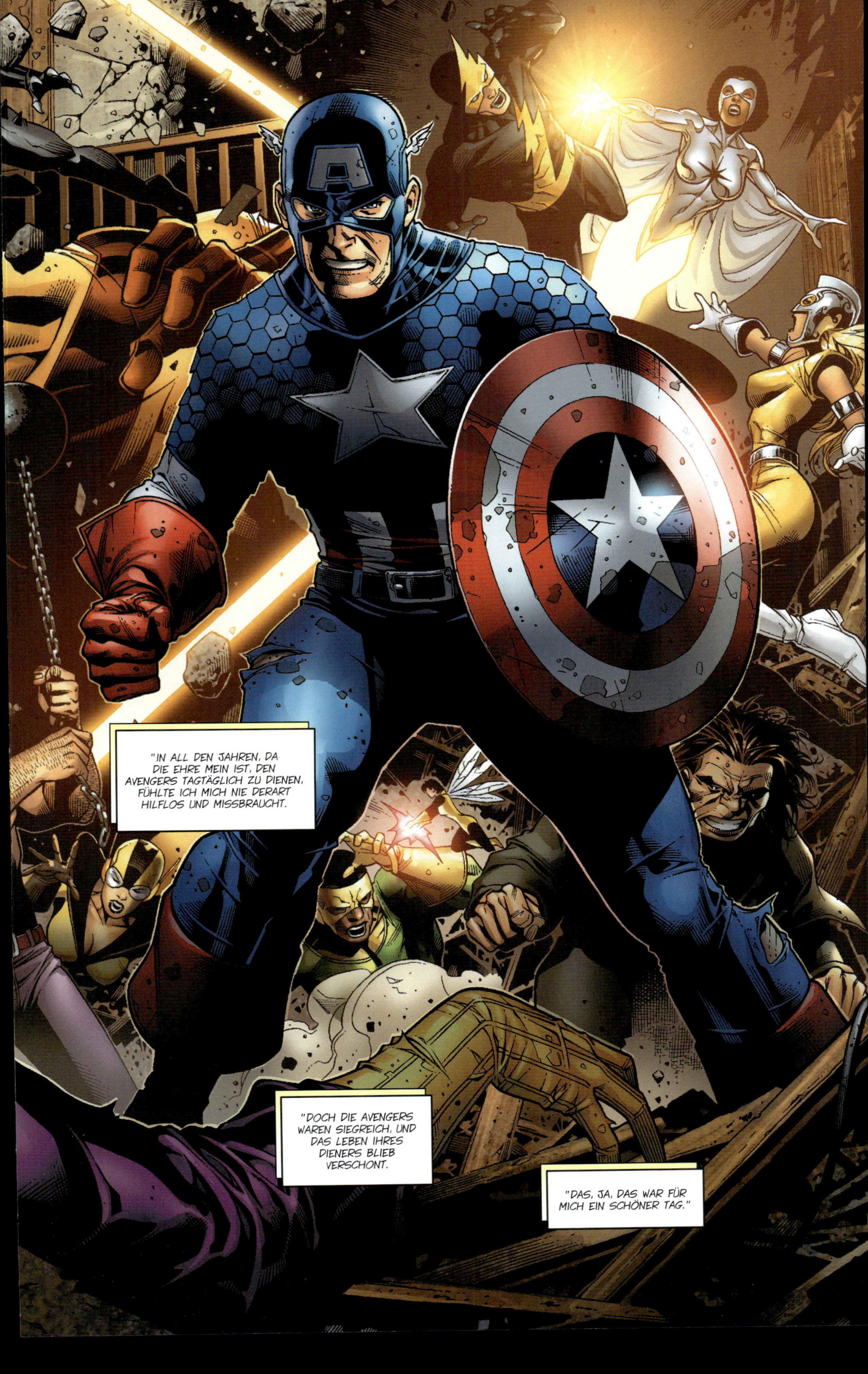
"IN ALL DEN JAHREN, DA DIE EHRE MEIN IST, DEN AVENGERS TAGTÄGLICH ZU DIENEN, FÜHLTE ICH MICH NIE DERART HILFLOS UND MISSBRAUCHT.
"DOCH DIE AVENGERS WAREN SIEGREICH, UND DAS LEBEN IHRES DIENERS BLIEB VERSCHONT.
"DAS, JA, DAS WAR FÜR MICH EIN SCHÖNER TAG."

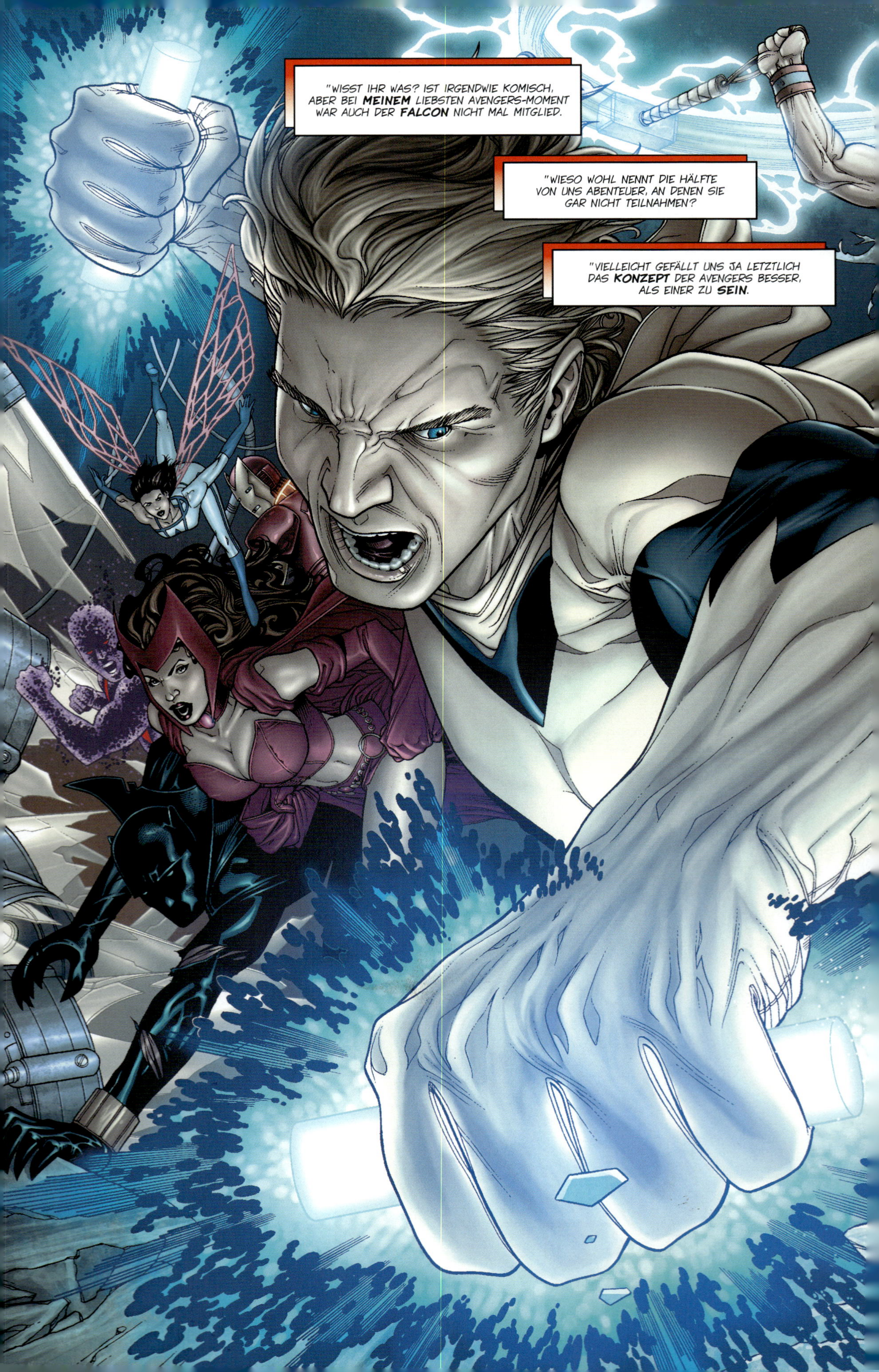
"WISST IHR WAS? IST IRGENDWIE KOMISCH, ABER BEI **MEINEM** LIEBSTEN AVENGERS-MOMENT WAR AUCH DER **FALCON** NICHT MAL MITGLIED.
"WIESO WOHL NENNT DIE HÄLFTE VON UNS ABENTEUER, AN DENEN SIE GAR NICHT TEILNAHMEN?
"VIELLEICHT GEFÄLLT UNS JA LETZTLICH DAS **KONZEPT** DER AVENGERS BESSER, ALS EINER ZU **SEIN**.

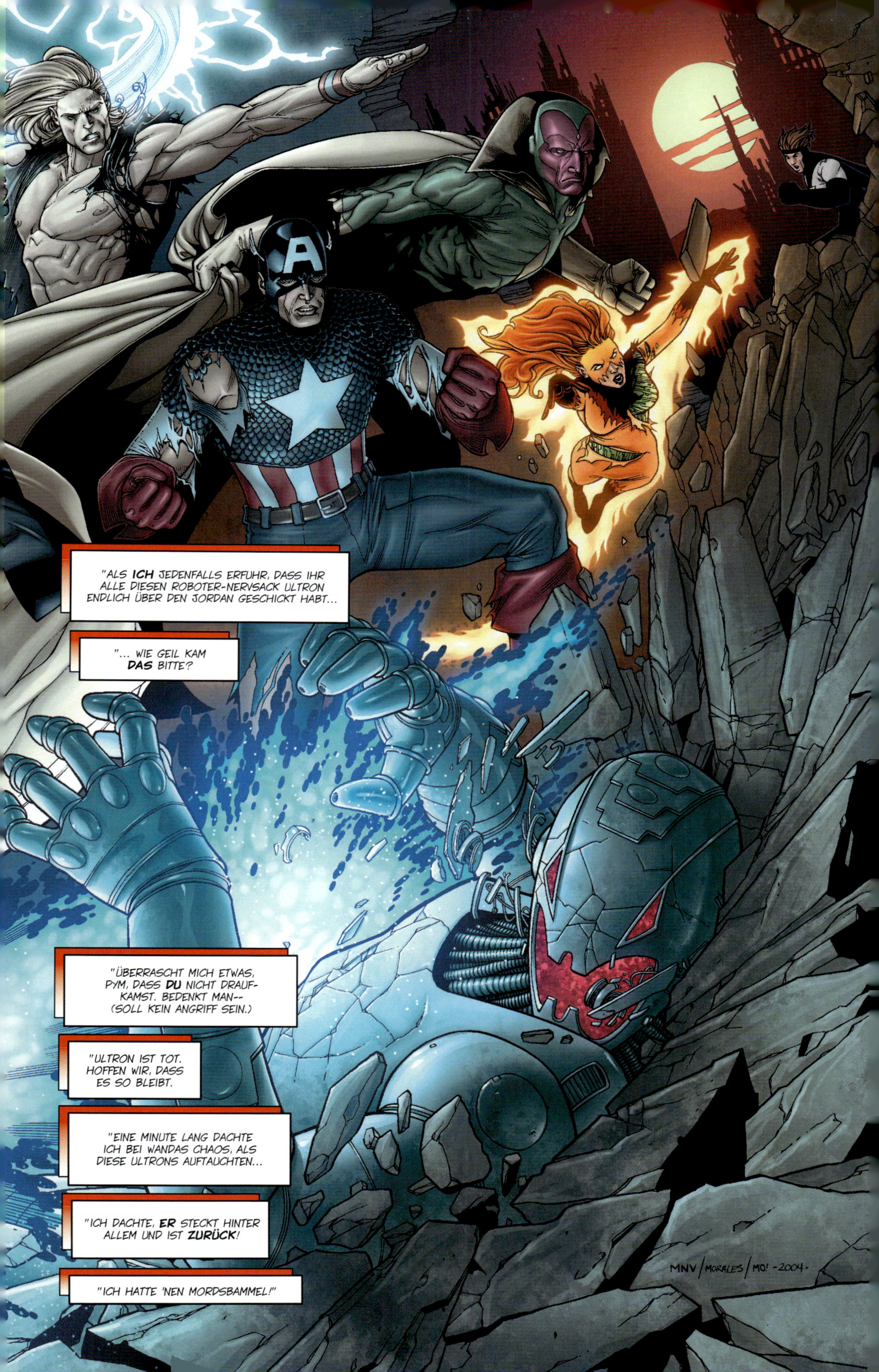
"ALS ICH JEDENFALLS ERFUHR, DASS IHR ALLE DIESEN ROBOTER-NERVSACK ULTRON ENDLICH ÜBER DEN JORDAN GESCHICKT HABT...
"... WIE GEIL KAM DAS BITTE?
"ÜBERRASCHT MICH ETWAS, PYM, DASS DU NICHT DRAUFKAMST. BEDENKT MAN-- (SOLL KEIN ANGRIFF SEIN.)
"ULTRON IST TOT. HOFFEN WIR, DASS ES SO BLEIBT.
"EINE MINUTE LANG DACHTE ICH BEI WANDAS CHAOS, ALS DIESE ULTRONS AUFTAUCHTEN...
"ICH DACHTE, ER STECKT HINTER ALLEM UND IST ZURÜCK!
"ICH HATTE 'NEN MORDSBAMMEL!"
MNV/MORALES/MQ! -2004-

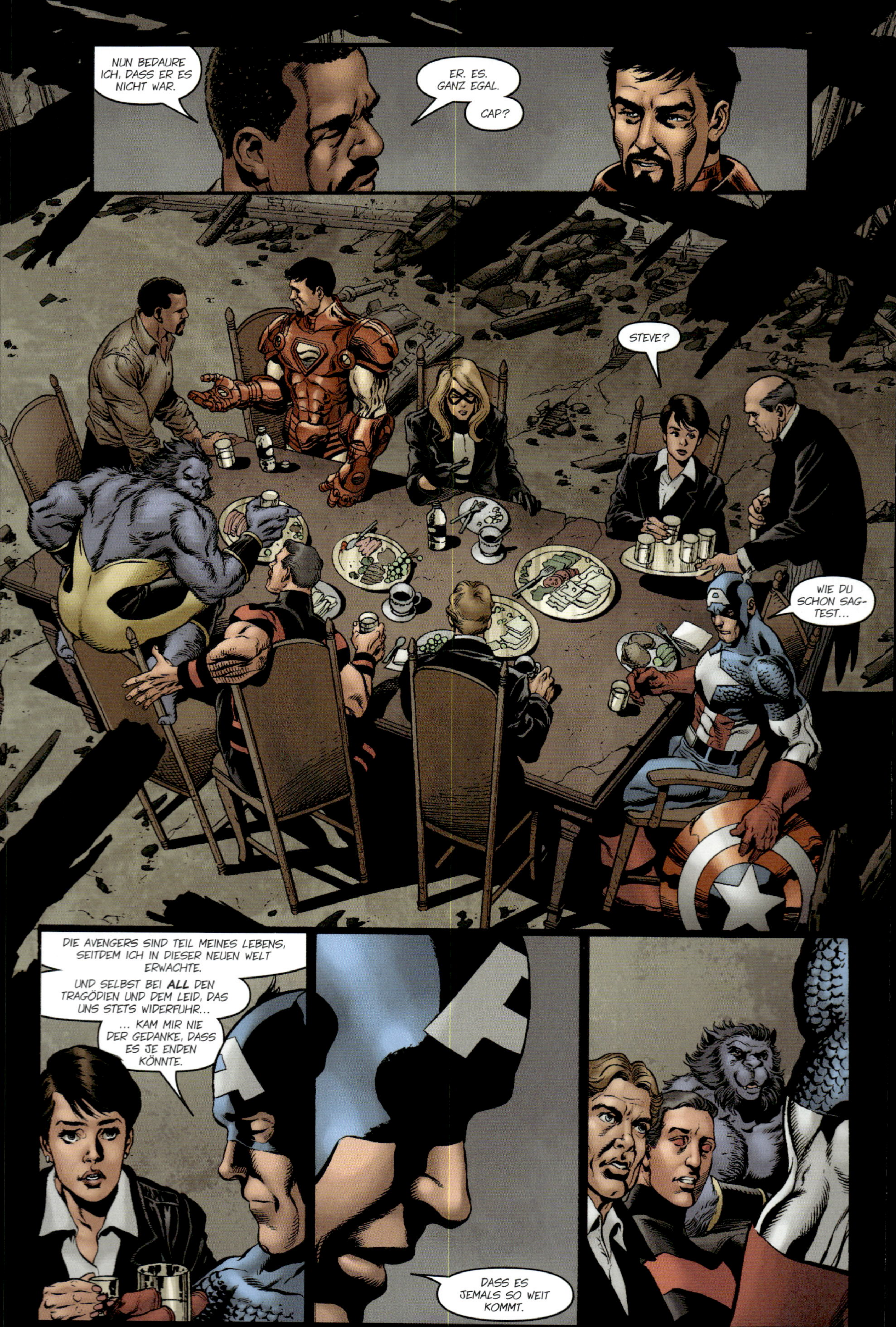
NUN BEDAURE ICH, DASS ER ES NICHT WAR.
ER. ES. GANZ EGAL.
CAP?
STEVE?
WIE DU SCHON SAGTEST...
DIE AVENGERS SIND TEIL MEINES LEBENS, SEITDEM ICH IN DIESER NEUEN WELT ERWACHTE.
UND SELBST BEI ALL DEN TRAGÖDIEN UND DEM LEID, DAS UNS STETS WIDERFUHR...
... KAM MIR NIE DER GEDANKE, DASS ES JE ENDEN KÖNNTE.
DASS ES JEMALS SO WEIT KOMMT.

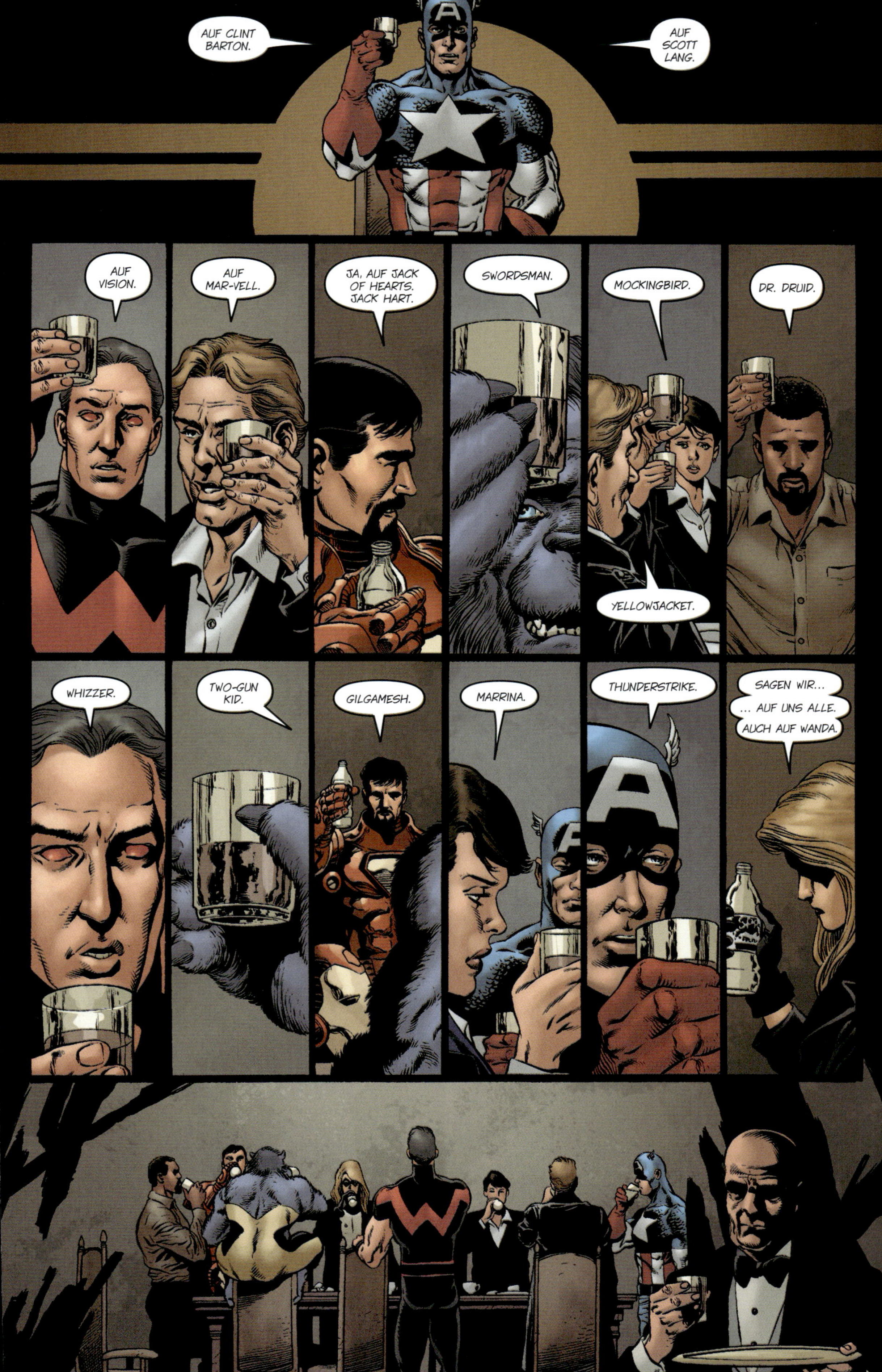
AUF CLINT BARTON.
AUF SCOTT LANG.
AUF VISION.
AUF MAR-VELL.
JA, AUF JACK OF HEARTS. JACK HART.
SWORDSMAN.
MOCKINGBIRD.
YELLOWJACKET.
DR. DRUID.
WHIZZER.
TWO-GUN KID.
GILGAMESH.
MARRINA.
THUNDERSTRIKE.
SAGEN WIR...
... AUF UNS ALLE.
AUCH AUF WANDA.

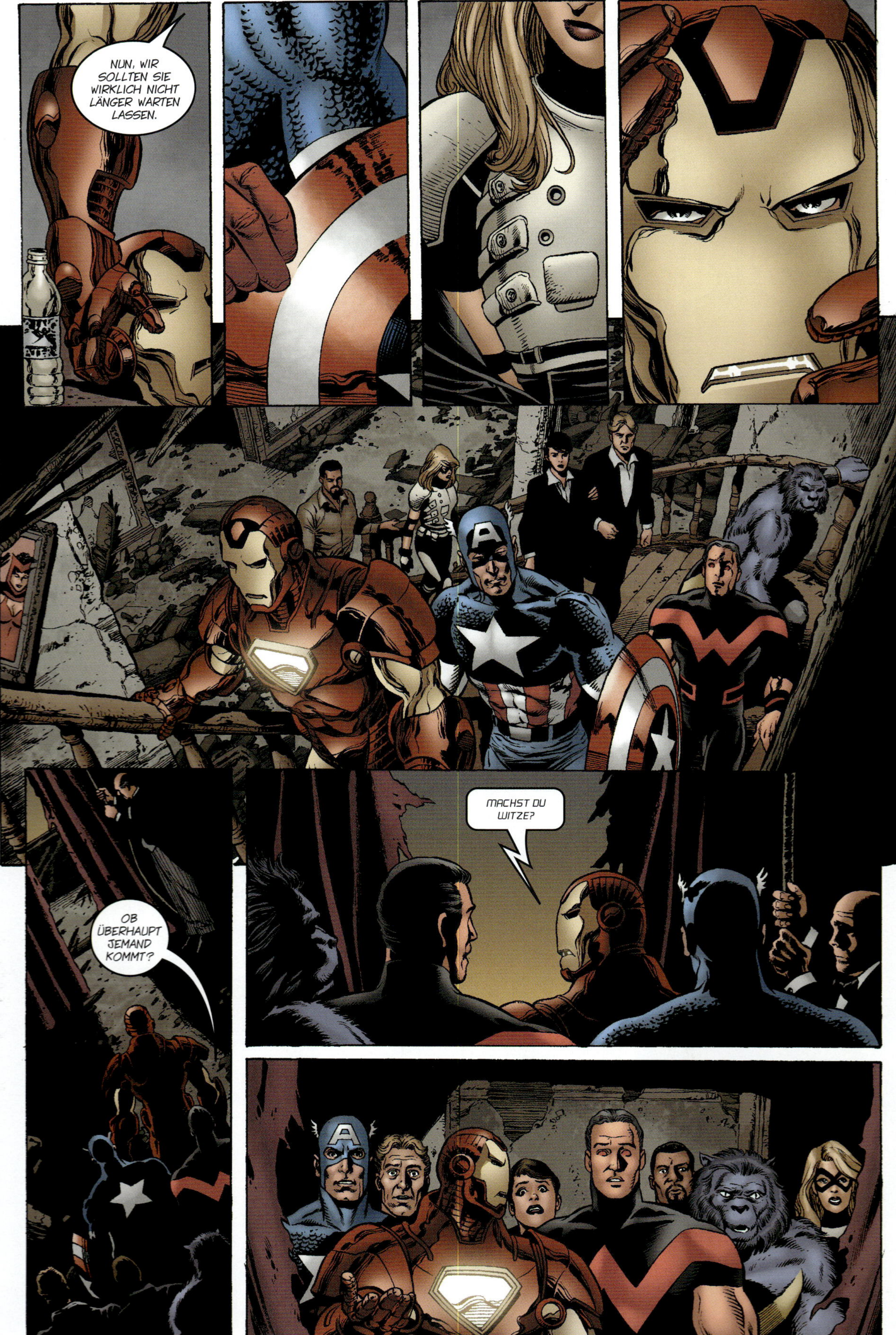

NUN, WIR SOLLTEN SIE WIRKLICH NICHT LÄNGER WARTEN LASSEN.
OB ÜBERHAUPT JEMAND KOMMT?
MACHST DU WITZE?

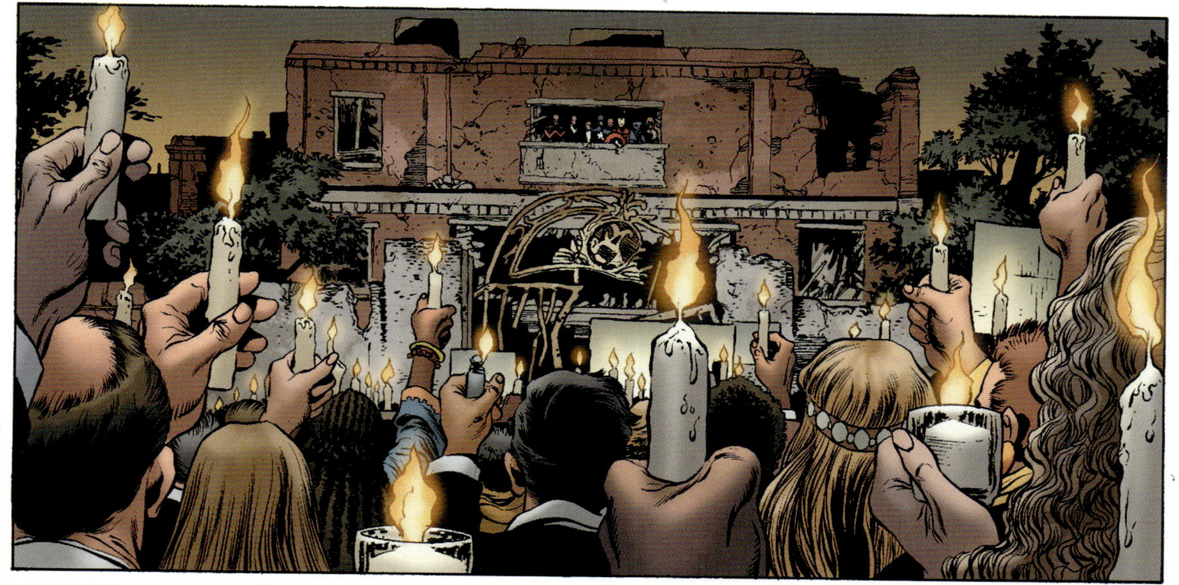

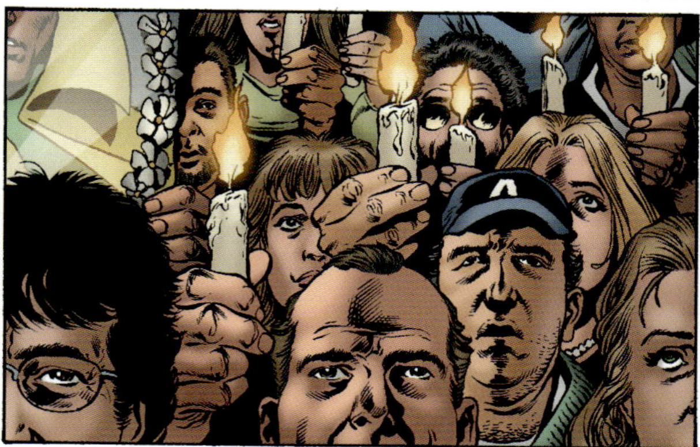

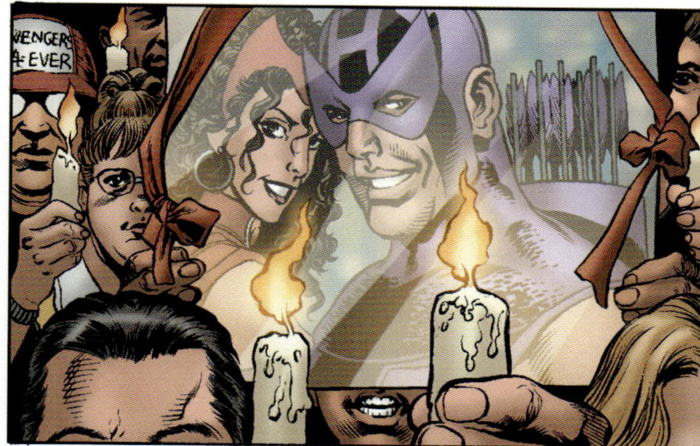

VENGERS
4 EVER

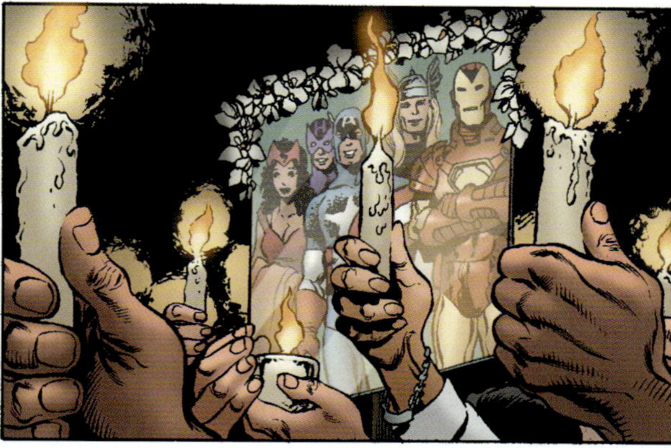

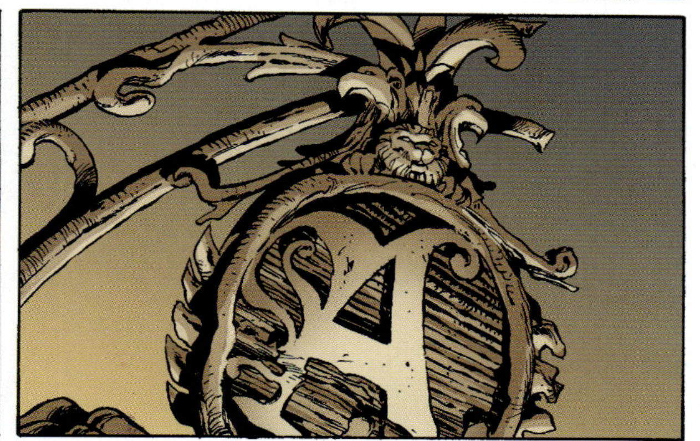

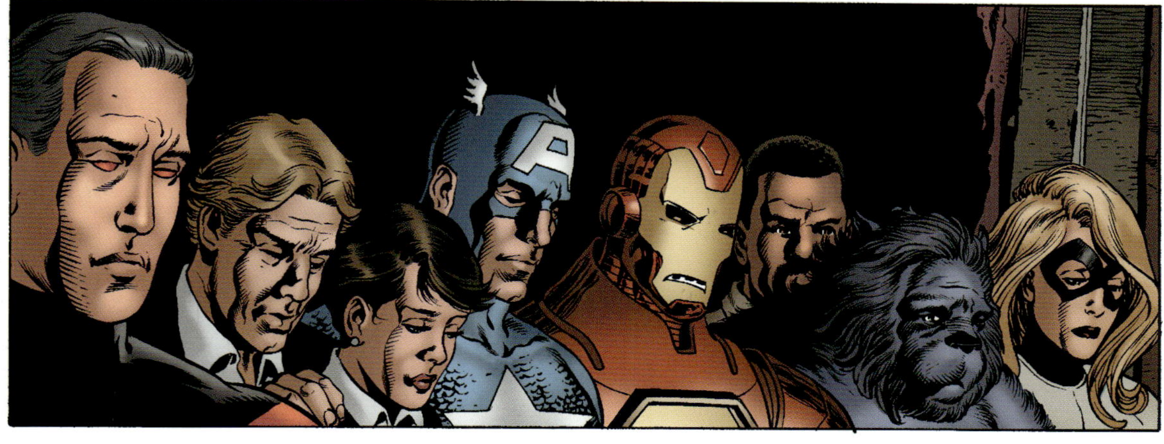

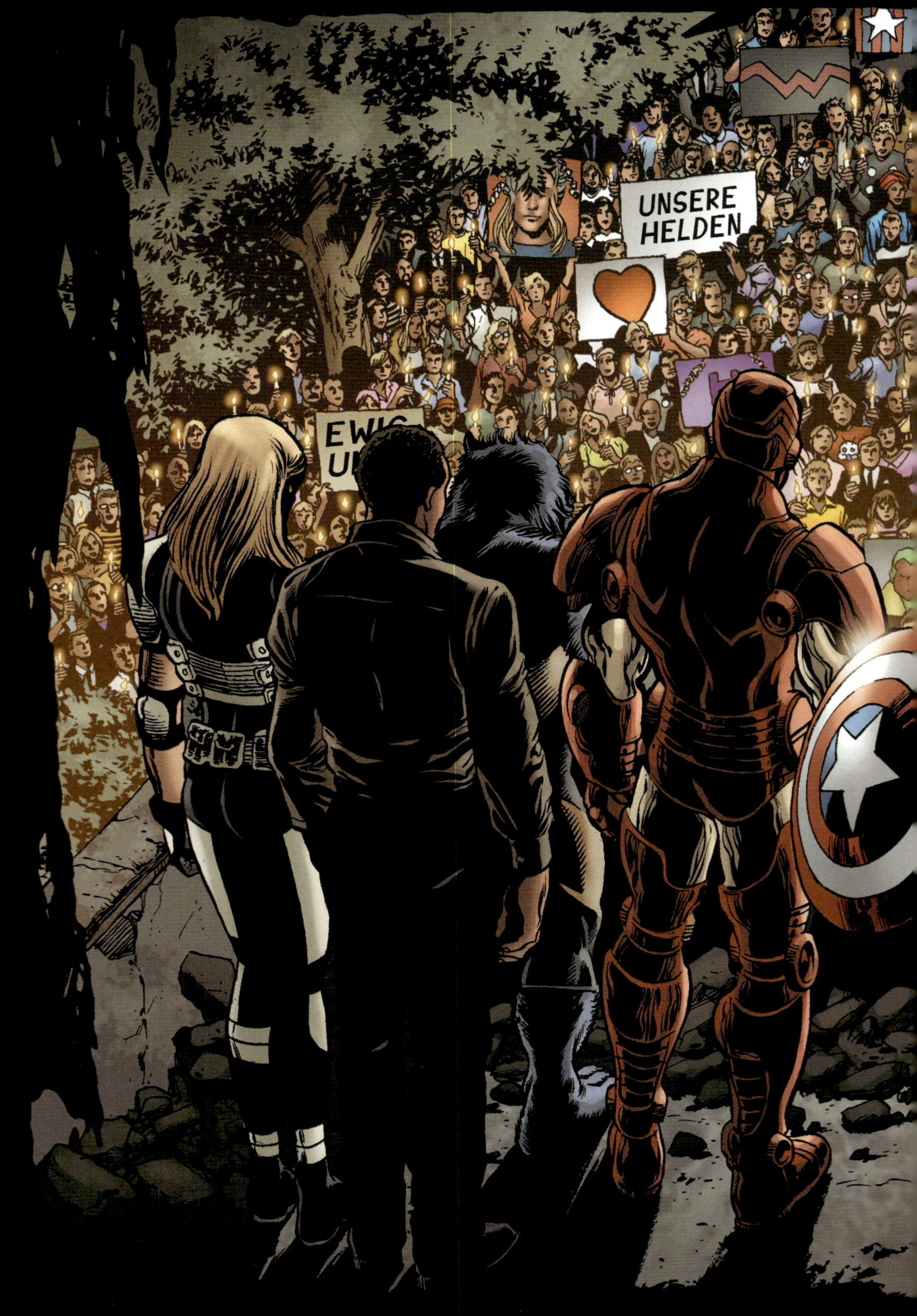
UNSERE
HELDEN

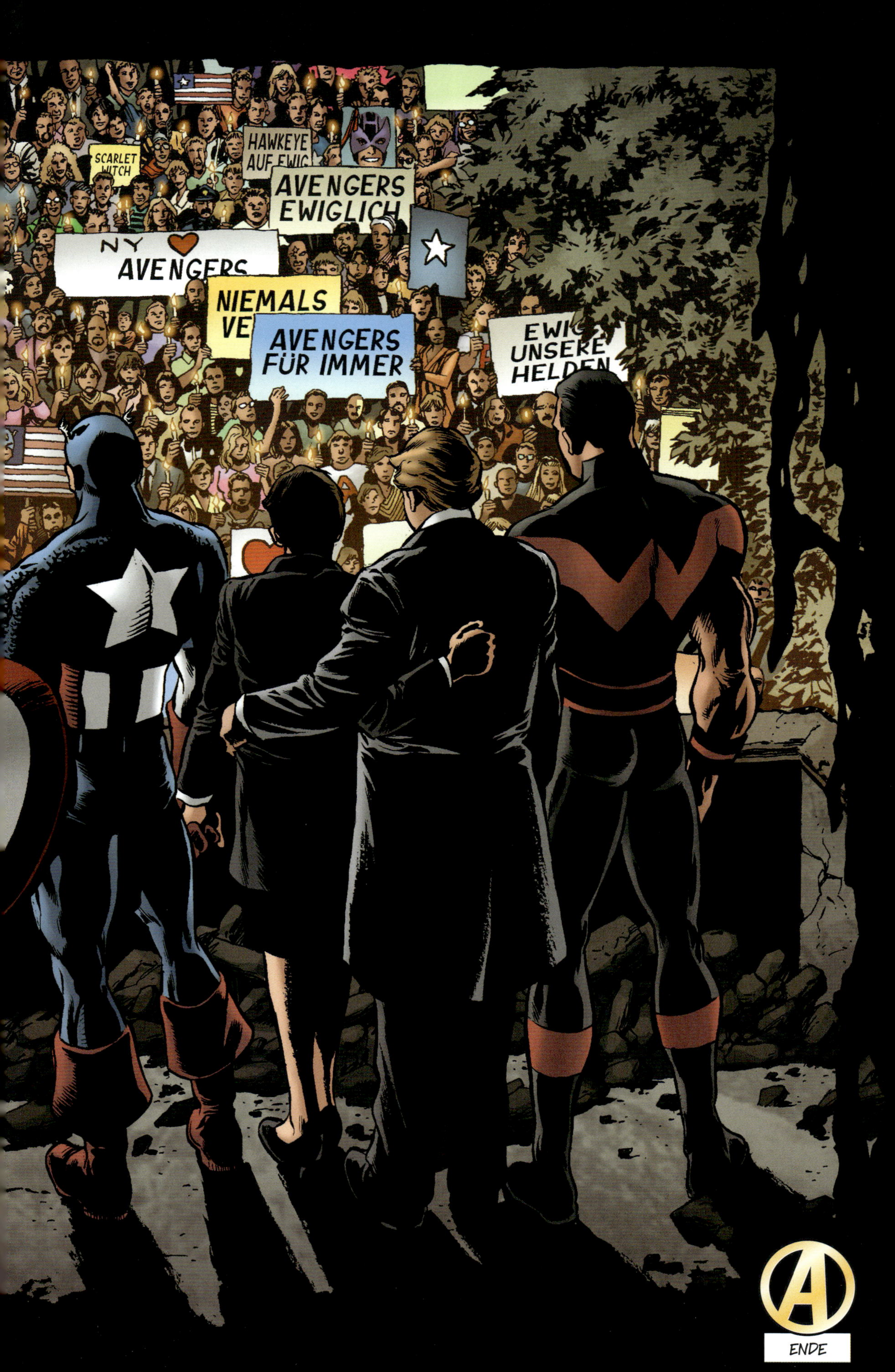

SCARLET WITCH
HAWKEYE AUF EWIG
AVENGERS EWIGLICH
NY
NIEMALS
AVENGERS FÜR IMMER
UNSERE
ENDE

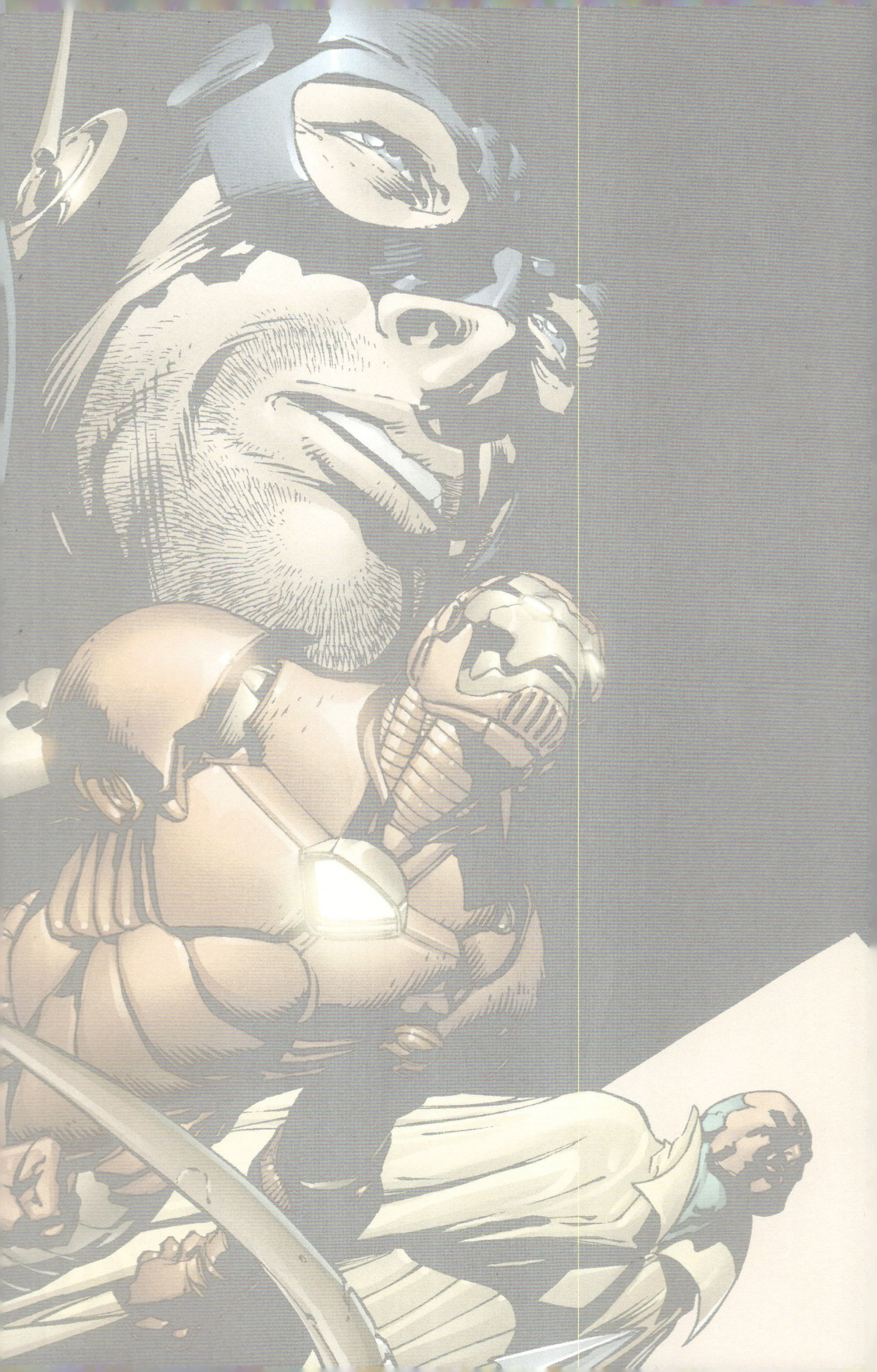

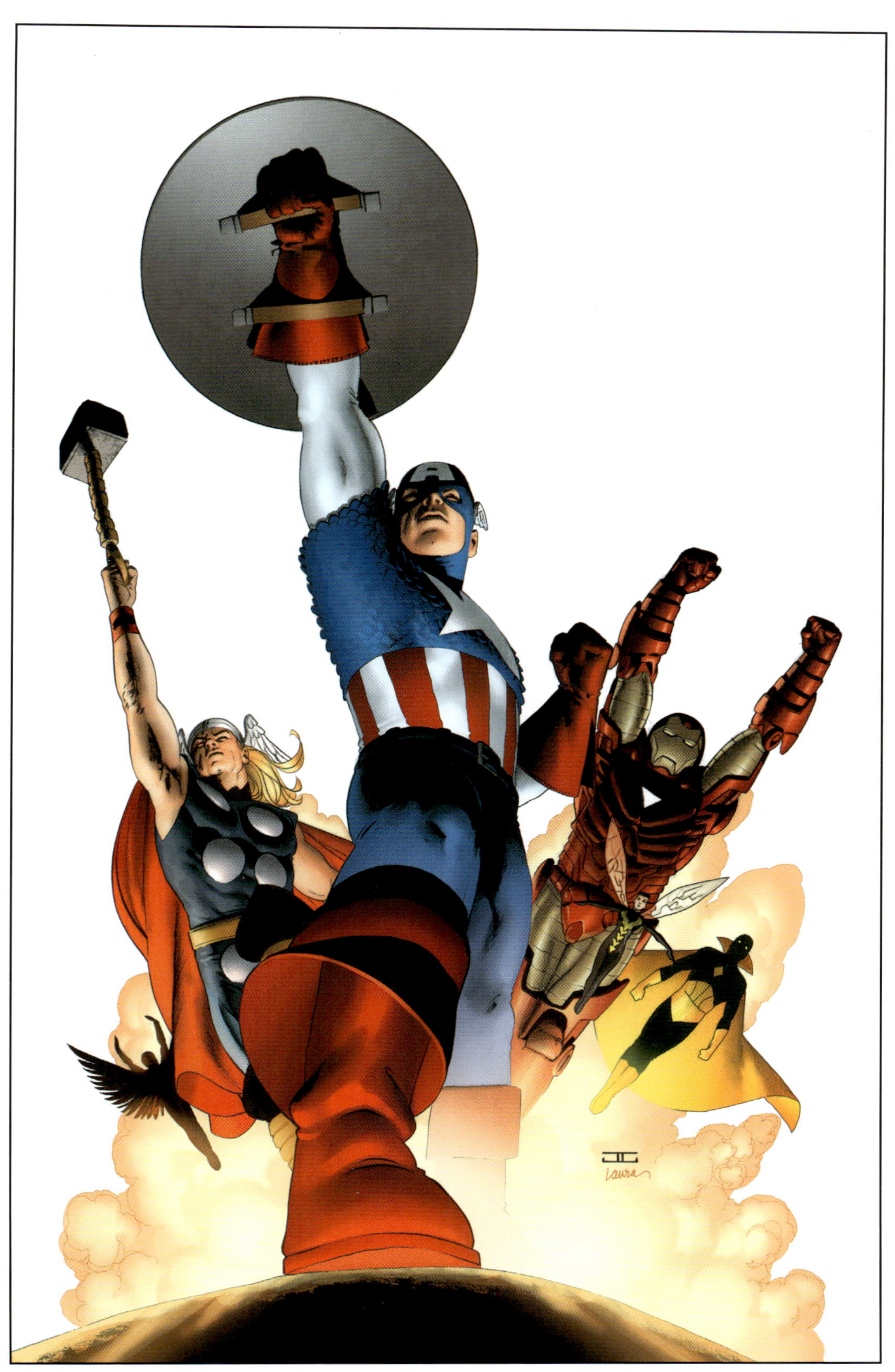

Avengers (1963) 500
Variant-Cover von **JOHN CASSADAY**

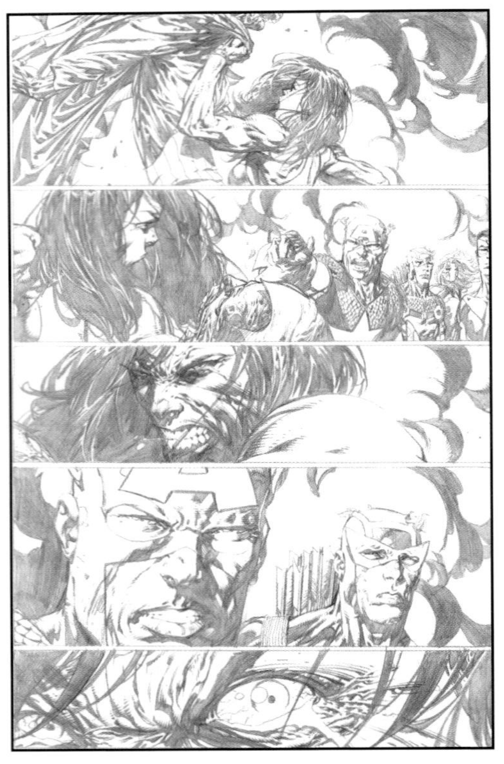

Avengers (1963) 500, Seite 44
Zeichnungen von **DAVID FINCH**

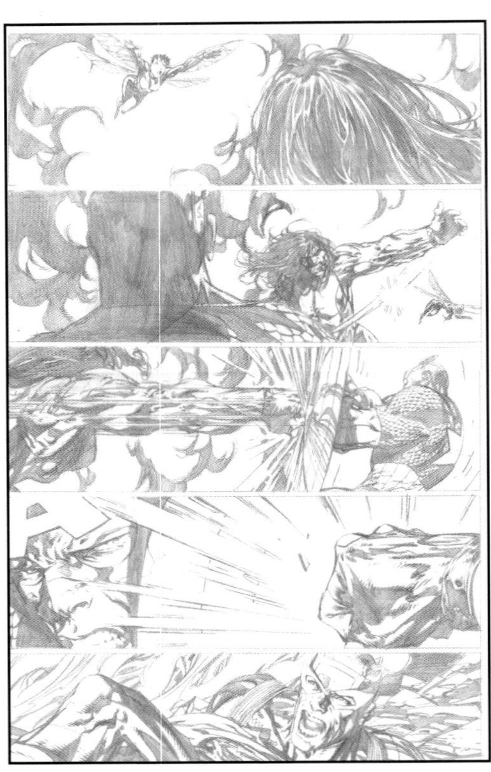

Avengers (1963) 500, Seite 46
Zeichnungen von **DAVID FINCH**

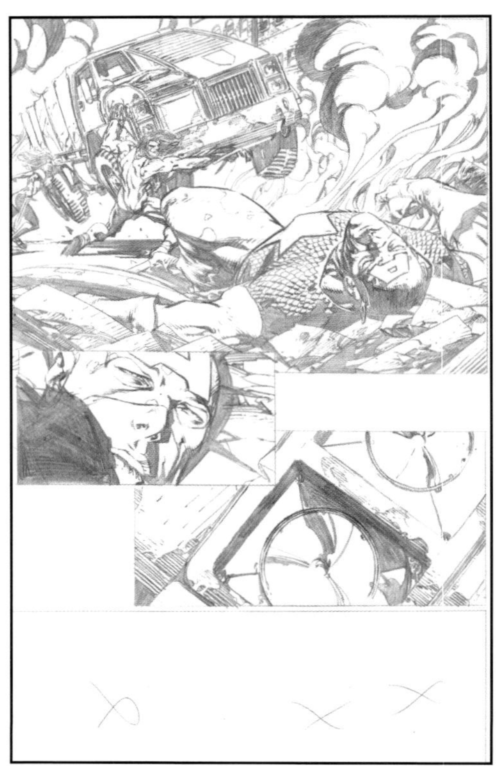

Avengers (1963) 500, Seite 47
Zeichnungen von **DAVID FINCH**

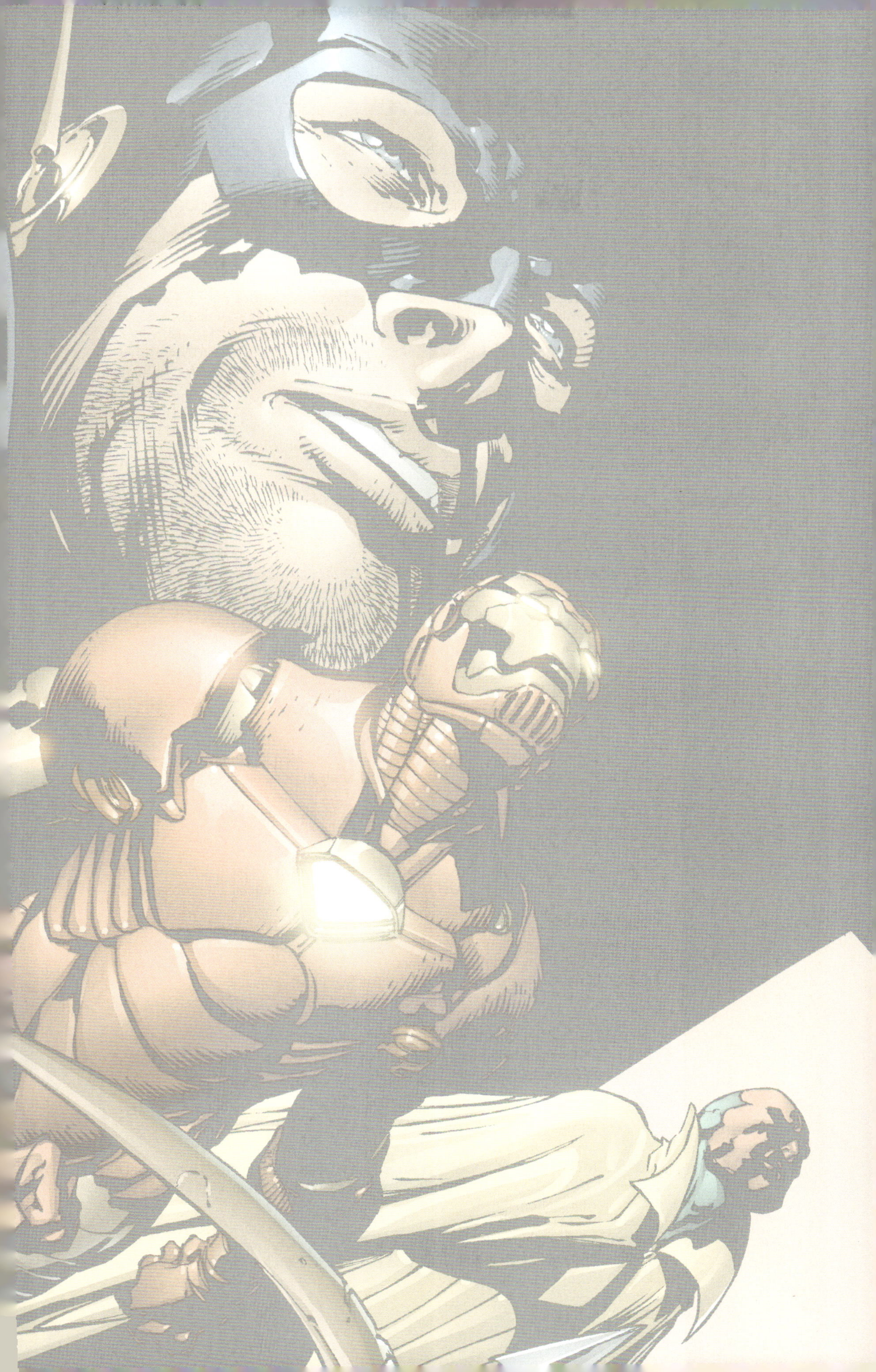

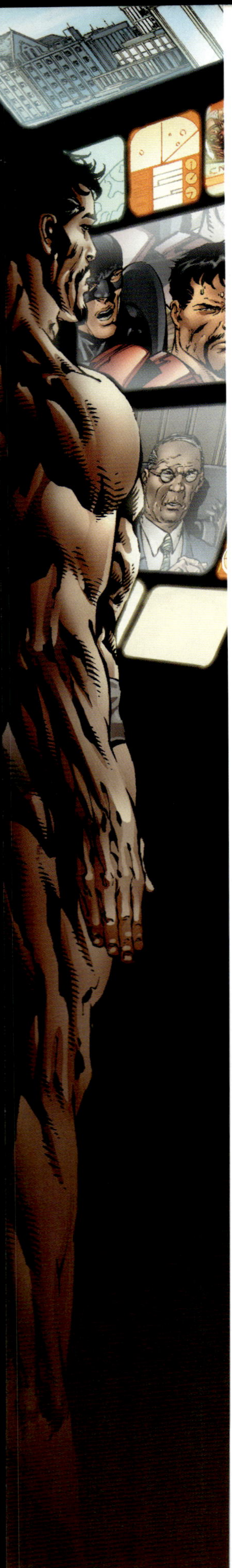

DIE MACHER

BRIAN MICHAEL BENDIS gehörte zwischen 2000 und 2018 zu den großen Lenkern des Marvel-Universums. Der Schöpfer von Miles Morales und Jessica Jones schrieb wichtige Sagas in ULTIMATE SPIDER-MAN, DAREDEVIL, mehreren AVENGERS Serien, DIE NEUEN X-MEN, IRON MAN, GUARDIANS OF THE GALAXY, HOUSE OF M, CIVIL WAR II und anderen. Dazu kommen eigenständige Serien wie SCARLET und POWERS. Nach seinem Wechsel zu DC übernahm Bendis SUPERMAN und SUPERMAN - ACTION COMICS.

DAVID FINCH wurde massiv von den Zeichner-Ikonen der 90er beeinflusst. Nach einem Comic zum Videospiel *Call of Duty* und *Star Trek/X-Men* illustrierte der preisgekrönte Kanadier für Marvel DIE ULTIMATIVEN X-MEN, AVENGERS, MOON KNIGHT, FALLEN SON und ULTIMATUM. Für DC bebilderte er BATMAN, BATMAN - THE DARK KNIGHT, FOREVER EVIL und WONDER WOMAN. Als Konzeptkünstler arbeitete Finch zudem an Zack Snyders *Watchmen*-Film mit.

OLIVIER COIPEL stammt aus Frankreich, war als Animationszeichner tätig und realisierte die Comics HOUSE OF M, THOR, THE SIEGE, SPIDER-MAN: SPIDER-VERSE und THE MAGIC ORDER.

ALEX MALEEV ist ein bulgarischer Künstler, der mit Bendis DAREDEVIL, HALO, SCARLET und IRON MAN umsetzte. Daneben zeichnete er STEPHEN KINGS N., STAR WARS: LANDO und viele weitere.

STEVE EPTING visualisierte von 1991 bis 1994 die Abenteuer der Avengers. In den letzten Jahren bebilderte er CAPTAIN AMERICA, NEW AVENGERS, SUPERMAN - ACTION COMICS und *Velvet*.

LEE WEEKS illustrierte Abenteuer mit Tarzan, den Predators, Daredevil, dem Hulk, Captain America, Spider-Man und Batman.

MICHAEL GAYDOS brachte JESSICA JONES, DAREDEVIL: DIE ABRECHNUNG, SPIDER-MAN, Comics zur TV-Serie *24* und andere zu Papier.

ERIC POWELL gelang mit seiner Schöpfung *The Goon* ein unabhängiger Comic-Hit. Überdies verwirklichte er Storys über Hulk, Conan, Superman, Billy the Kid und Godzilla.

DARICK ROBERTSON zeichnete THE BOYS, PUNISHER, DEADPOOL, CONAN und TRANSMETROPOLITAN.

MIKE MAYHEW bebilderte die Abenteuer von Zorro, Green Arrow sowie THE STAR WARS, eine Comic-Version der Urfassung von George Lucas' Sternensaga.

DAVID MACK kennt man vor allem für seine eigene Serie *Kabuki*. Mit Bendis arbeitete er an DAREDEVIL und DAREDEVIL: DAS ENDE ALLER TAGE zusammen.

GARY FRANK zeichnete von England aus SUPREME POWER, SUPERMAN: SECRET ORIGIN, SHAZAM!, BATMAN: ERDE EINS, DOOMSDAY CLOCK und *Supergirl*.

MICHAEL AVON OEMING schuf mit Bendis POWERS, *Takio* und *The United States of Murder Inc.* Darüber hinaus inszenierte er *Mice Templar*, CONAN, THOR: RAGNARÖK und andere.

JIM CHEUNG brachte u. a. YOUNG AVENGERS, INFINITY, AXIS und SPIDER-MAN: DIE KLON-VERSCHWÖRUNG zu Papier.

STEVE McNIVEN zählt CIVIL WAR, NEW AVENGERS, WOLVERINE: OLD MAN LOGAN, DER TOD VON WOLVERINE, NEMESIS und GUARDIANS OF THE GALAXY zu seinem Schaffen.

GEORGE PÉREZ ist einer der größten Künstler der Avengers-Historie, zeichnete das Thanos-Epos INFINITY GAUNTLET und prägte mit WONDER WOMAN und *Crisis on Infinite Earths* den DC-Kosmos.

AVENGERS
HELDENFALL

BONUSTEIL

Wie ihr gerade gesehen habt, bedeutete AVENGERS: HELDENFALL das Ende einer Epoche und legte in vielerlei Hinsicht das Fundament für die moderne Marvel-Ära. Auf den folgenden Seiten werfen wir einen Blick darauf, wie dieses erderschütternde Ereignis das Marvel-Universum veränderte und zum Neuanfang für die mächtigsten Helden der Erde wurde ...

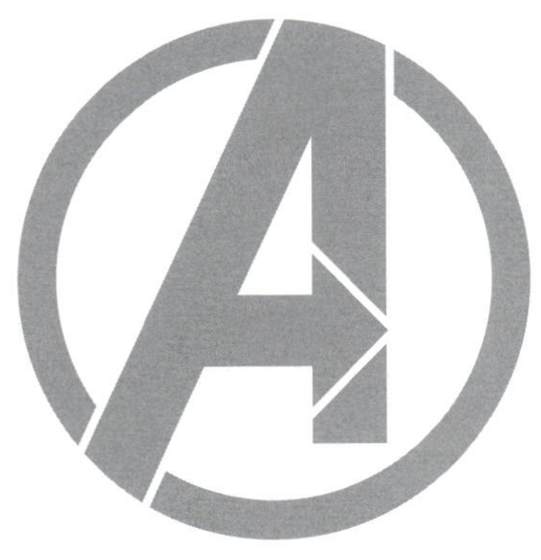

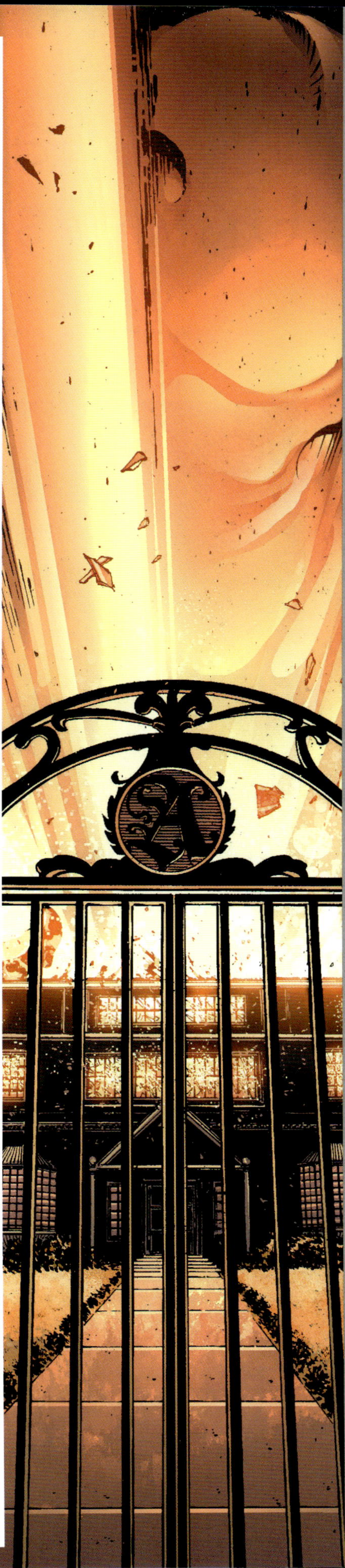

Wie man ein Universum zerlegt

Brian Michael Bendis sollte sieben Jahre lang für *Avengers* arbeiten und formte vom ersten Tag an das Team und das ganze Marvel-Universum neu. Sein erstes Heft in Eigenregie war die Jubiläumsausgabe 500, und er sorgte dafür, dass keiner diese Geburtstagsparty jemals vergaß.

Die Rückkehr des zombifizierten **Jack of Hearts** kündigte ein Desaster für die Avengers an.

Der Grundgedanke für AVENGERS: HELDENFALL gärte recht lange. Tatsächlich kam er Bendis schon in seiner Kindheit in den Sinn, lange vor seiner Laufbahn im Comic-Geschäft. „Er entsprang einer lange gehegten, ‚nerdigen' Idee, wie ich sie habe, seit ich acht war. Jeder, der Comics liest, hat solche Einfälle: Wäre es nicht super, wenn dies, wäre es nicht super, wenn das", gesteht Bendis. „Wir hatten unsere große Redaktionssitzung und kamen zu den **Avengers**, da plapperte ich meine nerdige Idee einfach hinaus, ohne zu bedenken, dass ich in der Position war, sie in die Tat umzusetzen."

Nach 500 Ausgaben wurde es Zeit für eine Veränderung, für einen völligen Neuanfang, aber gleichzeitig sollte es zurück zum Wesentlichen gehen. *Avengers* lief seit 1963, und auch wenn sich alles in ungeahntem Maße verändern sollte, mussten die Grundprämisse und Ideale gleich bleiben. „Es geht nur um das Thema ‚Mächtigste Helden der Erde'", erklärte Bendis. „Was die Figuren sein können, worum es bei dem Team geht ... Veränderung. Veränderung bei den Mitgliedern, den Beziehungen – nicht viel anders als das, was **Stan (Lee)** gemacht hat, als er alle populären Figuren hinausgeworfen und **Hawkeye** nebst zwei Mutanten der Bruderschaft der bösen Mutanten ins Spiel brachte (in *Avengers* 16, Mai 1965) – das hier ist sein Erbe."

Bendis beschrieb HELDENFALL als „die letzte Storyline in dieser Ära der Avengers. Etwas sehr Dramatisches und Tragisches geschieht mit den Avengers – noch wissen sie nicht, warum oder wer, aber zwei Ausgaben später wissen sie es, und das ergibt die letzte dramatische Story dieser Ära. Statt langsam auszublenden und neu zu gestalten, gehen wir den anderen Weg. Ein großes Finale und ein neuer Anfang!"

▶ Das Team von Autor Brian Michael Bendis und Zeichner David Finch hatte schon 2003 mit dem Werk *Ultimate X-Men* Aufmerksamkeit erregt und viele Leser gefunden. Nach den Ereignissen in AVENGERS: HELDENFALL startete das Duo das Team in *New Avengers* neu. Finch illustrierte *Moon Knight* mit **Charlie Huston**, ehe er ins Ultimative Marvel-Universum zurückkehrte und an *Ultimatum* arbeitete.

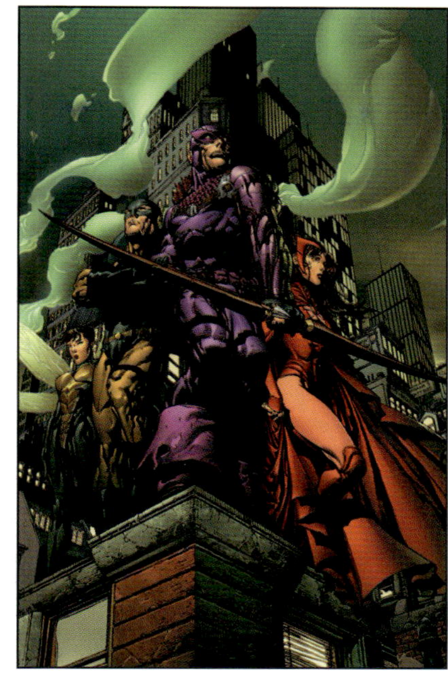

Hawkeye und **Scarlet Witch** waren seit 1965 Avengers, aber HELDENFALL sollte alles verändern.

Dieser Neustart sollte die Bühne dafür bereiten, was mit dem Team passiert, das in *New Avengers* thematisiert wird, das ebenfalls Bendis schrieb und **Finch** illustrierte. Bendis versprach, dass das neue Team „neuen Regeln, neuen Ideen, neuen Vorstellungen für ein Team-Buch" folgen würde. Und er betonte, dass die neue Besetzung nicht unflexibel sein sollte: „Wenn Magie auftaucht, holt man **Dr. Strange**; wenn Vampire kommen, ruft man **Blade**."

Die Story löste bei Erscheinen von AVENGERS: HELDENFALL eine ungeheure Kontroverse aus, die Bendis diesmal überraschte: „Ich empfand – bin aber nicht sicher, ob ich richtig lag –, was damals jeder, der *Avengers* las, meiner Meinung nach empfand: Sorgen wir dafür, dass die Avengers den miesesten aller Tage erleben ... machen wir einen Katastrophenfilm ... schaffen wir eine Situation, die so schlimm ist, dass etwas Neues daraus entstehen muss." Aber nicht alle Fans waren so begeistert über diese Wendung der Ereignisse. Rückblickend kann Bendis verstehen, weshalb so viele Fans außer sich und wütend waren: „Ich habe eine Geschichte erzählt, in der du bei den Avengers bist und ich deine Welt in die Luft jage. Darauf reagierten die Leute zuerst einmal mit Ablehnung. Im Wesentlichen hatte ich mir ein Buch genommen, das nicht meins war, und alles kaputt gemacht. Ich war wie ein Kind, das auf den Spielplatz kommt, alle Spielsachen umwirft und nach allem tritt. Ich ging da rein und habe alle Spielsachen hochgejagt."

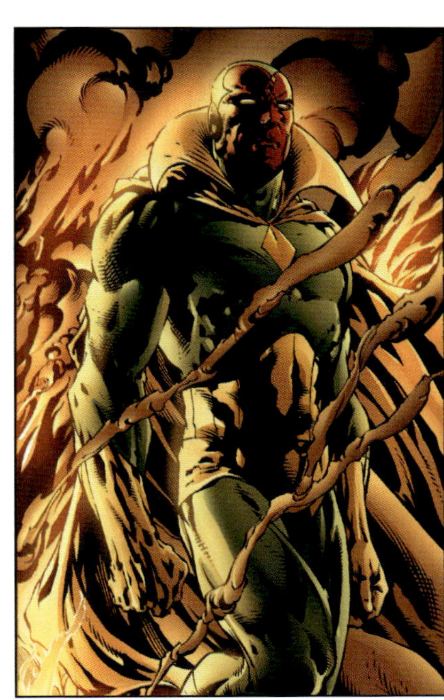

Vision war ebenfalls Opfer des schlimmsten Tages der Avengers.

Fünfzehn Jahre sind seit der Veröffentlichung von AVENGERS: HELDENFALL vergangen, und heute sehen wir, so verstörend die Story damals gewesen sein mag, sie hat den Grundstein für das bahnbrechende Marvel-Universum gelegt, das die Welt der Unterhaltung im Sturm eroberte. Ohne diese Story gäbe es keine *New Avengers*, keine *Secret Avengers*, kein *Children's Crusade*, kein *House of M* und vermutlich kein *Civil War*. Wir finden, es ist höchste Zeit, das Glas auf Bendis und Finch zu erheben, während wir auf die Genese der neuen Marvel-Ära zurückblicken.

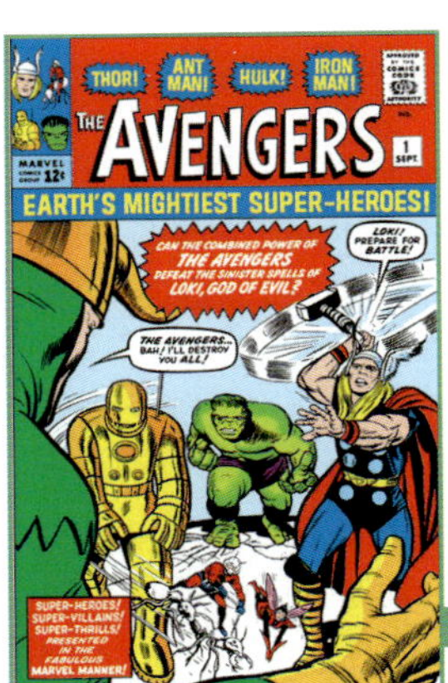

***Avengers* 1 (1963)**
STAN LEE
JACK KIRBY
*Eine großartige Ära beginnt, als die mächtigsten Helden der Erde zum ersten Mal zusammenarbeiten und gegen **Loki** vorgehen, Asgards Großfürst des Unruhestiftens.*

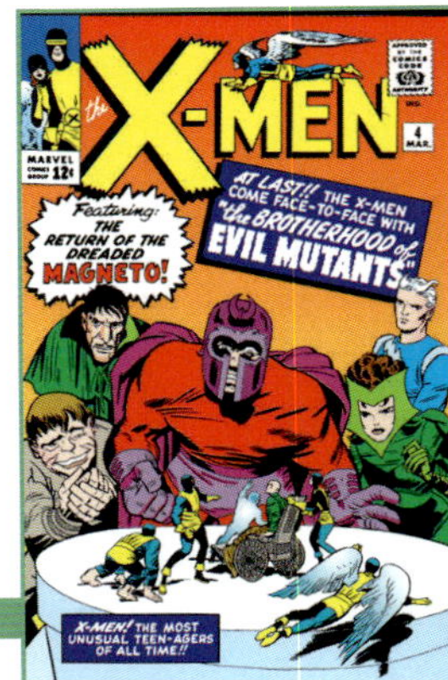

***X-Men* 4 (1964)**
STAN LEE
JACK KIRBY
***Wanda Maximoff**, Scarlet Witch, hat ihren ersten Auftritt als Mitglied von **Magnetos** Bruderschaft der bösen Mutanten, zusammen mit ihrem Bruder **Quicksilver**.*

AVENGERS
HELDENFALL

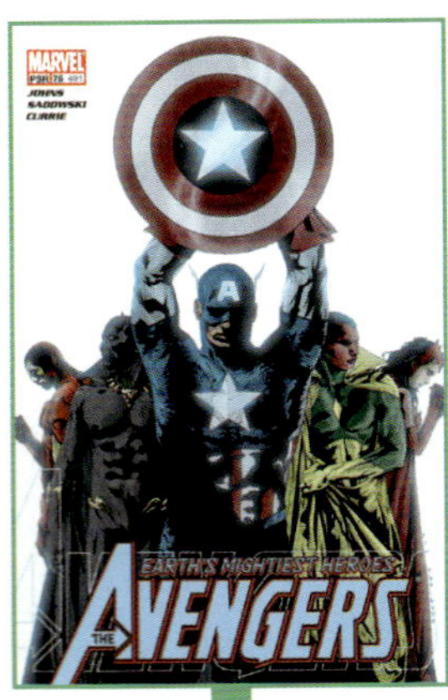

***Avengers* 76 (2004)**
GEOFF JOHNS
STEVE SADOWSKI
*Nach der Rettung von **Ant-Mans** Tochter wurde **Jack of Hearts** getötet, weil seine Null-Energie ein kritisches Maß erreichte und er explodierte.*

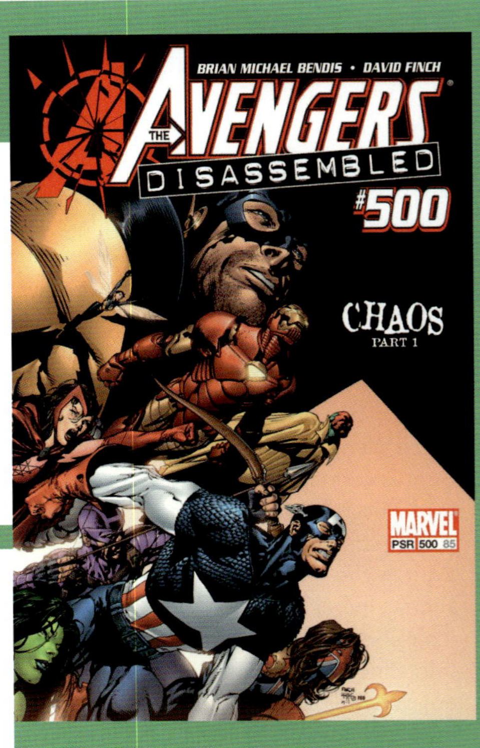

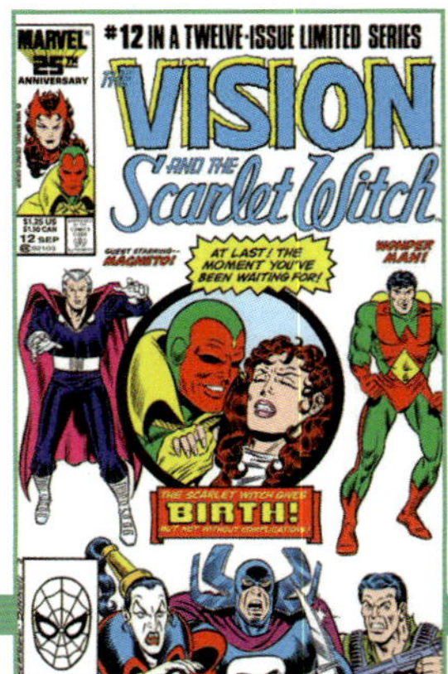

***Vision and the Scarlet Witch* 12 (1986)**
STEVE ENGLEHART
RICHARD HOWELL
Die Geburt von Wandas Kindern war ein glückliches Ereignis, sollte jedoch erhebliche Folgen haben.

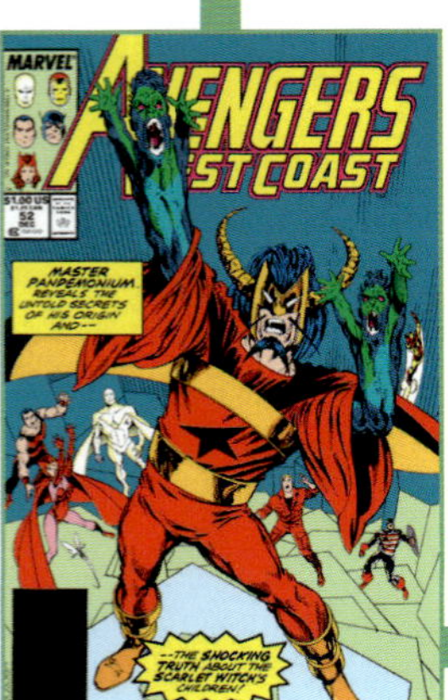

***Avengers West Coast* 52 (1989)**
JOHN BYRNE
*Die Wahrheit über Wandas Kinder kam ans Licht, dann nahm **Agatha Harkness** ihr die Erinnerungen an die Mutterschaft.*

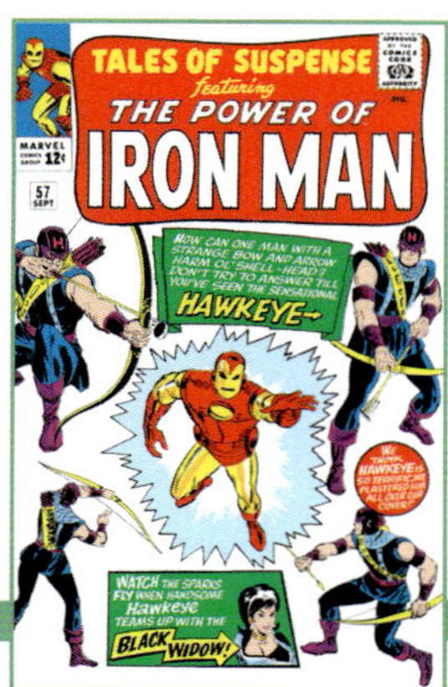

***Tales of Suspense* 57 (1964)**
STAN LEE
DON HECK
***Clint Barton**, besser bekannt als Hawkeye, legt als widerwilliger Schurke los und kämpft gegen **Iron Man**.*

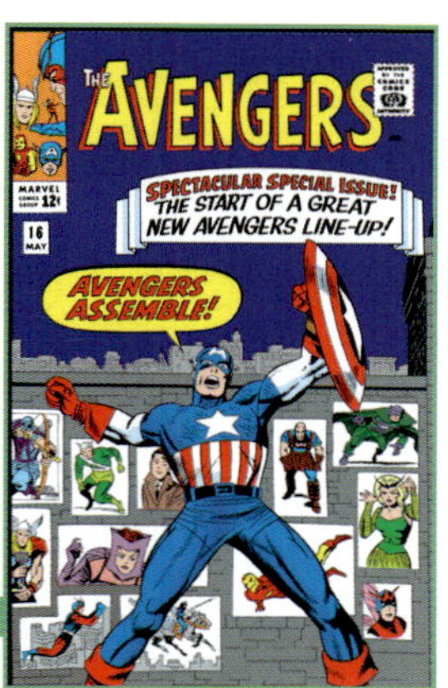

***Avengers* 16 (1965)**
STAN LEE
JACK KIRBY
Scarlet Witch und Hawkeye begegnen einander erstmals und werden überraschend Mitglieder einer nagelneuen Avengers-Truppe.

HELDENFALL war eine wahrhaft epische Saga, deren Wurzeln bis 1963 zurückreichen, als die **Avengers** erstmals zusammenarbeiteten. **Scarlet Witch** Wanda Maximoff sollte in der Story eine wichtige Rolle spielen, eine Story, in der sie die Verantwortung für den Tod mehrerer Avengers trug, darunter ihr Ex-Mann **Vision** und **Hawkeye**. Alles begann mit *Avengers* 500 (2004), als **Brian Michael Bendis** und **David Finch** in der *Avengers*-Serie das Heft in die Hand nahmen, den Vorhang für das Goldene Zeitalter fallen ließen und eine neue, strahlende Ära für Marvel einläuteten.

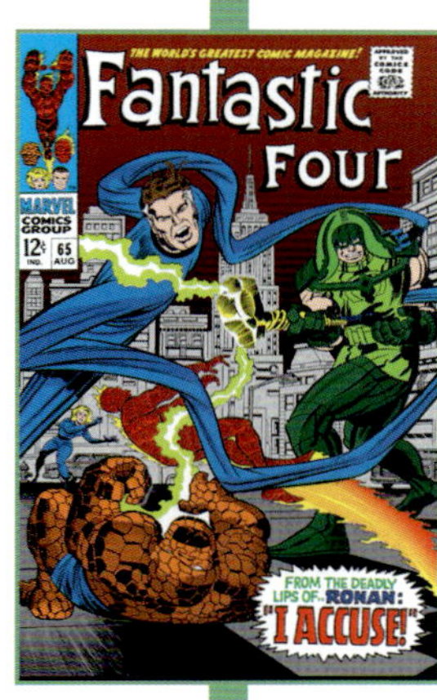

***Fantastic Four* 65 (1967)**
STAN LEE
JACK KIRBY
*Die außerirdischen **Kree** hatten großen Einfluss auf HELDENFALL. Ihren ersten Auftritt im Marvel-Universum hatten sie 1967.*

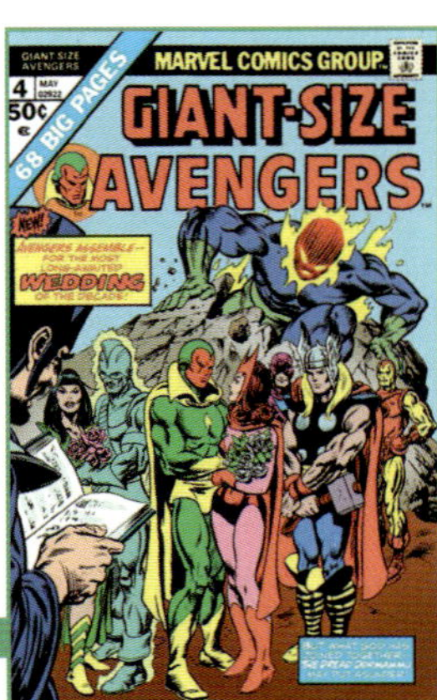

***Giant-Size Avengers* 4 (1975)**
STEVE ENGLEHART
DON HECK
*Scarlet Witch und Vision gaben sich 1975 das Ja-Wort, doch es war keine gewöhnliche Hochzeit und **Dormammu** stand nicht auf der Gästeliste.*

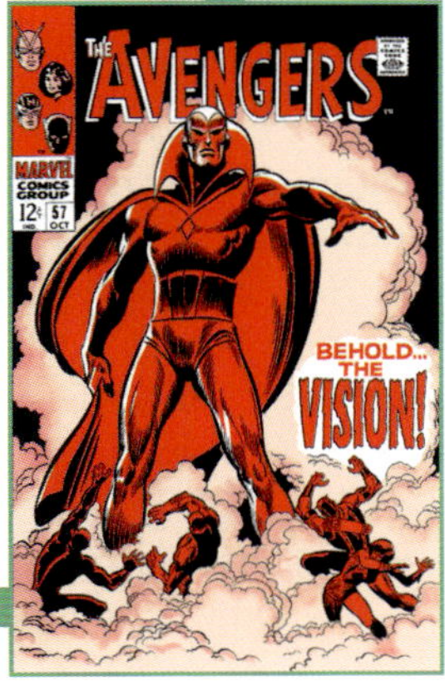

***Avengers* 57 (1968)**
ROY THOMAS
JOHN BUSCEMA
***Vision**, von **Ultron** erschaffen, um die Avengers zu vernichten, schloss sich ihnen stattdessen an und begann eine stürmische Beziehung mit Scarlet Witch.*

Neue Ära, neues Team, neue Avengers

Brian Michael Bendis und **David Finch** machten nach HELDENFALL mit der Serie *New Avengers* weiter, die sechs Monate nach *Avengers Finale* einsetzte. Die **Avengers** waren aufgelöst, die **X-Men** und **Fantastic Four** anderweitig beschäftigt, und so konnte der Superschurke **Electro** einen Massenausbruch von Bösewichten aus dem **Raft** organisieren (einem Hochsicherheitstrakt für Schurken mit Superkräften). **Jessica Drew** (Spider-Woman), **Luke Cage** und **Daredevil** kümmerten sich um den Notfall, wenig später schlossen sich ihnen **Captain America**, **Iron Man**, **Spider-Man** und **Sentry** an. Die Helden konnten den Aufstand beenden, die Flucht von 42 Insassen jedoch nicht verhindern. Captain America bat die versammelten Helden, ein neues Avengers-Team zu bilden; außer Daredevil stimmten alle zu. Die **New Avengers** waren geboren, kurz darauf stießen noch **Wolverine**, **Ronin** (der jüngst von den Toten auferstandene **Hawkeye**), **Dr. Strange**, **Iron Fist**, **Ms. Marvel** und **Mockingbird** dazu.

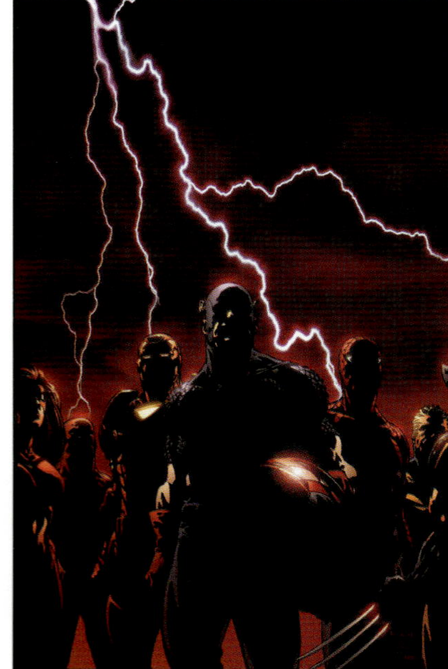

Ein neues Team, ein Neuanfang in *New Avengers* 1 (2005).

Bendis setzte die Geschichte von **Wanda Maximoff** 2005 mit dem bahnbrechenden *House of M* fort, worin sie die Realität veränderte, eine Welt erschuf, in der Mutanten die Menschheit beherrschten und **Magneto** Alleinherrscher über alle war. Ihre perfekte Welt stürzte ein, als die Helden aufbegehrten und Magneto **Quicksilver** tötete. Wütend schluchzte Wanda: „Nie mehr Mutanten!" Die Realität wurde wiederhergestellt, doch die Zahl der Mutanten war drastisch reduziert worden; viele, **Scarlet Witch** eingeschlossen, hatten ihre Fähigkeiten eingebüßt.

Allan Heinberg und **Jim Cheung** setzten die Story aus HELDENFALL 2010 mit *Avengers: The Children's Crusade* fort, worin das Team der **Young Avengers** nach Wanda suchte. Es zeigte sich, dass in Wahrheit **Dr. Doom** für Wandas Verhalten in HELDENFALL und *House of M* verantwortlich zeichnete. Die Story eröffnete uns, dass die Young Avengers **Speed** und **Wiccan** Wandas auferstandene, auf wundersame Weise wieder zum Leben erweckte Kinder waren.

▶ Am kontroversesten diskutiert wurde die hohe Zahl von Opfern unter den Avengers in HELDENFALL. Hawkeye kehrte erst in *House of M* zurück, und *The Children's Crusade* erzählte, wie die Young Avengers **Ant-Man** retteten, indem sie ihn aus der Reichweite von **Jack of Hearts** zogen, als dieser explodierte. Vision sollte in *Avengers* 19 (2011) zurückkehren, als **Tony Stark** ihn neu erbaute.

Die Hexe und der Mutant

Agatha Harkness spielte eine bedeutende Rolle in HELDENFALL, doch viele Marvel-Fans stellte ihre schattenhafte Vergangenheit vor Rätsel. Die von **Stan Lee** und **Jack Kirby** geschaffene Hexe hatte ihren ersten Auftritt in *Fantastic Four* 94 (1970). Sie wurde das Kindermädchen von **Franklin Richards**, dem neugeborenen Sohn von **Reed** und **Sue Richards**. Als sie kurz darauf die **Frightful Four** im Alleingang besiegte, stellte sich heraus, dass mehr an der Lady dran war, als man auf den ersten Blick annahm.

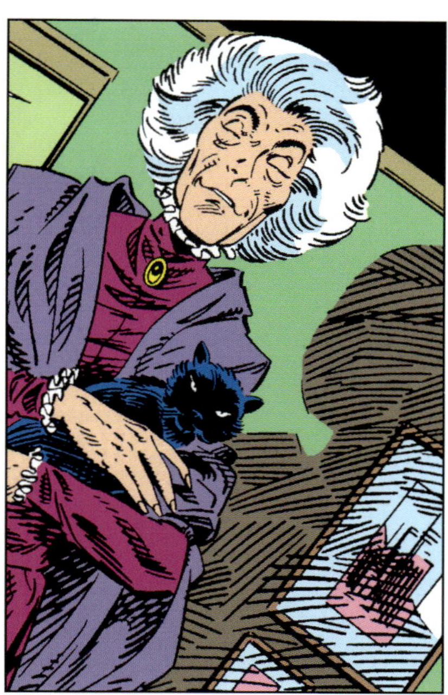

Agatha Harkness war die Mentorin von **Scarlet Witch** und half ihr, die okkulte Welt der Magie zu verstehen.

Seither wurde behauptet, dass Agatha schon 500 Jahre vor dem Untergang von Atlantis existierte und später Anführerin der neuen Hexen von Salem wurde. Agatha ist darüber hinaus die Mutter des Hexenmeisters **Nicholas Scratch**, der zum Gegner der **Fantastic Four** wurde.

Agatha erklärte sich zur Mentorin von **Wanda Maximoff** und half ihr, das Wesen der Magie zu verstehen. Am Ende wurde sie von ihrem Protegé getötet, kehrte jedoch dank der Hilfe des Geistes von **Natalya Maximoff**, Wandas leiblicher Mutter, ins Leben zurück.

Jack of Hearts, von **Bill Mantlo** und **Keith Giffen** erschaffen, hatte seinen ersten Auftritt 1976 in *Deadly Hands of Kung Fu* 22. Sein richtiger Name war Jack Hart, Sohn des Wissenschaftlers **Philip Hart** und einer Außerirdischen vom Planeten **Contraxia**. Der junge Jack wurde einem Fass voll Null-Flüssigkeit ausgesetzt, was ihm außerordentliche Fähigkeiten verlieh, aber auch bedeutete, dass er einen Schutzanzug tragen musste, um nicht zu explodieren. Im Lauf der Jahre verschlimmerte sich sein Zustand, sodass er gezwungen war, fast den ganzen Tag in einer Eindämmungskammer zu verbringen, damit es nicht zu einer Überladung seiner enormen Kräfte kam. Schließlich war es doch so weit und führte in *Avengers* 76 (2004) scheinbar zu seinem Tod.

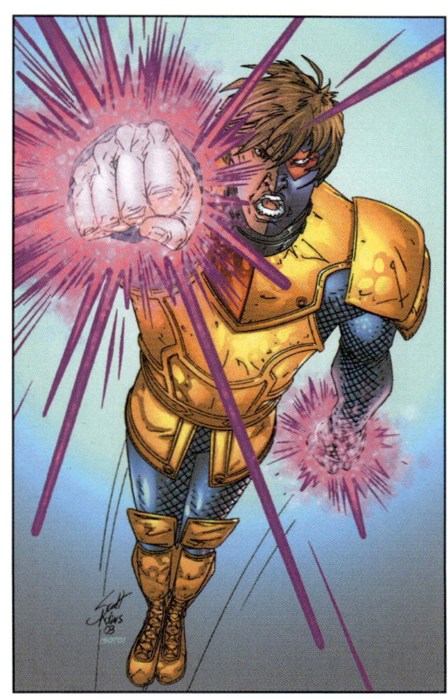

Jack of Hearts war so mächtig, dass er zur Bedrohung für sich selbst und seine Teamgefährten wurde.

In *Marvel Zombies Supreme* 2 (2011) wurde er von Wissenschaftlern wiedererweckt, die es mit einem Angriff von Zombie-Klonen der **Squadron Supreme** zu tun hatten. Jack vernichtete die Zombies und rettete die Welt.

WEITERE MUST-HAVE-TITEL

BEREITS ERHÄLTLICH

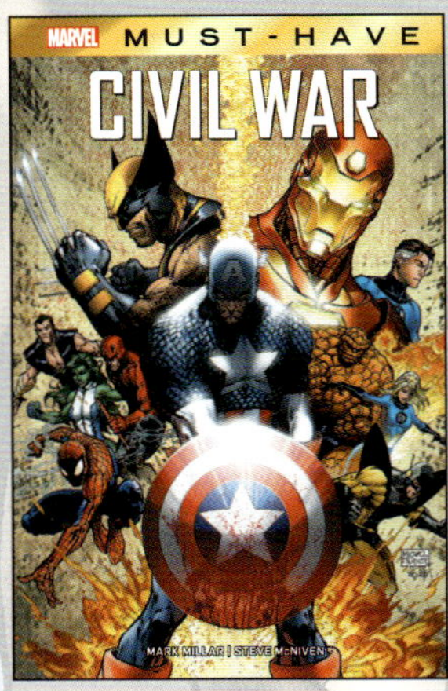

CIVIL WAR

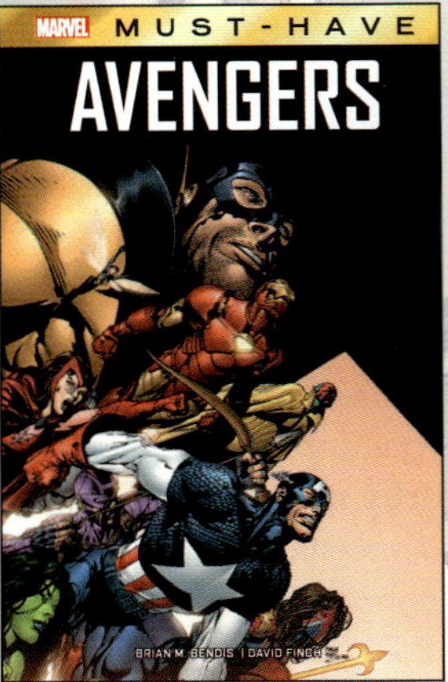

AVENGERS: HELDENFALL

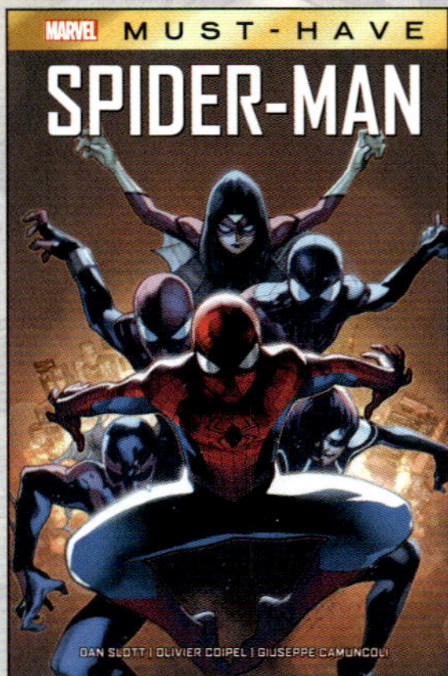

SPIDER-MAN: SPIDER-VERSE

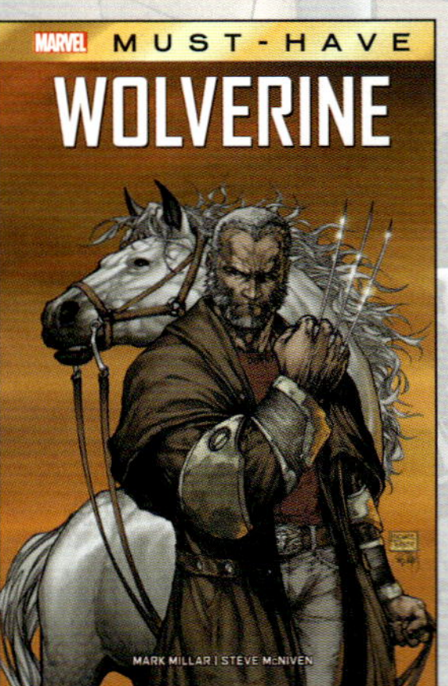

WOLVERINE: OLD MAN LOGAN

DEMNÄCHST

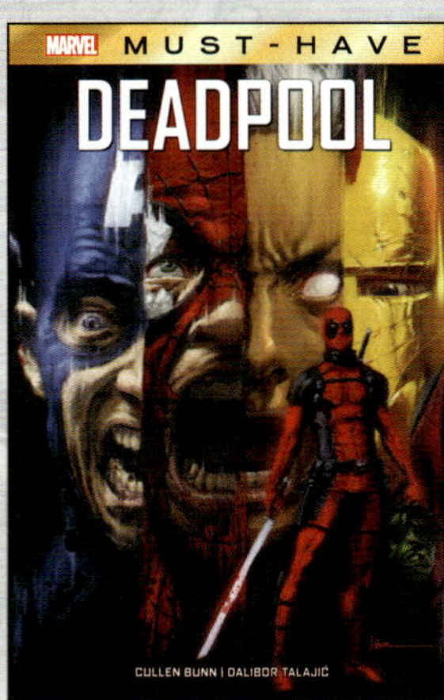

DEADPOOL KILLT DAS MARVEL-UNIVERSUM

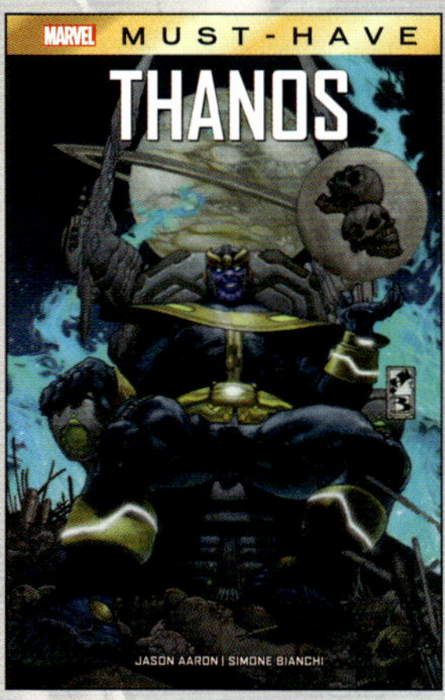

THANOS: DIE GEBURT EINES MONSTERS

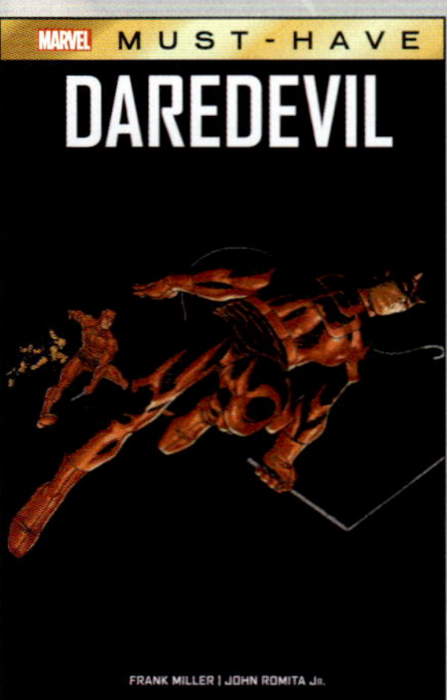

DAREDEVIL: DER MANN OHNE FURCHT

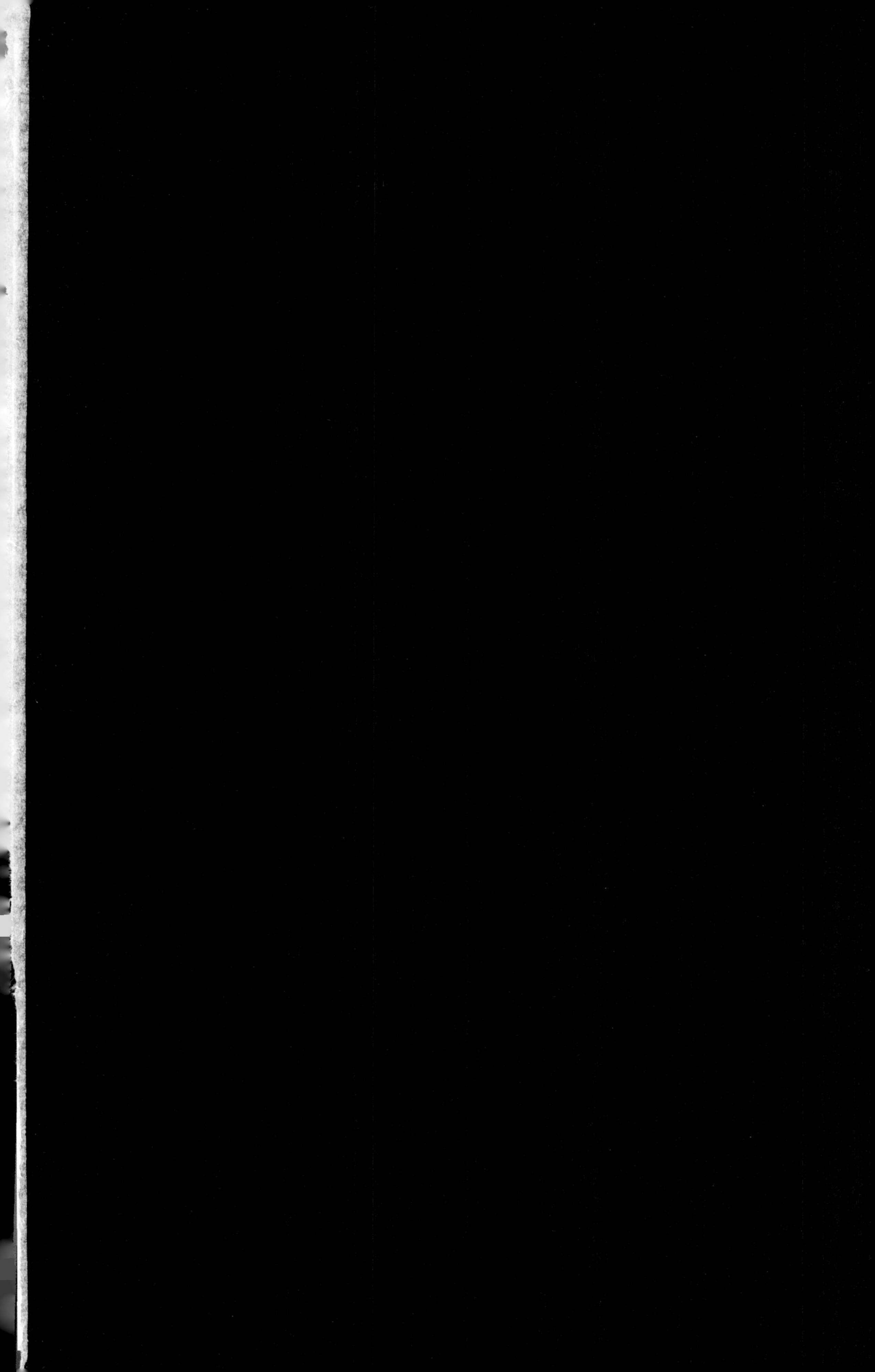